U0541602

数字乡村发展研究

微观测度、内生动力与福利效应

Research on Digital Rural Development
Micro-level Measurement, Endogenous Dynamics and Welfare Effects

苏岚岚　彭艳玲　著

中国社会科学出版社

图书在版编目（CIP）数据

数字乡村发展研究：微观测度、内生动力与福利效应 / 苏岚岚，彭艳玲著. -- 北京：中国社会科学出版社，2025.4. -- ISBN 978-7-5227-5086-6

Ⅰ. F320.3-39

中国国家版本馆 CIP 数据核字第 2025G5C860 号

出 版 人	赵剑英	
责任编辑	刘晓红	
责任校对	阎红蕾	
责任印制	戴　宽	
出　　版	中国社会科学出版社	
社　　址	北京鼓楼西大街甲 158 号	
邮　　编	100720	
网　　址	http://www.csspw.cn	
发 行 部	010-84083685	
门 市 部	010-84029450	
经　　销	新华书店及其他书店	
印　　刷	北京君升印刷有限公司	
装　　订	廊坊市广阳区广增装订厂	
版　　次	2025 年 4 月第 1 版	
印　　次	2025 年 4 月第 1 次印刷	
开　　本	710×1000　1/16	
印　　张	29.75	
字　　数	470 千字	
定　　价	159.00 元	

凡购买中国社会科学出版社图书，如有质量问题请与本社营销中心联系调换
电话：010-84083683
版权所有　侵权必究

序 一

促进数字经济和实体经济深度融合，是把握新一轮科技革命和产业变革机遇、推动实体经济高质量发展的重要战略选择。自2017年数字经济被首次写入中央政府工作报告以来，大力发展数字经济、培育经济增长新动能、加快建设数字中国日益成为数字时代推进中国式现代化的重要引擎。数字乡村建设是推进数字中国建设的重要内容。2019年以来，《数字农业农村发展战略纲要》《数字农业农村发展规划（2019—2025年）》《数字乡村发展行动计划（2022—2025年）》等政策文件陆续出台，逐步明确了数字乡村建设的总体方向、重点任务与具体措施。2020年和2024年，中国先后启动了两批国家数字乡村试点工作，以期加快数字乡村建设的体制机制探索，补齐数字中国建设的短板。党的二十届三中全会强调"健全因地制宜发展新质生产力体制机制""健全促进实体经济和数字经济深度融合制度"，这为以数字乡村建设助力农业领域新质生产力培育指明了基本方向。

近年来，在中央和地方政府支持引导和社会资本积极推动下，中国数字乡村建设取得了明显进展。与此同时，数字乡村高质量发展还面临内生发展动力不足、技术供需不匹配、农民受益有限、支撑保障机制不完善等诸多挑战，迫切需要推进数字乡村发展的理论体系建构和支持政策体系研究。本书立足数字乡村发展的重点任务、短板与未来发展趋势，综合采用公开发布的县域数字乡村指数、中国家庭追踪调查数据、中国乡村振兴综合调查数据及课题组开展的微观农户抽样调查数据，较为系统地开展了基于农民主体性视角的数字乡村发展水平测度、内生动力机制与福利效应的理论与实证研究。在当前数字乡村建设实践不断深入，但数字乡村发展的学理性和体系化研究尤其是基于农民主体性层面的研究较薄弱的背景下，该书的出版不失为现阶段数字乡村发展研究的重要补充。

本书是作者基于前期课题研究成果整理提炼而成。我相信，无论是数字技术与农业农村发展领域的研究人员与实务工作者，还是关心中国"三农"问题的大众读者，都能从本书中获益匪浅。总体来看，该书主要呈现如下特点。

第一，研究视角清晰且研究框架新颖。本书将农民主体性视角贯穿研究始末，探索性地构建了微观视角下数字乡村发展内生动力机制与福利效应的理论分析框架。针对数字乡村发展水平测度，综合考虑指标代表性和数据可得性，从数字基础设施使用、数字经济参与、数字治理参与及数字生活参与4个方面进行指标刻画，有助于突破以往研究中基于省级、市级或县级尺度开展测度的局限性。针对数字乡村发展动力机制，突出强调农民数字素养的内生动力效应和乡村能人身份的禀赋效应，并探索性构建了农民数字素养评估指标体系，有益于推动农民数字素养的本土化研究。针对数字乡村发展的福利效应，将收入水平与收入不平等、消费水平与消费结构、生计韧性等客观福利及社会阶层认同等主观福利纳入分析框架，拓展了数字技术应用的经济社会效应研究。

第二，研究体系性较强且内容特色鲜明。本书从赋权、扩能、增信等层面多角度诠释数字乡村发展引致主客观福利效应的潜在机制，创新性地将数字乡村协同、高效、包容、惠民与可持续发展问题引入实证分析与政策设计框架，综合考虑群体异质性、区域差异性、空间关联性、门槛条件等问题，多层面拓展基于农民参与的数字乡村发展的经济社会效应研究。针对数字乡村建设的短板与潜力领域，系统剖析了智慧农业取得的主要进展与面临的挑战，深入探究了乡村数字治理效能的学理内涵及形成逻辑，并揭示了以数字治理促进乡村治理提质增效面临的关键挑战。基于农业全产业链数字化转型催生的数字治理需求，探讨了乡村数字经济与数字治理的协同发展逻辑、典型应用场景、具体表现形式及面临的多重挑战。

第三，研究方法规范且论证深入。本书将政策文本分析、计量分析与典型案例分析有机结合，研究素材的支撑性较好，论证具有规范性与严谨性。基于对中央及地方政府推进数字乡村发展的政策文本的全面梳理，厘清政策演变特征及其重点支持领域。综合采用工具变量法、内生转换回归模型、倾向得分匹配法等因果关系识别策略，开展数字乡村发展的内生动力机制与福利效应的实证分析，研究结论具有较强的说服力。基于对多省份数字乡村与智慧农业试点地区的典型案例分析，厘清智慧农业和乡村数字治理单一领域及二者协同发展取得的进展与面临的挑战，案例分析得当、论述清晰。

第四，研究具有较强的学术价值和政策应用价值。本书提出的数字素养驱动数字乡村发展的分析框架、微观视角下数字乡村发展测度框架、数字乡村发展的福利效应分析框架及乡村数字经济与数字治理协同发展逻辑框架等相关探索，均有益于拓展数字乡村发展的理论体系。本书从统筹发挥政府职能与市场作用，综合衡量数字技术使用成本与收益，注重乡村发展、建设与治理的协同推进，凝聚筑牢优势和补齐短板的合力，强调试点示范与推广应用相结合等方面所提出的发展思路，为加快数字乡村高质量发展探索了可行方向。进一步地，本书从推进各领域协同发展、健全农村数字化教育体系、强化科技赋能智慧农业创新发展、加强数字技术与组织及制度融合、完善农民有序参与机制、弥合区域与群体数字鸿沟、增进农民数字参与福利等方面提出了推进数字乡村协同、高效、包容、惠民和可持续发展的政策建议，对优化数字乡村发展的政策支持体系设计具有重要参考价值。

本书的出版在一定程度上反映了作者在数字乡村发展理论体系和支持政策体系建构领域所做的研究努力和学术探索。这既是对其前期阶段性研究成果的系统总结与提炼，也是其后续推进相关领域研究的一个新起点。当前，中国数字乡村建设仍处于起步阶段，实现数字乡村高质量发展任重道远，未来仍有诸多理论和现实问题亟待更深入的探讨。随着以大数据、人工智能、区块链、云计算等为代表的新兴技术加快迭代升级，具有原创性、颠覆性和融合性等特征的前沿数字技术的创新和应用，能否助力农业农村摆脱传统发展路径，加快催生新产业、新模式和新动能，进而以新质生产力驱动乡村全面振兴值得在更长历史时期内开展系统研究。

中国人民大学农业与农村发展学院教授
2025年3月6日

序 二

乡村治，郡县稳，百姓安。乡村善治历来关乎国家的长治久安和繁荣稳定。近年来，中国新型城镇化加快推进，乡村人口老龄化、村庄空心化等问题日益严峻，使得诸多村庄的农民主体性激活和共同体重塑面临较大挑战。与此同时，部分农民尤其是小农户因能力不足、机会不均等、权利保障机制不完善等在乡村发展和基层治理中较为缺乏参与积极性，亟待立足新情境新条件探寻激活农民主体性、激发乡村发展内生动力的新路径。

21世纪以来，全球信息化革命加速推进，数字技术以其高创新性、强渗透性、广覆盖性等优势，加快嵌入农业生产、农民生活和农村社会治理各领域，加快打破乡村既有的经济社会结构、关系结构及地缘结构，加快革新传统的农业生产经营方式、农民生活方式、人际交互模式和乡村共同体认知。这既为农民充分表达生存与发展需求、充分实现个体权利、充分发挥主体性提供了更多机会和渠道，也为新时期乡村发展、建设和治理带来诸多挑战。着力构建数字时代乡村经济社会新秩序和新结构是推进数字乡村高质量发展的应有之义。

自党的十九大报告提出实施乡村振兴战略以来，如何在乡村振兴的伟大征程中激活农民主体性一直是理论界和实践界共同关注的重要议题。农民作为数字乡村建设与发展的参与者、受益者与监督者，如何调动其自主有序参与数字乡村建设的积极性、主动性和创造性，不断改进其受益程度，事关数字乡村建设的整体效果。本书将政策文本梳理、前沿文献综述、典型案例剖析与计量论证相结合，综合采用数字乡村典型试点地区的案例调查资料、试点地区与非试点地区的农户问卷调查数据、县域数字乡村指数数据、中国家庭追踪调查数据及中国乡村振兴综合调查数据,为读者呈现了数字乡村发展领域的一些基本事实和值得深入探讨的研究问题。仅就其中一些观点展开思考和讨论。

第一,数字乡村建设应坚持以人为本理念,强调技术理性和价值理性的统一。全面厘清数字乡村发展现状不仅需要从宏观层面评估整体发展水平,更需要基于农民主体对数字技术的实际采用及其引致效果进行系统审视。较多研究以省域或市域为基本单元测度数字乡村发展现状并揭示发展趋势,但不可避免地存在难以剥离农民群体参与实际的局限性,无法真实刻画乡村各领域数字技术的实际需求和应用现状。本书在阐释农民参与视角下数字乡村发展水平评估逻辑的基础上,从乡村数字基础设施使用、数字经济参与、数字生活参与和数字治理参与四个维度构建微观层面数字乡村发展水平评估指标体系并开展定量测度,指出了数字乡村发展存在的短板。这为提高数字乡村发展中的农民参与度和受益度、加快补齐发展短板的支持政策设计提供最直接的经验证据支持。

第二,数字乡村建设应坚持多元主体共建共治共享,注重农民内生动力的激活。随着以区块链、人工智能、大数据等为代表的数字技术加快发展和创新应用,提升数字时代包括经济能人、村干部、普通村民等在内的乡村各类群体的数字化适应力、胜任力和创造力刻不容缓。正如本书所强调的,乡村各类能人群体因掌握政治资源或经济资源等方面的比较优势而在村庄场域中发挥独特作用,忽视对不同类型乡村能人参与数字乡村建设的差异化动机的考量,将难以全面阐释数字乡村的内生发展逻辑。农民数字素养水平直接关系其参与数字乡村建设的能动性,从根本上影响着数字乡村内生发展模式的形成和发展质量的持续改善。在重视发挥乡村能人群体示范带动作用的同时,还应着力改善普通村民的数字素养与技能,进而增加不同群体参与数字乡村发展和分享数字红利的机会均等性。本书探索性构建了包括数字化通用素养、数字化社交素养、数字化创意素养和数字化安全素养4个方面的农民数字素养评估指标体系,揭示了农民主体性视角下数字乡村发展的内生动力机制,这有助于我们更准确地定位数字乡村发展中的农民主体性作用,更加重视农民内生动力培育和激活,以期真正实现数字乡村建设为民而建的初衷。

第三,数字乡村建设应强调包容、惠民、可持续的基本原则,重视构建数字时代农民福利长效提升机制。本书基于微观农户调查数据或县域数字乡村指数与微观农户调查数据的匹配，从收入水平与收入不平等、消费水平与消费结构、生计韧性、社会阶层认同等多角度论证了微观视角下数字乡村发展特别是乡村数字经济发展的多重福利效应，这无疑是对已有基于省域或市域尺度研究的重要补充。但同时也应看到，资源禀赋、可行能力和所处外部环境等方面的不同直接引致不同群体从数字乡村发展中获益程度的差异。尽管部分农民能够从农业产业链不同环节的发展中获益，但相较于整个农业产业链增值收益，农民尤其是弱势群体的受益程度仍然十分有限。此外，还应看到，以智慧农业为核心的乡村经济数字化发展虽然取得明显进展，但财政投入依赖性高、成本收益难平衡、多元投入机制不完善等问题突出，致使部分试点项目的可持续性面临较大挑战。因此，未来推进数字乡村建设应更加注重包容性和可持续性，并不断提升数字乡村发展的惠民程度。

第四，数字乡村建设应重视补齐发展短板，协同推进乡村经济数字化和治理数字化。瞄准和补齐短板是提高数字乡村发展质量、加快培育农业领域新质生产力、以数字化助力乡村全面振兴的迫切要求。正如本书所指出的，乡村经济数字化和治理数字化的协同发展存在以赋权、扩能和增信为核心的技术逻辑和以组织交互、资源统筹、人才保障和效果转化为核心的非技术逻辑。随着数字技术尤其是前沿数字技术加速在农业全产业链和乡村治理各领域的渗透，乡村经济数字化和治理数字化均取得不同程度的发展，但因不同区域和乡村在产业发展基础与基层治理能力、信息化基础与数字技术支撑条件、财政金融支农水平及数字人才储备等方面存在明显差异，二者发展中的不协同问题日益凸显。本书从农业全产业链视角梳理了乡村数字经济和数字治理协同发展的具体场景与典型模式，从平台衔接与功能模块整合、数字技术互嵌与数据要素共享、资金要素统筹配置、数字人才交叉保障等方面提炼了二者协同的主要表现形式。本书提出的坚持目标、手段、过程与效果的多维协同原则，统筹推进以发展和治理为核心的乡村数字化改革，着力破解协同发展中的多重挑战等思路对实现乡村高质量数字经济与高效能数字治理协同具有重要参考价值。

近年来，数字乡村试点效果初见端倪，与此同时，试点中面临的一些挑战不容忽视。一些试点项目多采用数字技术驱动的智慧农业发展路径而非农业内生发展需求导向的智慧农业发展路径，导致一些数字技术供给偏离实际需求。部分技术要求相对较低、成本投入相对较小、场景适用性较高的数字技术得到不同程度的应用，但人工智能、区块链等诸多技术应用相对复杂、成本投入相对较高、投资回收周期较长，推广应用较为滞后。基层干部和农民的低水平数字素养难以满足数字乡村高质量发展的现实需求，农民的主体性和创造性未能得到充分激活。与此同时，农民从数字化驱动的农业产业链增值中获益仍然有限。如何在提高数字乡村发展水平的同时，持续改善数字乡村发展的包容性和惠民程度；如何在加快数字技术推广应用的同时，有效破解数字技术渗透引致的数字不平等、数据安全隐患、基层治理负担等问题，仍有待深入探讨。

综合而言，本书基于理论框架的构建、严谨的实证论证和典型案例的深入分析，呈现了作者关于数字乡村发展理论与现实问题的一些独到见解，提出了未来推进数字乡村高质量发展的总体思路与具体政策建议，有助于丰富和深化读者对数字乡村发展的一些理论问题的认识，同时也为地方政府、企业组织、基层干部等主体参与数字乡村高质量发展提供有益的实践启发。当然，作为一项有价值的探索性研究，本书也难免存在一些不足之处。只有鼓励不同视角的理论探讨，允许不同学术观点的争鸣，才能不断推动契合中国实际的数字乡村发展理论体系的创新。读者需萃取精华，扬弃谬误，且辨且思。

中国社会科学院农村发展研究所研究员
2025 年 2 月 11 日

序　　三

中央高度重视发展新质生产力。2023年9月，习近平总书记首次提出发展新质生产力，之后多次对新质生产力的主要特征、基本内涵、发展目标和核心标志等作出重要论述。党的二十届三中全会强调，"健全因地制宜发展新质生产力体制机制""加快形成同新质生产力更相适应的生产关系，促进各类先进生产要素向发展新质生产力集聚，大幅提升全要素生产率"，这为农业强国建设目标下加快培育农业领域新质生产力指明了基本方向。

近年来，学术界围绕新质生产力赋能农业高质量发展的理论逻辑与实践路径及农业领域新质生产力的内涵、形成逻辑与经济社会影响、发展障碍与破解路径等问题开展了广泛的探讨，但尚未达成普遍共识。农业领域新质生产力突出体现为农业劳动者素质的明显跃升、劳动资料的迭代升级、劳动对象的边界拓宽，并以农业全要素生产率的大幅提升为核心标志。鉴于数字技术尤其是前沿数字技术应用在促进农业领域新质生产力形成中具有的重要作用，结合本书关于数字技术在农业领域应用场景及其发展潜力与面临挑战等问题的研究，围绕以智慧农业高质量发展加快农业领域新质生产力培育谈几点看法。

第一，需准确定位农业领域新质生产力培育中数字技术的作用。正如本书所指出的，近年来，以物联网、人工智能、大数据等为代表的数字技术在农业领域的应用成效已初现端倪，且部分数字技术彰显出较好的应用前景。面向农业强国建设的新要求，在以智慧农业发展促进农业领域新质生产力培育过程中，应加快推进适应设施农业、智慧农业、现代化大农业等发展需求的数字技术，尤其是前沿数字技术的研发、创新、应用与推广。在农业科技取得革命性突破基础上，改进农业生产要素配置，推进农业产业转型升级，有助于实现农业劳动者、劳动资料、劳动对象优化组合和更新跃升，进而持续拓展农业发展空间、优化农业生产要素布局、创新农业生产方式。与此同时，还应推进数字技术、生物技术、装备技术、绿色技术等方面农业技术的联合攻关，优化国家重点实验室的布局，强化农业科技赋能，为形塑农业新质产品、新质生产要素和新质生产方式及农业全要素生产率大幅提升提供技术保障。

第二，需关注农业领域新质生产力培育中的驱动机制问题。正如本书所指出的，制度、政策、投资、主体素质等因素均是智慧农业发展的重要驱动力。以智慧农业发展加快培育农业领域新质生产力同样需要重视制度创新、市场改革、农业投资和人才培养等问题。具体而言，在制度创新方面，需持续优化农业生产、管理与服务制度，经营主体激励与约束制度及农业科技研发与推广制度等方面的制度创设；在市场改革方面，需持续深化国内农产品市场改革，面向农业强国建设的要求着力推进更高水平的对外开放，激活农业新质产品和新质生产要素市场，不断提升农业新质产品和新质生产要素的市场价值；在农业投资方面，需调整优化财政支农方向、健全金融服务体系、激发社会资本投资活力，为农业新质产品、新质生产要素和新质生产方式的创新及农业领域新质生产力发展提供多元投入保障；在主体素质方面，需持续加强高素质农民和新农人培育，推进农村实用人才培训工程和农业专业技术人才队伍建设，完善高校涉农专业人才培养体系。

第三，需处理好农业领域新质生产力培育和新型生产关系塑造之间的关系。正如本书所指出的，推进智慧农业发展除需重视数字技术创新之外，还应强调数字技术与环境、组织、制度等非技术性因素的有机融合。在农业强国建设目标下，以智慧农业发展促进农业领域新质生产力培育过程中，应加快塑造适应于农业领域新质生产力发展要求的新型生产关系。实际上，农业领域新质生产力既是突破性农业技术得以应用、农业生产力转型升级的体现，也是与之相匹配的农业产业发展体制机制和财政、金融、投资等政策支持体系重塑的结果。纵观中国农业现代化的历史进程可知，诱致性制度变迁和强制性制度变迁相结合始终是不同历史阶段构建适应农业生产力发展需求的生产关系的重要路径。为此，在加快农业现代化发展的新阶段，需要全面深化农村改革，前瞻性地变革生产关系中与农业领域新质生产力培育不相适应的方面和环节，以改革创新营造激励农业领域新质生产力形成和发展的制度环境。具体包括：以深化产权制度改革和推进要素市场化配置为核心，不断提高农业生产要素新质组合效率；加快完善农业产业现代化发展的激励约束与多元投入机制，加快培育有助于农业领域新质生产力发展的产业环境；着力破除阻碍农业科技创新的体制机制障碍，推动颠覆性农业技术涌现；深化农村人才体制改革，激发农业人才创新活力。

本书研究为理解智慧农业与农业领域新质生产力之间的关系奠定重要基础。随着智慧农业实践的推进和农业领域新质生产力研究的深入，未来应围绕智慧农业与农业领域新质生产力形塑之间的关联逻辑、农业领域新质生产力形成的经济社会影响等问题开展更为深入的理论与实证研究。

中国社会科学院农村发展研究所研究员

2025 年 2 月 11 日

前　言

（一）

立足数字中国建设和农业农村现代化的战略要求，中国政府先后出台系列政策以加快数字乡村建设进程。2018年中央一号文件提出实施数字乡村战略后，《数字乡村发展战略纲要》《数字农业农村发展规划（2019—2025年）》《数字乡村发展行动计划（2022—2025年）》等政策文件接续出台，不断明确数字乡村发展的战略目标、重点任务和具体方案。自2021年中央一号文件提出实施数字乡村建设发展工程以来，后续每年的中央一号文件均围绕深入实施数字乡村发展行动做了重要部署。与此同时，金融机构、传统农业企业及互联网企业等各类经营主体积极发挥自身比较优势、加速布局数字乡村领域。在系列政策引导和各类社会资本支持下，中国数字乡村建设由战略构想、方案规划迈入试点实施的新阶段。建立在2020年启动的首批117个国家数字乡村试点县（市、区）基础上，2024年中央网信办等11部门联合启动第二批国家数字乡村试点工作。在新的起点上推进数字乡村建设，有必要深入汲取前期试点经验、厘清短板和不足，系统开展数字乡村建设的理论框架和政策支持体系研究。

尽管中国数字乡村试点取得积极进展，但部分试点项目和应用场景离落地推广仍有较大距离。基于前期数字乡村试点地区的调查发现，因数字技术供需不匹配、数字技术使用成本偏高且短期收益偏低、多元投入等方面的体制机制不完善，部分地区乡村经济数字化存在全产业链数

前　言

字化发展不均衡、联农带农惠农不足的问题，乡村治理数字化也存在"政府在建、农民在看"的悬浮化问题，导致农民参与内生动力不足、系列政策效果未能得到充分发挥，制约了数字乡村的高质量发展。在此背景下，系统探究数字乡村发展现状、驱动机制和经济社会效应，以及数字乡村协同、高效、包容、惠民和可持续发展的政策支持体系具有重要意义。对上述议题的深入解析涉及对如下问题的思考。

第一，如何开展微观视角下的数字乡村发展水平测度？已有研究多以国家、省、市为基本单元测度数字经济发展现状，未能直观体现数字技术在农业农村发展中的实际应用（徐清源等，2018；许宪春、张美慧，2020）。少量机构聚焦县域单元测度数字乡村发展水平（农业农村部信息中心，2020；北京大学新农村发展研究院，2020），存在难以剥离农民群体参与实际的局限性。农民是数字乡村建设的参与者、受益者和监督者，其自主有序参与能够最为直观地体现数字乡村发展的真实水平。近年来，数字技术加速嵌入乡村生产、生活与治理等各领域，重塑农民生产方式、生活方式和治理方式。如何从微观层面捕捉新的数字化现象，刻画数字乡村发展中的农民参与行为对于全面厘清数字乡村发展现状尤其是短板与潜力十分关键。

第二，数字乡村发展的驱动机制何在？数字乡村建设不能仅依赖技术单一维度的嵌入，还应发挥制度、政策、主体等方面的协同作用。近年来，中国不断推进数字技术在农业生产、农产品销售、农业社会化服务等农业全产业链环节，以及基层治理与公共服务等领域的创新性应用，从多元化投入、激励约束、技术推广、数字化人才培育、数据要素共享等方面完善数字乡村建设的支撑保障机制，但仍面临数字技术供需不匹配、技术与制度融合欠佳、成本收益难平衡等挑战。随着农村数字基础设施实现较大程度的改善，数字鸿沟已由"接入鸿沟"转向"能力鸿沟"，这对农民数字素养提出了更高的要求。现阶段，农民数字素养水平偏低直接制约着其参与数字乡村建设的主体性激活和能动性发挥，从根本上影响着数字乡村内生发展模式的形成和发展质量的持续改善。乡村各类能人群体因掌握政治资源或经济资源等方面的比较优势而在村庄场域中发挥独特作用（贺雪峰，2003；赵一夫、王丽红，2019），忽视对不同类型乡村能人参与数字乡村建设的差异化动机的考量，将难以全面阐释数字乡村的内生发展逻辑。因此，有必要基于制度、政策、技术、主体等多重视角，探讨数字乡村发展的驱动机制，尤其是探讨数字素养与乡村能人身份在推动农民群体从数字乡村建设"观察员"角色转向"运动员"角色过程中的内生动力作用。

第三，数字乡村发展的福利影响如何？数字乡村发展能否增进农民主客观福利、加快共同富裕进程对数字时代构建农民福利长效提升机制十分关键。尽管一些学者基于省级、市级、县级尺度的实证研究证实了数字经济发展有助于促进区域经济增长、增加劳动力就业、提高消费水平、助力城乡融合（Shapiro and Mandelman，2021；王松茂等，2023；贺唯唯、侯俊军，2023；周晓光、肖宇，2023；雷泽奎等，2023；陈雨露，2023），但微观视角下农民参与数字乡村发展产生的主客观福利影响及其潜在逻辑仍有待深入的实证检验。虽然学者围绕农民互联网使用及其影响开展了诸多探讨，但已有研究多停留于剖析农民生产生活中单一领域数字技术采纳的经济社会效应（王立华、苗婷，2012；徐志刚等，2017；韩飞燕、李波，2018），忽视了数字乡村建设整体推进背景下不同领域农民参与引致的多重福利效应。已有研究表明，乡村数字经济发展可加速产业转型和治理革新，激发科技创新、推动创业升级，加速消费提档、助力市场变革，进而赋能乡村全面振兴（阮俊虎等，2020；赵涛等，2020；马玥，2022；孟维福等，2023）。共同富裕目标导向下，收入、消费、生计韧性及社会阶层认同均是衡量农民福利的关键指标。然而，现阶段农民参与数字乡村建设尤其是参与乡村数字经济发展如何影响其收入水平与收入不平等、消费水平与消费结构、生计韧性及社会阶层认同等主客观福利仍有待深入的理论研究与实证研究。

第四，如何加快补齐数字乡村建设的短板？乡村数字经济和数字治理分别是数字乡村建设的核心和保障，同时也是短板，构建两者协同发展机制是推进数字乡村高质量发展，加快培育农业领域新质生产力、以数字乡村建设驱动乡村全面振兴的内在要求。数字经济创新发展加快重塑乡村治理的社会基础、结构与形态，催生数字治理提质增效的新需求，但现有乡村数字治理体系滞后于以农业全产业链数字化为核心的经济数字化的发展需求。从县域数字乡村发展水平评估来看，乡村数字经济与数字治理不同时处于高水平或低水平的县域比例达37%（北京大学新农村发展研究院，2022）。从课题组实地调查案例来看，乡村数字经济和数字治理的不协同主要表现为在政策联动、需求导向、基础设施支撑、要素保障等方面的脱节及由此产生的发展水平不协同。虽然在数字乡村起步发展阶段，乡村数字经济和数字治理的不协同有其客观性，但随着试点实践推进和两者关联性日益增强，推进两者协同发展有望为针对性破解农业全产业链数字化发展水平偏低、部分试点项目可持续性差及乡村数字治理悬浮化等问题提供一条新的思路。进一步地，乡村数字经济和数字治理的不协同带来一些试点地区财政、金融等资源利用无序和低效及政策执行偏差问题，制约新一轮数字乡村试点健康有序推进。因此，有必要聚焦以智慧农业为核心的乡村经济数字化转型与数字治理提质增效面临的挑战及农业全产业链数字化催生的数字治理需求，探讨乡村数字经济高质量发展、数字治理高效能运行及二者协同发展机制与政策支持体系。

（二）

基于对上述问题的思考，本书主要从以下六个方面进行理论探讨和实证检验，以期丰富微观视角下数字技术与农业农村融合发展的理论研究，为健全数字乡村建设的体制机制，推进数字乡村共建共治共享，充分发挥制度、政策、技术与主体的合力作用，促进数字乡村高质量发展、完善数字时代农民福利长效提升机制探寻可行的政策支持体系。

第一，构建科学合理的测度指标体系是厘清农民参与视角下数字乡村发展现状尤其是短板与不足的前提。基于数字乡村发展战略与乡村振兴战略在战略目标、主要任务、实施措施等方面的内在契合性，立足当前数字乡村建设所覆盖的主要领域和未来重点发展方向，本书拟从数字基础设施、数字经济、数字生活、数字生态和数字治理5个方面架构数字乡村系统，并基于系统的功能性视角阐释数字乡村系统的整体与局部运行逻辑。依据农民生产生活各领域数字技术嵌入实际，本书拟从数字基础设施使用度、数字经济参与度、数字治理参与度和数字生活参与度4个方面构建农民参与视角下数字乡村发展水平评估指标体系，有助于突破以往数字乡村发展水平评估存在的难以剥离农民群体参与实际的局限性，更直观地呈现农业农村数字化转型进程中农民的参与度。

第二，制度、政策、技术等因素从不同层面影响数字乡村发展的外部环境。正式制度和非正式制度是数字乡村建设活动得以发生和发展的依据，政策支持是数字乡村实践动态优化的重要保障，数字技术是衔接数字乡村建设目标及制度规范与社会需求的工具和载体。政府职能履行与经营主体作用发挥的有机结合是构建政府支持引导、社会资本广泛参与、涉农主体积极响应的共建共治共享的数字乡村建设格局的重要保障。数字乡村建设依赖多元主体协同参与、多领域协同推进、多要素协同作用（曾亿武等，2021）。其中，政府通过制定规划、出台财政税收与金融支持等系列政策，在数字乡村建设中发挥引导、规范和激励作用；而农业企业、互联网企业、金融机构等经营主体的参与有助于发挥各自在农业产业基础、数字技术创新、资金支持等方面的比较优势，进而产生示范带动效应。

第三，主体的素质与能力关系着数字乡村发展的内生动力。现阶段，数字乡村各领域发展不平衡不充分、政策支持体系不健全、农民数字参与内生动力不足等问题凸显，迫切需要在加强多元政策支持的同时，充分激活农民的主体作用。作为数字乡村建设的重要主体，包括村干部、经济能人、普通农民在内的各类主体的数字乡村实践参与广度和深度的提高，有助于丰富并拓展数字技术与农业农村融合的具体内容和形式，持续增进数字乡村发展的有效性、普惠性和公平性。基于微观层面农民数字参与和宏观层面数字乡村发展的关联逻辑，本书拟重点阐释作为核心能动性因素的数字素养对数字乡村发展各领域农民参与行为的影响机制，并探讨不同乡村能人身份影响农民数字乡村实践参与的禀赋效应。

第四，数字乡村建设推进尤其是乡村经济数字化转型为助力农民增收和改善消费水平、缓解农民收入不平等和消费不平等，增强农民尤其是弱势农民的生计韧性，进而促进共同富裕提供了新契机。数字技术扩散加速各类生产要素的跨区域流动和优化配置，提升区域间经济活动的关联度和交互性，有助于增加个体就业创业选择的自由度和增收机会，提升其参与市场经济活动的可行能力，进而助力农民福利的改善。已有研究多基于省域、市域或县域尺度探讨数字乡村发展对经济增长、就业创业、收入差距及共同富裕的影响（许宪春、张美慧，2020；赵佳佳等，2023；王军、肖华堂，2021），但存在难以剥离农民群体参与实际和难以从微观层面揭示作用机制的局限性。此外，鲜有研究基于"赋权—扩能—增信"的分析框架，系统探究农民参与数字经济发展对个体收入水平与收入不平等、消费水平与消费结构及生计韧性的多重作用逻辑。因此，本书拟从收入、消费和生计韧性三个层面探讨数字乡村发展的客观福利效应及其作用机制。

第五，数字时代着力提升农民的社会阶层认同、增强幸福感与获得感，不仅关系到乡村社会阶层流动与新型人际关系的建构，而且影响着数字乡村包容性发展和农民农村共同富裕进程。21世纪以来，尽管中国经济实现高速发展、居民收入大幅度增长，但中等收入群体仅占总人口的30%，距橄榄型社会的收入结构仍有很大距离，且目前绝大多数低收入群体处于农村地区。不容忽视的是，中国居民尤其是农村居民社会阶层认同普遍偏低（陈云松、范晓光，2016），由此产生的不公平感知将会激发居民对制度安排、经济和社会生态的不满心理，进而引发各类社会风险（赵昱名、黄少卿，2020）。随着数字乡村建设进程加快和农民数字技术采纳程度持续提高，以强渗透性和广覆盖性为典型特征的数字技术应用将加速打破乡村各类生产要素流动与资源配置的固有格局，进而增进社会阶层的流动性。因此，本书拟实证探讨数字乡村实践参与，尤其是乡村数字经济参与对乡村不同群体的社会阶层认同的影响效果及其作用机制，试图揭示数字乡村发展的主观福利效应。

第六，乡村数字经济和数字治理是推进数字乡村建设的短板，且存在协同发展逻辑。已有研究指出，智慧农业发展面临农业全产业链数字化水平偏低、技术使用成本收益难平衡、部分试点项目可持续性差等多重挑战（殷浩栋等，2021；刘传磊等，2023；黄季焜等，2024），且数字技术在乡村治理中的作用效果存在"促进论"、"抑制论"或"双重作用论"的分歧，催生了关于乡村数字经济高质量发展和数字治理高效能运行的学理性和体系化思考。本书拟厘清以智慧农业为核心的乡村数字经济发展及乡村数字治理提质增效取得的进展与面临的关键挑战。鉴于农业全产业链数字化创新发展不断催生乡村数字治理新需求，本书拟选取党支部领办合作社、农产品交易数字化、"网格+电商"、数字化积分制治理、集体"三资"管理、数字化农事服务、农牧行业服务及数字乡村综合服务等典型场景，揭示乡村数字经济与数字治理协同发展的主要模式、潜在逻辑与表现形式，深入探索未来二者的协同发展思路和支持政策体系。

（三）

本书共编排4篇共14章内容。具体章节安排如下。

第一篇为数字乡村发展的内生动力与福利效应分析框架构建，包括第一章和第二章。具体章节安排如下：第一章为绪论，阐述研究背景、研究目的与意义，综述国内外研究动态，交代研究思路与主要内容、研究方法与数据来源，提炼研究创新之处。第二章为数字乡村系统构建、发展内生动力与福利效应的理论研究，重在构建动态视角下农民数字素养驱动数字乡村全面发展的逻辑框架，以及数字乡村发展的福利效应分析框架。

第二篇为数字乡村发展的微观测度与内生动力研究，包括第三章和第四章。具体章节安排如下：第三章为数字乡村发展的支持政策梳理、水平测度及现状研究，主要梳理数字乡村发展的各类支持政策，构建微观视角下数字乡村发展水平测度指标体系，基于定量评估厘清发展短板。第四章为农民数字素养、乡村能人身份对数字乡村发展的影响研究，旨在实证揭示数字乡村发展中农民数字素养的内生动力机制及乡村能人身份的禀赋效应。

第三篇为数字乡村发展的福利效应研究，包括第五章至第八章。具体章节安排如下：第五章为乡村数字经济发展对农民收入的影响研究，旨在从微观尺度实证探讨数字经济参与对农民收入水平和收入不平等的影响效应及其作用机制。第六章为数字乡村发展对农民消费的影响研究，深入揭示数字乡村发展影响农民消费的结构性差异、作用机制以及对不同类型消费的影响异质性。第七章为乡村数字经济发展对农民生计韧性的影响研究，实证探讨数字经济发展对以抵抗力、适应力和再造力表征的农民生计韧性的影响及作用机制。第八章为乡村数字经济发展对农民社会阶层认同的影响研究，从社会效应视角系统审视以数字化生产、数字化供销和数字化金融表征的数字经济参与对其社会阶层认同的差异化影响及作用机制。

第四篇为数字乡村发展的短板研究，包括第九章至第十四章。具体章节安排如下：第九章为智慧农业促进乡村数字经济发展的进展与挑战研究，聚焦智慧农业领域典型应用场景进行分类梳理和比较，并揭示以智慧农业促进乡村数字经济发展面临的挑战及未来趋势。第十章为数字治理对乡村治理效能的影响研究，基于农户调查数据，实证检验农民数字治理参与对乡村治理能力和治理效果的影响效应及其潜在逻辑，为数字技术在乡村治理中的作用效果提供初步的经验证据。第十一章为数字治理促进乡村治理效能提升的实践挑战与理论逻辑研究，基于典型案例分析，阐释以数字治理促进乡村治理效能提升面临的主要挑战及成因，探索性构建乡村数字治理效能的解析框架，并提出加快乡村数字治理提质增效的主要思路。第十二章为乡村数字经济发展对数字治理的影响研究，基于农民主体性视角，实证检验乡村数字经济参与对农民数字治理响应的影响及其作用逻辑。第十三章为乡村数字经济与数字治理协同发展的理论逻辑与现实挑战研究，阐释乡村数字经济与数字治理的互动关联逻辑及协同发展的驱动机制，梳理二者协同发展的典型模式及具体表现，归纳二者协同发展面临的主要挑战。第十四章为加快数字乡村高质量发展的政策建议，基于前述研究结论，提出加快数字乡村协同、高效、包容、惠民和可持续发展的政策建议。

（四）

随着数字中国尤其是数字乡村战略的推进实施，加快数字乡村发展的理论体系与政策支持体系的探索性研究，尤其立足农民主体性视角，揭示数字乡村发展的驱动机制与福利效应显得日益必要和迫切。本书作者在北京大学中国农业政策研究中心从事博士后研究期间，参与了两期《县域数字乡村指数》的编制与研究报告的撰写工作及部分地区智慧农业试点效果的评估工作，为本书系统架构微观视角数字技术与农业农村融合发展的理论框架，拓展数字乡村发展的驱动机制与经济社会效应评估体系提供有益启发。因数字乡村战略从提出到试点实施时间尚短，当前，关于数字乡村研究的学术专著十分有限。数字乡村实践发展呼唤更多学者从更广泛视角开展多学科交叉研究。本书从微观视角切入，系统探究数字乡村发展的理论与政策问题，不失为宏观层面数字乡村发展研究的有益补充。希望本书的出版能够为相关领域学者深入开展数字乡村发展的案例与实证研究，系统探讨数字乡村发展的支持政策体系优化提供有益借鉴。

当然，因经费支持和研究能力有限，本书撰写过程中难免存在一些不足之处。作者所在课题组虽较早在四川省、重庆市和宁夏回族自治区3个省份开展数字乡村建设进展的微观农户调查，但微观数据收集仅局限于西部地区，未能扩展到中部和东部进而形成具有全国代表性的数字乡村发展微观调查数据库。此外，数字乡村发展效果评估有赖于动态追踪调查，限于经费条件，本书采用的四川省、重庆市和宁夏回族自治区3个省份的调查数据为截面数据。为在一定程度上弥补上述不足，本书在两个章节的研究中还使用了具有全国代表性的县域数字乡村指数数据库、中国家庭追踪调查数据库和中国乡村振兴综合调查数据库进行实证研究，以增强相关研究结论的可推广性。

本书撰写过程中得到一些老师、同事和研究生的大力支持，在此表示感谢。中国信息通信研究院副研究员赵佳佳参与了本书第六章的写作工作，四川大学博士生周红利参与了本书第五章和第八章的数据处理工作，中国社会科学院大学博士生邓晗参与了本书第七章的写作工作，华中科技大学硕士生赵雪梅参与了本书第十章和第十二章的数据处理工作。

感谢北京大学现代农学院黄季焜教授和易红梅教授对本书作者开展数字乡村研究的指导和启发。感谢中国社会科学院农村发展研究所孙同全研究员、冯兴元研究员，以及中国人民大学农业与农村发展学院马九杰教授、北京工商大学经济学院张正平教授、中国社会科学院农村发展研究所董翀副研究员、中国农业大学国际学院胡雯副教授为本书提供的宝贵修改意见和建议。感谢参与四川省、重庆市和宁夏回族自治区3个省份农户调查的每位调查员，感谢为调查工作开展提供周到联系和安排的地方政府与金融机构工作人员，感谢接受问卷访谈的每位村干部与农户。

目　录

第一篇　数字乡村发展的内生动力与福利效应分析框架构建

第一章　绪论 ··· 3
第一节　研究背景 ··· 3
第二节　研究目的与意义 ··· 7
第三节　国内外研究动态综述 ·· 10
第四节　研究思路与主要内容 ·· 21
第五节　研究方法与数据来源 ·· 28
第六节　研究创新 ··· 30

第二章　数字乡村系统构建、发展内生动力与福利效应的理论研究 ··············· 32
第一节　理论基础 ··· 33
第二节　数字乡村系统的构建及特征阐释 ··· 40
第三节　数字乡村发展的内生动力机制：基于农民数字素养 ····················· 44
第四节　数字乡村发展的福利效应分析框架 ·· 56
第五节　本章小结 ··· 67

第二篇　数字乡村发展的微观测度与内生动力研究

第三章　数字乡村发展的支持政策梳理、水平测度及现状研究 ···················· 71
第一节　数字乡村发展的政策支持及市场探索梳理 ································· 73

第二节　微观视角下数字乡村发展水平评估 …………………… 84
　　第三节　农民参与数字乡村发展的一般性影响因素分析 ……… 92
　　第四节　本章小结 ………………………………………………… 99

第四章　农民数字素养、乡村能人身份对数字乡村发展的影响研究 ……………………………………………………………… 100
　　第一节　农民数字素养、乡村能人身份与乡村数字经济 ……… 102
　　第二节　农民数字素养、乡村能人身份与乡村数字治理 ……… 115
　　第三节　农民数字素养、乡村能人身份与乡村数字生活 ……… 131
　　第四节　本章小结 ………………………………………………… 149

第三篇　数字乡村发展的福利效应研究

第五章　乡村数字经济发展对农民收入的影响研究 …………… 153
　　第一节　理论逻辑与研究假说 …………………………………… 155
　　第二节　研究设计 ………………………………………………… 163
　　第三节　实证检验与结果分析 …………………………………… 170
　　第四节　本章小结 ………………………………………………… 191

第六章　数字乡村发展对农民消费的影响研究 ………………… 192
　　第一节　文献综述与理论分析 …………………………………… 194
　　第二节　研究设计 ………………………………………………… 196
　　第三节　实证检验与结果分析 …………………………………… 201
　　第四节　进一步讨论：影响机制 ………………………………… 208
　　第五节　本章小结 ………………………………………………… 210

第七章　乡村数字经济发展对农民生计韧性的影响研究 ……… 212
　　第一节　理论分析与研究假说 …………………………………… 214
　　第二节　研究设计 ………………………………………………… 220
　　第三节　实证检验与结果分析 …………………………………… 226
　　第四节　进一步讨论：影响机制 ………………………………… 232
　　第五节　本章小结 ………………………………………………… 239

第八章　乡村数字经济发展对农民社会阶层认同的影响研究 … 241
　　第一节　理论分析与研究假说 …………………………………… 242

第二节　研究设计 ·· 248
第三节　实证检验与结果分析 ·································· 254
第四节　本章小结 ·· 264

第四篇　数字乡村发展的短板研究

第九章　智慧农业促进乡村数字经济发展的进展与挑战研究 ········ 269
第一节　智慧农业促进乡村数字经济发展的基础与条件 ········ 271
第二节　智慧农业促进乡村产业转型升级的多重逻辑 ·········· 280
第三节　发达国家智慧农业发展现状及经验借鉴 ·············· 282
第四节　中国智慧农业发展取得的进展 ························ 285
第五节　智慧农业促进乡村数字经济发展面临的挑战及
　　　　未来趋势 ·· 291
第六节　本章小结 ·· 295

第十章　数字治理对乡村治理效能的影响研究 ···················· 296
第一节　理论分析与研究假说 ·································· 298
第二节　研究设计 ·· 302
第三节　实证检验与结果分析 ·································· 308
第四节　本章小结 ·· 317

第十一章　数字治理促进乡村治理效能提升的实践挑战与理论
　　　　　逻辑研究 ·· 318
第一节　研究动态综述 ·· 320
第二节　数字治理促进乡村治理效能提升的政策设计与
　　　　现实机遇 ·· 321
第三节　数字治理促进乡村治理效能提升的主要进展和
　　　　关键挑战 ·· 326
第四节　乡村数字治理效能的逻辑分析框架建构 ·············· 335
第五节　本章小结 ·· 341

第十二章　乡村数字经济发展对数字治理的影响研究 ·············· 343
第一节　理论分析与研究假说 ·································· 344
第二节　研究设计 ·· 349

第三节　实证检验与结果分析……………………………………… 355
　　第四节　本章小结…………………………………………………… 365

第十三章　乡村数字经济与数字治理协同发展的理论逻辑与现实挑战研究…………………………………………………… 367
　　第一节　乡村数字经济与数字治理协同发展的理论逻辑……… 370
　　第二节　乡村数字经济与数字治理协同发展的场景探析……… 378
　　第三节　乡村数字经济与数字治理协同发展的支撑条件……… 391
　　第四节　乡村数字经济与数字治理协同发展面临的主要
　　　　　　挑战……………………………………………………… 395
　　第五节　推进乡村数字经济与数字治理协同发展的主要
　　　　　　思路……………………………………………………… 401
　　第六节　本章小结…………………………………………………… 402

第十四章　加快数字乡村高质量发展的政策建议…………………… 404
　　第一节　加快数字乡村高质量发展的总体思路………………… 404
　　第二节　推动数字乡村高质量发展的政策建议………………… 406

主要参考文献………………………………………………………………… 418

第一篇

数字乡村发展的内生动力与福利效应分析框架构建

第一章

绪　论

第一节　研究背景

随着新一代信息技术与实体经济加速融合，诸多国家纷纷加快发展数字经济、推动经济社会转型、培育经济增长新动能。党的二十大报告强调，"加快发展数字经济，促进数字经济和实体经济深度融合"。中国是世界第二大数字经济体，2022年数字经济规模达50.2万亿元（约占国内生产总值的41.5%）[①]。伴随数字经济的快速发展，构建以数字化驱动的乡村现代化经济体系、社会治理体系和经济社会发展支撑体系成为乡村振兴和农业农村现代化的战略方向和重要内容。近年来，中国政府先后出台《乡村振兴战略规划（2018—2022年）》《数字乡村发展战略纲要》《数字农业农村发展规划（2019—2025）》等一系列政策文件，为推进数字乡村建设明确了基本方向和具体行动方案。继2020年国家部署实施数字乡村试点后，2021年中央一号文件明确提出启动数字乡村建设发展工程，标志着数字乡村建设由战略规划进入探索实施的新阶段。此后，浙江、江苏、广东、山东等诸多省份陆续开展省级数字乡村试点探索。2021年出台的《数字乡村建设指南1.0》提出了数字乡村建设的总体架构设计与典型应用场景，为各地因地制宜、分类探索数字乡村发展模式提供重要参考。2022年发布的《数字乡村发展行动

[①] 资料来源：国家互联网信息办公室，《数字中国发展报告（2022年）》，2023，http://www.ahwx.gov.cn/yjdt/202305/W020230523388839080571.pdf。

计划（2022—2025年）》明确了新阶段数字乡村发展目标、重点任务和保障措施。2023年中央一号文件强调，"深入实施数字乡村发展行动，推动数字化应用场景研发推广；加快农业农村大数据应用，推进智慧农业发展"。2024年中央一号文件接续强调，"持续实施数字乡村发展行动，发展智慧农业"。根据数字乡村试点取得的进展和面临的挑战，国家层面不断优化数字乡村建设的支持政策体系。

数字技术的应用可通过效率提升、新机遇创造、新途径开辟加速变革农村社会的思维与行为模式、生产与生活方式、公共服务与社会治理手段等诸多方面（刘淑春，2019；张勋等，2019；黄季焜，2021）。数字乡村建设的全面推进有赖于乡村基础设施、经济、生活和治理等各领域数字化的有序和协同发展，并以满足农民日益增长的多样化数字技术应用需求为基点。作为数字乡村建设的重要主体，农民兼具参与者、监督者和受益者等多重角色。着力提升农民在乡村经济、生活、治理等数字乡村建设各领域参与度和福利水平，是充分调动多元主体积极性和能动性、加快实现乡村共建共治共享的关键。然而，由数字技术供需不匹配、项目建设存在盲目性、体制机制不完善等导致部分地区数字乡村建设存在"政府在建、农民在看"的悬浮化现象，农民数字参与的内生动力不足、外部支撑机制尚不完善等问题凸显，阻碍了数字乡村建设进程。2023年发布的《农民参与乡村建设指南（试行）》为完善数字乡村建设中的农民有序参与机制、持续提高数字乡村发展惠民程度明确了行动方向。鉴于此，立足农民主体性，构建微观层面数字乡村发展评估指标体系，实证探究数字乡村发展的驱动机制尤其是内生动力机制及其对农民主体的多维福利影响，既是提高数字乡村发展的有效性、普惠性与公平性，加快农业农村数字化转型的迫切要求，也是构建共建共治共享的新发展格局、助力乡村全面振兴的重要课题。

科学评估数字乡村建设进展，并厘清数字乡村发展的制约因素尤其是动力机制，是加快数字乡村高质量发展的重要基础。一方面，缺乏微观尺度数字乡村发展水平评估，难以有效厘清数字乡村整体及各领域发展现状尤其是发展短板。已有研究多以国家、省、市为基本单元测度数字经济发展现状（徐清源等，2018；许宪春、张美慧，2020；朱红根、陈晖，2023），但相关测度体系未能直观地刻画农民群体数字技术应用实际。少量机构以县域为尺度测度数字乡村发展水平（农业农村部信息中心，2020；北京大学新农村发展研究院，2020），存在难以剥离农民群体参与实际的局限性。部分学者围绕乡村基础设施、经济、治理与公共服务等单一领域数字化取得的进展与不足开展了诸多定性探讨（夏显力等，2019；Liu et al.，2020），但微观测度研究存在明显不足。另一方面，忽视对数字乡村发展的内外部制约因素的探究，难以为架构契合乡村数字化转型需求的政策支撑体系提供充分的理论支持。当前，中国农民群体间数字技术接入机会的差距已明显缩小，但数字技术使用能力的差距仍然较大（彭波、严峰，2020；James，2021），且农村数字化教育体系滞后、农民数字素养水平普遍偏低（温涛、陈一明，2020），从根本上制约了数字乡村的内生发展进程。与此同时，支撑数字乡村有序发展的生产经营体系、管理与服务体系，以及财政、金融等方面的政策支持体系尚不完善（赵春江，2020）。因此，亟待探索提升农民数字乡村实践参与广度和深度的内在能动性因素和外部驱动机制。

系统探讨数字乡村发展对农民多维福利的影响效应，对持续改善数字乡村发展福利效果、构建数字时代农民福利长效提升机制十分关键。学者围绕互联网使用的经济社会效应展开了大量探讨，相关研究证实，互联网使用不仅可通过拉动非农就业、激发创业、提升收入、促进消费，还可通过增加个体主观幸福感、提升社会阶层认同，进而增进农民福利（苏岚岚、孔荣，2020；鲁元平、王军鹏，2020；许恒等，2020；Li et al.，2021；刘任等，2022）。随着数字乡村实践的发展，一些研究基于省域、市域或县域尺度探讨了数字乡村发展对促进县域农民增收（史常亮，2023）、推动省域内城乡融合（温涛等，2023）和农业高质量发展（雷泽奎等，2023）的影响。与此同时，微观层面的研究多停留于剖析农民生产生活中单一领域数字技术采纳的经济社会效应（王立华、苗婷，2012；徐志刚等，2017；韩飞燕、李波，2018；秦芳等，2022），忽视了对数字乡村建设整体推进背景下不同领域农民参与的主客观福利效应及其多重作用路径的探讨，且鲜有研究定量论证农民参与农业全产业链数字化发展对收入水平与收入不平等、消费水平与消费结构及生计韧性的影响。

乡村数字经济和数字治理是数字乡村建设的两大短板，也是潜力所在。随着数字经济与实体经济融合不断推进，乡村数字经济和数字治理在技术支撑、应用场景、呈现形式、要素需求等方面的关联性日益增强，在政策联动、需求导向、基础设施支撑、要素保障等方面的脱节及由此产生的发展水平不协同问题也日益突出。构建二者的协同发展机制成为加快数字乡村高质量发展、持续提升数字乡村发展福利的重要着力点。数字技术在乡村治理中的作用效果存在"促进论"、"抑制论"或"双重作用论"的分歧（杜姣，2020；邱泽奇等，2022；丁波，2022），催生了关于乡村高效能数字治理的学理性和体系化思考。与此同时，农业全产业链数字化发展不断催生乡村数字治理新需求，尤其是农产品电商、集体资产交易、数字金融服务、数字化农事服务等经济数字化场景嵌入乡村治理领域，加快拓展数字治理的内容与边界、重构乡村信用体系与交易契约机制，并为提高乡村治理平台活跃度、破解治理领域数字技术供需不匹配及治理悬浮化等问题提供重要契机。然而，鲜有研究深入探讨以智慧农业为核心的乡村经济数字化面临的多重挑战，乡村数字治理提质增效面临的挑战与实践进路及乡村数字经济与数字治理的关联逻辑与协同发展路径。

基于上述分析，本书拟立足数字乡村发展现状及未来发展趋势，构建数字乡村系统并剖析典型特征；依据赋能理论、技术—经济范式理论、技术扩散理论、自主治理理论、系统科学理论、福利经济学理论、数字行为经济学理论等理论，阐释数字乡村发展的内生动力机制与福利效应理论分析框架。本书拟在系统梳理政府支持政策与社会资本实践探索基础上，构建基于农民参与的数字乡村发展水平测度指标体系，采用四川省、重庆市和宁夏回族自治区农户调查数据进行实证评估，并基于总体、分维度、分区域及分群体的比较分析，厘清微观视角下数字乡村发展现状、典型特征及发展不足。本书拟探索性界定农民数字素养的内涵和外延，架构数字素养驱动数字乡村全面发展的理论框架，揭示其局部及整体运行逻辑；实证探究数字素养、乡村能人身份对农民参与数字经济、数字治理和数字生活的共性和差异化影响，试图揭示数字素养的内生动力效应、乡村能人身份的禀赋效应及数字技术在重塑乡村治理格局中的潜在作用。本书拟综合采用课题组开展的微观农户调查数据及公开申请的县域数字乡村指数数据、中国家庭追踪调查数据和中国乡村振兴综合调查数据，分别从收入、消费、生计韧性和社会阶层认同四个方面实证探究数字乡村发展尤其是以数字化生产、数字化供销和数字化金融表征的农业全产业链数字化视角下农民数学经济参与的主客观福利效应，并从赋权、扩能和增信等层面探讨数字乡村发展引致福利效应的多重作用路径。立足数字乡村发展的短板及其内在关联，本书还将基于典型案例分析，深入探讨以智慧农业为核心的乡村经济数字化发展取得的进展与面临挑战，系统剖析以数字治理促进乡村治理效能提升的关键挑战与路径选择；定量论证农民数字治理参与对乡村治理效能的影响效应及作用逻辑，计量估计基于农民参与的乡村经济数字化对治理数字化的影响效应及作用机制；阐释乡村数字经济与数字治理协同发展逻辑，并基于典型案例分析，梳理二者协同发展的典型场景与具体表现及面临的关键挑战，进而提出推进二者协同发展的思路和政策建议。

第二节 研究目的与意义

一 研究目的

数字乡村起步发展阶段，农民数字参与内生动力不足、农业全产业链数字化水平不高、乡村数字治理效能偏低、经济数字化与治理数字化的发展不协同、数字乡村发展的主客观福利效应尚不清晰等现实问题日益凸显。为探究加快数字乡村高质量发展、不断改善数字乡村发展福利效应的有效路径，推进数字乡村理论体系研究和支持政策设计，本书拟围绕数字乡村发展的微观量化评估、数字乡村发展的内生驱动机制、数字乡村发展的福利效应及补足数字乡村发展的短板等关键问题，开展理论与实证研究。具体研究目标如下。

第一，立足农民主体地位，从乡村数字基础设施使用度、数字经济参与度、数字生活参与度和数字治理参与度4个维度构建微观视角下数字乡村发展水平的一般性测度框架，提炼现阶段农民参与视角下数字乡村发展的典型特征，明确不足和改进方向。

第二，基于农民生产生活实际，从数字化通用素养、数字化社交素养、数字化创意素养和数字化安全素养4个方面构建具有可推广性的农民数字素养评估指标体系，并基于微观农户调查数据开展定量测度，厘清农民数字素养总体及分维度现状。

第三，揭示数字素养影响农民参与乡村数字经济、数字治理及数字生活的内生动力机制，论证乡村能人身份影响农民参与乡村数字经济与数字治理的禀赋效应。分析政府和社会资本主体推进数字乡村建设的有益探索，揭示数字乡村建设中的政府职能和市场作用，诠释农民参与视角下数字乡村发展的驱动机制。

第四，论证数字乡村发展尤其是农业全产业链数字化发展对农民收入水平与收入不平等、消费水平与消费结构、生计韧性及社会阶层认同的影响效应，揭示数字乡村发展引致福利效应的赋权、扩能和增信等多重作用逻辑。

第五，聚焦数字乡村发展的短板，剖析智慧农业促进乡村数字经济发展取得的进展与面临的挑战，以及以数字治理促进乡村治理提质增效面临的挑战与实践路径。基于农民参与视角下数字经济与数字治理的关系探讨及典型应用场景分析，诠释乡村数字经济与数字治理的协同发展逻辑和支持政策优化路径。

第六，立足数字乡村发展面临的多重挑战和未来发展趋势，提出加快补齐数字乡村发展短板、健全数字化教育体系、强化农业科技赋能、加强数字技术与组织和制度融合，协同推进乡村经济数字化和治理数字化进程、加快消弭区域间和群体间数字鸿沟、完善联农带农和农民有序参与机制，构建多部门跨领域统筹协调机制、优化多元投入机制和考核评价机制等政策建议，以谋求数字乡村协同、高效、包容、惠民和可持续发展。

二 研究意义

本书聚焦农民参与视角下数字乡村发展现状评估、数字乡村发展驱动机制与福利效应等问题展开理论与实证探讨，研究具有重要意义。具体如下。

第一，探索性构建微观视角下数字乡村发展水平评估、内生驱动机制与福利效应的理论框架，综合采用课题组在国家数字乡村试点与非试点地区的农户调查数据，以及公开申请的县域数字乡村指数、中国家庭追踪调查数据和中国乡村振兴综合调查数据进行系统研究，有益于拓展信息技术在农业农村领域全方位全链条推广应用及其经济社会效应研究，延伸农业农村数字化转型的理论探讨，丰富数字乡村发展的理论体系，也为实践中科学厘清农民参与数字乡村发展的主要制约因素，准确把握数字乡村发展支持政策的关键点和着力点，落实"为民而建、为民而兴"的数字乡村建设原则，合理优化数字乡村发展的体制机制设计提供理论依据。

第二，立足数字乡村发展的重点任务与农民生产生活实际，探索性构建包括乡村数字基础设施使用度、数字经济参与度、数字生活参与度和数字治理参与度4个维度的数字乡村发展水平评估指标体系并进行实证测度，有益于弥补已有研究基于省域、市域或县域尺度开展测度存在的不足，为进一步厘清数字乡村发展现状，提炼阶段性特征尤其是明确发展短板、优化数字乡村发展的支持政策体系设计、不断提高数字乡村发展质量提供现实依据。

第三，基于数字素养与乡村能人身份的单一影响及交互作用效果，诠释农民参与视角下数字乡村发展的内生动力机制，并基于财政政策、金融政策及多元经营主体的实践探索，剖析数字乡村发展的外部驱动机制，这有助于系统揭示数字乡村发展的关键驱动因素及其一般规律性，丰富农民数字技术采纳的行为机制研究，也为实践中发挥数字技术需求端和供给端的合力作用、多渠道提高数字乡村建设中农民参与的广度和深度、构建多元主体共建共治共享的数字乡村建设格局、推动数字乡村高质量发展提供实践策略参考。

第四，综合考察数字乡村发展引致的主客观福利效应，实证探究数字乡村发展对农民收入、消费、生计韧性及社会阶层认同的影响及群体异质性，揭示数字乡村发展的赋权、扩能、增信等多重作用逻辑，有益于延伸农民物质与精神共同富裕的理论分析框架，也为实践中科学评估数字乡村试点政策效果，构建合理的绩效考评机制，不断提高数字乡村发展的有效性、普惠性与公平性，持续提升数字时代农民福利水平探寻有效的实践路径。

第五，聚焦乡村数字经济和数字治理两大短板及其内在关联，综合采用实证研究和案例剖析，探讨乡村数字治理提质增效、数字经济高质量发展、数字经济与数字治理协同发展的理论逻辑与实践路径，有益于丰富数字乡村和乡村治理现代化的理论体系，为数字乡村高质量发展提供有益实践参考。检视乡村治理领域数字技术应用效果，构建数字治理效能的解析框架并剖析其形成逻辑，有益于深化乡村数字治理效能的学理性和体系化研究，并为加快乡村智治、自治、德治、法治有机融合，着力提升乡村数字治理效能探寻可行的实践路径。基于乡村数字经济与数字治理因果关系的检验及典型协同发展场景的分析，揭示二者协同发展逻辑，为构建农业全产业链数字化与治理数字化协同互促的政策支持体系、加快补齐数字乡村建设的短板提供有力支撑。

第三节 国内外研究动态综述

一 数字经济的定义与测度研究

国内外有关数字经济的研究为数字乡村理论的形成与实践的推进奠定了基础。国外机构和学者从不同层面界定了数字经济内涵。例如，二十国集团（G20）指出，数字经济是指以使用数字化的知识和信息为关键生产要素、以现代信息网络为重要载体、以信息通信技术的有效使用为效率提升和经济结构优化的重要推动力的一系列经济活动（G20，2016）。经济合作与发展组织（简称 OECD）于 2017 年基于包容性发展视角将数字经济界定为经济社会发展的数字化转型，强调数字化和互连性两大技术支柱对传统生产成本和组织模式的影响，以及数字经济对创新发展和包容性增长的驱动作用。美国经济分析局（Bureau of Economic Analysis，BEA）于 2018 年从生产法核算的角度界定数字经济包括数字驱动的基础设施、电子商务交易和数字化传媒三个方面。

在内涵界定基础上，国外相关机构构建了各有侧重的测度指标体系。例如，欧盟（European Commission，2015）从宽带接入、人力资本、互联网应用、数字技术应用和公共服务数字化程度 5 个主要方面构建了包含 31 项二级指标的数字经济与社会指数指标体系（Digital Economy and Society Index，DESI），并对各成员国数字经济发展水平进行了测算。美国商务部数字经济咨询委员会（2016）提出了包含各经济领域的数字化程度（如企业、行业和家庭等）、经济活动和产出中数字化的影响（如消费者剩余、供应链效率等）、实际国内生产总值（GDP）和生产率等经济指标的复合影响、新兴的数字化领域 4 个方面的数字经济衡量框架,并对美国数字经济规模进行测算。OECD(2017)从投资智能化基础设施、创新能力、赋权社会、信息通信技术促进经济增长与增加就业4个方面构建了包括38个具体指标的数字经济核算指标体系。综上,国外组织对数字经济的测度多强调数字经济的基础、应用和影响等方面。

国内相关机构和学者也对数字经济的内涵界定做出诸多尝试。相关研究大致分为两类。一类是将数字产业部门对其他传统产业部门的产出影响纳入考量,将数字经济视为一系列经济活动。例如,国家统计局(2021)发布的《数字经济及其核心产业统计分类(2021)》将数字经济界定为以数据资源为关键生产要素、以现代信息网络为重要载体、以信息通信技术的有效使用为效率提升和经济结构优化的重要推动力的一系列经济活动[①]。另一类是基于数字技术对经济社会运行模式的影响,将数字经济界定为一种新经济形态。如中国信息通信研究院(2017)认为,数字经济是以数字化的知识和信息为关键生产要素、以数字技术创新为核心驱动力、以现代信息网络为重要载体,通过数字技术与实体经济深度融合,不断提高传统产业数字化、智能化水平,加速重构经济发展与政府治理模式的新型经济形态。赛迪顾问(2017)认为,数字经济是以数据资源为重要生产要素,以现代信息网络为主要载体,以信息通信技术融合应用、全要素数字化转型为重要推动力,促进公平与效率更加统一的新经济形态。

基于对数字经济内涵认识的不断推进,国内相关机构对数字经济的测度进行了诸多探索,且不同机构的测度各具特色(徐清源等,2018)。例如,上海社会科学院(2017)从数字设施、数字产业、数字创新、数字治理4个维度构建了全球数字经济竞争力分析模型,重点对欧盟、美国、中国和"一带一路"共建国家的数字经济水平进行测度。中国信息通信研究院(2017)运用对比法提出数字经济指数(DEI)框架,综合考虑了数字经济发展所依赖的基础条件、数字产业化、产业数字化及数字经济对宏观经济社会带来的影响,并采用直接法对中国国家

[①] 数字经济及其核心产业统计分类(2021),https://www.gov.cn/gongbao/content/2021/content_5625996.htm.

数字经济的总量进行估算。赛迪顾问（2017）构建了包括基础型、资源型、技术型、融合型、服务型5个维度的中国数字经济测度指标体系，对中国31个省级行政区域（不含港、澳、台地区，下同）进行测算。腾讯（2018）基于自身业务平台数据和京东、滴滴、携程等企业的行业数据构建了中国"互联网+"数字经济指数，该指数包括基础分指数、产业分指数、创新创业分指数、智慧民生分指数四大类，共涵盖14个一级指标、135个二级指标，并对中国31个省级行政区域和351个有数据源的城市数字经济指数进行测算。财新传媒（2017）从数字化产业指数、数字化融合指数、数字化溢出指数和数字化基础设施指数4个方面构建了包括13个二级指标的中国数字经济指数，并对中国31个省级行政区域进行测算。国家工业信息安全发展研究中心（2020）从数字基础设施、数字产业、产业数字化、公共服务数字化和数字经济生态5个方面构建了数字经济测度体系，并在不同维度设计指标衡量当前数字经济重要领域发展水平的同时，也设计了少量反映数字经济发展前沿方向的前瞻性指标。万晓榆等（2019）基于投入产出视角构建了包括数字化投入、数字化治理、数字化产出3个一级指标和数字化创新、数字化基础设施、政府、企业、公众、数字产业化、产业数字化7个二级指标的数字经济指标体系，但并未进行测度。

二 数字乡村的内涵及发展水平测度研究

随着数字经济的发展，智慧乡村和数字乡村理念较早受到国外理论界和实践界的关注，且相关研究并未对二者的内涵进行明确区分，但均强调信息技术驱动乡村生产生活各领域数字化转型。基于对印度智慧乡村实践的分析，Somwanshi等（2016）指出，智慧乡村的基本理念是从各方面整合社区的资源和力量，并与信息技术相结合，以高效快捷的方式为农村社区提供安全、交通、卫生、资源管理、社会治理等方面的服务。基于对印度尼西亚智慧乡村发展的分析，Sutriadi（2018）定义智慧乡村为在国家发展规划体系下，通过加强农村人力资源开发，运用信息技术促进中小部门的高效率发展，实现城乡可持续联系的创新发展形态。欧盟（2017）将智慧乡村定义为在现有优势和资产基础上，利用数字通信技术，创新性地增强传统网络和新型网络，从而创造新增值机会、造福农村地区的发展模式。德国、芬兰等国家均积极开展"智慧乡村"行动，以加快农村数字化转型。其中，The Ministry of Internal Affairs and Sports Rhineland-Palatinate（2019）指出，德国构建了一个由社会（居民、商业、机构等）、特定领域服务（当地供应、通信、政府、教育、医疗等）、技术平台（基础平台服务、数据管理、链接特定领域服务等）、基础设施（5G、无线网络等）和组织生态系统（合作伙伴、商业模式、数字化路线图等）5个层次组成的较具代表性的数字乡村生态系统。

国内学者也在智慧乡村的定义与测度方面做了一些探索。已有研究多借鉴智慧城市的理念，定义智慧乡村为依托物联网、云计算、大数据和移动互联等新兴信息技术在农村产业经营、乡村治理、居民生活、资源环境等多领域的广泛与深度应用，激发人的主体性，进而实现乡村智慧化发展和可持续发展的创新发展形态（常倩、李瑾，2019；周广竹，2016；李先军，2017）。随着数字经济的快速发展，数字乡村概念得到越来越多的关注。2019年出台的《数字乡村发展战略纲要》将数字乡村定义为伴随网络化、信息化和数字化在农业农村经济社会发展中的应用，以及农民现代信息技能的提高而内生的农业农村现代化发展和转型进程。这是目前关于数字乡村内涵较权威的界定。鉴于已有研究未对智慧乡村和数字乡村的概念作明确区分，本书统一采用数字乡村的表述。

国内少量机构和学者主要以省域和县域为单元构建数字乡村评价指标体系，为基于微观层面评估数字乡村发展水平提供有益参考。例如，常倩和李瑾（2019）从能力类指标（信息资源、保障体系、智能设施、应用基础）和成效类指标（惠民服务、精准治理、产业经营、社会反响、特色指标）两个方面构建了包含9个一级指标和31个二级指标的智慧乡村评价指标体系，但未进行定量测度。张鸿等（2020）构建了包括宏观环境、基础设施支持、信息环境、政务环境、应用环境5个一级指标和29个二级指标的数字乡村指标体系，实证测算表明全国大部分省份数字乡村发展处于成长期或起步期。农业农村部信息中心（2020）设计了包括发展环境、基础支撑、生产信息化、经营信息化、乡村治理信息化、服务信息化6个一级指标、15个二级指标和20个三级指标的数字农业农村发展水平评价指标体系，并测度表明，全国县域数字农业农村发展总体水平达到36%。北京大学新农村发展研究院数字乡村项目组（2020）构建了包括乡村数字基础设施、乡村经济数字化、乡村治理数字化和乡村生活数字化4个分指数的县域数字乡村指数，并基于全国1880个县（不含市辖区）的评估结果表明，县域数字乡村整体处于起步发展阶段，且呈现"东部发展较快、中部次之、西部发展滞后"的格局。

三　乡村数字治理的界定与测度研究

已有研究关于乡村治理有效的路径和影响因素探讨为数字化情境下乡村治理数字化转型驱动机制和农民参与数字治理的行为机制研究提供有益借鉴。已有研究主要围绕资源下乡（沈费伟，2019）、新乡贤培育（原超，2019）、文化重建（袁君刚等，2020）、工商业资本带动（李云新等，2018）等层面探讨了实现乡村有效治理的路径。与此同时，一些研究表明，主体认知、社会资本、情境条件等因素均对农民参与乡村治理产生显著影响。例如，李冰冰等（2013）以乡村公共品建设中是否参与讨论、筹资、出工、预算、监督和维护表征乡村治理参与情况，研究表明农民对乡村治理的总体参与度不高。张翠娥等（2015）研究发现，民主意识、责任意识和治理方式认同感等主体认知因素及与村干部接触频率、信息渠道的直接程度等情境因素均显著正向影响农民参与乡村治理的意愿。刘春霞等（2016）研究证实，受教育程度、社会信任、社会网络、村庄经济环境等因素显著影响农民参与乡村公共品合作供给意愿。随着数字技术在乡村的应用加速，数字技术在乡村治理中的作用引起越来越多学者的关注。在政府治理场域，信息技术广泛应用被认为有助于赋能个体和组织、增强其自我效能感和控制力，促进被赋能对象更好参与社会治理（Zimmerman，1990；Dal Bó et al.，2021）。在乡村治理场域，相关研究也表明，信息技术在赋能乡村个体及组织、促进政社互动，提高基层治理决策科学性、监督及时性与管理透明性等方面发挥独特作用（赵秀玲，2019；沈费伟，2020）。

一些机构和学者对数字治理的内涵及农民参与乡村数字治理的影响因素进行了初步探讨。数字治理概念经由电子政务、数字政府等演变而来。20世纪90年代初，美国政府最早提出将信息技术创新应用和政府运作相结合的电子政府概念。随后，中国先后提出电子政务、智慧政务、数字政府等概念。近年来，数字治理概念越来越多地被采用。基于国家治理，黄建伟和陈玲玲（2019）指出，数字治理是政府、市场、公民以及其他主体应用现代信息技术创新传统治理方式，以改进参与、增加互动与合作，提高公共管理效能的治理过程。立足基层治理，刘俊祥和曾森（2020）指出，乡村数字治理主要通过构建完备的数字基础设施与技术规则，充分利用大数据、云计算、人工智能等数字技术推动治理主体、治理过程、治理内容等治理要素数字化，进而保障乡村数字经济社会建设的新型智慧治理活动。基于典型实践案例的分析表明，基层政府数字治理实践主要以"治理平台+制度规范"的形式呈现，体现了框架建构层面的"技术+制度"、实践执行层面的"网络+网格"等运作逻辑（沈费伟、叶温馨，2020）。少量机构以县域为单元，对中国乡村治理数字化水平开展了定量测度。例如，北京大学新农村发展研究院（2020）从支付宝政务业务使用和乡镇微信公众服务平台开通情况两个方面测度了县域的乡村数字治理水平，指出乡村数字治理是中国数字乡村建设的短板，但发展空间较大[1]。农业农村部信息中心（2020）统计表明，全国县域行政村实现"互联网+监督"、"雪亮工程"覆盖和"互联网+政务服务"的比例分别为65.30%、66.70%和25.40%[2]。微观层面，沈费伟和袁欢（2020）从政务网络化、商务电子化和农务数字化3个方面梳理了乡村数字治理中公共参与的现实表征。

四 农民数字技术采纳的影响因素研究

早期研究多关注农民对生产生活单一领域数字技术采纳的影响因素，为系统探究数字乡村发展整体框架下不同领域农民数字参与的共性和差异化影响因素奠定基础。部分研究证实，信息素养、社会网络、家庭职业类型、网络平台特征等因素从不同层面对农民使用智能手机、从事电商销售、使用网络购物和数字金融产生差异化的影响效应（常亚平等，2009；徐志刚等，2017；韩飞燕、李波，2018；董晓林、石晓磊，2018；李天龙、姜春云，2022）。个别基于电子政务采纳的研究发

---

[1] 北京大学新农村发展研究院数字乡村项目组，《县域数字乡村指数（2018）》，https：//www.saas.pku.edu.cn/docs/2020-09/20200929171934282586.pdf.

[2] 农业农村部信息中心，《2020全国县域数字农业农村发展水平评价报告》，http：//www.agri.cn/V20/ztzl_1/sznync/ltbg/202011/P020201127365950018551.pdf.

现，感知价值、自我效能和主观规范等因素均对农民电子政务的采纳意愿产生了显著影响（王立华、苗婷，2012）。另有研究探讨了平台特征、社会认同、群体规范等因素对居民使用网络出行和在线医疗的影响，为探究农民数字生活参与的影响因素提供了有益借鉴（张敏等，2018）。

随着数字乡村建设的推进，学者对数字乡村建设不同领域的主要制约因素展开了定性分析。例如，智慧农业发展仍面临诸如数字基础设施建设与网络服务供给不足、农民数字素养与技能水平偏低、关键技术支撑短板突出、"产学研"转化机制不健全、农业大数据应用管理水平低等挑战（Khanna，2020；殷浩栋等，2021；黄季焜，2024）。数字技术在乡村治理领域的应用和推广面临乡村数字资源禀赋不足、数字化建设历史欠账、农民数字素养水平低、村干部队伍素质不高、传统治理理念局限性、治理情境复杂性等多重因素制约（佟林杰、张文雅，2021；丁波，2023）。少量学者围绕数字乡村发展的制约因素开展了较为系统的定性探讨。相关研究表明，顶层设计不完善、政府职能与市场作用边界不清、数字基础设施薄弱、数字人才短缺、多元主体激励约束机制不健全等，均是加快数字乡村发展面临的重要制约因素（黄季焜等，2021；曾亿武等，2021；李丽莉等，2023）。

已有研究对微观视角下数字乡村发展的内生驱动因素的定量探讨存在不足。虽然部分研究基于定性分析指出了农民数字素养、乡村能人身份等内部因素在数字乡村建设中的重要作用，但相关机制分析与实证探讨较为缺乏。数字素养概念最早由 Gilster（1997）提出，并被界定为数字化时代个体获取、理解、整理和批判数字信息的综合能力。后续研究基于设备操作、信息处理、交流协作、内容创作、安全保护、问题解决和特定职业相关领域等不同方面的组合构建了各有特色的数字素养测评框架，且尚未达成一致意见（Eshet-Alkalai，2012；Alexander et al.，2016；Law et al.，2018；Annarelli et al.，2021）。提高数字素养水平有助于拓展个体线上网络空间（Prior et al.，2016）、提高数字技术采用行为的自我效能感（Knobel and Lankshear，2008）、增加线上行为的安全性（Park，2013）。然而，中国农村数字化教育政策体系不健全，越发难以满足数字乡村发展对农民数字素养的迫切要求（温涛、陈一明，

2020)。此外，缺乏对乡村能人及其作用的关注将难以全面准确理解村庄的运作、难以实现乡村的有效治理（贺雪峰，2003）。乡村能人主要指村庄中因掌握政治资源或经济资源等方面优势，而在村庄场域中占据特殊位置、对乡村治理产生重要影响的少部分群体。国内学者一般按照乡村能人在不同类型资本上的比较优势将其划分为政治能人、经济能人和社会能人（王汉生，1994），或按照影响力是否来源于国家政权体系划分为村干部、经济能人和社会能贤三类群体（黄博、刘祖云，2013）。不同类型能人身份可通过"身份标签"效应作用于其社会偏好、期望、信念和内在规范，影响其行为决策（梅继霞等，2019）。

鲜有研究系统探讨经济性和非经济性政策支持对数字乡村建设不同领域农民数字参与的影响。已有研究探讨了财政补贴、信贷支持、税收减免等经济性政策支持及培训等非经济性政策支持对农民电商技术采纳的影响，为系统论证不同类型政策支持对农民数字乡村实践参与的影响提供重要借鉴。例如，岳欣（2015）指出，政府对龙头企业的资金扶持及税收优惠能快速推动电子商务在农村的普及和应用，且政府在基础设施、金融等方面的扶持可显著促进农民电商采纳（周勋章、路剑，2020）。另有研究表明，政府组织的数字化培训产生的知识溢出效应可显著促进农民数字技术采纳（曾亿武等，2021）。Gatautis 和 Vitkauskaite（2009）比较了不同政策工具对电商技术采纳和扩散的差异化作用，发现培训和宣传等信息支持的影响最为有效和持久，但影响效果的呈现有赖于较长时间投入；而制定规范、准则等行政工具虽能达到立竿见影的效果，但有赖于政府的持续宣传和监督。徐拓远和方达（2022）基于数字乡村建设中的"政银合作"分析指出，商业银行通过搭建、推广和维护数字乡村平台，既可依托政府准入降低自身下沉乡村的阻力，实现农户大数据收集与业务推广目标，也可有力推动地方数字乡村建设进程。

五 数字经济发展的福利效应研究

（一）互联网使用的经济社会效应研究

学者从关注农民互联网接入和智能手机使用转向具体领域的互联网使用及其经济社会效应，且聚焦探究互联网使用对农民创业决策、收入水平、收入差距和主观幸福感等方面的福利影响。一是早期研究探讨并揭示了农民接入互联网和使用智能手机在推动非农就业、增进社会认同、提高收入、赋能农村经济转型中的积极作用（Beuermann et al.，2012；周广肃、梁琪，2018；Goldfarb and Tucker，2019；Min et al.，2020；Huang et al.，2022）。相关作用机制主要在于拓宽信息渠道、促进融资、增进社会互动和改善风险偏好（Kim and Orazem，2017；Yin，2019）。二是随着互联网基础设施的普及，学者对农民在生产、销售和金融服务等领域的互联网使用及其影响给予越来越多的关注。例如，部分研究表明，电子商务采纳显著提升了农民收入特别是经营性收入（邱泽奇、乔天宇，2021；Liu et al.，2020），且推动创业是电商技术促进农民增收的重要路径（秦芳等，2022）。还有一些研究发现，生产和销售等方面的数字技术采纳可通过促进信息流动和共享、激发主体性精神，提高农民社会阶层认同（Nie et al.，2021；彭艳玲等，2022），并且数字金融使用可缓解农民创业的融资约束和信息约束（张勋等，2019；何婧、李庆海，2019；Lin et al.，2022）。三是聚焦区域与群体差距，一些学者针对性地探讨了互联网使用引致的"数字鸿沟"问题，且尚未达成一致结论。部分研究表明，互联网普及使受教育程度和收入较高的群体获益更多，造成收入差距扩大（曾亿武等，2019；苏岚岚、孔荣，2020；朱秋博等，2022）。然而，另有研究发现，互联网使用可缩小城乡收入差距（程名望、张家平，2019）和农民群体内部的收入差距（张永丽、李青原，2022），且缩小了"弱势群体"同"优势群体"的主观福利差距（鲁元平、王军鹏，2020）。

（二）数字经济发展的福利效应研究

随着数字技术加速在经济社会各领域的全面渗透，越来越多的学者围绕数字经济发展引致的经济社会效应开展理论探讨与实证探讨。数字经济以其高创新性、强渗透性、广覆盖性，加快各类要素流动与重组配置、革新生产生活方式、激发创新创业活力、助力社会阶层流动、重塑乡村治理的社会基础、结构与形态（Mayer–Schönberger and Cukier，2013；Deichmann，2016；陈明、刘义强，2019；陈卫平等，2022；周清香、李仙娥，2022）。诸多研究表明，数字经济发展对城乡收入差距、农业全要素生产率、农业高质量发展、就业创业、共同富裕等均产生显著影响，且数字经济发展引致的福利效应存在区域与群体异质性及非线性逻辑（Rotz et al.，2019；陈文、吴赢，2021；周清香、李仙娥，2022；方师乐等，2024）；进一步地，数字经济发展表现出省域间的空间相关性，其福利影响存在空间溢出逻辑（杨海丽等，2022；柳毅等，2023；孟维福等，2023）。主要研究梳理如下。

第一，数字经济对城乡收入差距的影响研究。例如，张丽君等（2023）采用省级面板数据的研究指出，数字经济发展通过产业集聚的中介作用和金融发展的调节作用，先缩小后扩大城乡收入差距，且数字经济发展对邻近省份缩小城乡收入差距存在正向空间溢出效应。而黄庆华等（2023）基于省级面板数据的研究发现，产业数字化和数字产业化均有助于缩小城乡居民收入差距，尤其是在城乡发展鸿沟较大地区表现出更大的共富促进效应；提升人力资本、优化要素市场化配置是数字经济缩小城乡居民收入差距的重要渠道。

第二，数字经济对农业高质量发展的影响研究。例如，周清香和李仙娥（2022）采用省级面板数据的研究证实，数字经济能够促进农业高质量发展，粮食主产区和主销区数字经济发展的正向赋能更为强劲，且主要通过促进农业科技创新、农业生产绿色化、农业增产增效等路径实现。雷泽奎等（2023）采用省级面板数据的研究发现，数字乡村建设促进农业经济高质量增长，尤其是西部地区获益最大，且农业技术进步和劳动力转移是数字乡村建设影响农业经济增长的重要路径。

第三，数字经济对就业创业的影响研究。例如，王若男和张广胜（2023）基于省级面板数据与中国劳动力动态调查数据的匹配研究发现，数字经济发展能够通过优化职业匹配进而提高农业转移人口的就业质量。就数字经济具体形态而言，工业互联网发展与就业质量之间存在倒"U"形关系，而消费互联网发展与就业质量之间存在正"U"形关系。陈卫平等（2022）采用省级面板数据与中国劳动力动态调查数据的实证研究发现，地区数字经济发展显著促进农民创业，且更有助于促进低人力资本、低社会资本和位于外围城市的弱势农民群体的创业行为，进而助力农村经济的包容性增长；地区数字经济发展主要通过促进信息获取和民间借贷，激发农民创业活力。

第四，数字经济对共同富裕的影响研究。例如，周清香和李仙娥

(2022)采用省级面板数据的研究证实,数字经济发展对共同富裕的影响具有边际效应递增的非线性特征;该影响在东部地区更为明显,且主要通过发挥创新效应、协同效应、普惠效应等构筑共建共富共享机制,促进区域共同富裕。刘伟丽和陈腾鹏(2023)采用省级面板数据的研究表明,区域协调发展水平是数字经济推动共同富裕实现的重要机制,且数字经济对共同富裕的促进作用在东部地区和中部地区较明显,但在西部地区作用效果较弱。

六 文献评述

随着信息技术革命的蓬勃发展,世界众多国家均将加快农业农村数字化转型、培育经济增长新动能作为重要的发展方向。国内外学者围绕数字经济的定义与测度、数字乡村的内涵与测度、农民数字技术采纳的影响因素、数字经济发展的福利效应等问题开展了诸多探讨,为本书研究提供了重要基础。但已有研究仍存在如下不足之处。

第一,多以省级、市级或县级行政区域为基本单元测度数字经济或数字乡村发展水平,缺少针对试点地区与非试点地区数字乡村建设进展的微观调查数据,存在难以剥离农民群体参与实际的局限性。鲜有研究立足微观层面对数字乡村建设中的农民参与行为尤其是新的数字化实践进行系统刻画、定量测度与特征分析,难以准确呈现基于农民有序参与的数字乡村发展现状尤其是短板与潜力。

第二,国内数字素养相关研究多为引介国外框架、测评标准和实践案例,尚未建立起系统完善的本土化理论体系,对中国公民尤其是农民的数字素养研究较为薄弱。已有研究忽视了农民数字素养驱动数字乡村全面发展的理论逻辑,对农民参与数字乡村各领域发展中数字素养的内生动力机制探讨不足。鲜有研究探讨乡村能人身份对农民参与数字乡村发展的影响逻辑,以及不同乡村能人身份下数字素养驱动农民参与乡村数字经济、数字治理和数字生活的差异化效果。

第三,聚焦探讨以智能手机和计算机使用表征的互联网技术采纳的影响因素,以及生产、生活、治理等单一领域的数字技术采纳影响因素,忽视了数字乡村建设整体框架下农民数字参与的内外部驱动因素及共同作用逻辑的论证;尤其缺乏对农民数字素养、乡村能人身份等内部因素以及政府支持、社会资本参与等外部因素作用的针对性探讨。

第四，侧重从信息基础设施、电商销售、乡村治理与公共服务等单一方面探讨互联网技术采纳的经济社会效应，缺乏数字乡村建设框架下数字经济、数字治理等不同领域农民参与引致福利效应的系统分析。部分研究从农业生产、销售、金融服务等单一产业链环节探讨农民参与乡村数字经济发展的福利影响，鲜有研究基于农业全产业链数字化及农民参与视角展开综合研究，难以全面揭示乡村数字经济不同领域发展引致福利效果的差异性。已有研究对微观视角下农民参与数字乡村发展影响主客观福利的潜在作用机制的探讨不足，缺乏从技术增信和技术赋权层面探讨数字乡村发展引致福利效应的多重作用路径。

第五，对数字技术在乡村治理中的作用效果研究多停留于定性分析且尚未形成一致结论，对乡村数字治理效能的理论框架和形成机制缺乏学理性探讨，鲜有研究将数字乡村发展中的经济数字化与治理数字化纳入同一分析框架，忽视经济数字化发展催生的数字治理需求，未能厘清乡村数字经济与数字治理的协同发展逻辑及实践路径。

第六，多从省域或市域尺度探讨数字经济发展引致经济社会影响的空间溢出效应，少有研究从微观层面揭示农民参与乡村数字经济发展的空间溢出影响。鉴于数字乡村处于起步发展阶段，数字乡村发展的区域间交流协作机制与要素流动机制尚未形成，因而，从省域或市域尺度探究农民参与视角下数字乡村发展的空间溢出影响有失合理性。

第四节 研究思路与主要内容

本书拟遵循"理论研究—实证研究—政策研究"的逻辑主线开展研究。一是立足数字乡村发展现状及未来发展趋势，构建数字乡村发展系统，阐明农民参与视角下数字乡村发展水平评估的逻辑基础，构建数字乡村发展的内生动力机制与福利效应的理论分析框架。在系统梳理各级政府和社会资本推进数字乡村建设的实践探索基础上，基于数字技术嵌入农民生产生活各领域的典型表征，构建微观视角下农民数字乡村实践参与的核心测度框架，并采用农户调查数据进行实证评估，提炼典型特征、明确不足和改进方向。二是依据人力资本理论、系统论，架构动态视角下农民数字素养与数字乡村全面发展的互动关联框架，揭示其局部及整体运行逻辑；建立在农民数字素养测度和数字乡村实践参与评估基础上，基于数字素养、乡村能人身份等解析农民参与乡村数字经济、数字治理和数字生活的一般行为规律及其差异性，探讨数字技术重塑农业产业链和乡村治理格局的潜在作用。三是基于西部三省份农户调查数据，实证探讨农民参与乡村数字经济发展对收入水平与收入不平等，以及社会阶层认同的影响效应和作用机制；基于县域数字乡村指数数据与中国家庭追踪调查数据的匹配，实证探讨数字乡村发展对农民消费水平与消费类型的影响及作用机制；基于中国乡村振兴综合调查数据，定量探究农民数字经济参与对生计韧性的影响及作用机制。四是系统梳理以数字治理促进乡村治理效能提升的关键挑战与路径选择，构建乡村数字治理效能的分析框架；实证检验农民参与乡村数字治理对治理效能的差异化影响；计量论证农民参与乡村数字经济发展对数字治理的影响效果及作用逻辑，并基于典型应用场景剖析乡村数字经济与数字治理协同发展的潜在逻辑、面临挑战与路径优化。

第一章：绪论。一是阐述研究背景、研究目的与意义；二是系统梳理数字经济、数字乡村与农民数字技术采纳相关的国内外文献，并对已有研究进行评述；三是阐明本书的具体研究思路与各章节主要研究内容；四是交代每部分研究内容所采取的研究方法，并对研究数据来源及样本代表性进行说明；五是归纳和提炼本书的创新之处。

第二章：数字乡村系统构建、发展内生动力与福利效应的理论研究。本章拟对赋能理论、技术—经济范式理论、技术扩散理论、自主治理理论、系统科学理论、福利经济学理论、数字行为经济学理论等理论的核心内容进行梳理，奠定本书研究的理论基础。在此基础上，本章拟依据系统论构建数字乡村系统，并阐释数字乡村系统的技术性、市场性、功能性等典型特征。界定农民数字素养的内涵与外延，构建动态视角下农民数字素养驱动数字乡村全面发展的逻辑框架，阐释数字乡村发展的内生动力机制。探索性架构数字乡村发展的福利效应分析理论框架，依据福利经济学理论、收入分配理论、消费理论、社会认同理论等，阐释数字乡村发展对农民收入和收入不平等、消费水平和消费结构、生计韧性等客观福利的影响逻辑，以及对农民社会阶层认同和主观幸福感等主观福利的影响逻辑。

第三章：数字乡村发展的支持政策梳理、水平测度及现状研究。本章拟系统梳理中央与地方各级政府推进数字乡村发展的总体规划、实施方案与试点措施，梳理传统农业企业、互联网企业、金融机构等社会资本主体参与数字乡村建设的有益探索，揭示现阶段数字乡村建设中的政府职能与市场作用。立足数字乡村发展现状及未来发展趋势，阐释农民参与视角下数字乡村发展水平评估的逻辑基础，从乡村数字基础设施使用度、数字经济参与度、数字生活参与度和数字治理参与度4个维度构建微观视角下数字乡村发展水平评估指标体系，采用西部地区国家数字乡村试点县与非试点县农户调查数据进行实证测度；并基于总体与分维度分析及区域比较分析，提炼现阶段数字乡村建设中农民数字参与行为的主要特征，探究不同领域农民参与度的一般性制约因素及其差异性。

第四章：农民数字素养、乡村能人身份对数字乡村发展的影响研究。本章拟构建包括数字化通用素养、数字化社交素养、数字化创意素养和数字化安全素养4个方面的数字素养评估体系，引入乡村能人身份（村干部、经济能人），从数字化生产、数字化供销和数字化金融3个方面表征全产业链视角下农民数字经济参与，实证检验数字素养、乡村能人身份对农民参与乡村数字经济的影响效应。从数字化党群教育、数字化村务管理和数字化民主监督3个方面刻画乡村数字治理参与，依据自主治理理论，阐释农民数字素养、乡村能人身份对农民参与乡村数字治理的影响逻辑，实证检验数字素养驱动乡村数字治理参与的能动性作用及乡村能人身份引致的禀赋效应。从数字化购物、数字化医疗、数字化生活服务、数字化出行等层面表征农民数字生活参与，实证探究农民数字素养的内生动力机制，并探讨不同乡村能人身份对农民数字生活参与广度和深度的影响差异性。

第五章：乡村数字经济发展对农民收入的影响研究。鉴于数字乡村建设中的经济数字化与农民收入的关联性最为直接，本章拟基于农业全产业链数字化转型及农民有序参与视角，从微观尺度实证探讨数字经济参与对农民收入水平和收入不平等的影响效应；引入数字治理响应、数字公共服务享有、信息共享性、农业创业、信用评级、正式契约签订，从微观层面实证检视乡村数字经济发展的"赋权—扩能—

增信"逻辑；基于数字素养、乡村能人身份、村庄劳动力流动性，论证农民参与乡村数字经济发展促进共同富裕的群体异质性。以土地经营规模为门槛变量，计量论证粮食作物种植户和经济作物种植户参与数字经济发展影响收入水平和收入不平等的多重门槛条件，并采用空间自回归模型，实证探究数字经济参与对邻近农民收入水平和收入不平等的空间溢出效应。

第六章：数字乡村发展对农民消费的影响研究。本章拟阐释数字乡村发展影响农民消费的理论逻辑并进行实证检验。基于数字乡村发展的分维度（数字基础设施、经济数字化、治理数字化、生活数字化）分析和家庭消费的类型（生存型消费、发展型消费和享受型消费）比较，深入揭示数字乡村发展影响农民消费的结构性差异及对不同类型消费影响的异质性。从促进家庭增收和缓解信贷约束两个层面实证探究数字乡村发展影响农民消费的潜在路径，并从户主特征层面计量检验数字乡村发展影响农民消费的群体异质性。

第七章：乡村数字经济发展对农民生计韧性的影响研究。本章拟实证检验农民数字经济参与对以抵抗力、适应力和再造力为表征的农民生计韧性的影响效果，并引入数字公共服务享有与基层治理决策参与、生产经营能力与组织管理能力、信用意识与契约意识，开展多重作用机制的论证。此外，本章还基于作物种植规模和农民数字素养实证揭示农民数字经济参与影响生计韧性的规模门槛和能力门槛，引入粮食功能区、数字乡村试点、村庄公共服务、村庄经济水平及家庭数字工具使用等特征因素，进一步探讨农民数字经济参与的生计韧性促进效应的区域与群体异质性。

第八章：乡村数字经济发展对农民社会阶层认同的影响研究。本章拟立足微观层面刻画数字经济赋能下农民数字经济参与实际，从社会效应视角系统审视以数字化生产、数字化供销和数字化金融表征的数字经济参与对其社会阶层认同的差异化影响。引入家庭收入、社会资本及数字治理参与，实证揭示农民在不同农业产业链环节的数字经济参与对增进个体社会阶层认同的共性和差异化影响路径。从空间层面拓展农民数字经济参与的社会效应研究，揭示乡村数字经济发展对农民主观福利影响的空间溢出作用。

第九章：智慧农业促进乡村数字经济发展的进展与挑战研究。本章拟建立在政府支持政策与经营主体探索实践分析基础上，揭示智慧农业发展中的政策、制度、技术和主体的作用。基于主要发达国家智慧农业发展模式与实施路径分析，总结智慧农业发展的国际经验及有益启发。从数据平台服务、无人机植保、人工智能、数字金融等方面剖析数字技术在种植业和养殖业中的场景适用性及特征，结合试点地区的典型案例分析，综合比较农业全产业链环节的数字技术应用现状，将智慧农业发展的场景划分为当前发展较好的应用场景、近期有望加快发展的应用场景和未来有较大发展潜力的应用场景共3类。从数字技术供需匹配、成本收益、核心技术研发、农业大数据平台建设与应用、数字化人才培育、多元主体激励约束机制等方面，揭示以智慧农业促进乡村数字经济发展面临的挑战。

第十章：数字治理对乡村治理效能的影响研究。本章拟从数字化党群教育、数字化村务管理和数字化民主监督3个方面表征微观视角下农民数字治理参与，将乡村治理能力（自治能力、德治能力和法治能力）和治理绩效（政治绩效、经济绩效、社会绩效、福利溢出）纳入乡村治理效能的同一分析框架，实证检验农民数字治理参与对乡村治理能力和治理绩效的影响效应及其潜在作用逻辑，为厘清数字治理引入对乡村治理效能的作用效果提供初步的经验证据。试图揭示村庄不同空心化程度、经济发展水平和信息化程度差异下数字治理影响乡村治理效能的异质性，探讨加快乡村"智治、自治、德治、法治"有机融合、不断提升数字时代乡村多元治理能力和治理绩效的可行路径。

第十一章：数字治理促进乡村治理效能提升的实践挑战与理论逻辑研究。本章拟基于政府与市场的协同视角，厘清乡村数字治理提质增效的政策机遇与市场条件。立足数字治理的复杂场景和多样化需求，阐释以数字治理促进乡村治理效能提升面临的主要挑战及成因。以国家治理效能一般分析范式为参照，提出"理念—结构—方式—结果—机制"的效能解析框架，界定乡村数字治理效能的内涵及主要表征。依据新公共治理理论阐释乡村数字治理效能形成的制度、政策、技术和主体作用逻辑。为提升乡村数字治理效能，提出应着重处理好数字技术供给与需求、工具理性与制度理性、能人引领带动与大众充分参与、线上治理与线下治理、数字乡村治理与智慧城市治理、数字治理与数字经济、数字治理与数据治理的关系。

第十二章：乡村数字经济发展对数字治理的影响研究。本章拟将乡村数字经济与数字治理纳入同一研究框架，实证检验以数字化生产、数字化供销和数字化金融参与表征的乡村数字经济参与对数字治理响应的影响，从数字素养、信息共享性和社会资本积累等方面探讨数字经济参与影响农民数字治理响应的作用逻辑，从数字化教育经历、智能手机使用、是否试点地区等方面实证揭示农民数字经济参与对数字治理响应的群体异质性影响。采用空间自回归模型，实证探讨乡村数字经济参与对邻近农民数字治理响应的空间溢出效应。

第十三章：乡村数字经济与数字治理协同发展的理论逻辑与现实挑战研究。本章拟综合技术和非技术的双重视角，阐释乡村数字经济与数字治理的互动关联逻辑，以及二者在目标、手段、过程与效果层面的协同发展逻辑，探讨政策、制度、技术、主体4个方面因素对两者协同发展的支撑作用逻辑。基于党支部领办合作社（数字农场）、农产品交易数字化、数字化积分制治理、集体"三资"管理、数字化农事服务、生物资产数字化监管、农牧行业服务平台及数字乡村综合服务等场景分析，梳理乡村数字经济与数字治理协同发展的典型模式及具体表现，归纳二者协同发展在顶层设计、技术供需匹配性、区域数字鸿沟、成本收益、农民数字素养等方面面临的挑战。

第十四章：加快数字乡村高质量发展的政策建议。本章拟依据上述研究结论，从充分发挥政府职能与市场作用，统筹考虑数字农业成本与收益，注重乡村发展、建设与治理协同推进，坚持总体规划与分类施策相统一，强调试点示范与推广应用相结合，以及突出以人为本和内生驱动的建设理念等方面提出加快数字乡村高质量发展的总体思路，并从坚持突出重点和补齐短板并重、健全农村数字化教育体系、加快提升乡村数字治理效能、着力弥合区域间和群体间数字鸿沟、不断改善农民数字参与的福利效应、持续完善体制机制保障等方面，提出加快数字乡村协同、高效、包容、惠民和可持续发展的政策建议。

第一章 | 绪论

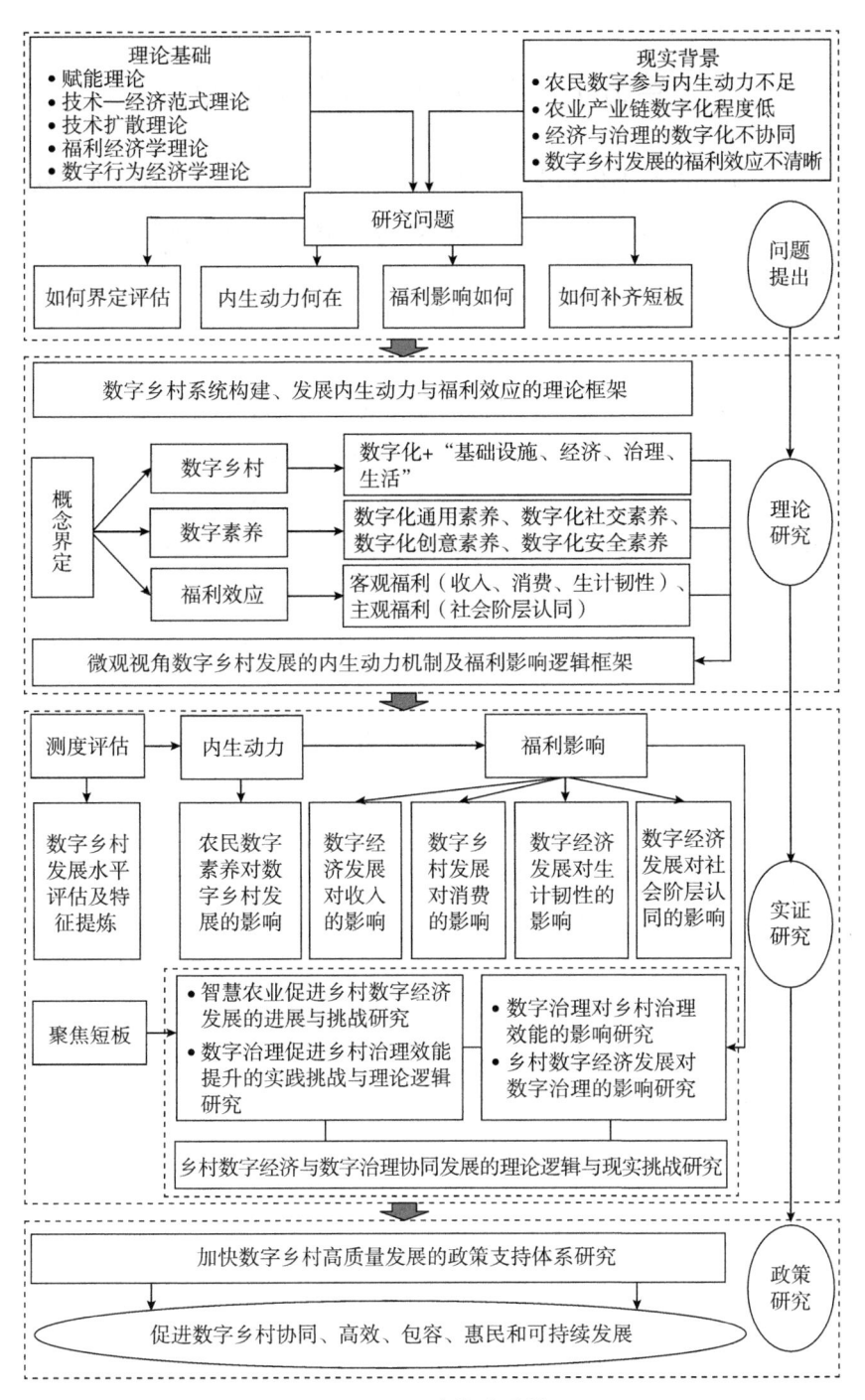

```
┌─────────────────────────────────────────────────────────────────────┐
│  理论基础                        现实背景                            │
│  • 赋能理论                     • 农民数字参与内生动力不足           │
│  • 技术—经济范式理论             • 农业产业链数字化程度低             │
│  • 技术扩散理论                 • 经济与治理的数字化不协同           │
│  • 福利经济学理论               • 数字乡村发展的福利效应不清晰        │
│  • 数字行为经济学理论                                                │
│                    ↓                    ↓                           │
│                    研究问题                                          │── 问题
│       ↓          ↓          ↓          ↓                            │  提出
│   如何界定评估  内生动力何在  福利影响如何  如何补齐短板              │
└─────────────────────────────────────────────────────────────────────┘
                                ↓
┌─────────────────────────────────────────────────────────────────────┐
│     数字乡村系统构建、发展内生动力与福利效应的理论框架               │
│                                                                     │
│            ┌ 数字乡村 ──── 数字化+"基础设施、经济、治理、生活"       │
│   概念     │                                                        │── 理论
│   界定  ──┤ 数字素养 ──── 数字化通用素养、数字化社交素养、           │  研究
│            │              数字化创意素养、数字化安全素养              │
│            └ 福利效应 ──── 客观福利（收入、消费、生计韧性）、        │
│                            主观福利（社会阶层认同）                   │
│                                                                     │
│     微观视角数字乡村发展的内生动力机制及福利影响逻辑框架             │
└─────────────────────────────────────────────────────────────────────┘
                                ↓
┌─────────────────────────────────────────────────────────────────────┐
│  测度评估      内生动力 ──────→ 福利影响                             │
│     ↓            ↓          ↓     ↓      ↓      ↓                  │
│  数字乡村    农民数字    数字经济  数字乡村 数字经济 数字经济         │
│  发展水平    素养对数字  发展对收入 发展对消费 发展对生 发展对社      │── 实证
│  评估及特    乡村发展    的影响    的影响   计韧性的 会阶层认         │  研究
│  征提炼      的影响                         影响    同的影响          │
│                                                                     │
│            ┌ • 智慧农业促进乡村数字经济    • 数字治理对乡村治理       │
│            │   发展的进展与挑战研究          效能的影响研究           │
│   聚焦短板 ┤                                                        │
│            │ • 数字治理促进乡村治理效能    • 乡村数字经济发展对       │
│            │   提升的实践挑战与理论逻辑      数字治理的影响研究       │
│            │   研究                                                  │
│                                                                     │
│     乡村数字经济与数字治理协同发展的理论逻辑与现实挑战研究           │
└─────────────────────────────────────────────────────────────────────┘
                                ↓
┌─────────────────────────────────────────────────────────────────────┐
│        加快数字乡村高质量发展的政策支持体系研究                      │── 政策
│                            ↓                                        │  研究
│     促进数字乡村协同、高效、包容、惠民和可持续发展                   │
└─────────────────────────────────────────────────────────────────────┘
```

图 1-1 研究技术路线

第五节 研究方法与数据来源

本书采用的数据包括课题组开展的西部三个省份农户抽样调查数据以及公开申请的县域数字乡村指数数据、中国家庭追踪调查数据和中国乡村振兴综合调查数据。具体如下。

(1) 西部三省农户调查数据库。该数据来自课题组于2020年7—8月及11月在四川省、重庆市和宁夏回族自治区[①]开展的主题为"数字经济背景下农民数字乡村实践参与现状评估及福利影响"的农村实地入户调查,数据采集截止时间为2019年底。从发展水平来看,中国数字乡村发展呈现"东部较高、中部次之、西部和东北较为滞后"的分布格局;但从增速来看,西部地区表现出较强的追赶潜力[②]。综合考虑西部地区国家数字乡村试点、区域数字生态和地理环境,研究团队按照分层抽样从四川省和重庆市选取了成都市温江区、乐山市井研县、眉山市彭山区、重庆市荣昌区和永川区5个数字经济发展较好的县(区),以及广安市武胜县、巴中市巴州区2个数字经济发展一般的县(区);同时,选取了宁夏回族自治区石嘴山市平罗县、吴忠市同心县2个数字经济发展分别较好和较滞后的县(区)。在上述各县(区)选取4个反映不同层次经济发展水平的代表性乡镇,在每个样本乡镇按照乡镇选取的标准再分层选取3—4个样本村,在每个样本村随机选取8—10个样本农户,并对每个样本户的家庭经济活动决策人(或户主)进行入户访谈。此次调查共发放问卷1200份,覆盖9个县(区)36个乡(镇)121个村,获得有效问卷1156份,问卷有效率为96.33%。此次调查的样本县(区)具有以下特征:一是样本县(区)体现西南地区和西北地区差异化的县域数字经济发展水平、后续发展潜力与农业产业特色,其中荣昌区和平罗县是国家数字乡村试点县。二是样本县(区)覆盖

[①] 研究团队综合考虑各省份的数字经济规模与增速、农业农村发展情况(第一产业增加值占地区生产总值的比重、农民人均可支配收入)、地理环境与农业生态、民族文化等因素,进行省份的典型抽样,但受新冠疫情的影响,未对西部其他省份展开调查。

[②] 北京大学新农村发展研究院数字乡村项目组,《县域数字乡村指数(2020)》,http://www.ccap.pku.edu.cn/nrdi/docs/2022-05/20220530144658673576.pdf.

成都平原、低山丘陵区和黄土高原区等不同地理环境。三是充分考虑数字经济发展的包容性，样本县（区）包含部分少数民族集聚区，体现多元文化的融合性。

（2）县域数字乡村指数数据库。该数据来自北京大学新农村发展研究院数字乡村项目组发布的县域数字乡村指数（根据研究需要，只采用2018年的指数数据），由北京大学新农村发展研究院联合阿里研究院共同编制。该课题组立足中国数字乡村发展现状和未来趋势，首次从乡村数字基础设施、乡村经济数字化、乡村治理数字化和乡村生活数字化4个方面构建了县域数字乡村指标体系，综合采用中国最具代表性的数字经济领军企业阿里巴巴集团及旗下业务和生态伙伴提供的数据、整理网络公开数据及宏观统计数据，评估了1880个县级行政单位（不包括市辖区和特区）的县域数字乡村发展水平。该指数具体包括4个一级指标（乡村数字基础设施指数、乡村经济数字化指数、乡村治理数字化指数、乡村生活数字化指数）和29个二级指标。

（3）中国家庭追踪调查数据库（China Family Panel Studies，CFPS）。CFPS是由北京大学中国社会调查中心组织实施，采用多阶段等概率抽样，样本覆盖25个省份的162个县，目标样本规模为16000户，2010年为抽样及调研基期，随后每两年追踪调研一次。本书采用2018年的截面数据，并对样本做如下处理：剔除基于国家统计局城乡分类资料中的城镇样本，保留乡村样本。

（4）中国乡村振兴综合调查数据库（China Rural Revitalization Survey，CRRS）。该调查由中国社会科学院农村发展研究所发起，综合考虑经济发展水平、区域位置以及农业发展情况等开展抽样。具体而言，在东部、中部、西部、东北地区的省份中随机抽取样本省，根据全省县域人均GDP采用等距随机抽样方法抽取样本县；采用相同的抽样方法，根据样本县乡镇和村庄经济发展水平随机抽取样本乡（镇）和样本村；根据村委会提供的花名册随机抽取样本户。2020年基期调查样本覆盖黑龙江、山东、河南、安徽、浙江、广东、四川、贵州、宁夏、陕西共10个省50个县（市、区）156个乡（镇）304个行政村共3800余户。2022年村级层面的追访率为100%，户级层面的追访率为79.39%。

第六节 研究创新

本书研究的创新性具体如下。

（1）探索性架构微观视角下数字乡村发展内生动力机制与福利效应的理论分析框架，突破以往研究中以省、市、县为基本单元的数字乡村发展水平测度难以剥离农民群体参与实际和难以准确评估农民参与带来实际影响的局限性，形成微观视角解析数字技术与农业农村深度融合的理论观点。本书立足数字乡村发展的重点任务与未来趋势，从乡村数字基础设施使用度、数字经济参与度、数字生活参与度和数字治理参与度4个维度构建微观视角下数字乡村发展水平评估指标体系并进行测度，在此基础上开展现状评估、驱动机制，尤其是内生动力机制分析及福利效应探讨，将数字乡村发展的前置因素和后置因素统一纳入研究框架，形成现阶段数字乡村发展研究的重要探索。

（2）系统探究数字乡村发展的主客观福利效应，并从技术赋权、技术扩能、技术增信等层面诠释数字乡村发展引致福利效应的多重作用机制，拓展数字技术嵌入的经济社会效应研究。引入数字治理响应、数字公共服务享有、信息可得性、农业创业、信用评级、正式契约，计量检验数字经济参与影响农民收入和收入不平等的潜在逻辑。引入家庭收入和信贷约束，从增收效应和预算平滑效应两个层面实证探究数字乡村发展影响农村居民家庭消费的潜在路径。引入数字公共服务享有与基层治理决策参与、生产经营能力与组织管理能力、信用意识与契约意识，实证揭示农民数字经济参与对生计韧性的多重作用机制。引入家庭收入、社会资本及数字治理参与，实证揭示农民数字经济参与对个体社会阶层认同的影响机制及农业产业链不同环节的差异性。

（3）创新性地将数字乡村协同、高效、包容、惠民与可持续发展问题引入实证分析与政策设计框架，综合考虑群体异质性、区域差异性、空间关联性、门槛条件等问题，多层面拓展数字乡村试点效果的评价研究。基于数字素养、劳动力质量、能人身份、村庄劳动力流动性，实证探究农民参与乡村数字经济发展引致共富效应的群体异质性。以土地经营规模为门槛变量，计量论证农民参与数字经济发展影响收入水平和收入不平等的门槛条件,并从空间溢出效应层面拓展农民参与乡村数字经济发展对收入和社会阶层认同等的影响研究。

(4)针对数字乡村发展的短板与潜力领域,提出适用于本土情境的学理框架,丰富数字乡村研究的理论体系。建构动态视角下农民数字素养与数字乡村发展的互动关联系统,从数字化通用素养、数字化社交素养、数字化创意素养、数字化安全素养4个方面探索性构建农民数字素养评估指标体系,阐释数字乡村发展进程中农民数字素养与乡村能人身份的内生动力机制。从"理念—结构—方式—结果—机制"5个维度界定乡村数字治理效能的学理内涵及主要表征,并从制度、政策、技术、主体4个层面的耦合关联切入,阐释乡村数字治理效能形成的核心逻辑。基于数字技术嵌入农业全产业链各环节的典型场景分析,从顶层设计、技术供需、成本收益、数字素养等方面提炼智慧农业发展的体制机制障碍。

(5)综合技术和非技术视角,探索性阐释以赋权、扩能和增信为核心的乡村数字经济与数字治理协同发展逻辑,并从政策、制度、技术、主体4个方面揭示二者协同发展的支撑机制。基于数字乡村试点地区农业全产业链数字化嵌入乡村数字治理的典型案例梳理,总结现阶段二者协同的典型模式及在平台衔接或功能整合、技术互嵌或数据共享、资金统筹配置、数字人才交叉保障、效能双向转化等方面的具体表现。基于典型实践案例的分析,从政府职能与市场作用、需求导向、节本增效、技术支撑、主体素质等方面提炼二者协同发展的支撑条件,并从顶层设计、技术创新、成本收益、数字素养、数字鸿沟等方面揭示二者协同发展面临的主要挑战。

第二章

数字乡村系统构建、发展内生动力与福利效应的理论研究

合理建构数字乡村系统、剖析其运行逻辑是开展数字乡村发展水平评估与路径探索的基础。数字乡村建设的全面推进离不开乡村生产数字化、生活数字化及治理数字化等各领域的协调发展，但鲜有研究探讨上述不同领域之间的互动关联逻辑。诸多研究指出，乡村生产、生活、生态与治理之间具有既相互制约又相互促进的统一关系（席建超等，2016；李娟，2018）。然而，已有研究多侧重从乡村数字基础设施、产业数字化、生活数字化和治理数字化等单一领域开展探讨（夏显力等，2019；张鸿等，2020），忽视数字乡村建设框架下不同领域数字化在理论逻辑和实践路径方面的关联性。数字技术的广泛应用深刻改变着全社会的思维与行为模式、生产与生活方式、公共服务与社会治理手段（刘淑春，2019；丁志帆，2020；黄季焜，2021）。因此，有必要深入探究数字乡村系统的构建及其内在运行逻辑。

随着"宽带乡村"试点工程的实施，中国农村互联网普及率由 2014 年底的 28.8%[①]增长到 2023 年底的 66.5%[②]，农村居民的互联网接入条件得到明显改善。但因农村数字化教育体系较为滞后，农民在数字时代的适应力、胜任力和创造力整体薄弱，普通村民、村干部、经济

[①] 中国互联网络信息中心：《第 35 次中国互联网络发展状况统计报告》，https：//www. cnnic. net. cn/NMediaFile/old_attach/P020150203548852631921. pdf.

[②] 中国互联网络信息中心：《第 53 次中国互联网络发展状况统计报告》，https：//www. cnnic. net. cn/NMediaFile/2024/0325/MAIN1711355296414FIQ9XKZV63. pdf.

能人等不同群体关于数字技术使用的意识、知识与能力仍存在一定差距。与此同时，数字乡村建设仍处于试点探索阶段，尽管中央和地方政府围绕农业农村数字化转型开展了系列政策探索，但相关的组织保障、多元投入、考核评价等方面的政策支持体系尚不完善。已有研究多强调从供给侧层面推进乡村数字基础设施建设，忽视了对数字时代农民数字素养这一核心内生动力因素的关注。深入探究农民数字素养驱动数字乡村全面发展的机理对于探寻加快数字乡村发展的实践路径具有重要意义。

着力改善数字乡村发展的经济社会效益是提高数字乡村发展质量的应有之义。已有研究主要基于省级或市级数据探讨了数字经济发展对城乡收入差距、农业全要素生产率、农业高质量发展、就业创业、共同富裕等的影响效应（张丽君等，2023；王园园和冯祥玉，2023；田艳平和向雪凤，2023），但鲜有研究基于微观层面探讨农民参与视角下数字乡村发展的多重福利效应。实践中，部分地区数字乡村建设存在技术供需不匹配、治理悬浮化、试点项目难推广、农民参与度较低等诸多问题，数字乡村发展的惠民程度仍然十分有限。鉴于此，探索性构建数字乡村发展的福利效应分析框架，有利于为开展微观视角下数字乡村发展效果评估提供理论基础，并为探究数字时代农民福利长效提升机制、构建数字乡村高质量发展的政策支持体系提供必要支撑。

第一节　理论基础

本章对后文采用的赋能理论、技术—经济范式理论、技术扩散理论、自主治理理论、系统科学理论、福利经济学理论、数字行为经济学理论等理论进行梳理，为构建数字乡村系统、探究数字乡村发展内生动力机制以及架构数字乡村发展的福利效应分析框架奠定理论基础。

一　赋能理论

赋能理论也被称为赋权理论，最早由美国学者 Solomon 在《黑人赋权：社会工作与被压迫的社区》中提出。她认为，赋权是社会工作者与案主共同参与的活动，其目的在于降低弱势群体的"无权感"（Solomon，1976）。后续学者对赋权理论进行了拓展。例如，Swift 和 Levin（1987）

认为，赋能可以使个体达到某种精神状态或实现对权力的再分配，体现为一个带有特定目标的过程。Zimmerman（1990）认为，赋能目的在于提高被赋能对象的社会参与能力，提升包括个体、组织和社群等不同层面主体在内的自我效能感和控制感。Kabeer（1999）指出，赋权是缺乏选择能力和控制感差的主体获得选择能力和控制感的过程，也是无权和弱权者获得能够影响结果所需能力的过程。Rogers 和 Singhal（2003）认为，赋能是一种传播交流过程。赋能理论强调通过各种手段与方式赋予群体尤其是弱势群体参与活动、处理事务、获取资源、融入社会等方面的多重能力、权力与权利，进而激发其自我效能感、重塑其社会地位和影响力。尽管学者关于赋能的界定表述不同，但均体现了赋能理论所关注的核心内容。即在赋能对象层面重视弱势群体，在赋能方式上强调借助传播交流、对话合作、学习参与、管理决策等过程或机制，在赋能目标上旨在激发被赋能对象的自我效能感。

依据赋能理论，数字技术嵌入农业农村诸多领域，可以实现对个体、组织和社群的赋能。一是为农民个人赋能。数字技术应用为农民学习新技术、掌握新技能、增进对世界的认知提供了有效的技术手段，同时也为农民拓宽与其他社会经济主体的互动范围和深度、改善个体的社会资本水平提供了支撑手段，进而促进农民关于发展权利意识的觉醒、增强其发展能力和综合素质，以获取更多的市场经济活动参与机会，实现收入和社会地位的多方面改善。二是为乡村基层组织赋能。乡村基层组织借助数字技术可拓展公共服务的内容和形式，帮助更多农民改善资源配置现状，提高基层组织服务供给的有效性和精准性，及时回应农民对公共服务的需求。三是为乡村社群赋能。数字技术的应用有助于政府通过重塑社区治理模式、完善社区制度、健全社区服务保障机制等方式更有效地保障社区不同群体的决策权与参与权，强调将社区分散的群众组织起来，构建共建共治共享的治理格局。

二 技术—经济范式理论

技术—经济范式理论是演化经济学的经典理论，由经济学家 Carlota Pérez 于 1983 年提出。Pérez 指出，技术—经济范式是在一定社会发展阶段由技术创新引发主导技术结构变化，并通过渗透宏观和微观经济结构及运行模式引发结构性变革，形成新的经济增长方式和制度变迁过程。她强调,技术—经济范式的发展往往是对特定资本主义发展时期内作为相对成本结构的某种稳定动力的发展做出的反应(Pérez,1983)。技术—经济范式呈现两大特点:一是影响资本主义相对成本结构的动力因素(关键生产要素)的变迁对技术—经济范式的形成和发展过程起决定性作用。二是主导技术结构对经济社会发展具有较强的渗透力和重塑力(Pérez,1983;Freeman and Pérez,1988)。技术—经济范式主要包括"新技术体系结构—社会产业结构—社会制度结构"(图2-1)①,其内在逻辑在于,以新型基础设施和新的生产要素为代表的各种重要技术或关键投入联结形成的新技术结构在经济发展、公共服务、社会治理等领域广泛渗透,加快变革社会产业结构和制度结构,进而引领新生产模式和产业新业态、重塑社会生活方式与治理结构,最终实现以技术—经济范式的转型发展重塑经济社会发展新形态。

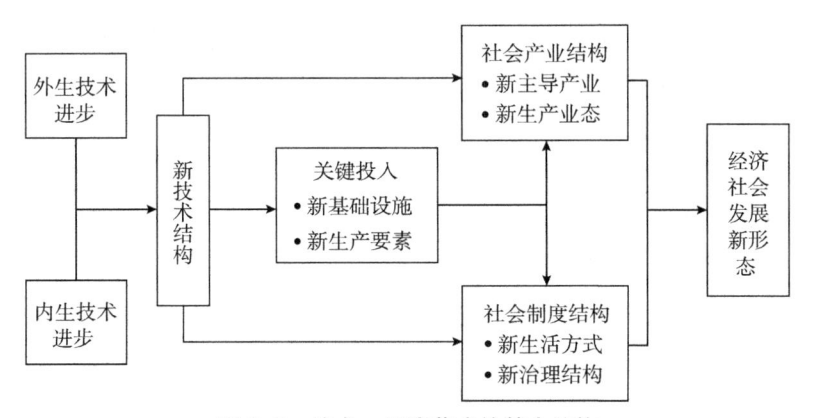

图 2-1 技术—经济范式的基本结构

资料来源:《中国信息经济发展报告(2016)》。

依据技术—经济范式理论,乡村数字经济是数字技术—经济范式主导下的乡村地域范围内的经济社会发展新形态。其中,以数字技术为核心的技术体系结构由乡村网络设施、数字平台、涉农大数据中心等数字基础设施组成;以新型主导产业和新的生产业态为代表的社会产业结构反映了数字技术对乡村农业、工业与服务业等领域的广泛渗透和结构性

---

① 《中国信息经济发展报告(2016)》,https://www.sgpjbg.com/baogao/65787.html。

重塑；以新生活方式和新治理结构为代表的社会制度结构反映了数字技术体系对乡村生活服务和公共治理等领域的深层次影响。

三 技术扩散理论

技术扩散的提出最早可追溯至 Schumpeter 在 1912 年创立的创新理论。他认为，技术创新扩散是企业采纳一种新技术后被其他企业模仿采纳的行为。随后，众多学者尝试对技术扩散内涵进行界定。例如，Stoneman（1981）认为，技术扩散不应仅停留于模仿，还应强调在模仿基础上开展自主创新。Smith 等（1980）指出，技术扩散强调技术应用在空间地域范围上的转移。Roger（1983）认为，技术扩散反映了新技术通过各种渠道被更多人接受的过程，由创新技术、时间、传播渠道与社会系统 4 个关键因素组成。Komoda（1986）指出，技术扩散是一种针对新技术的学习与应用过程。西奥多·舒尔茨（1990）则将技术扩散定义为特定技术通过市场和非市场渠道实现有效传播的过程。尽管学者对技术扩散的定义表述不同，但对其核心内涵及基本特征的认知基本一致，即技术扩散反映了技术传播、推广和应用的过程，有效的技术扩散依托一定的渠道，并最终体现为技术的经济社会效应。目前，学界已形成多种技术扩散分支理论，其中具有较高代表性的技术扩散理论为"S"形曲线理论。曼斯菲尔德（1980）创造性地将"传染原理"和"逻辑斯缔"成长曲线运用于技术扩散研究中，提出了著名的"S"形扩散曲线，并由此开创了对扩散问题的定量分析范式。该理论认为，受信息量多寡、技术采纳风险、经营主体规模等因素影响，技术扩散大致经历初期阶段、起飞阶段和平稳阶段。

依据技术扩散的"S"形曲线理论，在农业生产和乡村社会治理等领域数字技术的扩散仍处于初期阶段，而在生活服务等领域数字技术扩散已经处于起飞阶段。数字技术在不同乡村之间和特定乡村内部的渗透不仅是简单的信息传递，更是学习掌握新方法的过程。鉴于数字技术应用存在一定门槛，数字技术的传播和推广需要技术接受者充分理解学习后才能实施。对于农民而言，在数字技术推广应用初期，即使相应的知识体系是完备的，受限于数字基础设施条件和主体数字素养水平，农民对数字技术的认知、接纳和采用也需要有一个过程。在这个过程中，他们需要不断验证采纳数字技术之后的效益能否达到心理预期，并通过观察已采纳数字技术者实施新方案的难度和获益情况，做出最后决定。当农民确定数字技术采纳带来的风险较低，且收益和便利性达到预期，就会倾向采用数字技术。当数字技术应用产生积极的社会经济影响时，该扩散过程才能得以持续。

四 自主治理理论

公共事务治理广泛存在"搭便车""机会主义""逃避责任"的问题，该困境产生的根源在于公共事务的非竞争性和非排他性。埃莉诺·奥斯特罗姆（2012）经过对公共池塘资源治理等诸多案例进行总结，提出了自主治理的一些核心原则。自主治理是指面对共同问题或者相关利益的群体在面临制度供给、可信承诺、相互监督问题时，可通过内部成员自我组织起来、自行制定群体规制、自主协调群体事宜，不依靠外在强制干预形成的一种有效集体行动。具体而言，制度供给问题是指组织需要什么样的制度、由谁提供，以及以什么方式提供等内容；可信承诺问题是指成员如何在缺乏外界约束情境下仍可遵守规制；相互监督问题是指缺失监督就会导致可信承诺的实施缺乏保障，进而影响新制度、新规则的提出动机。针对这三个方面问题，自主治理理论认为，个体之间频繁的互动沟通可形成群体行为规范和彼此之间的互惠模式及信任，进而构成社群观念、形成制度供给，解决公共池塘资源使用困境；自主组织成员可通过自我激励和自我监督及相互监督的方式取代传统外部强制的监督方式，形成成员间相互监督，并针对违反规则行为制定惩罚措施，在降低监督成本的同时保证成员对规则的遵守；成员参与监督不仅可减少监督成本，使治理主体获得其他人遵守规制的信息反馈，还可激发他们做出遵守规则的承诺。在自主治理过程中，制度供给是基础，可信承诺是先决条件，相互监督是有力保障；通过良好的制度供给可促成有效的监督，强化相互监督可提供可信承诺，可信承诺的增强又会巩固制度供给，因而，三者之间相互促进、共同制约、互为补充。

数字乡村治理与公共池塘资源治理在内部运作机制、生存法则等方面具有高度的契合性（沈费伟、袁欢，2020）。依据自主治理理论提出的八项原则，数字乡村实现有效治理也需要有其内部功能性要素提供支撑。具体如下：一是边界清晰。数字乡村治理需要明确治理对象和治理服务对象，清晰界定治理行动的边界，包括不同治理主体的边界权限和公共事项界限。治理边界清晰是有效制度供给的前提。二是集体参与。数字乡村建设除了政府主导推动，还需要发挥作为乡村治理主体及兼具数字资源的使用者和贡献者多重角色的农民群体的主体性、能动性。农民通过参与乡村数字化党群教育、数字化村务管理和数字化民主监督等环节的村务治理过程，可以拓展并保障其公共决策话语权、数据财产权等权能，增强其主体责任感，提升乡村治理决策的科学化和民主化程度。三是监督机制。数字乡村建设过程中需构建一套有力的内部监管机制和第三方监督机制以实现对组织成员的双重约束，最大限度地维护各参与主体的合法权益、惩戒违规行为。四是奖惩机制。数字乡村建设和治理过程中需要建立适当的激励约束机制，以确保个体对于集体规则的遵守。例如，近年来，结合村庄实践需求，多地自发探索了乡村数字化积分制治理①，以积分制为基础的激励约束有助于激活乡村治理内生动力。五是冲突解决机制。数字乡村治理中需要建立可以解决乡村内部成员之间的利益矛盾及与其他区域组织之间的问题冲突的有效机制。六是乡村具有自主性。数字乡村治理接续了原有治理结构的尾部断链，但仍然需立足村庄自主治理前提，认可村庄内的党务、村务、事务、商务等村"事"有其内在自主运行规则；否则会陷入农民参与积极性不高、治理悬浮化的困境。七是社会资本。数字乡村治理需要重视信任建设和社会网络拓展。农民之间的相互信任和合作互惠网络构建是实现自主治理的关键。八是能人主体。数字乡村建设需要发挥包括村干部和经济能人在内的乡村能人群体的示范带动作用。

五　系统科学理论

学术界普遍认可的系统概念的界定来源于加拿大籍生物学家冯·贝塔朗菲（von Bertalanffy）和中国著名科学家钱学森。Bertalanffy（1972）将系统定义为"处于相互作用中的诸多元素的复合体"。钱学森（2007）指出，"系统是由相互作用和相互依赖的若干组成部分结合成的具有特定功能的有机体，而且这个系统本身又是他们从属的更大系统的组成部分"。综合两者的思想，苗东升（2016）定义系统为"两个以上事物或

---

① 积分制是指在农村基层党组织领导下，通过民主程序，将乡村治理各项事务转化为量化指标，对农民日常行为进行评价形成积分，并给予相应精神鼓励或物质奖励，从而形成激励约束机制（马九杰等，2022）。

对象按照一定方式相互关联而形成的统一体"。尽管学者对系统定义的表述形式不一，但大多仍认为系统呈现多元性、有机关联性、动态性、有序性、目的性、整体性等典型特征。系统科学理论强调组分及要素结合所形塑的结构是构成系统的核心元素，体现了系统的内在规定性。该理论为探索性构建数字乡村系统，剖析包括数字基础设施、数字经济、数字生活、数字治理等在内的各子系统间的关联逻辑，合理把握各子系统的功能与作用提供重要支撑。

六 福利经济学理论

福利经济学主要研究资源配置对人们福利的影响，它是以实现社会经济福利最大化为目的，依据帕累托最优标准和动态博弈理论，通过规范分析与评估社会经济状况以评判其合理性的经济学分支。福利经济学认为，福利是人们消费一定商品或享受某种服务而得到的"效用"。以庇古为代表的传统福利经济学派认为：福利不仅可被测量，而且可以相加减（Pigou，1920）；个人福利包含经济福利和非经济福利，二者之间并没有明确的概念界限，但可以根据是否可用货币因素衡量来加以区分。之后，以帕累托为代表的新福利经济学派则认为，福利作为一种主观感受，只能被排序，无法被度量。哈佛大学教授阿马蒂亚·森（Sen）于1995年提出可行能力，据此构建了个人福利水平测算体系。Sen（1995）认为福利不仅应包含物质内容，还应包含个人自由的程度、社会公平状态等非物质内容，并进一步指出福利包含政治自由、经济条件、社会机会、透明性保证和防护性保障在内的5种自由。随后，Sen在《以自由看待发展》一书中指出，个人福利是由个体能够实现的"功能"与实现功能的"能力"来决定的，即个体根据其可行能力追求其向往生活，并由此体现其福利水平。该观点不但充分考虑个体之间的差异性和个人选择的自由度，而且将显性福利和隐性福利均纳入分析框架，弥补了传统福利经济学研究的不足。

依据福利经济学理论，数字乡村建设的福利影响评估需要综合考虑其对参与主体产生的经济福利和非经济福利。其中，收入、消费和生计韧性是度量个体经济福利的主要指标，而主观幸福感和社会阶层认同是度量个体非经济福利的重要指标。数字经济时代，有效提升乡村不同群体的经济性和非经济性福利水平，不仅决定了乡村社会阶层结构的形塑与新型人际关系的建构，而且对完善福利分配机制、增进社会公平性、不断满足人民对美好生活追求具有重要意义。因此，有必要全面评估数字经济赋能能否有效提升以及在多大程度上有效提升农民个体的收入和消费水平、增强农民生计韧性及提升其主观幸福感和社会阶层认同，以合理研判数字乡村建设进展与实际成效。

七　数字行为经济学理论

Puaschunder（2021）首次提出数字行为经济学，并认为数字行为经济学主要研究个体、组织与社会关于数字技术应用的行为决策逻辑及其经济社会福利影响，体现了行为经济学、数据科学等理论和方法的交叉。她还从数字技术应用与行为决策、数字不平等、数字隐私与伦理等方面对数字行为经济学研究的框架和内容提出了设想。目前，相关研究主要探讨大数据、机器学习、人工智能、区块链等数字技术在消费、投资、金融、政务、劳动力市场、医疗、智慧管理等领域的应用。相较于传统经济行为，数字经济行为模式表现得更为丰富，包括行为数字助推、行为数字依赖、行为数字从众、行为数字加密等。数字经济行为模式的形成与发展加快各类经营主体行为决策逻辑的重塑，尤其投资者、企业、政府等主体可以立足海量的大数据信息，借助大数据技术辅助决策、运用机器学习方法进行精准预测，以及利用人工智能与人交互合作优化决策。

数字行为经济学理论的形成和发展为系统研究数字乡村发展内生动力机制和福利效应提供重要理论支撑。农民在数字乡村发展中的参与行为及其福利影响事关数字乡村发展的整体质量。为加快数字乡村高质量发展，需强调系统探究农民关于各类数字技术采用的行为规律及数字技术应用对农民群体经济行为和各类决策的影响机制，需加强研究基于数字技术应用改进农民生产行为、生活方式及基层社会治理决策，进而提升农村地区整体社会福利的可行路径。

第二节　数字乡村系统的构建及特征阐释

一　数字乡村的界定与系统的构建

《乡村振兴战略规划（2018—2022）》明确将"产业兴旺、生态宜居、乡风文明、治理有效、生活富裕"作为衡量乡村振兴的总要求，并强调注重协同性、关联性，整体部署、协调推进；《数字乡村发展战略纲要》也强调统筹推进农村经济、政治、文化、社会、生态文明和党的建设等各领域信息化建设，实现乡村生产、生活、生态空间的数字化、网络化和智能化发展。已有研究指出，生产发展、生活富裕和生态良好是交互衔接的有机整体，其中生产发展是物质基础，生活富裕是社会动力，生态良好是必要条件（李娟，2018）。因此，乡村数字基础设施、数字经济、数字生活、数字生态和数字治理既统一于数字乡村系统，又具有复杂的内在关联逻辑。本章定义数字乡村为以物联网、云计算、大数据和移动互联等新兴信息技术为依托，实现数字化与农业农村农民的生产、生活、生态、治理等各领域全面深度融合，以乡村经济社会数字化转型助推乡村振兴的创新发展新形态。立足当前和今后一段时期数字乡村建设所覆盖的主要领域和重点发展方向，本章从数字基础设施、数字经济、数字生活、数字生态和数字治理5个方面架构数字乡村系统。

数字基础设施子系统是数字乡村系统有序运行的重要支撑。乡村数字基础设施建设需重点突出信息基础设施、数字金融基础设施、农产品终端服务平台和基础数据资源体系等方面。一是乡村信息基础设施建设除强调进一步推进农村宽带通信网、移动互联网、数字电视网等相对成熟的信息基础设施的快速发展，更重视加快新型数字基础设施的创新与应用。这包括推动以5G网络、工业互联网、物联网等网络基础和大数据中心等数字基础为代表的新型基础设施建设，以重塑乡村产业、公共服务与社会治理。二是数字金融基础设施建设是乡村数字普惠金融向纵深发展的重要推动力量，对乡村产业发展、供应链管理、市场营销等产业链各环节的数字化转型发挥基础性的服务作用。加快以微信、支付宝等应用程序为依托的支付、信贷、保险、投资理财等业务平台的创新成为数字金融基础设施建设的重点。三是开发适应"三农"新特点的农产品终端服务平台、搭建农村综合信息服务中心，有助于为信息的数字化整合与传播、电子商务的有序运行、农民现代信息技术应用水平的提高提供平台支撑。四是建立农村基础数据资源体系，搭建农业自然资源、农村集体资产、农户和新型农业经营主体等方面的大数据平台，对农村生产、生活、生态、治理等各领域数字化转型均具有基础性和长效支撑作用。

数字经济子系统是数字乡村系统有序运行的核心内容。从经济活动的产、供、销及服务等全产业链环节来看，乡村数字经济应主要包括数字化生产、数字化供应链、数字化营销和数字化金融等内容。一是乡村数字化生产离不开农业数字化转型。推动大数据、物联网、人工智能等在农业生产经营管理中的广泛运用，加快数字技术与创意农业、观光农业、定制农业等新业态的全面深度融合，成为打造科技农业、智慧农业、特色农业的重要途径。二是乡村产业数字化的有序推进需要数字化供应链管理的有力支撑。加快建设智慧物流配送中心、不断优化物流网点的布局是农村现代供应链管理发展的必然要求。三是数字化销售是乡村经济数字化转型最具活力的领域。电子商务的发展与区域特色农产品、工业品等元素聚集，极大地提升了农村数字化营销水平。此外，以淘宝、抖音、快手等网络平台为依托的直播销售和社交电商成为农村新兴的营销模式。四是满足不同主体多元化的数字金融产品与服务需求是乡村数字经济活动的重要内容。以支付、信贷、理财等为主要表征的数字金融产品与服务加速在农村市场的渗透，有助于创新打通农村金融服务的"最后一公里"，降低金融服务的门槛、提高金融服务的整体效率。

数字生活子系统是数字乡村系统有序运行的动力所在。乡村生活数字化转型体现在农民购物、文化娱乐、旅游、教育、医疗、日常生活服务等诸多领域。现代商业发展加快重塑居民消费的信息传递模式、心理情景模式和需求动能模式（马香品，2020），使农村消费结构和形式产生明显改变，农村数字购物规模快速增长。数字技术的应用将城市优势教育资源和医疗资源输送到农村，有效拓宽了农村教育和医疗资源获取渠道、促进了优质资源的共享。信息技术的快速发展及线上旅游平台的规范化使用，使数字旅游成为旅游业发展的必然趋势，有效丰富了农民休闲旅游生活。"互联网+"全面融入农村居民衣食住行，推动生活服务日益便捷化和高效化。例如，农民使用支付宝、微信等平台的缴费功能，可足不出户便能完成日常生活费用的缴纳；农民使用网络约车和数字地图可极大便利日常出行。

数字生态子系统①是改善数字乡村发展水平不可或缺的部分。"绿水青山就是金山银山",提高乡村数字生态水平事关生态中国建设的大局,但当前中国乡村生态保护的数字化发展较为滞后。物联网、大数据、区块链等数字技术在农业投入品监管、农产品质量安全追溯等领域的应用,以及农村生态系统监测平台的建立和使用,有助于化肥农药减量化使用,减少对土壤、水源等的污染,以大数据手段统筹山水林田湖草沙的系统治理。尤其农村生态系统脆弱区和敏感区通过采用卫星遥感、无人机监测、高清远程视频监控系统等数字技术,有助于加强区域生态环境监测、保障区域生态安全,提高乡村生态保护的整体信息化水平。

数字治理子系统是提高乡村基层治理能力、加快乡村数字化转型的重要保障。电子政务领域云计算、人工智能、区块链等数字技术的广泛应用,平台化、组件化工具的日益普及,大数据辅助科学决策和社会治理的机制加快形成,有助于持续提升基层政府数字服务水平,实现政府决策科学化、社会治理精准化及公共服务高效化。以电子政务发展为基础,推动"互联网+党建""互联网+社区""互联网+政务服务",实施农村"雪亮工程"、深化平安乡村建设,不断完善基层党建信息平台,提高村级综合服务的信息化水平和群众享受公共服务的便捷程度,成为新时期乡村数字治理的关键内容和迫切要求。

二 数字乡村系统的特征分析

数字乡村系统具有整体性、相关性、结构性、动态性、功能性等一般系统的基本特征(魏宏森、曾国屏,1995),同时还具有鲜明的技术性和市场性特征。从系统的整体性与相关性层面来看,数字乡村系统是由数字基础设施、数字经济、数字生活、数字生态、数字治理等子系统构成的有机统一整体,而并非各子系统的简单加总;各子系统之间存在既相互依存又相互制约的关系,且各子系统的发展受到数字乡村整体系统发展方向的制约,同时也影响整体系统功能和效用的实现。从系统的结构性层面来看,数字乡村系统的生产、生活、生态、治理等子系统之

---

① 因乡村数字生态发展滞后,囿于微观数据可得性,仅在理论框架中予以讨论,后文未将其纳入定量测度。

间存在既功能独立、并行发展,又结构耦合、相互促进的嵌入式逻辑。从系统的动态性层面来看,数字乡村系统与经济社会其他系统之间及其内部子系统之间的相互作用、相互影响,使数字乡村系统处于相对静止的同时,也不断地自我调整、发展和更新。功能的特定化是系统产生、存在和运行的基础,也是某系统区别于其他系统的标志。基于系统的功能性视角,数字基础设施子系统为数字乡村系统提供技术基础和平台支持,数字经济子系统是核心和经济基础,数字生活子系统是根本动力,数字生态子系统是支撑条件,数字治理子系统提供重要保障。此外,数字乡村系统还具有鲜明的技术性和市场性特征,前者反映技术赋能、数据赋能、平台赋能对推动农村生产经营体系、消费体系和治理体系网络化、数字化和智能化转型的支撑作用,后者强调以市场化机制驱动数字乡村各项资源要素的优化配置和高效运行。因此,数字乡村的全面发展应统筹处理好数字乡村系统与外部环境、整体与局部、各子系统之间及其内部各要素之间的关系,以通过各子系统之间的联动运作和整体系统的优化更新,不断获得更高的整体效用。

第三节　数字乡村发展的内生动力机制:基于农民数字素养

一　农民数字素养的概念界定

国外机构和学者针对数字素养的定义开展了诸多探索,且尚未达成一致意见。数字素养的概念最早由 Eshet-Alkalai 提出,并被界定为新兴数字环境下公民生活、学习和工作所需的生存技能,且图片—图像素养、再创造素养、驾驭超媒体素养、信息素养、社会情感素养和实时思考技能被作为核心要素引入上述概念框架之中(Eshet-Alkalai, 2004; Eshet-Alkalai, 2012)。基于发展阶段的思考,Martin 和 Grudzieck (2006) 将数字素养定义为个人正确使用数字工具和设备、利用数字资源(识别、获取、管理、整合、评估、分析)、构建新知识、创新媒体表达及与他人沟通等的意识、态度和能力,涵盖了基本数字技能、特定情境下的数字能力和数字化创新创造能力 3 个不同发展阶段。欧盟委员会(2007)将数字素养作为 21 世纪欧洲公民必备的 8 项核心素养之一,定义其为在工作、娱乐和交流中批判性地使用信息化工具的能力，强调了批判性和创造性地运用数字工具解决特定问题的能力。

国外机构提出了一些备受关注的居民数字素养测评框架。例如，英国联合信息系统委员会（2014）提出了包括信息通信技术应用、信息与媒体素养、数字制作与创新、数字交流与协作、数字学习与发展以及数字身份与健康共6个方面的数字能力框架。美国新媒体联盟Alexander等（2016）将数字素养划分为通用素养、创意素养和适用于特定领域的专门素养，分别强调熟练使用基本数字工具、制作丰富数字化内容所需的较高难度技能以及依据专业领域知识开展特定活动的能力。基于前述典型框架，联合国教科文组织（2018）指出数字素养内涵沿着"媒介素养—信息素养—数字能力—数字素养"的脉络演进，并提出包括操作域、信息域、交流域、内容创作域、安全伦理域、问题解决域、职业相关域7个方面的素养域。

国内学者虽然尚未就其核心要素达成一致意见，但整体上对数字素养的认识不断深化。如侧重技能层面，肖俊洪（2006）认为，数字素养不仅涉及纯数字技术的使用技能，还应包括认知技能、情感技能和社交技能。基于批判性和创造性角度，程萌萌等（2015）强调，数字素养注重运用数字技术批判、评估、交流不同格式的信息并创造新知识的能力。

基于前述文献梳理，并结合经济合作与发展组织提出的科学素养测评框架，本章界定农民数字素养为数字化情境下农民在生产与生活实践中所具备的或形成的有关数字知识、数字能力和数字意识的综合体，并体现为数字化通用素养、数字化社交素养、数字化创意素养、数字化专门素养和数字化安全素养5个方面。上述5个维度分别强调个体在使用基本数字工具收集、整理和加工数字化信息，通过互联网平台进行资源共享、信息交流与协作，创建和编辑文字、图像和视频等内容并进行创意化的表达、输出和传播，创造性地运用数字资源解决所处专业领域问题，采取安全有效措施保护个人信息、维护正当权益以增强对数字技术长期安全利用等方面的意识、知识和能力。

二　农民数字乡村实践参与行为的刻画

数字乡村的全面发展依赖农民的广泛和深度参与。农民虽兼具农村数字资源使用者和部分数字资源贡献者的双重角色，但现阶段主要以数字资源使用者角色参与数字乡村实践。基于前述数字乡村系统的界定，本章从数字基础设施使用、数字经济参与、数字生活参与、数字生态参与和数字治理参与5个方面梳理农民数字乡村参与实践，并进行典型刻画。具体而言，农民关于数字基础设施的使用主要体现在信息基础设施（如手机、计算机、平板电脑等移动设备、4G或5G网络）、数字金融基础设施（如支付宝账号、网上银行、理财或保险等App平台）、农产品终端服务平台（如益农信息社）和大数据平台等方面。农民关于数字经济的参与主要体现在数字化生产（如采用物联网、人工智能装备等进行农业生产）、数字化供应链（如采用智慧物流等进行产品运输和配送）、数字化营销（如采用微信、QQ等社交平台的朋友圈或京东、淘宝、天猫等电商平台进行销售）和数字化金融（如移动支付、P2P平台借贷、数字理财）等方面。农民关于数字生活的参与主要通过数字购物（如线上购物）、数字文旅教卫（如文娱类或教育类App、远程医疗、在线旅游等使用）和数字生活服务（如支付宝线上生活服务、网络约车、数字地图调用）等方面的参与实践体现。农民可通过数字化绿色生产（如采用物联网技术进行农业生产过程监管）、数字化生态保护（如参与生态环境治理的大数据平台建设）和数字化环境监督（如采用人工智能设备等进行环境监测、利用社交平台进行环保舆论监督）等途径参与乡村数字生态建设。农民对乡村数字治理的参与主要通过数字化党群教育（如使用党员远程教育平台、"学习强国"学习平台或农业科教平台）、数字化村务管理（如使用乡村钉、为村、微信群及一些地方性治理平台参与村庄公共事务的治理）、数字化民主监督（如通过微信群、微信公众号及一些专业性治理平台开展民主监督）和数字化安全（如采用人工智能设备等进行安全监控）等方面的实践行为体现。

三　农民数字素养驱动数字乡村单一领域发展的机理

鉴于微观层面系统审视农民数字乡村实践参与行为逻辑有助于深化宏观层面数字乡村发展的驱动机制探讨，本章遵循"提升数字素养—推动数字乡村实践参与—促进数字乡村发展"的理论逻辑，重点阐释作为核心能动性因素的数字素养对数字乡村各单一领域农民实践参与行为的影响机制,为构建农民数字素养与数字乡村各领域协同发展的互动关联系统奠定基础。

(一)农民数字素养对乡村数字基础设施使用的影响机理

数字基础设施具有数字技术含量高、风险不确定性和使用环境的复杂性等典型特征。理论上,农民数字化通用素养越高,使用数字化工具进行信息收集、整理和加工的知识储备越充分、网络操作能力越好、互联网意识越强(Knobel and Lankshear,2008),且对不同数字化工具的使用成本与收益的认知越清晰。因此,数字化通用素养高的农民对智能手机和平板电脑等移动设备、4G 或 5G 网络等信息基础设施的使用积极性越高,对以微信、支付宝等应用程序及支付、投资理财、信贷、保险等业务平台为代表的数字金融基础设施的采用广度和深度越大,对益农信息社等农产品产销对接服务平台的参与主动性越强、参与能力越高,同时也越倾向以数字资源贡献者身份支持农村基础数据资源体系建设,并充分利用区域大数据资源的优势服务生产与生活。农民数字化社交素养越高,利用多样化的互联网工具,从熟人网络及其衍生网络中获取信息和进行资源分享、信息交流与互动的概率越大且频率越高,因而对微信、QQ、支付宝、微博等社交工具有较高的使用需求和使用程度。农民数字化创意素养越高,创建和编辑文字、图像和视频内容并进行创意化的表达、输出和传播的意识和能力越强,进而对作为支撑条件的信息基础设施的依赖性越高,对以数字化制作为必要内容的相关商业活动的参与直接推动数字金融基础设施的使用,且对益农信息社等农产品产销对接服务平台提供的电商培训等越持有较浓厚的兴趣。数字化专门素养越高,农民在工作或生活中特定领域的数字化问题处理能力越好,越能推动其在各行业经济活动中充分使用信息和金融等数字化基础设施,有效利用益农信息社等农村综合服务平台资源,解决特定领域较为复杂的数字化问题。农民数字化安全素养越高,在使用互联网平台获取多样化信息,实现支付、理财、信贷、保险等金融交易,参与线上信息交流与分享过程中越能够自觉保护个人身份信息,对金融交易安全性表现出越高的重视程度(Park,2013),进而促进农民对数字基础设施的安全使用和持续信任。总体上,提升农民数字素养可有效增加其对乡村数字基础设施的使用广度和深度,影响机制如图 2-2 所示。

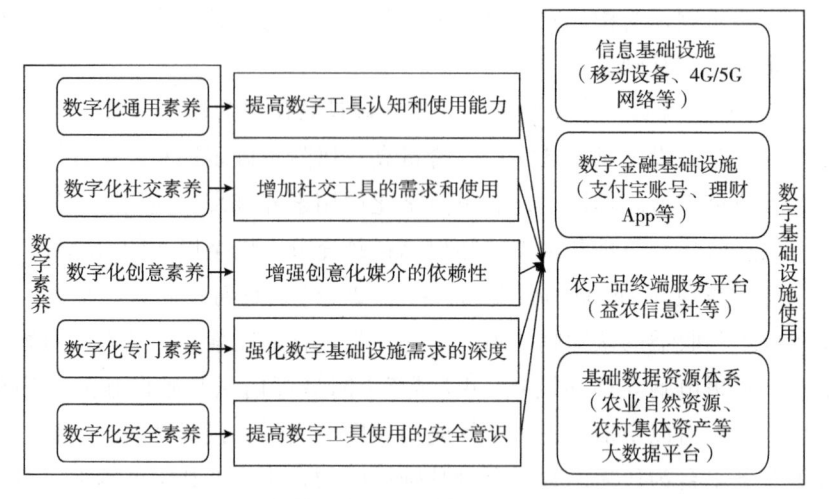

图 2-2 农民数字素养对乡村数字基础设施使用行为的影响机制

（二）农民数字素养对乡村数字经济参与行为的影响机制

数字经济活动各环节呈现网络化、智能化、创新速度快、增长空间大等特点（马化腾等，2017），因而，数字经济各领域的参与程度依赖于参与主体数字素养的积累。理论上，农民数字化通用素养越高，通过网络平台开展批发、采购、销售、仓储物流、金融交易等经济活动的意识越强，对数字化工具使用成本、收益及风险的认知越清晰，对一般的应用程序能够进行较为自如的操作，对不同应用程序的各种功能能够进行熟练的应用，因此，数字化通用素养高的农民参与数字经济活动各环节的能动性越强、成本越低。农民数字化社交素养越高，越擅长利用微信、QQ、微博等社交平台或通过建立专门网站，拓展线上社会网络，主动维护与供应商、销售商、合作伙伴、顾客等利益相关群体的商业关系，能够有效增加市场销售量、扩大潜在消费群体、提升市场收益；并通过线上网络的示范带动作用，促进对数字金融市场的参与。由此，提升数字化社交素养有助于增加农民参与数字经济活动的弹性和灵活性。农民数字化创意素养越高，越倾向积极采用物联网、人工智能等数字技术改进农业生产经营管理、打造创意农业和智慧农业等新业态新模式，提升农产品加工业研发、生产、管理和服务方面的智能化水平；越倾向采用现代化的仓储设施和智慧物流体系提高仓储管理效率及物流的时效性和便捷性；越能够充分发挥信息编辑和制作能力的优势（Eshet-

Alkalai，2004），采用社交电商及以淘宝、抖音、快手等网络平台为依托的直播销售开展创意化营销，且对数字金融市场的新产品与新服务表现出较浓厚的兴趣。农民数字化专门素养越高，在农业生产、农产品加工、供应链管理、农产品消费、金融服务获取等单一领域的数字化技能越好，有利于充分发挥自身专业优势，有效解决特定产业领域的数字化问题。农民数字化安全素养越高，在采用数字化技术从事各类经济活动中保护个人账户信息、保障交易安全性、维护合法权益的意识越强、能力也越好，有助于降低数字经济活动参与的风险性、促进持续参与。因此，提升农民数字素养水平有助于促进其对数字经济的广泛和深度参与，影响机制如图2-3所示。

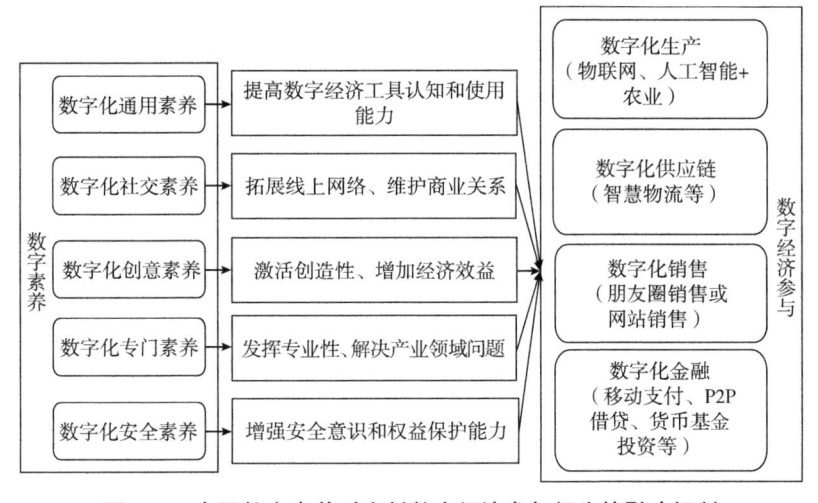

图2-3　农民数字素养对乡村数字经济参与行为的影响机制

（三）农民数字素养对乡村数字生活参与行为的影响机制

数字技术的应用有效丰富了农民生活各领域的具体形式和内容，且不断催生新的数字生活现象，促使个体行为呈现明显的移动化、社会化和个性化特征（陈剑等，2020），客观要求农民数字素养在动态实践中不断提升。一般地，农民数字化通用素养水平越高，对淘宝、天猫、京东等电子商务平台的线上购物流程越熟悉，对文娱类App、教育类App、线上旅游平台和线上医疗平台的基本操作能力越好，对微信或支付宝的日常生活缴费及滴滴出行等的网络约车服务的操作方法掌握越充分。因此，数字化通用素养高的农民对数字生活的参与成本较低、参与程度较高。

数字化社交素养越高的农民,越能够在日常生活中充分利用线上平台进行目标商品搜寻和购买,汲取线上平台同类消费者的评价和推荐信息,择优选择和使用网络教育、网络医疗、在线娱乐、在线旅游等方面的产品与服务,通过线上网络的消费示范带动作用积极参与生活服务类数字化产品与服务的体验。数字化创意素养较高的农民对电商平台、文旅教卫类App、日常生活服务类App相关的新产品新功能表现出较浓厚的兴趣和使用积极性,且能够充分利用自身的数字化编辑和信息传播能力,借助多样化的网络平台,进行短视频创作、参与社区交流互动、积极贡献数字资源,不断创新数字生活的形式和内容。农民数字化专门素养越高,在使用电商平台进行网络消费、使用文旅教卫类App进行学习、娱乐或就医、使用微信或支付宝的缴费功能服务日常生活等某一领域表现出较高的比较优势,增加特定领域数字生活参与的实际收益。农民数字化安全素养越高,在网络购物、文旅教卫类App使用、日常生活服务类App使用过程中的风险防范意识和权益保护意识越强,越能够积极采取有效措施维护账号安全、保护个人信息、保障线上交易合法权益,促进其对数字生活的持续参与。基于上述分析可知,提高农民数字素养有助于增加其对乡村数字生活的参与广度和深度,影响机制如图2-4所示。

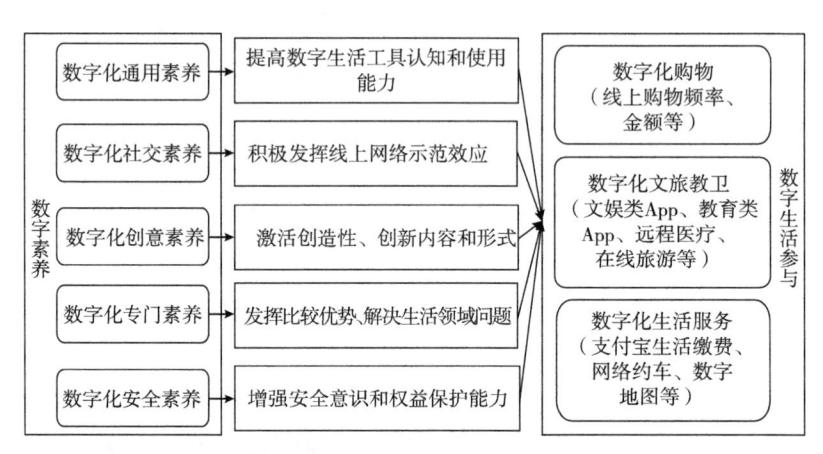

图2-4 农民数字素养对乡村数字生活参与行为的影响机制

(四)农民数字素养对乡村数字生态参与行为的影响机制

乡村数字生态思维的逐步形成及数字生态实践参与手段和工具的创新,对农民数字素养不断提出新的要求。理论上,农民数字化通用素养水平越高，对采用物联网等大数据手段进行农产品生产质量监控和源头追溯，利用生态系统监测平台对农村区域生态环境进行有效监测和治理，运用村庄微信公众号、微信群及基层治理平台等进行环境监督就越会表现出较高的参与意识和参与积极性。数字化社交素养高的农民，既能够以需求者身份充分拓展和利用线上社会网络资源（Prior et al.，2016），积极获取有关绿色生产、生态保护相关的知识和信息，也倾向以数字资源贡献者身份利用微信公众号等社交平台对乡村环境保护工作进行交流探讨和民主监督，实现更多公众利益。农民数字化创意素养越高，对物联网、人工智能等方面新的数字化技术应用于农业生产过程监测和乡村生态环境状况监测会表现出越高的积极性，倾向采用短视频、宣传片等创意化的形式对乡村环境保护工作进行宣传和监督。农民数字化专门素养越高，就会在绿色生产、生态保护、环境监督等某一领域表现出越高的数字化意识和数字化技能，越有助于促进相应领域数字化工具的使用和问题的解决。农民数字化安全素养越高，在应用数字化工具或平台进行绿色生产、生态保护和环境监督过程中就越能够有效保护个人的基础信息和正当权益，规避数字化技术使用的潜在风险（Knobel and Lankshear，2008）。因此，农民数字素养与其对乡村数字生态实践的参与行为密切相关，影响机制如图2-5所示。

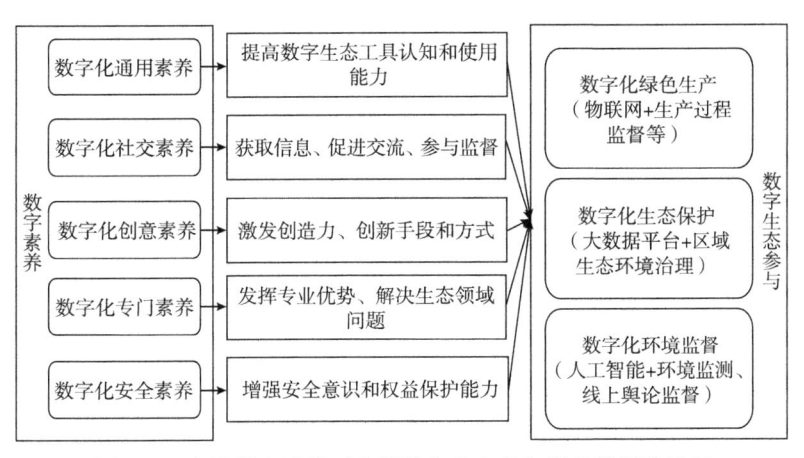

图2-5 农民数字素养对乡村数字生态参与行为的影响机制

（五）农民数字素养对乡村数字治理参与行为的影响机制

乡村数字治理在依赖数字技术的同时，更依赖农民主体的积极广泛参与。一般地，农民尤其是党员群体数字化通用素养越高，对党员教育网站、微信公众号、"学习强国"学习平台、远程教育培训平台等移动客户端的使用越熟练，越能够通过乡镇政务服务平台或村级事务管理平台开展农业保险、农业补贴、业务许可等事项的申请、办理和信息查询，在降低数字化治理参与成本的同时，也有助于推进农村村务、财务信息网上公开、保障民主监督权利，并助力农村"雪亮工程"和平安乡村建设。农民数字化社交素养越高，越能够主动利用线上社会网络（James，2021），充分获取有关党建、政务服务、平安乡村建设方面的信息资源，积极参与线上交流讨论、表达意见和建议，以较强的主人翁意识推动乡村数字化治理，从而获得更多的集体利益。农民数字化创意素养越高，越能充分利用信息编辑和制作能力（Eshet-Alkalai，2004），创新基层党建、政务服务、民主监督、平安乡村建设的内容和形式，越倾向吸收有关乡村治理新的数字化思想和采用各类数字化手段。农民数字化专门素养越高，在党建、政务服务、乡村安全等数字化治理的某一领域就越会表现出较多的知识储备和较好的参与能力，促进其在特定领域数字化问题的解决。农民数字化安全素养越高，在采用数字技术和平台参与党群教育、村务管理、民主监督等乡村治理领域的过程中，其权益保护意识和能力越强，且越倾向采用各类数字技术助力乡村公共安全维护。综上可知，提高农民数字化素养有助于促进其对乡村数字治理的全面深度参与，影响机制如图2-6所示。

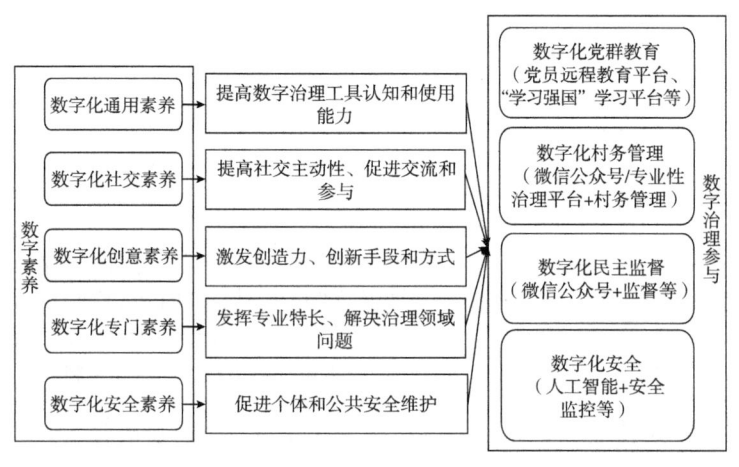

图2-6 农民数字素养对乡村数字治理参与行为的影响机制

四 农民数字素养驱动数字乡村全面发展的机理

数字乡村发展事关农业农村经济社会新秩序和新结构的重塑，多主体协同参与、多领域协同推进、多要素协同作用、多路径协同探索等构成当前数字乡村建设的典型特征。鉴于数字乡村各子系统之间存在互动关联逻辑，提升农民数字素养不仅可通过低成本、高效率、低风险的参与实践影响数字乡村单一子系统的发展，而且可通过促进各子系统之间的联动运作和结构调整，实现各项资源要素的有序配置和最大化利用，最终加快数字乡村整体系统的优化升级。本章基于协同理论深入阐释农民数字素养驱动数字乡村各领域协同发展的内在逻辑（图2-7），以期为优化新时期数字乡村发展支持政策体系提供理论参考。

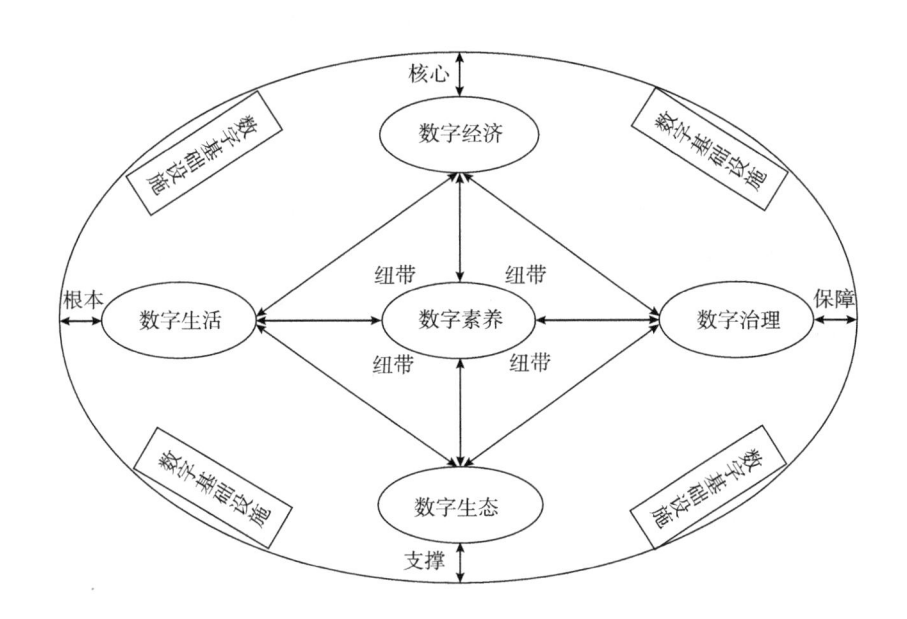

图 2-7 农民数字素养与数字乡村全面发展的互动关联框架

（一）数字素养驱动乡村数字"基础设施—经济、生活、生态与治理"协同发展逻辑

农民数字素养水平的改善可通过提高数字基础设施的使用需求和使用程度，影响其对数字经济、数字生活、数字生态、数字治理的参与广度和深度，激发数字乡村各子系统供给侧的创新动力。由前述分析可

知，农民综合数字素养水平越高，越能够熟练掌握相关数字化工具的操作方法和使用技巧，积极使用信息基础设施、数字金融基础设施、农产品产销对接服务平台等服务于生产生活。同时，数字素养高的农民有能力充分发挥自身比较优势，以合理、安全、高效的方式参与数字化社交和创意化的数字生产、信息传播，有效提高参与数字经济、数字生活、数字生态、数字治理的主观能动性、灵活性和创造性。此外，数字基础设施子系统为数字经济、数字生活、数字生态、数字治理等其他子系统的有序发展提供技术和平台支撑，且乡村经济社会各领域的数字化发展不断涌现新业态新模式，赋予数字基础设施新的内涵，并对特定领域的数字基础设施创新发展持续提出新的要求。因此，农民数字素养提升可驱动乡村数字"基础设施—经济、生活、生态与治理"实现协同有序发展。

（二）数字素养驱动乡村"数字经济—数字生活—数字生态—数字治理"协同发展逻辑

由前述分析可知，农民数字素养水平越高，越能够充分认识和衡量参与数字经济、数字生活、数字生态、数字治理各子系统的综合成本、预期收益和潜在风险，越能够以较高的积极性、较强的能力、较低的成本和风险参与数字乡村各领域的实践，助力数字乡村全面发展。此外，乡村数字经济、数字生活、数字生态、数字治理各子系统之间存在两两互动关联关系。一是乡村"数字经济—数字生活—数字生态—数字治理"协同发展逻辑。乡村农业、物流、商贸、金融等各产业领域的数字化发展，为农民高效便捷的数字化生活提供更丰富的工农业产品和服务，推动农村消费方式转型和数字消费水平提升，奠定农民参与在线教育培训、在线医疗、在线娱乐、在线文化共享的物质基础；且影响农民参与数字化绿色生产、数字化生态保护和数字化环境监督的技术基础与经济基础，为农民参与数字化党群教育、数字化村务管理、数字化民主监督等基层数字治理领域提供重要的生产力保障。当然，农村数字生活的日益丰富、数字生态的持续改善、数字治理的深入推进为数字经济发展提供良好的外部数字化环境支撑，同时也使数字经济的发展内容和表现形式不断面临新的挑战。二是乡村"数字生活—数字生态—数字治理"协同发展逻辑。农民数字购物、数字文旅教卫、数字生活服务等诸多方面的参与实践，促进农民数字思维的形成和数字技能的拓展，且便捷的数字化生活引致的较高生活幸福感和获得感，直接提高农民参与数字生态、数字治理的积极性和主动性。反过来看，农民对乡村数字生态实践和数字治理实践的广泛参与，为其数字生活实践的有序开展和日益丰富化提供良好的外部生态环境保障及安全、高效、和谐的村庄公共环境支持。三是乡村"数字生态—数字治理"协同发展逻辑。农民对数字化绿色生产、数字化生态保护和数字化环境监督的积极参与均有助于提升其数字意识和数字技能，增强村庄主人翁意识和集体责任感，进而提升其对数字治理实践的参与程度。同时，农民对数字化党群教育、数字化村务管理、数字化民主监督和数字化公共安全等乡村数字治理实践的广泛参与，有助于增加自身对乡村数字生态重要性和相关举措的认知和理解，提高为数字生态建设建言献策、身体力行的积极性。综上分析，农民数字素养提升可通过多元化的实践叠加驱动乡村"数字经济—数字生活—数字生态—数字治理"实现协同有序发展。

（三）动态视角下农民数字素养与数字乡村全面发展的互动关联逻辑

农民数字素养与数字乡村系统的全面发展之间存在互动关联逻辑，且农民数字素养在该关联系统中发挥重要的纽带作用。数字乡村各子系统间的协调联动和有机组合，可促进各类要素优化配置、强化不同类型支持政策的叠加效应，优化整体系统的功能与结构，进而实现数字乡村系统更高质量更优质态的发展。基于前述分析可知，提升农民综合数字素养水平不仅可以促进数字"基础设施—经济、生活、生态、治理"形成互动关联，而且能够推动"数字经济—数字生活—数字生态—数字治理"形成两两互动关联，促进各项生产要素和资源在数字乡村不同领域实现最优化配置和最大化利用。因此，农民数字素养与数字乡村全面发展的互动关联系统运行逻辑在于：提升农民数字素养水平不仅有助于推动其对数字乡村单一子系统的实践参与，而且能够有效激活数字乡村发展不同子系统间的互动关联机制，使数字乡村系统在动态演化之中不断完善和革新。农民数字乡村实践参与程度的提升及数字乡村系统的迭代升级，对农民数字素养不断提出新的期望和要求，持续推动农民数字素养水平的提高和结构的优化，进而加速数字乡村各子系统间的循环关联，最终促进数字乡村各领域的全面协调可持续发展，不断提高数字乡村发展的效率和效益。

第四节 数字乡村发展的福利效应分析框架

一 数字乡村发展助力乡村全面振兴的福利效应：基于宏观视角

数字乡村战略与乡村振兴战略在预期目标、具体内容和实施措施等层面具有内在契合性，为以数字乡村建设助力乡村振兴、提升数字时代农民福利水平提供重要支撑。本章先从宏观层面阐释数字乡村建设对乡村产业兴旺、治理有效、乡风文明、生态宜居等的影响逻辑，进而为微观视角下阐释数字乡村发展对农民主客观福利的影响逻辑奠定基础。

从乡村振兴战略来看，"产业兴旺、生态宜居、乡风文明、治理有效、生活富裕"是实现乡村振兴的总要求；从数字乡村战略来看，加快乡村生产、生活、生态空间的数字化、网络化和智能化发展是推进数字乡村建设的应有之义。就两者的关联逻辑而言，加快农业农村数字化转型是数字中国建设背景下落实乡村振兴战略、构建新发展格局的内在要求和有力举措，而促进乡村产业、生态、文化、组织和人才振兴是推进数字乡村建设的重要目标。总体上，数字乡村建设加快数据要素市场培育、数字产品与服务创新及数字化思维塑造，加快变革乡村生产方式、生活方式与治理方式，进而对农业产业转型发展、基层治理提质增效等乡村经济社会各领域产生广泛影响（黄季焜，2021）。基于数字乡村建设与乡村发展、建设、治理之间的逻辑关联，数字技术的广泛和深度应用有助于加速产业链、供应链、价值链、生态链等有机融合，预期对乡村产业、生态、文化、组织和人才振兴均产生积极作用。数字技术驱动乡村振兴的理论逻辑如图2-8所示。

数字技术应用可通过促进产业兴旺，为乡村经济发展持续注入新动能。以广覆盖性、高创新性和强渗透性为典型特征的数字技术的广泛应用，有助于为农业全产业链的数字化转型提供重要的技术支撑，进而持续催生新产业、新业态和新模式，培育乡村经济新的增长点（夏显力等，2019）。具体而言，卫星遥感和人工智能等技术能够赋能作物精准化生产和畜禽精细化养殖，并提高监测管理的智能化水平。区块链和

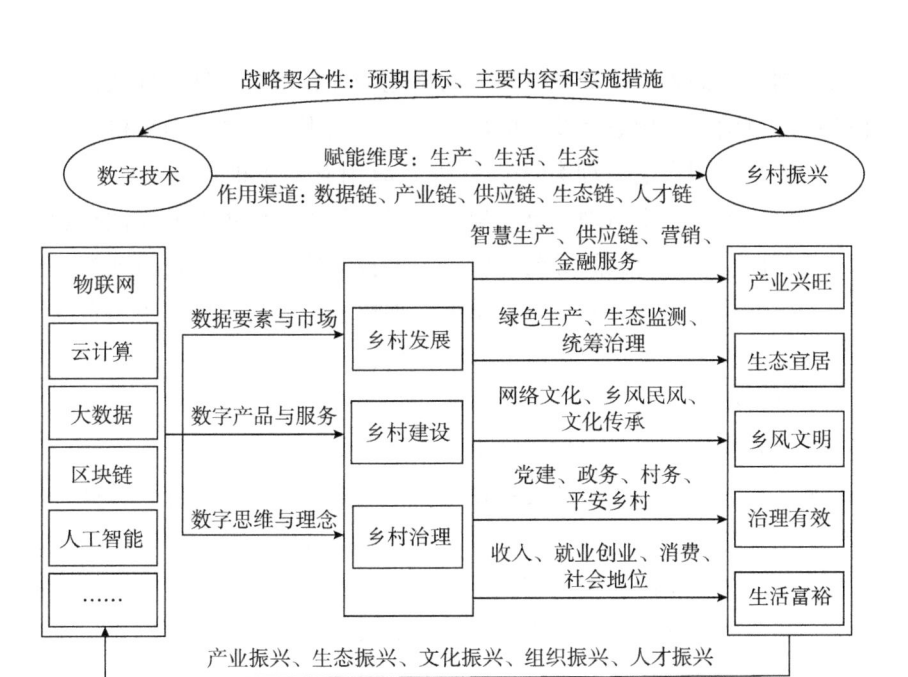

第二章 | 数字乡村系统构建、发展内生动力与福利效应的理论研究

图 2-8 数字技术驱动乡村振兴的理论逻辑

物联网等技术能够搭建精准化购销平台，有效缓解农产品市场信息不对称问题，促进农产品流通领域的供需均衡。大数据和云计算等技术的广泛应用使个性化、智能化、体验式消费成为可能，助力农村消费提质扩容升级。在信息通信技术的加持下，农产品生产、流通等上下游各环节要素顺畅流动，可有效促进农村产业融合和提质升级，并催生直播带货、社交电商、短视频电商等新业态新模式。此外，数字技术广泛应用加快重构县域商业体系和数字普惠金融发展模式，助力涉农金融产品与服务创新（冯兴元等，2020）。

数字技术应用可通过促进治理有效，提高乡村治理体系和治理能力现代化水平。云计算、人工智能、区块链等数字技术的广泛应用，平台化、组件化工具的日益普及，加速构建乡村的"智慧大脑"，持续提升基层政府在党群教育、政务服务、公共安全保障等方面的数字化服务水平，助力实现科学、精准、高效决策，推动智治、自治、德治与法治的有机融合，有助于持续提升数字时代乡村善治水平。具体而言，农业农村大数据平台嵌入集体资产管理、网格化治理、组织治理等领域，有助于拓展乡村治理领域数字技术应用场景，提高不同群体参与乡村治理的机会均等性。用户端治理类 App 的推广应用有助于推进线上线下治理深度融合，加速数字治理下沉，提高农民参与基层治理的便捷性和能动性，改善群众享受公共服务的体验。数字技术应用加速乡村治理模式变革，大数据技术与积分制治理的结合，加快重构农村信用体系，有助于提高数字治理平台的用户活跃度，激活村民主体性地位。

数字技术应用可通过促进生态宜居，为乡村生态保护和人居环境改善提供重要支撑。提高乡村数字生态水平事关生态中国建设的大局，当前改善乡村数字生态水平的关键在于加快农业生产方式的绿色转型、提高生态系统监测与管理的数字化智慧化水平。物联网技术和区块链技术在农业全产业链中的应用，有助于推动化肥农药减量化使用、减少对农业生态环境的破坏，保障从田间到餐桌的农产品质量安全，助力农业绿色化发展。生态系统监测平台的建设与应用及生态数据的归集与开发，有助于以大数据手段统筹山水林田湖草沙的系统治理，提高乡村生态保护的信息化水平，改善生态环境治理决策的效率和效益。卫星遥感技术、无人机、高清远程视频监控系统等数字技术的广泛应用，有助于提升区域尤其是生态系统脆弱区的生态环境监测水平，加快补齐美丽乡村建设的短板。

数字技术应用可通过增进乡风文明，赋能乡村文化振兴。多元化数字技术应用有助于拓展乡村文化传播边界、丰富文化传播形态、壮大文化传播主体、增强文化传播效能。具体而言，基于跨越时空、对象均等、高渗透性和可复制性等特征，数字技术扩散有助于从历史溯源与当代实践、虚拟空间和现实世界、跨学科跨领域的多重视角，提高农村地区法律法规和政策宣传教育的广度和深度，提升乡风民风宣传教育效果（秦秋霞等，2021）。以数字技术与平台为依托可推进乡村优秀传统文化资源数字化传播，特别是自媒体平台应用使乡村文化传播的载体得以拓展、主体得以发展壮大。大数据技术应用使文化需求者的画像更为清晰，促使乡村文化内容生产者更好地把握受众需求和消费习惯，进而更有针对性地生产和提供相应的文化产品与服务，在传承与发展传统文化的同时，丰富乡村精神文化生活。

数字技术的扩散和创新性应用可通过拓展乡村生活的内容和形式、改善农民生活质量、提高生活富裕水平。多元数字技术加持有助于拓展农民市场经济活动参与能力、提高个体专业技能、增加就业机会，拓宽收入获取渠道。与此同时，数字技术的应用可激发乡村社会的创新思维，改进乡村生产经营和管理模式，降低农业生产经营管理成本、提高资源利用效率（温涛、陈一明，2020；邱子迅、周亚虹，2021）；并可通过拓宽农产品销售渠道，促进农民创业增收，改善家庭消费结构和水平。此外，乡村数字经济发展引致的家庭收入和消费水平的提高可改善农民幸福感和获得感，增进个体的社会地位认同，促进物质富裕和精神富足。

二 数字乡村发展的客观福利效应：基于微观视角

经济福利是数字乡村发展引致福利效应的重要方面。鉴于收入、消费和生计韧性是体现个体客观福利特别是经济福利的主要维度，本章分别阐释数字乡村发展对农民收入、消费和生计韧性的影响逻辑。

（一）数字乡村发展对农民收入的影响逻辑

以数字基础设施、数字经济、数字治理和数字生活为主要内容的数字乡村发展，加快重塑乡村生产方式、生活方式和治理模式，促进农村市场结构变革、生产要素优化配置，有助于改造提升乡村传统产业，推动新业态新模式发展，增加农民增收的机会，提升资源的可得性（柳毅等，2023）。乡村数字基础设施改善为农民在生产生活各领域采用数字技术提供基础性支撑，有助于缓解信息不对称问题，促进其生产过程节本增效、扩大销售渠道、提高公共服务可得性、增加创业增收机会。乡村数字经济发展有助于提高农民在农业全产业链各环节数字化转型中的嵌入广度和深度、增强农民参与市场活动的韧性和能力，增进不同农民群体参与基层治理、享有各类基本公共服务的机会均等性，且有助于塑造乡村良好的市场环境，助力农村信用体系建构和农民信用价值的转化，进而促进农民尤其是低收入群体增收。乡村治理数字化转型有助于拓展弱势群体参与基层治理的渠道，促进公共治理重要决策的充分沟通协商，提高共建共治共享水平，重塑数字时代基层治理共同体；同时，也有助于加强对村庄小微权力监管，提高集体资产交易效率，促进生产要素高效配置，拓宽农户增收渠道（林海等，2023）。乡村生活数字化所带来的便捷性推动农民在生产领域积极采用数字技术提高生产经营效率和效益，同时也促进农民数字素养与技能积累，增强农民市场经济活动参与的可行能力、拓展农民获取各类资源实现创业增收的机会。总体上，数字乡村发展可通过赋权、扩能和增信逻辑影响农民收入，其中乡村数字经济对农民收入的影响最为直接。影响逻辑的具体分析如下。

第一，数字乡村发展影响农民收入的赋权逻辑。农民参与数字乡村发展尤其是数字经济发展有助于拓展个体市场活动的参与范围，增加个体与外界的社会互动，使个体获得更多不同阶层群体的信息画像，改变其可用于社会比较的参照系，助力其精准筛选参照对象和开展自我阶层定位，进而增进其群体认同、激发其主体性意识（彭艳玲等，2022）。农民在农业全产业链各环节的数字化参与实践可提升数字工具和设备的使用活跃度、提高数字素养与技能水平，激发村民利用微信、支付宝、阿里乡村钉、腾讯为村等平台参与乡村党务、村务、财务等治理活动的积极性和主动性，提升农民获取各类基本公共服务的机会均等性。社会阶层认同感改善、基层治理参与话语权提升和基本公共服务享有权改善可打破乡村资源分配的固有格局，保障农民均等获取各类信息与资源的权利，拓展农民创业增收的机会。

第二，数字乡村发展影响农民收入的扩能逻辑。一方面，数字技术嵌入乡村生产生活与治理等诸多领域，可有效改善农民的信息可得性。互联网在经济社会各领域的广泛应用降低了信息交易成本、消除了信息流传播的时空阻隔，有助于提高农民信息获取能力，降低群体内部的信息不对称性（鲁元平、王军鹏，2020）。农民在数字化生产、数字化销售、数字化物流、数字化金融服务等乡村产业链环节的参与可拓宽信息获取渠道、丰富信息来源与构成、降低信息获取成本，进而提高信息可得性。另一方面，农民参与数字乡村发展有助于增强就业创业等方面的能力。诸多研究基于省级数据的实证表明，区域数字经济发展可通过激发科技创新、推动农村创业、加速消费升级等路径赋能乡村振兴（孟维福等，2023）。数字乡村发展所具有的数字化、网络化、智能化等特征推动市场变革、引致产业升级、加速生产和治理革新，进而影响农村就业环境（马玥，2022）；数字经济发展可通过重塑工作特征、促进机会公平进而提高农民工就业质量（张广胜、王若男，2023）。综合而言，农民使用数字基础设施、参与农业全产业链数字化及乡村数字治理能够激发农民的创新意识，提升其风险偏好水平，增强资源获取能力、要素优化配置能力及创业能力，进而改善农民生产经营活动、促进农民持续增收。

第三，数字乡村发展影响农民收入的增信逻辑。数字乡村发展尤其是乡村经济数字化转型加快重塑乡村信用生态，包括拓宽金融机构的业务边界、降低信用风险管理过程中信用信息的获取和加工成本，缓解信息不对称引发的信贷配给问题（赵建、王静娴，2022）。数字经济时代，基于信息的高度透明和交易双方的跨时空互动，数字化交易更多地表现为去中心化、去中介化、留痕化的特点。数字技术和平台的广泛运用，驱动商业组织形态发生变化，交易开始走向线上化、平台化。随着交易方式改变，信用的发现机制和激励约束机制也随之转型。农民在农业生产、物流、销售、服务等全产业链数字化及在党群教育、村务管理与民主监督等基层数字治理领域的参与足迹，可提升金融机构对其信用画像的精准性及其信用水平，同时增加农民对数字时代交易活动的感知和体验，增强其参与市场经济活动和乡村治理活动的信用意识，强化其人际交往和生产经营活动中的契约意识。乡村信用体系的改善、农民信用水平的提升和契约意识的增强，有助于保障乡村有序的市场交易环境，巩固经营主体间稳定的契约关系，助力农民生产经营活动健康有序运行和可持续增收。

（二）数字乡村发展对农民消费的影响逻辑

数字乡村发展对居民消费的影响具有多重路径，包括消费理念重塑、消费能力提升、消费结构优化、消费模式转型等方面。具体如下。

第一，数字技术在农民生产生活各领域的广泛和深度嵌入，加快打破传统消费理念。数字乡村建设的全面推进催生农业产业新业态新模式、拓展农民参与基层治理与公共服务领域的渠道和形式，激发农民在文化、教育、医疗卫生、便民服务等方面的多元数字化需求，使数字消费、体验消费、智能消费成为农民消费的新趋向。数字乡村发展可通过完善网络基站、物流网点、购销平台等基础设施，助力提高农村地区商品与服务供给的效率，加速打通生产与消费的连接渠道，从而将农村的

"长尾需求"转化为大市场，持续激活农村消费潜力。

第二，数字乡村发展有助于持续提高农民消费能力和改善农民消费结构。以农业全产业链数字化为核心的乡村数字经济发展，可激发农民创业活力、拓宽农民增收渠道和提高农民可支配收入水平，促进农民发展型消费和享受型消费的增长。数字技术的广泛和深度应用有助于为乡村治理和生活等场景赋能，减少乡村生产生活中的不确定性，稳定农民消费预期。乡村数字生活所带来的便捷性和高效化有助于激发农民对智能产品的消费需求，促进农民消费层次提档升级。

第三，数字乡村发展推动农民消费方式从线下转到线上，加速对传统消费模式的替代。"数商兴农"工程和"快递进村"工程加速实施，农产品电商平台加速发展、农村智慧物流基础设施持续改善，推动线上消费模式的普及。随着人工智能、大数据等数字技术的应用和农村综合信息服务的完善，基于农业生产和销售历史数据辅助生产决策、实时掌握农产品供需变化成为重要趋势，生产环节的数字化也加速消费环节的数字化转型。此外，依托大数据、云计算、人工智能等技术，可有效降低市场交易过程中的中间环节流通成本，不断提高交易效率、扩大农产品市场规模，使线上消费模式的优势得以凸显（周应恒、杨宗之，2021）。

第四，数字乡村发展可加快农村金融服务的数字化转型，在提升农民消费便利性的同时，缓解农民消费的流动性约束。随着移动互联网和智能终端的快速普及，以移动支付、网络支付为代表的新兴电子支付凭借操作方便快捷等优势，加快贯穿农业生产、加工、流通和服务等全产业链环节，以及农民购物、就医、社保缴费等日常生活诸多领域，极大提升了农民支付活动的便利性和参与市场交易的效率。与此同时，数字乡村建设加快重构以数据为驱动的农村信用体系，改进农民信用评价方式，有效提升农民数字信贷产品可得性，既有助于降低农民获取金融资源的时间和物质成本，也有助于缓解农村居民的流动性约束，促进农民家庭各项消费活动的开展（赵佳佳等，2022）。

（三）数字乡村发展对农民生计韧性的影响逻辑

农民生计韧性是农民在多变、复杂、不确定的环境下应对各种挑战的核心能力，是防范和化解各类风险、保障家庭收入可持续增长的强有

第二章 | 数字乡村系统构建、发展内生动力与福利效应的理论研究

力支撑。提升农民生计韧性的关键在于增强农民在各类资源禀赋条件下实现经济活动健康有序运行的可行能力。阿马蒂亚·森（2013）指出，提升可行能力的根本在于扩展经营主体的实质性自由，这不仅包括能够识字算数、享受政治参与等在内的自由，还包括经营主体实现自我价值方面的实际能力。因此，阿马蒂亚·森在赋权理论基础上提出了增能理论，并认为真正的机会平等必须通过能力平等的途径实现。此外，信用是现代市场经济的重要支撑，基础信用和契约信用对于增强经营主体的竞争优势具有重要作用（刘建洲，2011）。总体而言，提升农民生计韧性需要从赋权、扩能和增信等多重路径协同发力。具体包括：强调通过政治参与和基层社会治理参与改善农民权益，保障农民享有最基本的公共事务决策参与权；重视在公平的市场环境和平等的发展机会条件下提升农民的知识水平和劳动技能，以增强其市场活动参与能力；注重通过完善信用评价方式提升农民信用水平和市场参与能力，从而有效抵御外部环境带来的风险和不确定性、增强农民生计活动韧性。

理论上，以乡村数字经济为核心的数字乡村建设可通过赋权、扩能和增信等多重路径影响农民生计韧性。数字技术和平台的广泛应用有助于促进被赋能对象潜能的开发与释放，提升其自身发展能力。农村传统基础设施数字化改造和新型数字基础设施建设可有效推进各类信息资源的公开与共享，有助于保障农民尤其是弱势农民参与公共治理决策的机会均等性（苏岚岚，2024），促进农民公共服务享有与有序政治参与。多样化数字技术在农业全产业链各环节中的应用可为农民带来更多发展新业态新模式、实现创业增收的机会（Jensen，2010），在拓展农民生产经营活动内容、提升其生计水平的同时，促进组织形式的创新和经营管理能力的改善，不断激发更高层次的发展需求。此外，数字经济各领域参与所形成的"数字足迹"叠加大数据分析处理技术的应用可促进农民各类生产生活信息的高效归集以实现精准画像，摆脱在原有技术条件下难以准确评估农民信用的不足（孙同全等，2024），使农民信用水平更易显化的同时，增强农民市场活动参与的契约意识。进一步地，农民在公共服务享有与基层治理参与等方面的权利强化、在生产经营与组织管理等方面的能力提升以及信用水平和契约意识的提高，均可从不同层面增强农民应对风险和不确定性条件下的抵抗力、适应

力和再造力。

三 数字乡村发展的主观福利效应：基于微观视角

非经济性福利是数字乡村发展引致福利效应的重要方面。鉴于社会阶层认同、主观幸福感是体现个体主观福利和非经济性福利的主要维度，本章分别阐释数字乡村发展对农民社会阶层认同和主观幸福感的影响逻辑。

（一）数字乡村发展对农民社会阶层认同的影响逻辑

农民社会阶层认同的提升主要来源于其在市场经济活动、基层治理参与中的广度和深度的提升及由此带来的社会地位改善。因此，数字乡村发展对农民社会阶层认同的影响主要体现为农民参与乡村数字经济发展和数字治理的影响。

农民参与乡村数字经济发展对社会阶层认同的影响逻辑。数字经济参与可拓展个体与市场其他主体的联结方式，提升个体市场参与的频率和程度，在促进收入增长的同时，加速改变其在既有社会空间内的惯习，并影响自我身份认知和阶层认同意识的形成。与此同时，数字经济参与有助于个体获得更多不同阶层群体的信息，在促进社会资本积累的同时，改变其用于社会比较的参照系，助力其精准筛选参照对象，高效开展社会阶层画像和定位，进而影响其群体认同和阶层意识建构（刘子玉、罗明忠，2022）。社会比较理论指出，个体往往从自身所处环境出发，通过有选择地比较来对自身社会地位进行评价（Festinger, 1954）。理论上，农民在农业生产、供销、服务等不同产业链环节所面临的环境差异和其自身所拥有的知识能力及偏好等"惯习"差异，均会直接影响农民对自身社会阶层的比较标准和可能结果。农民参与农业产业链各环节所传递的个体社会地位符号，不仅表明自己的阶层身份，也折射出自身与其他群体之间的阶层距离，进而影响其对自身阶层认知和意识建构。

农民参与乡村数字治理对社会阶层认同的影响逻辑。以多样化的数字工具和平台为依托，农民能够便捷高效地参与乡村党建、村务管理、民主监督、集体决策等治理活动，并及时获取基层政府和村民自治组织提供的各类便民服务和民生保障，进而增加乡村治理实践参与带来的物质收益和精神收益。同时，农民通过应用数字治理平台能够积极建言献策、表达意见和建议，推动村庄的民主管理、民主监督和民主决策，激发村庄自治活力和农民主人翁意识。此外，数字技术加持拓展农民信息获取、交流互动和舆论监督渠道，有助于提升其对乡村自治、德治、法治系列政策的认知，提升其参与民主管理和民主决策的积极性和能动性，强化农民法治意识和法治观念，促进道德规范的遵守和实施，推进乡村治理实践的法治化规范化，保障不同农民群体的合法权益和合理诉求。农民依托多样化的数字治理平台和工具参与乡村治理诸多领域，有助于增强其利用法治硬约束和道德软约束规范自身行为的能力，不断提高参与乡村综合治理能力；而乡村治理参与能力和效果的改善有助于增强农民的主体意识，助力农民社会价值实现，进而增进农民社会阶层认同。

此外，乡村数字基础设施建设可为农民广泛参与乡村数字经济和数字治理提供基础性支撑，间接助力农民社会阶层认同的改善。乡村数字生活所带来的便捷化、智能化体验有助于提升农民幸福感和获得感，进而增进社会阶层认同。

（二）数字乡村发展对农民幸福感的影响逻辑[①]

数字乡村发展可通过促进要素流动、优化资源配置、提升人际互动能力及技术使用能力和效果等改善农民生产生活活动，进而增进农民幸福感。具体而言，数字乡村发展加速打破农村地区信息流通的时空阻隔，通过数字化社交平台、文化娱乐平台、电商平台、乡村治理平台等加速各类信息的传播，提高农民信息获取的及时性和充足性，丰富农民生活方式和内容（鲁元平、王军鹏，2020）。数字乡村建设推动电子商务平台、智慧冷链物流、直播带货平台等数字基础设施及应用场景的拓展，有助于实现农产品"进城"和工业品"下乡"的双向高效流通，在缩短流通链和提高农产品销售收入的同时，也有助于更好满足农村居民个性化、线上化、多元化的消费需求，提升农村居民的幸福感（吴本健等，2023）。数字乡村发展促进多样化数字工具与平台的使用，既可增进个体间的社会互动，提升农村居民的社会参与感，也可通过增加非农就业机会、赋能创业实践与生产经营活动，促进农民持续增收，进

---

① 限于数据，后文未对此进行实证研究。

而不断改善个体幸福感（史常亮，2023）。数字乡村发展使农业全产业链数字化成为重要趋势，推动农民在农业生产、物流、销售及服务等环节探索使用各类数字设备和工具，以降低生产经营管理成本、优化资源配置结构与提高资源配置效率，有助于增加农民对先进技术及其使用效益的感知与认可，提升其新技术使用能力和效果。

分领域看，数字乡村不同领域的发展对农民幸福感存在差异化影响逻辑。具体如下：一是传统基础设施的数字化改造和新型数字基础设施建设均有助于推动农民在生产生活中积极采用各类数字技术与平台，提高农业生产的数字化智能化精准化水平，提升市场交易活动的便利性和高效化，提升文化、教育、医疗、卫生等公共服务资源获取的便捷性和体验感，增强农民尤其是外出务工农民参与乡村治理的能力，进而提升农民整体的幸福感和获得感。二是乡村数字经济的发展加速农业产业链数字化转型，为农民开展涉农创业提供重要的环境条件。电商示范、"数商兴农"和"快递进村"等一系列工程实施，以及智慧生产、智慧物流与仓储、网络销售等农业生产与服务条件的改善，使得从事现代农业规模经营的效益得以提升。乡村数字经济发展带来的就业创业机会增加，可在一定程度上提升农民的幸福感。数字金融的发展通过重塑农民信用体系，为农村居民提供数字支付、数字理财和数字信贷等数字普惠金融服务，有助于降低农村居民获得金融服务的准入门槛和交易成本，促进投资理财、缓解生产经营过程中的流动性约束，进而增进农民的物质和精神获得感。三是乡村数字治理的发展增加普通村民参与乡村治理、获取资源与公共服务的平等机会，通过提高信息透明度、保障群众知情权与监督权，促进民主管理、民主决策、民主监督，助力重塑村庄治理共同体。乡村治理参与度的提升可在一定程度上增强农民主体意识和主人翁精神，进而提升农民幸福感和获得感。四是乡村生活数字化与农民幸福感和获得感密切相关。农民在文化教育、医疗卫生、旅游出行等领域广泛应用数字平台，有助于打破线下渠道获取便民服务的时空限制，提高生活消费的便利性和增加选择的多样性，进而提升农民的主观幸福感。

数字乡村发展的主客观福利效应分析框架如图2-9所示。

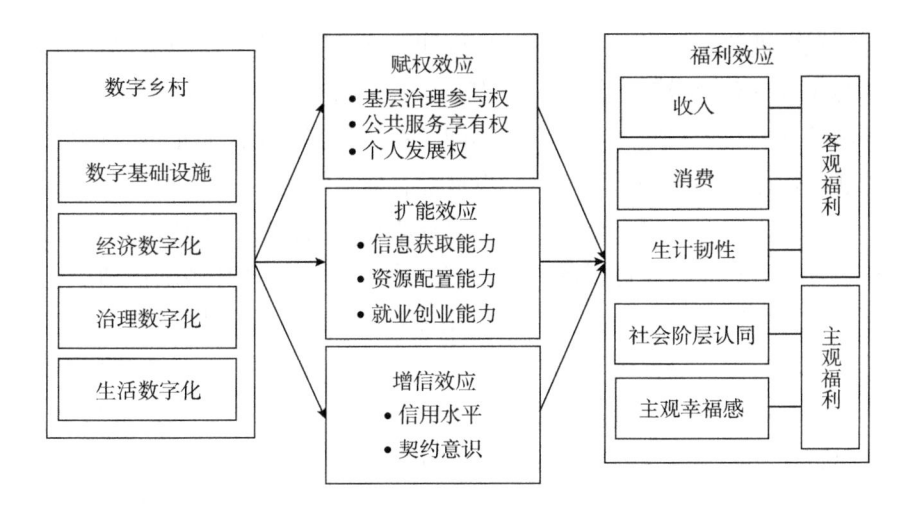

图 2-9　数字乡村发展的主客观福利效应分析框架

第五节　本章小结

本章梳理了赋能理论、技术—经济范式理论、技术扩散理论、自主治理理论、系统科学理论、福利经济学理论等理论的核心观点及其与本书研究内容的关联性；依据系统论构建了数字乡村系统，阐释了数字乡村系统的技术性、市场性、功能性等典型特征。基于农民数字素养视角，剖析了数字乡村发展的内生动力机制，并构建了动态视角下农民数字素养驱动数字乡村全面发展的逻辑框架，揭示了其局部及整体运行逻辑。本章还架构了数字乡村发展的福利效应分析理论框架，分别阐释了数字乡村发展对农民收入、消费和生计韧性等客观福利的影响逻辑，以及数字乡村发展对农民社会阶层认同、幸福感等主观福利的影响逻辑。本章基于理论分析得出的主要研究结论如下。

第一，从数字基础设施、数字经济、数字生活、数字生态、数字治理 5 个方面构建数字乡村系统具有合理性，各子系统之间既相互依存，又相互制约，且各子系统的发展受到数字乡村整体系统发展方向的制约，同时也影响了整体系统功能和效用的实现。

第二，提升农民数字素养水平可通过低成本、高效率、低风险的参与实践促进数字乡村单一领域的广度和深度发展，进一步以农民数字素养为纽带可有效激活乡村数字"基础设施、经济、生活、生态、治理"协同发展的互动关联系统，促进不同子系统间实现更高质量、更优结构的联结运作，持续提升数字乡村发展综合效益。

第三，数字乡村战略与乡村振兴战略在预期目标、具体内容和实施措施等方面具有内在逻辑的一致性，数字乡村发展具有多维福利效应。理论上，农民参与视角下数字乡村整体及分领域发展有助于通过赋权、扩能、增信等机制促进农民就业创业、提高收入水平、推动消费提档升级、增强生计韧性，进而增进农民客观福利。与此同时，农民参与数字乡村整体及分领域发展可促进个体与市场联结、增强乡村治理参与度、提高数字素养与技能、改善社会资本，增进农民社会认同、提升其幸福感，进而改善农民主观福利。

第二篇

数字乡村发展的微观测度与内生动力研究

第三章

数字乡村发展的支持政策梳理、水平测度及现状研究

推进数字乡村建设需要充分调动乡村多元主体参与共建共治共享的积极性和能动性。厘清数字乡村建设中的政府职能与市场作用对构建政府支持引导、社会资本广泛参与、涉农主体积极响应的共建共治共享的数字乡村建设格局具有重要意义。近年来，中央和各级地方政府围绕乡村数字基础设施建设、数字农业试点、治理数字化转型等层面不断加大对数字乡村建设的政策支持力度。与此同时，传统农业企业、互联网企业及金融机构纷纷加速布局数字乡村领域。尽管中国首批国家级数字乡村建设试点已结束，第二批国家数字乡村试点新近启动，各省数字乡村试点也取得了积极进展，但由顶层设计不完善、体制机制不健全、政府职能与市场作用边界不清等问题导致相关试点的深入实施面临诸多挑战。因此，系统梳理数字乡村发展的支持政策设计及各类社会资本主体参与数字乡村建设的实践探索，对优化当前和今后一段时期数字乡村发展的政策支持体系具有重要意义。

随着数字乡村建设实践的推进，数字乡村发展水平测度、特征分析与制约因素研究引起越来越多学者的重视。国内学者主要围绕数字乡村发展模式、面临挑战、推进路径等问题开展理论探讨（曾亿武等，2021；沈费伟，2021），少量研究聚焦智慧农业发展面临约束与突破路径（殷浩栋等，2021）、乡村数字治理实践策略（沈费伟、袁欢，2020）等问题展开逻辑分析。虽然中国数字乡村建设呈现良好开局态势，但仍面临各领域发展不充分、区域发展不平衡，政府职能与市场作

用不清、试点项目难推广，成本分担、收益分享、激励约束、人才培育等方面的支撑机制不完善等诸多问题与挑战（黄季焜，2021）。已有研究主要以国家、省、市为基本单元构建数字经济发展的测度指标体系（徐清源等，2018），或以县域为单元测度数字乡村发展水平[①]，但均存在难以准确刻画数字技术在农业农村发展中的应用实际和农民数字参与实际的局限性。因此，立足微观农户层面，依据数字技术嵌入农民生产生活的核心表征，系统评估微观视角下数字乡村发展水平，有助于进一步厘清数字乡村发展现状及典型特征，尤其是明晰发展短板与不足。

中国县域数字乡村发展整体呈现"东部发展较快、中部次之、西部发展滞后"格局，西部县域数字乡村发展较为滞后，成为制约全国数字乡村发展进程的短板。鉴于中国西部地区数字经济发展起步较晚、基础较差、发展较慢，针对性探究西部地区数字乡村建设中农民实践参与度的现状及提升路径，促进区域均衡发展、加快全国数字乡村建设进程显得十分必要和迫切。基于此，本章拟在系统梳理数字乡村发展现有支持政策与市场探索基础上，讨论数字乡村建设中的政府职能与市场作用；立足数字乡村发展现状及未来发展趋势，从乡村数字基础设施使用度、数字经济参与度、数字生活参与度和数字治理参与度4个维度，构建基于农民参与的数字乡村发展水平评估指标体系，并依据四川省、重庆市和宁夏回族自治区农户调查数据，实证测度农民数字乡村实践参与总体及分维度水平，深入探讨农民数字乡村实践参与的典型特征、一般性影响因素及不同维度的差异性。本章研究有益于丰富数字乡村发展测度的理论框架，为优化数字乡村建设的支持政策设计、持续提高西部地区乃至全国农民数字乡村实践参与的广度和深度，全面加快数字乡村建设和乡村振兴战略实施探寻有效的实践策略。

---

① 农业农村部信息中心：《2020全国县域数字农业农村发展水平评价报告》，http://www.agri.cn/V20/ztzl_1/sznync/gzdt/202011/P020201127364994044007.pdf；北京大学新农村发展研究院数字乡村项目组：《县域数字乡村指数（2018）》，https://www.saas.pku.edu.cn/docs/2020-09/20200929171934282586.pdf.

第三章 | 数字乡村发展的支持政策梳理、水平测度及现状研究

第一节 数字乡村发展的政策支持及市场探索梳理

一 政府推进数字乡村试点的探索

（一）国家层面推进数字乡村试点的主要探索

系统梳理自 2012 年以来与数字乡村发展有关的中央文件可知，中国农业农村信息化发展大致经历了农业信息化早期探索到数字乡村整体试点的阶段性转变。2012—2018 年，相关政策不断强调加强在生物育种、智能农机装备、智慧农业等领域的科技创新、推广与应用。自 2019 年以来，随着《数字乡村发展战略纲要》《数字农业农村发展规划（2019—2025 年）》《数字乡村发展行动计划（2022—2025 年）》等政策文件相继出台，推进数字乡村发展的宏观架构和具体行动方案日趋完善，数字乡村建设从战略规划走向试点实施。数字乡村建设试点内容覆盖乡村数字基础设施、智慧农业、智慧绿色乡村、乡村治理、网络文化、信息惠民服务、城乡信息化融合发展等诸多方面，旨在以信息化、数字化、智慧化驱动乡村经济社会各领域的转型发展。根据各地数字乡村试点实践取得的成绩和面临的挑战，国家不断完善数字乡村建设的重点任务。自 2021 年中央一号文件提出实施数字乡村建设发展工程以来，国家每年均予以强调，并不断完善数字乡村发展的年度工作要点。

数字基础设施建设是中国农业农村信息化早期探索的主要方向。"十二五"时期，中国先后建成国家农业数据中心、国家农业科技数据分中心及 32 个省级农业数据中心。"十三五"时期，中国对粮棉油等八大类 15 个重点农产品开展全产业链大数据试点，建立了"一网打尽"式市场信息发布服务窗口。随着数字技术加速创新升级，相关政策越来越强调推进物联网、大数据、人工智能、云计算等新一代信息技术在农业农村中的应用。加快农业农村大数据中心建设，推进农业人工智能等关键技术装备创新、强化技术集成应用与示范成为乡村数字基础设施建设的重要方向。

数字农业农村试点从单一领域探索逐步转向整体推进，数字乡村建设的区域试点加速铺开。自 2013 年以来，全国 9 个省市陆续开展了农业物联网区域试验。从 2017 年起，13 个试点县区围绕建设重要农产

73

全产业链大数据体系，共实施了近100个数字农业试点项目。2020年，全国110个特色农产品优势县入选"互联网+"农产品出村进城试点县。截至2021年，国家电子商务进农村综合示范县已达1600多个。2020年，国家公布了首批117个数字乡村试点县名单，随后，全国大部分省份积极响应，探索开展省级数字乡村试点。在前期试点经验积累基础上，2024年5月，中央网信办等6部门联合印发《数字乡村建设指南2.0》，进一步明确了数字乡村建设的总体要求、内容框架和建设方法等，标志着数字乡村试点进入新的阶段，数字乡村试点的重点任务也适时得以调整优化。2024年7月，中央网信办等11部门联合公布第二批国家数字乡村试点地区名单，试点按照领域特色型、区域综合型、机制共建型3个类型12个具体方向推进。

国家持续加大农业农村数字化建设的财政投入力度，不断创新支持智慧农业发展的财政补贴政策。数据显示，2020年全国县域农业农村信息化财政投入341.4亿元，县均财政投入1292.3万元，分别比2019年增长87.5%和65.3%。分区域看，2020年东部地区、中部地区和西部地区县均农业农村信息化财政投入均实现较快增长，分别比2019年增长40.0%、36.3%和86.9%[①]。智慧农业领域相关财政投入主要集中在农机购置与设施农业建设等方面。2021年，农业农村部办公厅和财政部办公厅联合印发《2021—2023年农机购置补贴实施指导意见》，提出全面开展植保无人机驾驶航空器购置补贴工作，这标志着中国无人机购置补贴政策从2017年在浙江、安徽等6个省份开展试点发展到2021年被纳入国家农机购置补贴目录的新阶段。2024年1月，农业农村部办公厅和财政部办公厅联合印发《关于做好粮油等重要农产品产能提升有关政策实施工作的通知》，启动实施现代设施农业建设贷款贴息试点，为设施农业领域智慧农业发展创造了良好的政策条件。2024年5月，中国人民银行联合国家发展改革委、农业农村部等部门提出设立科技创新和技术改造再贷款，重点支持老旧农机具的淘汰更新和现代物流领域，尤其是农产品冷链物流设施的智慧化升级改造。

---

① 《2021全国县域农业农村信息化发展水平评价报告》，http：//www.agri.cn/V20/ztzl_1/sznync/gzdt/202112/P020211220309351243712.pdf；《2020全国县域数字农业农村发展水平评价报告》，http：//www.agri.cn/V20/ztzl_1/sznync/ltbg/202011/P020201127365950018551.pdf.

表 3-1　　国家层面有关数字乡村发展的政策文件梳理

时间	文件	与数字乡村相关内容
2012 年	中共中央、国务院《关于加快推进农业科技创新持续增强农产品供给保障能力的若干意见》	突出农业科技创新重点，加快推进前沿技术研究，在信息技术、先进制造技术、精准农业技术等方面取得重大突破
2013 年	中共中央、国务院《关于加快发展现代农业进一步增强农村发展活力的若干意见》	确保国家粮食安全，加强科技创新，发展农机装备的研发
2014 年	中共中央、国务院《关于全面深化农村改革加快推进农业现代化的若干意见》	推进农业科技创新，建设以农业物联网和精准装备为重点的农业全程信息化和机械化技术体系
2015 年	中共中央、国务院《关于加大改革创新力度加快农业现代化建设的若干意见》	加快农业科技创新，在生物育种、智能农业、农机装备、生态环保等领域取得重大突破
2016 年	中共中央、国务院《关于落实发展新理念加快农业现代化 实现全面小康目标的若干意见》	大力推进"互联网+"现代农业，大力发展智慧气象和农业遥感技术
2017 年	中共中央、国务院《关于深入推进农业供给侧结构性改革加快培育农业农村发展新动能的若干意见》	加快科技研发，实施智慧农业工程，推进农业物联网试验示范和农业装备智能化，发展智慧气象
2018 年	中共中央、国务院《关于实施乡村振兴战略的意见》	实施数字乡村战略，做好整体规划设计；大力发展数字农业，实施智慧农业林业水利工程，推进物联网试验示范和遥感技术应用
2019 年	中共中央、国务院《关于坚持农业农村优先发展 做好"三农"工作的若干意见》	实施农业关键核心技术攻关行动，培育一批农业战略科技创新力量，推动生物种业、重型农机、智慧农业、绿色投入品等领域自主创新
2019 年	中共中央办公厅、国务院办公厅印发《数字乡村发展战略纲要》	夯实数字农业基础、推进农业数字化转型、推进农业装备智能化、优化农业科技信息服务
2020 年	中共中央、国务院《关于抓好"三农"领域重点工作确保如期实现全面小康的意见》	建设农业农村大数据中心，加快物联网、大数据、区块链、人工智能、第五代移动通信网络、智慧气象等现代信息技术在农业领域的应用；开展国家数字乡村试点
2020 年	《数字农业农村发展规划（2019—2025 年）》	加快种植业、畜牧业、渔业、种业及新业态生产经营数字化改造，加快农业人工智能研发应用，建设数字农业服务体系，等等
2021 年	中共中央、国务院《关于全面推进乡村振兴加快农业农村现代化的意见》	发展智慧农业，建立农业农村大数据体系，推动新一代信息技术与农业生产经营深度融合；完善农业气象综合监测网络

续表

时间	文件	与数字乡村相关内容
2022年	《数字乡村发展行动计划（2022—2025年）》	开展数字基础设施升级、智慧农业创新发展、新业态新模式发展、数字治理能力提升、乡村网络文化振兴、智慧绿色乡村打造等八大行动
2022年	中共中央、国务院《关于做好2022年全面推进乡村振兴重点工作的意见》	推进智慧农业发展，加强农民数字素养与技能培训；推动"互联网+政务服务"；加快推动数字乡村标准化建设；实施"数商兴农"工程；实施"快递进村"工程
2022年	《2022年数字乡村发展工作要点》	构筑粮食安全数字化屏障、持续巩固提升网络帮扶成效、加快补齐数字基础设施短板、大力推进智慧农业建设、提升乡村数字化治理效能等10个方面30项重点任务
2023年	中共中央、国务院《关于做好2023年全面推进乡村振兴重点工作的意见》	深入实施数字乡村发展行动，推动数字化应用场景研发推广。加快农业农村大数据应用，推进智慧农业发展
2023年	《2023年数字乡村发展工作要点》	夯实乡村数字化发展基础、强化粮食安全数字化保障、提升网络帮扶成色成效、因地制宜发展智慧农业、多措并举发展县域数字经济等10个方面26项重点任务
2024年	中共中央、国务院《关于学习运用"千村示范、万村整治"工程经验有力有效推进乡村全面振兴的意见》	持续实施数字乡村发展行动，发展智慧农业，缩小城乡"数字鸿沟"；鼓励有条件的省份统筹建设区域性大数据平台，加强农业生产经营、农村社会管理等涉农信息协同共享
2024年	《2024年数字乡村发展工作要点》	筑牢数字乡村发展底座、以数字化守牢"两条底线"、大力推进智慧农业发展、健全乡村数字治理体系等9个方面28项重点任务

资料来源：中国政府网，https://www.gov.cn/.

　　数字乡村发展战略强调以创新、协调、绿色、开放、共享的新发展理念为指引，以为加快农业农村现代化提供数字动力为目标。结合现阶段的数字乡村建设实践可知，数字乡村发展支持政策总体上呈现一些典型特征。具体包括：一是在规划设计方面，强调以乡村实际需求为导向加强顶层设计和数字技术供给，依据村庄类型分类推进试点示范，统筹推动数字乡村与智慧城市建设，着力构建多元主体共建共治共享的建设格局。二是在具体实施方面，强调数字基础设施先行、筑牢数字乡村发展底座，尤其凸显以农业科技创新引领智慧农业发展；强调以经济数字化和治理数字化为核心,尤其凸显以农业全产业链数字化为核心的智慧农业发展;同时,协同推进公共服务、网络文化、绿色乡村等领域的数字化转型。三是在保障体系方面,强调推进各类机制改革以更好助力数字乡村高质量发展,具体包括:建立跨部门跨层级联动的统筹协调机制,健全政府资金引导、金融机构与社会资本广泛参与的多元投入机制,强化多层次的数字乡村人才支持体系,推进重点领域的标准化建设,完善考核评估机制,等等。

（二）地方层面推进数字乡村试点的主要探索

以国家推进数字乡村的系列政策文件为指引,各地政府积极探索数字乡村建设的地方方案（表3-2）。大多省份强调面向区域农业农村发展重大需求,大力推进核心技术自主创新、协同攻关,完善科研激励机制,促进关键适用技术研发和成果转化,加强数字农业农村项目试点示范与技术集成应用;强调因地制宜,兼顾优势领域和薄弱领域,分阶段有步骤推进本省份的数字农业农村建设进程,着力探索具有地方特色的数字农业农村发展模式。这些省份都主要围绕数字技术创新应用、数字基础设施建设、数字经济、数字治理与公共服务、数字生活等方面进行总体框架设计与实施方案制定。随着数据要素的支撑作用越来越凸显,北京、江苏、浙江、广东等省份越来越强调推进数据融合、挖掘与应用,搭建共享平台,实现农业农村数据互联互通、资源共建共享、业务协作协同,催生数字农业农村新产业新业态新模式、驱动数字农业农村高质量发展。

表3-2　部分省份推进农业农村数字化的总体规划与实施方案

时间	文件	与数字乡村相关内容
2020年4月	《河南省人民政府办公厅关于加快推进农业信息化和数字乡村建设的实施意见》	加强农业农村信息基础设施建设、加快现代信息技术与农业深度融合、用数字化引领驱动乡村发展、加快数据资源融合共享、培育发展新业态新模式、强化重大关键技术攻关
2020年6月	《广东数字农业农村发展行动计划（2020—2025年）》	实施数字农业发展联盟、数字农业试验区、大湾区数字农业合作峰会"三个创建",推动数字农业产业园区、"一村一品、一镇一业"建云上云、科技示范创新团队、数字农业农村重大项目、数字农业示范龙头企业、数字农业农村重大应用场景（模式）等"八个培育"

续表

时间	文件	与数字乡村相关内容
2020年8月	《辽宁省数字乡村发展规划》	发展乡村数字经济、建设智慧绿色乡村、繁荣乡村网络文化、推进乡村治理能力现代化、缩小城乡数字鸿沟
2020年9月	《河北省数字乡村建设试点示范工作方案》	统筹发展数字乡村与智慧城市，建立数字乡村建设发展统筹协调机制，分类推进数字乡村建设
2021年9月	《江西省数字农业农村建设三年行动计划》	升级数字乡村共享平台、推进乡村基础数据基本覆盖、加快乡村产业数字化发展、畅通农产品流通渠道、推进乡村治理现代化等
2021年11月	《湖北省数字农业发展"十四五"规划》	建设农业基础数据资源体系、推进农业生产智能化、农业经营网络化、农业管理高效化、农业服务便捷化
2021年12月	《云南省"十四五"数字农业农村发展规划》	夯实数字支撑底座、提升管理与服务数字化水平、打造一批数字化应用场景、培养一批数字化人才
2021年12月	《浙江省数字乡村建设"十四五"规划》	夯实数字乡村发展底座、聚焦乡村产业数字化、服务数字化、治理数字化，建立"省级顶层设计+市县联动推广+主体应用落地"工作推进机制
2021年12月	《重庆市农业农村委员会关于印发重庆市数字农业农村发展"十四五"规划》	强化农业农村大数据建设、推动数字农业农村技术创新应用、打造整合协同的信息化应用体系，实施基础数据资源采集汇聚、天空地智慧化监测、智慧农业推广应用等系列工程
2022年1月	《江苏省"十四五"数字农业农村发展规划》	构建农业农村基础数据资源体系、加快农业生产数字化赋能、推进管理服务数字化转型、提升乡村新业态发展水平、强化关键技术装备研发应用、加强数字农业农村工程载体建设
2022年4月	《陕西省"十四五"数字农业农村发展规划》	加快农业农村大数据建设、推进农业生产经营数字化改造、推动管理服务数字化转型，实施农业农村大数据提升、产业数字化、管理数字化、服务数字化等提升工程
2022年4月	《山东省数字乡村发展行动计划（2022—2025年）》	数字基础设施提升、智慧农业创新发展、新业态新模式培育、数字治理能力提升、网络文化振兴、智慧绿色乡村等
2022年7月	《北京市加快推进数字农业农村发展行动计划（2022—2025）》	夯实数字底座和基础支撑、全面提升乡村产业数字化水平、推进乡村治理数字化、推进乡村服务数字化、构建数字农业科技支撑体系

续表

时间	文件	与数字乡村相关内容
2022年7月	《山西省"十四五"数字农业农村建设规划》	构建农业农村大数据体系、智慧农业生产体系、农业全产业链数字化体系、公共服务信息化体系，实施数字农业创新应用、农业农村大数据等六大重点工程
2023年6月	《湖南省数字乡村发展行动方案（2023—2025年）》	数字基础设施升级行动、智慧农业创新发展行动、新业态新模式发展行动、数字治理能力提升行动、公共服务效能提升行动

资料来源：中国政府网，https://www.gov.cn/.

完善数字乡村建设体制机制是各省份数字农业农村发展规划和实施方案的重要内容。例如，北京、江苏、重庆、云南等省市强调健全多元主体协同推进机制，在政府引导下加快构建由互联网企业、农业企业及新型农业经营主体广泛参与的数字乡村共建共治格局。浙江、河北、辽宁、江西、湖南等省份均强调建立数字乡村发展的统筹协调机制。其中，浙江明确指出建立"省级顶层设计+市县联动推广+主体应用落地"工作推进机制，以及完善跨部门、跨领域、跨层级高效协同机制；江西提出统筹推进农村组织建设、社会管理、基础设施、乡村产业、商贸流通、卫生医疗、文化教育、人才培育等领域的数字化建设。此外，浙江、广东、陕西、湖北等省份均强调健全覆盖财政、金融与社会资本的数字农业农村发展多元投入机制，充分激活不同类型社会资本主体参与数字乡村建设的积极性。

二 社会资本参与数字乡村建设的实践

伴随中央和地方政府不断加大数字乡村建设尤其是智慧农业领域的投入力度，各类经营主体积极拥抱农业农村数字化进程。目前，进入数字乡村建设领域的经营主体主要包括具有涉农产业背景的企业、具有国资背景的地方平台型企业、资本型企业（银行、证券、基金等）及互联网平台经济型企业[①]。不同类型的经营主体具有不同的投资基础和特点，在技术创新、行业经验、资金条件等方面具有各自的比较优势，但

---

① 孟德才、刘诗麟：《资本下乡应有所为有所不为——对话李春顶、唐冲、乔百君》，《农民日报》2022年8月4日第8版。

均倾向于选择与自身优势相匹配的投入路径与模式。统计数据显示，2020年全国县域农业农村信息化建设的社会资本投入达809.0亿元（为当年财政投入的2.4倍），县均投入3062.3万元，分别比2019年增长69.1%和49.1%；相较于2019年，2020年西部地区农业农村信息化县均社会资本投资基本保持不变，而东部和中部增长率分别为25.1%和109.5%[①]。因区域农业农村发展基础不同，社会资本投资增长幅度存在区域不平衡，但均加速各地数字乡村建设进程。

（一）互联网领军企业加速布局数字乡村领域

以阿里、京东、腾讯等为代表的互联网企业纷纷布局数字农业领域。例如，阿里和海升集团等企业开展合作，依托大数据和云计算等技术，推进果树种植的智能管控、数据智能采集、病虫害智能识别及灾害预测预警；与此同时，阿里结合自身的电商生态系统，打通了天猫生鲜、菜鸟物流、蚂蚁金服等生态产业链，为合作商提供销售、金融及物流运送等多方面的服务。京东于2018年推出"无人农场"，利用物联网传感器实现智能化农业生产管理决策，并以无人机植保切入农业全产业链，实现农产品的安全可追溯，从源头保障餐桌安全。腾讯推出人工智能种植解决方案，依托物联网设备采集大棚蔬菜的生长环境与能源消耗数据，依托能源大数据中心实现农作物生长各类数据的高效归集，依托人工智能算法实时调控作物生长环境并助力远程管理服务。围绕农业全产业链数字化转型，京东采用大数据技术推进农业全产业链数据的归集、整理、分析与应用，并依托无人机监测、可视化技术等手段开展农业生产全程可视化监控，建立农产品从种到收全程可追溯体系。

除了智慧农业领域，一些互联网领军企业也在公共服务和乡村治理等方面开启探索。例如，广东清远连樟村联合华为大力推进乡村村务管理、公共安全、生态监测等领域新型基础设施的共建共享；以该建设模式为样板，全市已完成85个乡镇和1078个行政村"数字乡村"智慧平台接入。阿里巴巴集团与农业农村部开展战略合作，由阿里乡村钉为全国乡村治理体系建设115个试点县（区）优先搭建数字治理平台，

---

① 《2021全国县域农业农村信息化发展水平评价报告》，http：//www.agri.cn/V20/ztzl_1/sznync/gzdt/202112/P020211220309351243712.pdf；《2020全国县域数字农业农村发展水平评价报告》，http：//www.agri.cn/V20/ztzl_1/sznync/ltbg/202011/P020201127365950018551.pdf.

在党务管理、村务管理、财务管理等诸多领域推广应用乡村钉平台，赋能乡村治理数字化转型。京东科技从乡村数智化合伙人的定位出发，积极推进人工智能、大数据、卫星遥感等技术在基层治理中的应用，助力构建适应乡村产业数字化发展需求的基层数字治理体系。腾讯大力推广"腾讯为村"在基层党建、村务管理、公共服务等领域的应用，助力基层治理数字化改革。

（二）传统农业企业和非农企业积极发展智慧农业

中粮、北大荒、新希望等传统农业企业主动推进业务数字化转型，中化、中联重科、碧桂园等非农企业也积极进军智慧农业领域。在传统农业企业方面，中粮集团大力探索食品产业链的数字化转型方案，重视在业务创新实践中应用多样化数字技术，构建智能化的生产流程与服务管理，推出包括中粮优选、中粮海外购等在内的电商平台，并积极拓展社交电商、内容电商等新模式。新希望集团围绕农业和食品领域开展业务数字化转型，强调以物联网和人工智能驱动农业生产的数字化转型。北大荒集团围绕水稻及其他作物种植，积极推进物联网、人工智能、区块链技术在农业种植环节的应用。在非农企业方面，中化集团积极布局智慧农业发展，创新推出"MAP慧农"平台，基于地块管理、遥感观测、精准气象服务、农事管理、病虫害预警等功能模块，促进农场管理现代化升级。中联重科是国内首家AI农业装备制造企业，研制出无人驾驶水稻有序抛秧机、动力换挡/换向CVT拖拉机、智能水稻/油菜联合收获机等多款高端智能化产品，并运用物联网、大数据、人工智能、区块链、卫星遥感等现代信息技术，推进农业生产全过程的信息感知、智能决策、精准作业。

（三）电信运营商助力数字乡村建设的实践

中国移动充分发挥自身技术优势，全面布局数字乡村各领域。在基础通信服务普及方面，截至2023年5月，中国移动已为3.4亿农村客户提供通信服务、为1亿农村客户提供宽带服务。在乡村经济数字化方面，中国移动大力推动5G、区块链、大数据、物联网等数字技术与农业生产相结合，推出智慧种植、养殖、畜牧、农机等智慧农业解决方案，累计落地超1000个5G智慧农业示范项目。在乡村治理方面，中国移动广泛参与数字乡村平台建设，已为全国超过35万个行政村提供互联网科技支持。在乡村公共服务方面，中国移动加强康养布局，聚焦乡村老年人群的健康需求，打造健康监测、远程问诊、在线购药等乡村康养服务，积极助力农村医疗信息化系统建设，打造远程问诊服务。近年来，中国移动积极推出"数字乡村'移'路同行计划"，围绕网络、治理、农业、康养、教育进行数智升级，充分发挥其在5G技术和千兆宽带方面的领先优势，持续优化农村基础通信设施供给，助力数字乡村建设，以期让更多农民享受到数字乡村发展的红利①。

中国电信持续加大农村地区云网融合新型信息基础设施建设力度，以构建场景化、便捷化数字应用服务为重点，建设推出"村村享"数字乡村综合信息服务平台，其功能模块覆盖党群教育、政策宣传、公共安全、人居环境监管等诸多领域。目前，这些平台已经在全国1700多个涉农区县、20多万个行政村推广使用，服务超过2000万户农村家庭②。为加速农业数字化转型，中国电信与一些科研院所和业务伙伴开展合作，共同建设了广东新会陈皮国家现代农业产业园、福建武夷山5G智慧茶园、江苏盐城5G智慧牧场等一批智慧农业示范项目，推动构建完善智慧农业服务体系，覆盖四大类30多种场景。此外，作为主要参与单位，中国电信还参与建设了农业农村大数据公共平台基座。

（四）金融机构支持数字乡村建设的实践

金融机构在充分运用金融科技推进普惠金融实践的同时，积极助力数字乡村建设。例如，中国建设银行在村委会、村卫生室、村小超市等便民服务场所，合作共享建成50余万个"裕农通"普惠金融服务点，每年为超过4700万农户提供近1.7亿笔金融与非金融服务③，同时也培育了村庄数字化氛围和村民的数字素养，助力村务管理、便民服务等基层治理领域的数字化转型。中国农业银行自2012年起持续推广"惠农通"服务，通过在乡村的商超、农资店等场所建立惠农通服务点，为当地居民提供便捷金融服务。截至2022年末，惠农通服务点总数达

---

① 《中国移动助力数字乡村建设》，中国网，https：//tech.chinadaily.com.cn/a/202305/19/WS646710a3a310537989374f97.html。

② 《中国电信深度参与数字乡村建设 以"四新工程"助力农业农村现代化》，澎湃新闻，https：//www.thepaper.cn/newsDetail_forward_19129144。

③ 中国建设银行：《与农村更近 与农民更亲》，https：//www1.ccb.com/cn/ccbtoday/newsv3/20220314_1647247613.html。

19.7万个,乡镇覆盖率达94.1%、乡村振兴重点帮扶县乡镇覆盖率达100%①。中国银行积极推进金融服务平台建设运营,打造"中银农村三资管理平台",通过"三资"记账系统直连,实现村级资金的线上化处理和留痕式监管,强化了乡村资金监管、资产管理和资源整合,有效推动了乡村数字治理模式创新。

随着数字乡村实践的推进,一些金融机构通过银行援建或代建、与地方政府或企业合作共建等方式参与数字乡村综合服务平台建设。例如,中国建设银行黑龙江省分行在黑龙江省农业农村厅、农业投资集团等主体的支持下,打造了以"产业互联网+农业大数据中心+金融科技"为核心模式的数字乡村综合服务平台,并在全省予以推广应用。中国建设银行总行将数字帮扶融入结对帮扶工作之中,在安康市4个定点帮扶村援建数字乡村平台并提供技术维护和人才培育支持,推进欠发达地区农业农村数字化转型。

三 数字乡村建设中的政府职能与市场作用思考

得益于政府和各类社会资本主体的有益探索,中国数字乡村建设取得明显进展。截至2022年12月,中国农村网民规模和互联网普及率分别为3.08亿人和61.9%,分别比上年同期增长2371万人和4.3%,城乡地区互联网普及率差异同比缩小2.5个百分点;农村宽带用户总数达1.76亿户,比2021年增长11.8%;农产品网络零售额达5313.8亿元,同比增长9.2%;城乡网民短视频使用率和即时通信使用率分别仅差0.3个百分点和2.5个百分点,农村在线教育和互联网医疗用户分别占农村网民的31.8%和21.5%,比2021年分别增长2.7%和4.1%②。

尽管数字乡村建设取得积极成效,但部分数字乡村试点离落地推广还有较大距离,数字乡村建设的理论框架和政策支持体系仍亟待完善。现阶段,"政府搭台+市场唱戏"是各地推进数字乡村建设采用的主要模式。政府职能发挥是数字乡村建设得以有序推进的前提,政府职能主要体现为科学制定发展规划和具体实施方案,动态调整财政、税收、金

---

① 《守正创新,纵深耕耘:农业银行的"三农"履责之路》,南方周末,https://new.qq.com/rain/a/20230824A000W900。

② 中国互联网络信息中心(CNNIC):《第51次中国互联网络发展状况统计报告》,https://www.cnnic.net.cn/n4/2023/0302/c199-10755.html。

融等方面的支持政策设计，以对不同主体参与数字乡村建设的实践探索发挥引导、规范、激励与约束作用。与此同时，掌握大数据、人工智能、物联网等数字技术应用和农业行业经验的企业，尤其是互联网科技巨头企业的加入，为数字农业创新发展提供了可参考的实践模式，也能在一定程度上教育市场，吸引更多社会资本积极参与到数字农业农村建设。金融机构通过创新信贷产品与服务设计、优化信贷资源投放、加大金融科技支持，助力数字乡村综合服务平台建设与运行。然而，近几年的实践也表明，因数字乡村试点实施时间尚短、各地数字化发展基础不同、财政支持力度不一，政府支持引导、企业积极投入、农业经营主体广泛参与的共建共治共享格局尚未形成。因此，有必要基于数字乡村发展水平评估，厘清数字乡村建设短板，进一步探讨数字乡村发展政策支持体系优化，以充分发挥有为政府和有效市场的合力作用。

第二节　微观视角下数字乡村发展水平评估

全面评估现阶段数字乡村建设中农民实践参与的广度和深度、探究提高农民实践参与水平的有效路径，对加快数字乡村高质量发展、增强数字经济发展的普惠性具有重要的现实意义。由前述系统论可知，数字乡村的全面发展应统筹处理好数字乡村各子系统之间及其内部各要素之间的关系，以通过各子系统之间的联动运作和整体系统的优化更新，不断获得更高的综合效用。鉴于农民兼具数字乡村建设参与者、监督者和受益者等多重角色，农民参与能够最直观地反映数字乡村发展实际，且农民参与视角下数字乡村发展水平评估也需充分考虑农民在乡村数字基础设施、数字经济、数字生活和数字治理等数字乡村各领域实践参与的协调统一关系，并突出数字技术的基础支撑作用和农民主体的生产生活实际。鉴于此，本章拟对农民数字乡村实践参与行为进行指标刻画，以农民实践参与度衡量微观视角下数字乡村发展水平，并采用四川省、重庆市和宁夏回族自治区的农户调查数据开展实证测度与特征分析。

一　农民参与数字乡村发展的行为表征分析

依据前述对数字乡村系统的界定，本章从乡村数字基础设施使用、数字经济参与、数字生活参与和数字治理参与4个方面界定农民数字乡村实践参与行为,并进行典型刻画。鉴于农民兼具部分数字资源供给者和需求者的双重角色,本章在指标体系设计中对双重角色均有考量,但立足现阶段农民参与数字乡村发展的实际,侧重考察农民作为数字资源需求者层面的具体行为表征。

(一)乡村数字基础设施使用行为的表征

数字基础设施建设为数字乡村各领域的发展提供基础支撑。一是信息网络设施是数字基础设施体系的基础。农村以宽带通信网、移动互联网等信息基础设施的快速发展,为5G、云计算、大数据中心、工业互联网、物联网等新型数字基础设施的建设奠定重要基础。现阶段,农民对数字基础设施的使用主要体现为网络接入、智能手机和计算机使用、数字金融平台及相关账号使用等。二是数字金融基础设施建设是乡村数字普惠金融向纵深发展的重要推动力量。随着数字普惠金融加快推进,农民在乡村产业发展、供应链管理、市场营销等经济活动中对数字金融基础设施的需求日益增强;越来越多的农民倾向使用微信、支付宝等平台中的支付、信贷、保险、投资理财等功能模块。三是农产品产销对接服务平台乃至综合信息服务中心建设是乡村数字基础设施的重要组成部分。随着一些地方试点建设农业农村综合信息服务中心,越来越多的农民倾向通过专业性或综合性服务平台获取信息、展开线上交流、实施电商销售等活动。因此,农民对乡村数字基础设施的使用主要包括对信息基础设施(如手机、计算机等移动设备及4G网络)、数字金融基础设施(如支付宝账号、理财或保险等App)、农产品产销对接服务平台(如益农信息社)[①] 等的使用。

(二)乡村数字经济参与行为的表征

乡村经济数字化主要包括数字化生产、数字化物流、数字化营销和数字化金融等内容。一是农业生产数字化和工业生产数字化是乡村数字化生产的核心。伴随物联网、大数据、人工智能等新一代信息技术的创新与应用,数字技术加快与传统农业及创意农业、观光农业、定制农业等农业新业态全面融合,并拓展农村工业尤其是农产品加工业数字化升级的空间。一些农民尤其是新型农业经营主体开始应用数字技术加强农

---

① 限于数据可得性,暂未将农产品产销对接服务平台的使用情况纳入评估指标体系。

业生产过程的精准控制。二是乡村经济数字化的有序推进需要数字化物流的有力支撑。近年来，一些地方政府和社会资本主体积极投资建设智慧物流配送中心、不断优化区域物流网点的布局、大力提升物流的时效性，乡村现代物流体系得以加快发展。数字化物流的发展对农产品上行和工业品下行均发挥节本增效的作用，尤其"快递进村"工程的实施极大促进了农民对数字化物流的采用。三是数字化营销是乡村数字经济的重要组成部分，也是乡村经济数字化转型最具活力的领域。近年来，随着电商技术在农村地区的广泛渗透，以淘宝、抖音、快手等网络平台为依托的直播销售和社交电商快速发展。形式多样的数字化销售成为乡村农产品线下销售渠道的重要补充。四是数字化金融为乡村经济活动各环节提供重要的金融产品和服务支持。近年来，数字金融产品与服务供给加快打通农村金融服务的"最后一公里"，对降低金融服务的门槛、提高乡村金融资源供需匹配性发挥积极作用。随着农民整体的金融知识水平不断提高及以数据驱动的农村信用体系建设的持续推进，以支付、信贷、理财等为主要表征的农村数字金融蕴藏着巨大的发展潜力（苏岚岚、孔荣，2020）。综上可知，农民对乡村数字经济的参与主要通过数字化生产（如采用物联网、人工智能装备等进行工农业的生产）、数字化物流（如采用智慧物流等进行产品运输和配送）、数字化营销（如采用微信、QQ等社交平台的朋友圈或京东、淘宝等电商平台进行销售）和数字化金融（如移动支付、P2P平台借贷、余额宝等理财产品）等方面的参与实践体现。

（三）乡村数字生活参与行为的表征

数字技术在乡村生活中的嵌入体现在农民购物、文化娱乐、教育、医疗、生活服务、旅游出行等诸多方面。一是数字购物是农民数字生活的重要内容。电子商务和移动支付等信息技术在农村地区的渗透，消除了居民消费的时空阻隔，使数字购物成为农村居民消费的新模式。数字购物所具有的选择多样化、保护消费者隐私、跨平台跨店面比较等优势，使其受到越来越多农村消费者的喜爱。二是数字文化娱乐、数字教育、数字医疗等领域均是改善农民数字生活的重要方面。近年来，全国一些地方建设覆盖县、乡、村三级的公共数字文化服务体系，特色数字文化资源进乡村取得积极进展；同时，一些数字素养较高的农民自觉利用多样化的文化娱乐平台进行自媒体创作，传播优秀的地方文化。此外，在线教育平台和在线医疗平台在农村地区得到越来越多的使用，有效拓宽了乡村教育和医疗资源获取渠道、推动了线上线下渠道有机结合、促进了优质资源共享。三是利用数字化手段服务日常生活是乡村生活数字化的重要方面。当前，"互联网+"全面融入农村居民的衣食住行，越来越多农民通过使用支付宝、微信等平台的缴费功能，可足不出户便能完成日常生活费用的缴纳。四是数字出行有效丰富和拓展了乡村数字生活的内容和形式。线上旅游平台的规范化使用，不仅促进了乡村特色经济的发展，而且丰富了农民休闲旅游生活、提高了生活质量。网络约车和数字地图的使用极大便利了农村居民日常出行，增强数字生活的体验感。综上分析，农民在乡村数字生活方面的参与主要通过数字购物、数字文教卫（如文娱类App、教育类App、远程医疗等使用）、数字生活服务（如微信或支付宝线上生活缴费）、数字出行（如网络约车、网上预订住宿）等实践行为体现。

（四）乡村数字治理参与行为的表征

欲提高数字时代乡村治理能力、推进乡村治理体系现代化，迫切需要以农民参与为基础，构建共建共治共享的乡村数字治理格局。近年来，随着电子政务领域云计算、人工智能等数字技术的广泛应用，平台化、组件化工具的日益普及，基层政府数字服务水平得以明显提升。一些地方积极完善基层党建信息平台建设，着力提升村级综合服务的信息化水平和群众享受公共服务的便捷程度。随着阿里乡村钉、腾讯为村、电信村村享及一些地方性治理平台的推广应用，越来越多农民能够广泛参与"互联网+党建""互联网+社区服务""互联网+政务服务"等乡村数字治理领域。因此，农民对乡村数字治理的参与主要通过数字化党群教育（如远程教育培训、"学习强国"学习平台）、数字化村务管理（如微信公众号服务、线上村务讨论）、数字化民主监督（如使用微信群、QQ群参与集体决议事项的监督）和数字化安全维护（如利用人工智能设备进行安全监测）[①]等方面的实践参与体现。

---

① 限于数据可得性，数字化安全维护暂不纳入乡村数字治理参与度的评估指标中。

二 基于农民参与的数字乡村发展水平测度及特征分析

（一）基于农民参与的数字乡村发展水平测度

1. 数据来源

本章所采用数据来源于课题组在四川省、重庆市和宁夏回族自治区开展的农村实地入户调查。具体抽样调查原则如第一章第五节所述。结合本章研究主题，剔除存在极端值和数据缺失样本后，本章用于分析的样本为1129份。

2. 指标体系构建及信度效度检验

依据前述评估框架设计，综合考虑实践参与的广度和深度，设计并最终筛选20个测量题项测度农民数字乡村实践参与度。采用主成分分析法，按照特征根大于1的原则提取公共因子4个，分别命名为乡村数字基础设施使用度、乡村数字经济参与度、乡村数字生活参与度和乡村数字治理参与度，累积方差贡献率为77.73%。因子分析结果如表3-3所示。将4个公共因子进行加权求和计算基于农民参与的数字乡村发展水平（农民数字乡村实践参与度）。权重设定方法如下：以各因子方差贡献率占总方差贡献率的比重为客观权重，同时以北京大学新农村发展研究院数字乡村项目组《县域数字乡村指数（2018）》所设定权重[①]为主观权重，将主客观权重进行算术平均作为最终权重结果。因子分析结果中，样本充足性检验 KMO 值为0.80，Bartlett球形度检验统计量的显著性 p 值为0.00，表明因子分析结果有效。本量表所有测量题项的克朗巴哈系数（Cronbach's α，简称 α 系数）为0.76，各测量题项的 α 系数均高于0.60，表明变量测量信度较好。此外，本量表各测量题项的因子载荷值均大于0.50，表明变量测量收敛效度较好。

（二）基于农民参与的数字乡村发展特征分析

本节基于样本农民参与数字乡村发展的描述性统计分析，揭示微观视角下数字乡村发展的总体特征。统计结果如表3-4所示。

[①] 《县域数字乡村指数（2018）》课题组通过邀请不同专业领域的16位专家对指标体系进行赋权，最终所得乡村数字基础设施、经济数字化、生活数字化、治理数字化的权重分别为0.27、0.40、0.14、0.19。鉴于本章一级指标设计与该指数具有内在一致性，上述专家赋权结果可直接采用。

表 3-3　　基于农民参与的数字乡村发展水平评估指标体系

维度	子维度	具体测量题项	均值	因子载荷	α 系数
乡村数字基础设施使用度（0.25）	信息基础设施使用	家庭宽带网络连接（有=1；无=0）	0.51	0.712	0.627
		平均每天使用智能手机上网时间（小时）	2.09	0.806	
		平均每天使用计算机上网时间（小时）	0.42	0.592	
	数字金融基础设施使用	使用支付宝账号数（个）	0.31	0.724	
乡村数字经济参与度（0.38）	数字生产参与	在生产中利用人工智能技术（如物联网监控）的频率	1.31	0.562	0.610
	数字物流参与	在生产销售活动中采用智慧物流技术（如智能配送）的频率	1.51	0.639	
	数字营销参与	采用电商销售的频率	1.22	0.711	
	数字金融参与	微信、支付宝支付使用频率	2.57	0.799	
		余额宝等数字理财产品使用频率	1.20	0.839	
		借呗、花呗等数字借贷产品使用频率	1.07	0.713	
乡村数字生活参与度（0.22）	数字消费参与	网上购买日常生活用品的频率	1.97	0.770	0.790
	数字文娱参与	使用抖音或快手等短视频软件的频率	2.37	0.667	
	数字生活服务参与	在网上平台缴纳水电费等日常生活费用的频率	2.17	0.710	
		在网上平台缴纳医疗保险费等社会保障费用的频率	1.33	0.576	
	数字出行参与	在网上预订车票或使用滴滴打车等出行服务的频率	1.41	0.814	
		在网上预订住宿的频率	1.31	0.770	
乡村数字治理参与度（0.15）	数字党群教育参与	参与村庄组织的远程教育培训的频率	1.30	0.878	0.804
		利用"学习强国"学习平台等党群教育平台进行在线学习的频率	1.41	0.902	
	数字村务管理参与	通过村庄微信公众号、益农信息社等平台参与选举、投票、协商议事等有关村务讨论活动的频率	1.28	0.782	
	数字民主监督参与	通过村庄微信群或QQ群等社交平台参与有关环境卫生、集体项目等方面民主监督及个人正当权益维护的频率	1.25	0.585	

注：①因数字医疗参与（在好大夫、春雨医生等互联网医疗平台上寻医问诊或使用线上预约挂号）比例较低，且因子载荷值低于0.5，暂做剔除处理；②频率题项赋值均为"1=从不；2=偶尔；3=有时；4=经常；5=几乎每天"。

表 3-4 基于农民参与的数字乡村发展水平的描述性统计及区域比较

样本	统计量	数字乡村实践参与度	乡村数字基础设施使用度	乡村数字经济参与度	乡村数字生活参与度	乡村数字治理参与度
全样本 （N=1129）	均值	0.133	0.164	0.117	0.160	0.077
	标准差	0.143	0.156	0.184	0.185	0.181
	最小值	0	0	0	0	0
	最大值	0.739	1	1	1	1
试点地区与非试点地区						
试点地区 （N=367）	均值	0.144	0.166	0.127	0.167	0.118
	标准差	0.141	0.150	0.174	0.183	0.234
非试点地区 （N=762）	均值	0.127	0.163	0.113	0.161	0.058
	标准差	0.143	0.158	0.189	0.186	0.146
均值差异		0.017*	0.003	0.014	0.006	0.059***
西南地区与西北地区						
西南地区 （N=658）	均值	0.149	0.170	0.126	0.173	0.098
	标准差	0.162	0.175	0.208	0.200	0.204
西北地区 （N=471）	均值	0.118	0.154	0.105	0.147	0.047
	标准差	0.108	0.121	0.143	0.161	0.137
均值差异		0.031***	0.016*	0.021**	0.026**	0.051***
相对贫困地区与非相对贫困地区（是否为原国家级贫困县）						
非相对贫困地区 （N=814）	均值	0.142	0.168	0.129	0.169	0.094
	标准差	0.151	0.160	0.197	0.190	0.202
相对贫困地区 （N=315）	均值	0.109	0.153	0.088	0.146	0.034
	标准差	0.117	0.145	0.144	0.172	0.100
均值差异		0.033***	0.014	0.040***	0.023*	0.060***

注：①为便于直观比较，将因子分析所得 4 个公共因子得分（乡村数字基础设施使用度、乡村数字经济参与度、乡村数字生活参与度、乡村数字治理参与度）进行标准化，使其取值介于 0—1；②*、**、***分别表示在 10%、5% 和 1% 的统计水平上显著；③均值差异采用 T 检验。

第一，农民数字乡村实践参与的整体与局部之间存在正相关关系。相关性分析结果显示，乡村数字基础设施使用度、乡村数字经济参与度、乡村数字生活参与度和乡村数字治理参与度均与农民数字乡村实践总体参与度在1%的统计水平上存在正相关关系。进一步地，农民在数字乡村不同领域的实践参与度均在1%的统计水平上存在两两正相关关系。因此，需注重协调推动农民对数字乡村各领域的实践参与，以促进数字乡村的全面均衡发展。

第二，西部地区农民数字乡村实践参与整体水平偏低。结果显示，全样本数字乡村实践参与度均值为0.133（标准差为0.143）。分维度看，农民关于乡村数字基础设施使用度、乡村数字经济参与度、乡村数字生活参与度和乡村数字治理参与度的均值分别为0.164、0.117、0.160和0.077，表明现阶段西部地区农民对数字乡村各领域的参与程度均较低。其中，农民对乡村数字基础设施使用度和乡村数字生活参与度相对较高，其次为乡村数字经济参与，但对乡村数字治理的参与度最低。因此，需着重加强农民在参与乡村经济和社会治理各方面实践中的数字技术应用，以补齐农民参与视角下的数字乡村发展短板。

第三，现阶段试点和非试点地区农民数字乡村实践参与度的差异主要来源于乡村数字治理。结果显示，整体上试点地区农民对数字乡村实践的参与度在10%的统计水平上高于非试点地区，这与试点地区的信息化硬环境和软环境基础较好有关。分维度看，试点与非试点地区农民在使用乡村数字基础设施及参与乡村数字经济、数字生活方面不存在显著差异，但试点地区农民参与乡村数字治理的程度在1%的统计水平上显著高于非试点地区。

第四，西南地区农民数字乡村实践参与总体及分维度水平均高于西北地区。统计结果显示，西南地区农民在数字乡村实践中的总体参与度在1%的统计水平上显著高于西北地区农民。分维度看，西南地区农民使用乡村数字基础设施、参与乡村数字经济、参与乡村数字生活、参与乡村数字治理的程度分别在10%、5%、5%和1%的统计水平上显著高于西北地区农民。相较于宁夏回族自治区，四川省、重庆市的县域数字经济整体发展水平相对较高、乡村数字化建设基础相对较好。上述结论为推进数字乡村建设过程中注重区域均衡发展、加强对发展滞后地区的政策倾斜提供必要性支撑。

第五，西部相对贫困地区农民数字乡村实践参与度明显低于非相对贫困地区。统计结果显示，非相对贫困地区农民数字乡村实践参与总体水平在1%的统计水平上高于相对贫困地区的农民。分维度看，非相对贫困地区和相对贫困地区农民对乡村数字基础设施的使用度不存在显著差异，但非相对贫困地区农民的乡村数字经济参与度、乡村数字生活参与度、乡村数字治理参与度分别在1%、10%、1%的统计水平上显著高于相对贫困地区农民的实践参与度。数字经济的普惠性使相对贫困地区农民共享数字基础设施发展红利，但受制于区域经济社会基础、治理环境等因素，相对贫困地区农民在乡村数字经济、乡村数字治理、乡村数字生活方面的实践参与度亟待提高。因此，需关注数字乡村发展中的群体公平性，加大对相对贫困地区农民参与数字乡村实践的支持力度，尤其是参与乡村数字经济和乡村数字治理层面的政策倾斜。

第三节 农民参与数字乡村发展的一般性影响因素分析

一 研究设计

（一）变量选取与描述性统计

依据效用理论，农民数字乡村实践参与决策取决于生产生活各层面数字技术采用的成本、收益与风险等的综合比较，受到个体内外部因素的共同制约。一是内部因素。对于不同年龄、受教育程度、外出务工经历、职业类型的农民群体，其参与数字乡村各领域实践的积极性、创造性和灵活性不同。理论上，青壮年、受教育程度较高、有外出务工经历、新型农业经营主体等群体有更多的市场参与机会、在乡村生产生活中有更多元的数字技术采用需求（郭建鑫等，2017），且数字技术赋能有助于提升被赋能对象的自我效能感和控制力（Zimmerman，1990），促进数字乡村实践参与。二是外部因素。地方政府组织的数字技能培训有助于促进农民内在数字素养的积累，且提高数字素养水平有助于降低数字技术采用的成本和不确定性、改善数字技术采用行为的预期效果（Prior et al.，2016；Knobel and Lankshear，2008）。理论上，家庭社会资本条件越好、所处地理位置越优越，越容易接触和学习最新的数字思维与数字技术，越便于获取有关数字乡村各领域实践参与的资源和机会，促进农民数字乡村参与实践。此外，村庄数字化平台的应用越广泛、数字化氛围越浓厚，农民参与数字乡村各领域实践的积极性和能动性越容易被调动。

基于上述分析，本节拟以农民数字乡村实践参与度为被解释变量，表征微观视角下数字乡村发展水平，并从受访者个体特征、家庭特征以及村庄特征3个方面选取解释变量，实证探究数字乡村发展的一般性影响因素。个体特征变量包括家庭财务决策人性别、年龄、年龄平方、是否为户主、受教育程度、健康状况、外出务工经历、数字技能培训经历；家庭特征包括子女数量、家人及亲友中有无村干部、是否为新型农业经营主体和住所到最近快递点的距离；村庄特征包括村庄有无益农信息社、村庄有无开通微信公众号和村庄到乡镇的距离。上述变量定义、赋值及描述性统计如表3-5所示。

表3-5　　　　　　　　变量定义、赋值及描述性统计

变量	变量名	变量赋值	均值	标准差
数字乡村实践参与	数字乡村实践参与度	因子分析所得	0.13	0.14
	乡村数字基础设施使用度	因子分析所得	0.16	0.16
	乡村数字经济参与度	因子分析所得	0.12	0.18
	乡村数字生活参与度	因子分析所得	0.16	0.19
	乡村数字治理参与度	因子分析所得	0.08	0.18
个体特征	性别	家庭财务决策人性别：男=1；女=0	0.62	0.49
	年龄	家庭财务决策人的年龄（单位：岁）	50.40	12.75
	年龄平方	家庭财务决策人的实际年龄平方（除以100）	27.03	12.71
	是否为户主	家庭财务决策人是否为户主：是=1；否=0	0.62	0.49
	受教育程度	家庭财务决策人的受教育程度（单位：年）	6.84	4.52
	健康状况	家庭财务决策人的身体健康状况：健康=1；非健康=0	0.66	0.47
	外出务工经历	家庭财务决策人有无外出务工经历：有=1；无=0	0.59	0.49
	数字技能培训经历	家庭财务决策人有无参与过数字技能培训：有=1；无=0	0.12	0.33

续表

变量	变量名	变量赋值	均值	标准差
家庭特征	子女数量	家庭未成年子女数量（单位：个）	2.07	1.18
	家人及亲友中有无村干部	家人及亲友中有无村干部：有＝1；无＝0	0.28	0.45
	是否为新型农业经营主体	是否为新型农业经营主体：是＝1；否＝0	0.20	0.40
	住所到最近快递点的距离	住所到最近快递点的直线距离：小于1千米＝1；1—2千米＝2；2—3千米＝3；3—4千米＝4；大于4千米＝5	3.25	1.61
村庄特征	村庄有无益农信息社	村庄有无运营益农信息社：有＝1；无＝0	0.34	0.47
	村庄有无开通微信公众号	村庄有无开通运营的微信公众号：有＝1；无＝0	0.18	0.39
	村庄到乡镇的距离	村庄到乡镇的距离（单位：千米）	4.10	3.14
区域	宁夏回族自治区	受访样本是否来自宁夏回族自治区：是＝1；否＝0	0.42	0.49
	四川省	受访样本是否来自四川省：是＝1；否＝0	0.34	0.47
	重庆市	受访样本是否来自重庆市：是＝1；否＝0	0.25	0.43

注：①数字技能培训包括电子商务培训、互联网培训等地方政府组织的与数字知识和技术有关的培训；②新型农业经营主体包括创办家庭农场或农民专业合作社。

统计结果显示，受访样本中，62%为男性，平均年龄约为50岁，62%为户主，受教育年限平均为7年，66%的样本身体健康状况较好，59%的样本有外出务工经历，12%的样本参加过与数字知识和技能相关的培训。受访样本中，家庭子女数量平均为2人，28%的样本家人及亲友中有担任村干部，从事家庭农场、农民专业合作社等新型农业经营主体的样本占比为20%，住所到最近快递点的距离低于2千米、介于2（含）—3（含）千米、高于3千米的样本占比分别为38.35%、11.51%、50.14%。在村庄特征方面，34%的样本村庄有益农信息社，18%的村庄开通微信公众号，村庄到乡镇的距离平均为 4.10 千米。

（二）计量模型设定

鉴于农民数字乡村实践参与度近似连续型变量，但其数据从零点处删失，属于归并数据，本章采用 Tobit 模型探究农民数字乡村实践参与度的影响因素，并设定方程如下：

$$DV_{ki}^* = \alpha_0 + \beta_0 X_i + \varepsilon \qquad (3-1)$$

$$DV_{ki} = \max(0, DV_{ki}^*) \qquad (3-2)$$

式（3-1）和式（3-2）中：DV_{ki}^* 为被解释变量；DV_{ki} 为第 i 个农民的数字乡村实践参与度；k 取值 0、1、2、3、4，分别为数字乡村实践参与度、乡村数字基础设施使用度、乡村数字经济参与度、乡村数字生活参与度、乡村数字治理参与度；X_i 为个体层面、家庭层面和村庄层面的解释变量，具体如表 3-5 所示；ε 为随机误差项。

二　实证检验与结果分析

表 3-6 报告了农民数字乡村实践参与度的影响因素估计结果。以列（1）、列（3）、列（5）、列（7）和列（9）控制县域虚拟变量的估计结果进行解释，以列（2）、列（4）、列（6）、列（8）和列（10）控制村庄虚拟变量的估计结果进行稳健性说明。

个体特征的影响方面，性别对农民乡村数字基础设施使用度和乡村数字生活参与度的影响分别在 10% 和 5% 的统计水平上正向显著，但对乡村数字经济和乡村数字治理参与度的影响不显著。总体上，男性农民有更多的市场参与机会、更广泛的社交网络、更好的数字技术采用能力，使用数字基础设施、参与数字生活的概率更高；而乡村数字经济和数字治理参与整体水平偏低，削弱了性别层面的实践参与度差异。年龄与农民的数字乡村实践参与度及数字乡村各领域的实践参与度之间均存在倒"U"形关系。相较于青年和老年群体，中年农民有更多元的乡村生产生活实践需求和数字技术采用经验积累，对数字乡村的实践参与更为积极和活跃。是否为户主仅在 10% 的统计水平上对乡村数字经济参与度产生显著正向影响，这与户主多为家庭经济活动的主要决策人有关。受教育程度对农民数字乡村实践总体参与度及各领域参与度的影响均在 1% 的统计水平上显著为正，受教育程度越高，农民使用数字技术参与乡村经济、生活、治理等各领域的积极性越高、能动性越强。身体

表 3-6 农民数字乡村实践参与度的影响因素分析结果

变量	数字乡村实践参与度 (1)	乡村实践参与度 (2)	乡村数字基础设施使用度 (3)	(4)	乡村数字经济参与度 (5)	(6)	乡村数字生活参与度 (7)	(8)	乡村数字治理参与度 (9)	(10)
性别	0.015 (0.011)	0.012 (0.010)	0.021* (0.012)	0.016* (0.009)	0.035 (0.026)	0.021 (0.026)	0.040** (0.017)	0.037** (0.017)	0.001 (0.051)	0.036 (0.052)
年龄	0.003 (0.002)	0.002 (0.002)	0.004** (0.002)	0.004** (0.002)	0.003 (0.005)	0.001 (0.005)	0.013*** (0.003)	0.009*** (0.003)	0.023** (0.010)	0.023** (0.010)
年龄平方	−0.008*** (0.002)	−0.006*** (0.002)	−0.009*** (0.002)	−0.009*** (0.002)	−0.013** (0.005)	−0.009* (0.005)	−0.022*** (0.003)	−0.017*** (0.003)	−0.027*** (0.010)	−0.023** (0.010)
是否为户主	0.018 (0.011)	0.016 (0.010)	−0.003 (0.012)	−0.005 (0.011)	0.047* (0.027)	0.051* (0.026)	0.024 (0.017)	0.022 (0.017)	0.024 (0.052)	−0.017 (0.053)
受教育程度	0.007*** (0.001)	0.008*** (0.001)	0.007*** (0.001)	0.009*** (0.001)	0.009*** (0.003)	0.009*** (0.003)	0.013*** (0.002)	0.013*** (0.002)	0.032*** (0.005)	0.030*** (0.005)
健康状况	0.017** (0.007)	0.020*** (0.008)	0.014* (0.008)	0.017*** (0.008)	0.019* (0.010)	0.020* (0.011)	0.055*** (0.013)	0.055*** (0.013)	0.106*** (0.041)	0.133*** (0.041)
外出务工经历	0.003 (0.007)	0.003 (0.007)	0.002 (0.008)	0.001 (0.007)	0.001 (0.018)	0.004 (0.017)	0.011 (0.012)	0.007 (0.011)	−0.040 (0.035)	−0.046 (0.034)
数字技能培训经历	0.112*** (0.011)	0.116*** (0.011)	0.098*** (0.012)	0.091*** (0.012)	0.147*** (0.026)	0.153*** (0.026)	0.095*** (0.018)	0.104*** (0.018)	0.202*** (0.048)	0.232*** (0.049)
子女数量	0.001 (0.003)	0.001 (0.003)	0.005 (0.004)	0.005 (0.004)	0.003 (0.009)	0.003 (0.009)	0.004 (0.006)	0.003 (0.006)	0.013 (0.018)	0.017 (0.018)

续表

变量	数字乡村实践参与度 (1)	数字乡村实践参与度 (2)	乡村数字基础设施使用度 (3)	乡村数字基础设施使用度 (4)	乡村数字经济参与度 (5)	乡村数字经济参与度 (6)	乡村数字生活参与度 (7)	乡村数字生活参与度 (8)	乡村数字治理参与度 (9)	乡村数字治理参与度 (10)
家人及亲友中有无村干部	0.023*** (0.008)	0.030*** (0.008)	0.020** (0.009)	0.022*** (0.008)	0.028* (0.015)	0.029* (0.014)	0.034*** (0.012)	0.040*** (0.012)	0.182*** (0.036)	0.212*** (0.035)
是否为新型农业经营主体	0.061*** (0.011)	0.050*** (0.011)	0.033*** (0.012)	0.023*** (0.010)	0.140*** (0.026)	0.118*** (0.026)	0.054*** (0.017)	0.034** (0.016)	0.078* (0.044)	0.077* (0.042)
住所到最近快递点的距离	-0.004** (0.002)	-0.006** (0.002)	-0.005** (0.002)	-0.007** (0.003)	-0.007* (0.004)	-0.008* (0.005)	-0.003 (0.004)	-0.006 (0.004)	-0.001 (0.011)	-0.010 (0.012)
村庄有无农业信息社	0.018** (0.008)		0.017* (0.009)		0.030* (0.019)		0.010 (0.013)		0.056* (0.033)	
村庄有无开通微信公众号	0.015 (0.010)		0.017 (0.011)		-0.010 (0.022)		0.008 (0.016)		0.160*** (0.040)	
村庄到乡镇的距离	-0.002 (0.001)		-0.002* (0.001)		-0.007** (0.003)		-0.002 (0.002)		0.005 (0.007)	
县域虚拟变量	控制	控制	控制	控制	控制	控制	控制	控制	控制	控制
村庄虚拟变量		控制		控制		控制		控制		控制
LRχ²	997.81***	1030.23***	816.68***	976.65***	523.43***	670.06***	915.26***	1062.21***	367.25***	496.22***
Pseudo R^2	0.36	0.28	0.33	0.30	0.47	0.45	0.27	0.30	0.29	0.33
样本量	1129	1129	1129	1129	1129	1129	1129	1129	1129	1129

注：①*、**、***分别表示在10%、5%和1%的统计水平上显著；②括号中数值为标准误。

健康状况对农民数字乡村实践参与度及数字乡村各领域实践参与度的影响均至少在10%的统计水平上正向显著，良好的身体健康条件为农民积极参与数字乡村各领域的实践提供基础。数字技能培训经历对农民数字乡村各领域实践参与度及总体参与度的影响均在1%的统计水平上正向显著，参与过电商、计算机等方面的数字技术培训项目有助于提高农民数字素养水平，提升其生产生活各领域数字技术采用的积极性、主动性和灵活性。由列（2）、列（4）、列（6）、列（8）和列（10）控制村庄虚拟变量的估计结果可知，上述结论稳健。

家庭特征的影响方面，家人及亲友中有无村干部对农民数字乡村实践参与度、乡村数字基础设施使用度、乡村数字经济参与度、乡村数字生活参与度、乡村数字治理参与度的影响分别在1%、5%、10%、1%、1%的统计水平上正向显著。家人及亲友中有担任村干部的农民更易获取有关数字乡村建设的信息、技术等资源，更易受社会网络示范带动效应的影响。是否为新型农业经营主体对农民数字乡村实践参与度及数字乡村各领域实践参与度的影响均至少在10%的统计水平上正向显著。相较于普通农户，家庭农场、农民专业合作社等新型农业经营主体有更多的数字技术采用需求、更强的市场参与能力和更充足的经济基础，且对保持乡村经济能人地位、积极发挥典型带动作用持有较高预期。住所到最近快递点的距离对农民数字乡村实践参与度、乡村数字基础设施使用度、乡村数字经济参与度的影响分别在5%、10%、10%的统计水平上负向显著，但对乡村数字生活和数字治理参与的影响不显著。快递点多位于村庄交通通信条件较好、经济活动较密集的场所，距离最近快递点越远，家庭所处地理位置越差，越不利于接触便利的数字基础设施和活跃的数字经济氛围；但乡村数字生活和数字治理的参与受地理位置的影响相对较弱。由列（2）、列（4）、列（6）、列（8）和列（10）控制村庄虚拟变量的估计结果可知，上述结论稳健。

在村庄特征的影响方面，村庄有无益农信息社对农民数字乡村实践参与度、乡村数字基础设施使用度、乡村数字经济参与度、乡村数字治理参与度的影响分别在5%、10%、10%、10%的统计水平上正向显著。益农信息社提供的电商培训、信息服务、远程教育等公益服务直接增加农民使用数字基础设施、参与乡村数字经济和数字治理的机会和程度。

村庄有无开通微信公众号仅在1%的统计水平上显著促进农民对乡村数字治理的参与度。微信公众号所提供的平台支持，有助于在线搜集社情民意、及时予以跟踪反馈和加强线上监督，有效增加农民参与乡村数字治理的机会、拓展参与形式。村庄到乡镇的距离对乡村数字基础设施使用度和乡村数字经济参与度的影响分别在10%和5%的统计水平上负向显著，距离所在乡镇越远的村庄，其信息化基础设施和村庄数字化环境越差，制约农民对数字乡村各领域的深度参与。

第四节　本章小结

本章从政策探索和社会资本参与两个方面对数字乡村建设中的政府职能与市场作用展开了探讨。依据前文关于数字乡村系统的界定，本章立足农民主体性视角，探索性地从乡村数字基础设施使用度、乡村数字经济参与度、乡村数字生活参与度和乡村数字治理参与度4个维度构建了微观视角下数字乡村发展水平评估指标体系，并依据四川省、重庆市和宁夏回族自治区农户微观调查数据，实证评估了基于农民参与的数字乡村发展总体水平及分维度水平，探究了现阶段农民数字乡村实践参与的典型特征、内外部制约因素及其差异化影响。研究表明，西部地区农民数字乡村实践参与总体及分维度水平均偏低，且分维度排序依次为乡村数字基础设施使用度（0.164）、乡村数字生活参与度（0.160）、乡村数字经济参与度（0.117）、乡村数字治理参与度（0.077）。农民数字乡村实践参与度存在一定的区域不均衡性，相对贫困地区农民参与数字乡村实践较为滞后；乡村数字治理参与度的差异构成现阶段试点与非试点地区农民数字乡村实践参与度差异的主要来源。研究进一步发现，性别、年龄、受教育程度、健康状况、是否为新型农业经营主体等内部因素，数字技能培训经历、家人及亲友中有无村干部、村庄中有无益农信息社、村庄中有无开通微信公众号等外部因素均对农民数字乡村实践总体参与度及单一领域参与度产生差异化的显著影响。

第四章

农民数字素养、乡村能人身份对数字乡村发展的影响研究

数字乡村的全面发展客观要求数字技术与乡村生产、生活、生态、治理等多领域全方位融合，依赖农民对各领域数字化实践的广泛和深度参与，因而对农民数字素养提出越来越高的要求。然而，现有数字乡村发展的支持政策多强调从供给侧层面加强新型基础设施建设，推进数字技术在农业、工业和商贸流通等各领域的创新性应用，但对作为数字乡村建设重要主体的农民内在数字素养的培育及其在数字乡村发展中的作用重视不够。农村数字素养教育体系发展滞后制约了农民数字素养水平的提高和乡村数字人才的培养（许欢、尚闻一，2017；曾亿武等，2021）。数字素养水平事关数字乡村各领域农民参与的积极性、主动性和创造性，成为驱动数字乡村全面发展的重要能动性因素。系统探究农民数字素养的培育及其对数字乡村发展的作用机理，对加快建立完善契合农村实际需求的数字素养教育体系、不断提高农民数字素养水平、弥合城乡数字鸿沟，形成供给侧和需求侧政策实践的合力、促进更多农民共享数字经济发展红利显得十分必要和迫切。

因乡村身份和资源支配权的差异导致占村民极小比例的能人主导乡村建设与治理、普通村民参与程度较低，逐渐形塑了能人治村模式（李增元、李芝兰，2019）。依据主导能人的特征，乡村能人治村模式可划分为能人流失状态下的干部主导型治理、权势能人主导的群体型治理、经济能人主导的能贤型治理和个别村干部单独主导型4种各有交叉的类型（黄博、刘祖云，2013）。随着农村市场化改革深入推进、城乡

第四章 农民数字素养、乡村能人身份对数字乡村发展的影响研究

间劳动力要素加速流动，由村干部长期主导的乡村治理格局被打破，一些具有较强经济能力和社会影响力的经济能人逐渐获得主导乡村治理的支配性地位（刘守英、熊雪锋，2018）。不同类型能人身份致使农民参与数字乡村建设具有不同的内在动机，进而影响其参与的积极性和能动性。其中，村干部参与乡村建设与治理的主要动机在于通过村干部选举获取体制代理人的合法地位、行使对乡村资源的支配权和乡村事务的管理权；经济能人主要参与动机在于巩固经济资源支配权及追求部分的乡村治理话语权；社会能贤参与乡村建设与治理的动机主要在于荣耀、面子、社会价值实现等社会性报酬（梅继霞等，2019）。因此，有必要实证探究乡村能人身份对农民参与数字乡村不同领域的差异化影响及潜在逻辑。

鉴于此，本章拟构建包括数字化通用素养、数字化社交素养、数字化创意素养和数字化安全素养4个方面的农民数字素养评估体系，并基于四川省和重庆市的微观农户调查数据①开展实证测度。依据产业链理论，本章拟从数字化生产、数字化供销②和数字化金融3个方面表征农民数字经济参与，实证论证数字素养、乡村能人身份对农民参与乡村数字经济的影响效应；从数字化党群教育、数字化村务管理和数字化民主监督3个方面刻画农民乡村数字治理参与，并依据自主治理理论，深入阐释农民数字素养、乡村能人身份对乡村数字治理参与的影响逻辑，实证检验数字素养驱动乡村数字治理参与的能动性作用及乡村能人身份引致的禀赋效应，揭示数字技术对重塑乡村治理格局的潜在作用；从数字购物、数字医疗、数字生活服务、数字出行等层面表征农民数字生活参与，实证探究数字素养对乡村数字生活的影响效应及数字素养在数字化培训影响农民数字生活中的中介作用逻辑。本章研究有益于丰富数字素养和数字乡村的理论体系，为新时期数字乡村发展支持政策体系优化提供参考。

---

① 需说明的是，因西部三省份调查中，四川省和重庆市的调查开展时间相对较早，本章研究内容为课题组早期研究的主要内容，因此主要采用了这两个省份的数据。四川省和重庆市调查样本共覆盖7个县（区）23个乡（镇）87个村680户。后续随着宁夏抽样调查完成，课题组的研究采用了3个省的数据。

② 鉴于物流与销售环节难以完全剥离解释，本章将农民参与数字化物流和销售活动进行合并，并界定为数字化供销。

第一节 农民数字素养、乡村能人身份与乡村数字经济

乡村经济的数字化转型是全面推进数字乡村建设的核心，更是以数字化驱动乡村产业振兴的内在要求。技术扩散理论指出，技术扩散引致的创新可推动产业技术进步、生产要素高效配置、组织和服务模式创新等，进而在更大范围内产生经济效益和社会效益。数字经济赋能乡村经济转型的逻辑在于，物联网、大数据、区块链、人工智能等新一代信息技术在农业生产、物流、销售、金融服务等领域[①]的渗透和扩散，推动农业生产技术进步，优化土地、劳动力、资本、信息等生产要素的配置，改善农业生产组织模式和服务方式，持续提高农民对数字技术的采纳广度和深度，进而为乡村经济数字化转型不断注入活力。依据产业链理论可知，农业生产、物流、农产品销售、涉农金融服务等经济活动既互相独立又互为关联，共同构成经营主体价值创造的有机体系。因而，乡村数字经济的发展有赖于数字技术嵌入农业全产业链的各环节并促进其转型升级和深度融合。其中，以数字农业为核心的数字化生产是改造传统农业、激发数字化生产力，为乡村数字经济持续"造血"的原动力；以智慧物流与网络销售为表征的数字化供销则为整合和优化供应链中的信息流、物流、资金流，助力农产品与服务供需的精准高效匹配，加速各类生产要素融合流动，实现乡村数字经济的有序运行提供"骨架"支撑；数字化金融为数字化生产、数字化供销等环节提供高效便捷的金融服务保障。鉴于农业全产业链数字化发展离不开农民的广泛和深度参与，需要深入探究微观视角下乡村数字经济发展的驱动机制。

前述分析指出，农民数字素养及乡村能人身份预期对其参与数字乡村发展具有重要作用。文献梳理可知，相关研究在如下3个方面还存在不足。一是数字素养的本土化研究不足，尤其关于农民数字素养的测评框架构建及测度研究较为薄弱。二是已有研究多以省级或县级行政区域

[①] 农业全产业链数字化转型离不开纵向一体化和横向一体化数字化的协同推进，本章探讨的农业全产业链考虑了上述两个方面。

第四章 | 农民数字素养、乡村能人身份对数字乡村发展的影响研究

为基本单元测度乡村数字经济发展水平，鲜有研究立足农业全产业链视角刻画微观层面农民数字经济参与，并探究其驱动机制。三是鲜有研究实证探讨农民参与数字化生产、数字化供销和数字化金融等乡村数字经济领域数字素养的内生动力机制及乡村能人身份的禀赋效应。鉴于此，本章拟在阐释数字素养、乡村能人身份对农民参与乡村数字经济的影响逻辑基础上，采用微观农户调查数据进行实证检验。

一 理论分析与研究假说

（一）数字素养对农民参与乡村数字经济的影响理论分析与研究假说

基于前述文献梳理（Gilster，1997；Eshet-Alkalai，2012；Martin et al.，2006）和对农民数字素养的界定，本章拟从数字化通用素养、数字化社交素养、数字化创意素养和数字化安全素养4个维度测度农民数字素养。上述4个维度分别强调个体在使用基本数字工具收集、整理和加工数字化信息，通过互联网平台进行资源共享、信息交流与协作，创建和编辑文字、图像和视频等内容并进行创意化的表达、输出和传播，以及采取安全有效措施保护个人信息、维护正当权益以实现对数字技术长期安全利用等方面的意识、知识和能力，体现了数字化思维贯穿整个数字素养体系。

随着数字技术加快嵌入乡村经济活动各领域，数字素养与农民在生产活动各领域使用数字技术的关联性不断增强。乡村各类数字经济活动开展对农民使用数字技术的基本能力、数字化社交能力、数字化创意能力及数字化安全素养等提出越来越高的要求。一是数字素养影响农民在乡村数字化生产活动中的参与。农民数字化通用素养越高，对农业生产活动相关数字技术和平台的使用积极性越高。农民数字化社交素养越高，在生产活动中利用微信、QQ、微博等社交平台或专业网站的频率越高，并易基于社会网络对农民参与生产数字化活动产生示范带动作用。农民数字化创意素养越高，越倾向积极采用物联网、人工智能等新一代信息技术改进农业生产过程、探索开展智慧农业生产实践、提升农产品加工业智能化水平。农民数字化安全素养越高，在采用数字技术从事农业生产活动中保护个人账户信息、维护合法权益的意识越强。二是数字素养影响农民在乡村数字化供销活动中的参与。农民数字化通用素

养和数字化社交素养越高，在供应链活动中越能够熟练利用微信、QQ、微博等社交平台或专业网站的功能与作用，主动维护与供应商、销售商、合作伙伴、顾客等利益相关群体的商业关系。农民数字化创意素养越高，越倾向采用淘宝、抖音、快手等网络平台开展直播销售，采用现代化的智慧物流设施，拓展销售渠道、提高交易效率。农民数字化安全素养越高，越能够在数字化供销活动中维护个人信息安全、保障交易活动有序运转。三是数字素养影响农民在乡村数字化金融活动中的参与。农民数字化通用素养越高，对各类金融服务平台中的信贷模块、保险模块、理财模块等的操作流程越熟悉。农民数字化社交素养越高，越倾向积极拓展新的客户群体和合作伙伴，基于社会网络示范带动促进数字金融产品与服务的使用。农民数字化创意素养越高，对涉农金融服务市场中的数字化新产品与新服务就越会表现出较高的兴趣。农民数字化安全素养越高，越有助于降低金融活动参与的风险性。基于上述分析，本章提出如下研究假说：

H4-1：提升农民数字素养水平有助于提高其参与乡村数字经济的广度和深度。

（二）乡村能人身份对农民参与乡村数字经济的影响理论分析与研究假说

较长一段时期内，乡村各类能人活跃在村庄治理的舞台，能人治理模式成为转型期中国农村社会的一种独特现象（赵一夫、王丽红，2019）。乡村能人主要指村庄中因掌握政治资源或经济资源等方面优势而在村庄场域中占据特殊位置、对乡村治理产生重要影响的少部分群体，缺乏对乡村能人及其作用的关注将难以全面准确地理解村庄的运作、难以实现乡村的有效治理（贺雪峰，2003）。理论上，是否具有乡村能人身份及不同类型能人身份对农民参与乡村数字经济的动机存在差异化影响。肩负着履行村民自治组织赋予的公共权力及管理公共事务、提供公共服务的职责。一方面，部分村干部本身具有一定的经济资源条件，对参与数字经济活动、提高经济资源比较优势表现出较高的积极性；另一方面，村干部职能履行所花费的时间和精力可在一定程度上对农民参与数字经济活动产生挤出作用。因此，村干部身份对农民参与数字经济的影响有待进一步检验。对于以新型农业经营主体为核心的乡村

第四章 | 农民数字素养、乡村能人身份对数字乡村发展的影响研究

经济能人而言,持续改善经济资源条件、提高自身获益能力、发挥示范带动和帮扶作用、巩固经济活动中的比较优势是其参与各类经济活动的主要动机。因而,经济能人群体对数字经济相关的新思维新技术表现出较高的可接受度,对数字经济新领域表现出较高的参与积极性。因此,本章提出如下假说:

H4-2:乡村能人身份显著提高农民参与乡村数字经济的广度和深度;

H4-2a:村干部身份显著提高农民参与乡村数字经济的广度和深度;

H4-2b:经济能人身份显著提高农民参与乡村数字经济的广度和深度。

二 研究设计

(一)变量选取与测度

1. 被解释变量:乡村数字经济参与

本章中数字经济参与包括数字化生产、数字化供销和数字化金融3个方面的参与行为,并分别采用如下3个题目测量农民数字化生产、数字化供销和数字化金融的参与情况:"在生产中是否利用物联网、人工智能、无人机等数字技术改进种植业、养殖业的生产管理过程,实现精准化生产?""在生产销售活动中是否采用微信、QQ等朋友圈或京东、淘宝等电商平台进行农产品销售,以及依托抖音、快手等网络平台进行直播销售农产品,并运用智能化的仓储设施和智慧物流体系等实现产品精细化运输和配送?""在生产经营活动中是否使用微信、支付宝等第三方支付,使用蚂蚁借呗、京东白条、微粒贷、P2P借贷平台等数字信贷产品,以及使用余额宝、网上银行等购买基金、股票、债券等理财产品?"进一步地,以农民在数字化生产、数字化供销及数字化金融3个方面的参与情况进行加总,计算样本的数字经济参与度。

2. 核心解释变量:数字素养和乡村能人身份

从数字化通用素养、数字化社交素养、数字化创意素养和数字化安全素养4个维度设计并最终筛选12个测量题项(各测量题项的赋值为0或1)测度数字素养综合水平(表4-1)。采用主成分分析法,按照特征根大于1的原则提取公共因子4个,累积方差贡献率为77.73%。

以各因子方差贡献率占总方差贡献率的比重作为各因子得分的权重，计算数字素养总体水平。进一步地，本章对数字素养测度量表进行信度和效度检验。采用因子分析的结果显示，样本充足性检验 KMO 值为 0.78，Bartlett 球形度检验统计量的显著性 p 值为 0.00，表明因子分析结果有效；所有测量题项的克朗巴哈系数（Cronbach's α，简称 α 系数）为 0.836，各维度测量题项的 α 系数均高于 0.67，表明变量测量信度较好。此外，本量表各测量题项的因子载荷值均大于 0.50，表明变量测量收敛效度较好。

表 4-1　　数字素养衡量指标体系及信度效度检验

维度	具体测量题项	取值1的比例（%）	因子载荷	α系数
数字化通用素养（0.517）	是否会使用智能手机的一般功能	74.71	0.898	0.802
	是否会对计算机的简单应用进行正确操作	40.42	0.692	
	是否会使用微信的一般功能	68.44	0.910	
数字化社交素养（0.119）	是否经常使用微信或QQ的朋友圈功能	34.43	0.655	0.728
	能否熟练参与线上聊天互动	46.32	0.616	
	能否熟练进行线上信息分享	13.01	0.842	
数字化创意素养（0.171）	是否会制作生活相关短视频	19.62	0.791	0.677
	是否会制作工作相关的短视频	13.93	0.835	
	是否会利用线上平台进行直播（包括直播销售）	1.62	0.619	
数字化安全素养（0.193）	使用微信、QQ等线上社交工具时，是否考虑账号、密码等信息安全问题	24.73	0.674	0.802
	使用网上银行、支付宝等互联网金融工具时，是否采取措施（如绑定手机号、动态验证码等）维护账号及密码等信息的安全	13.61	0.916	
	使用网上银行、支付宝等互联网金融工具时，是否采取措施（如动态口令和交易码、人脸识别、指纹识别等）维护线上交易的资金安全	12.71	0.905	

注：实际调查中，综合农民的回答和现场的简单模拟对各测量题项进行判断。

为更清晰地呈现农民数字素养发展水平，本章将采用因子分析法计算的农民数字素养水平转换为0—100的取值，可得样本农民数字素养均值为44.35，标准差为28.17。虽然近年来信息通信工具、互联网社交平台、电商平台、数字金融工具、生活娱乐平台等各类数字工具和平台加快在农民生产生活各领域的渗透，农村互联网接入比例明显提升，但农民数字素养均值仍然偏低，个体间差异较大。进一步地，样本数字化通用素养、数字化社交素养、数字化创意素养和数字化安全素养的均值分别为54.50、46.90、16.01和29.06，标准差分别为33.36、20.30、15.42和23.95。农民数字素养不同维度的平均水平均偏低，尤其是数字化创意素养和数字化安全素养，群体间差异较大的主要是数字化通用素养。数字化创意素养和数字化安全素养属于农民数字素养体系中层次较高的两个方面。农民利用数字化工具开展编辑、加工和创作，在数字交易活动中维护自身权益等方面的意识形成、知识积累、能力塑造均需要一定时间的沉淀。这为后续加快提升农民数字素养与技能明确了重点方向。

参考黄博和刘祖云（2013），本章将乡村能人划分为村干部和经济能人两类，前者以"是否具有村干部身份"为表征，后者以"是否为个体工商大户或种养大户、创办家庭农场或农民专业合作社"为表征。统计显示，全样本中仅具有乡村村干部身份、经济能人身份和具有双重能人身份的比例分别为9.17%、18.34%和3.67%。

3. 控制变量

参考已有文献（张翠娥等，2015；王立华、苗婷，2012），本章从个体特征、家庭特征及村庄特征方面选取控制变量，并以县域为单元，控制区域固定效应。上述各类变量的定义、赋值及描述性统计如表4-2所示。

表4-2　　　　　　变量的定义、赋值及描述性统计

变量	变量名	变量赋值	均值	标准差	最小值	最大值
乡村数字经济参与	数字经济参与	有=1，无=0	0.64	0.48	0	1
	数字化生产参与	有=1，无=0	0.13	0.34	0	1
	数字化供销参与	有=1，无=0	0.22	0.42	0	1

续表

变量	变量名	变量赋值	均值	标准差	最小值	最大值
乡村数字经济参与	数字化金融参与	有=1，无=0	0.60	0.49	0	1
	数字经济参与度	前述三项赋值加总	0.94	0.87	0	3
数字素养	数字素养（因子分析法）	因子分析所得	0.027	0.58	-0.88	1.17
	数字素养（得分法）	单项题项赋值加总所得	3.75	2.89	0	11
乡村能人身份	是否为村干部	是=1，否=0	0.12	0.33	0	1
	是否为经济能人	是=1，否=0	0.24	0.43	0	1
个体特征	性别	家庭财务决策人性别：男=1，女=0	0.67	0.47	0	1
	年龄	家庭财务决策人年龄（单位：岁）	51.96	12.60	20	75
	受教育年限	家庭财务决策人的受教育年限（单位：年）	8.15	4.33	0	19
	非农就业经历	家庭财务决策人的非农就业经历：有=1，无=0	0.61	0.49	0	1
家庭特征	有无亲友供职于银行或信用社	家庭有无亲友供职于银行或信用社：有=1，无=0	0.13	0.34	0	1
	住所到最近快递点的距离	住所到最近快递点的直线距离（单位：千米）	3.49	1.56	1	5
村庄特征	村庄有无益农信息社	村庄有无运营的益农信息社：有=1，无=0	0.37	0.48	0	1
	村庄到乡镇的距离	村庄到乡镇的直线距离（单位：千米）	3.69	2.45	1	11.9
	村庄有无开通微信公众号	村庄有无开通运营的微信公众号：有=1，无=0	0.22	0.41	0	1
区域	永川区	是=1，否=0	0.22	0.42	0	1
	荣昌区	是=1，否=0	0.19	0.39	0	1
	巴州区	是=1，否=0	0.12	0.33	0	1
	井研县	是=1，否=0	0.15	0.36	0	1
	温江区	是=1，否=0	0.07	0.22	0	1
	彭山区	是=1，否=0	0.08	0.25	0	1
	武胜县	是=1，否=0	0.17	0.38	0	1

(二) 计量模型设定

为检验农民数字素养、乡村能人身份对乡村数字经济参与行为的影响，设定模型如下：

$$\text{Prob}(Y_{1ki}=1|X_i) = \Phi_1(\alpha_0 DL_i + \beta_0 EI_{ih} + \gamma_0 X_i + \mu_0) \tag{4-1}$$

式中：Y_{1ki} 为二分类被解释变量，$Y_{1ki}=1$ 表示农民参与乡村数字经济，否则 $Y_{1ki}=0$，k 取值 1、2、3，分别表示农民在数字化生产、数字化供销和数字化金融 3 个方面的参与行为；DL_i 为第 i 个样本的数字素养水平；EI_{ih} 为第 i 个样本的乡村能人身份，h 取值 1、2 分别表示是否为村干部、是否为经济能人；X_i 为控制变量，如表 4-2 所示；α_0、β_0、γ_0 为估计系数；μ_0 为服从标准正态分布的随机误差项。上述模型可能因数字素养与乡村数字经济参与行为之间的反向因果关系、遗漏变量或变量测量偏差等导致内生性问题。因此，本节选取"是否参加过政府部门组织的数字化培训（互联网培训、电子商务培训等）"作为受访样本数字素养水平的工具变量，采用工具变量法对上述模型进行估计。参与数字化培训项目与农民数字素养水平密切相关，且政府部门组织的数字化培训相对于农民个体的数字经济参与较为外生。理论上该工具变量选取符合相关性和外生性要求。

为检验农民数字素养、乡村能人身份对乡村数字经济参与度的影响，设定模型如下：

$$\text{Prob}(Y_{2i}=m|X_i) = \Phi_2(\alpha_1 DL_i + \beta_1 EI_{ih} + \gamma_1 X_i + \mu_1) \tag{4-2}$$

式中：Y_{2i} 为有序分类被解释变量；m 取值为 0、1、2、3；DL_i 为第 i 个样本的数字素养水平；EI_{ih} 为第 i 个样本的乡村能人身份，h 取值 1、2 分别表示是否为村干部、是否为经济能人；X_i 为控制变量，如表 4-2 所示；α_1、β_1、γ_1 为估计系数；μ_1 为服从标准正态分布的随机误差项。考虑到数字素养可能存在的内生性问题，选取数字化培训作为受访样本数字素养水平的工具变量，采用 Roodman（2011）提出的条件混合估计方法（CMP）进行估计。

三 实证检验与结果分析

（一）数字素养对农民参与乡村数字经济各领域的影响回归结果

表 4-3 列（1）、列（3）和列（5）汇报了基准回归估计结果。由基准回归估计结果可知，数字素养对农民参与数字化生产、数字化供销

和数字化金融的影响分别在5%、1%和1%的统计水平上正向显著。考虑到数字素养与农民参与乡村数字经济可能存在的内生性问题，列（2）、列（4）和列（6）汇报了工具变量估计结果。由估计结果可知，Durbin-Wu-Hausman检验（以下简称"DWH检验"）均无法拒绝数字素养为内生变量的原假设。工具变量估计结果仍然证实数字素养对农民参与以数字化生产、数字化供销和数字化金融为表征的乡村数字经济产生显著正向作用。因此，H4-1得到证实。作为数字时代农民人力资本的重要内容，农民在数字化通用素养、数字化社交素养、数字化创意素养和数字化安全素养等方面的综合素养水平越高，越能激发农民参与农业全产业链数字化转型的积极性，增强农民在农业生产、销售、物流、金融服务等活动中充分运用数字技术和平台的灵活性及韧性。因此，数字素养是影响农民参与数字经济活动的重要能动性因素。

表4-3　　数字素养对农民参与乡村数字经济的影响估计结果

变量	数字化生产		数字化供销		数字化金融	
	（1）	（2）	（3）	（4）	（5）	（6）
数字素养	0.081** (0.034)	0.675*** (0.0479)	0.126*** (0.039)	0.574*** (0.187)	0.288*** (0.026)	0.581** (0.254)
是否为村干部	0.029 (0.030)	-0.038 (0.041)	-0.055* (0.032)	-0.088** (0.038)	0.044 (0.031)	-0.002 (0.057)
是否为经济能人	0.110*** (0.025)	0.059** (0.024)	0.095*** (0.024)	0.089** (0.032)	0.077** (0.033)	0.017*** (0.007)
性别	-0.010 (0.026)	0.004 (0.028)	0.039 (0.027)	0.033 (0.035)	0.053*** (0.020)	0.031 (0.035)
年龄	-0.001 (0.001)	0.011*** (0.002)	-0.002* (0.001)	0.006 (0.005)	-0.006*** (0.001)	0.003 (0.009)
受教育年限	0.005 (0.004)	-0.015*** (0.005)	0.007* (0.004)	-0.006 (0.009)	0.002 (0.003)	-0.009 (0.011)
非农工作经历	0.001 (0.025)	-0.083*** (0.028)	0.011 (0.025)	-0.049 (0.043)	-0.015 (0.020)	-0.056 (0.045)
亲友供职于银行或信用社	0.005 (0.028)	-0.031 (0.035)	0.033 (0.026)	-0.002 (0.045)	0.029 (0.0370)	-0.001 (0.052)
住所到最近快递点距离	-0.004 (0.007)	-0.001 (0.008)	-0.003 (0.007)	-0.001 (0.009)	-0.003 (0.007)	0.003 (0.009)
村庄有无益农信息社	-0.025 (0.026)	-0.014 (0.030)	0.051** (0.025)	0.052 (0.035)	0.009 (0.024)	-0.010 (0.035)
村庄到乡镇距离	-0.009 (0.006)	-0.010 (0.007)	-0.012 (0.007)	-0.019** (0.008)	0.010** (0.005)	-0.001 (0.009)

续表

变量	数字化生产		数字化供销		数字化金融	
	(1)	(2)	(3)	(4)	(5)	(6)
村庄有无微信公众号	0.027 (0.030)	0.048 (0.035)	0.035 (0.030)	0.054 (0.037)	-0.030 (0.032)	-0.030 (0.024)
县域虚拟变量	控制	控制	控制	控制	控制	控制
$LR\chi^2/Wald\chi^2$	88.58***	700.83***	136.33***	222.67***	649.48***	404.97***
第一阶段 F 值		12.66***		12.66***		12.66***
DWH 内生性检验		6.53***		3.65**		2.67*
样本量	654	654	654	654	654	654

注：①表中汇报的是估计的边际效应，括号内数值为标准误；② *、**、*** 分别表示在10%、5%和1%的统计水平上显著。

乡村能人身份对农民参与乡村数字经济的影响方面，估计结果显示，村干部身份对农民参与乡村数字化生产和数字化金融的影响均不显著，但对参与数字化供销的影响负向显著。而经济能人身份对农民参与数字化生产、数字化供销和数字化金融的影响分别为5%、1%和1%的统计水平上正向显著。因此，H4-2a 未得到证实，H4-2b 得到证实。不同的乡村能人身份对农民参与乡村数字经济的影响效果不同，这可由不同乡村能人身份所带来的资源禀赋和发展动机等因素差异来解释。具体而言，村干部对基层群众自治制度赋予的政治资源优势表现出较高的禀赋效应，履行着带领和组织村民开展有效自治的社会责任和职位规范，且有相对稳定的工资性收入，参与数字经济活动、获取经济资源优势并非其首要的生计考虑。此外，以新型农业经营主体为核心的乡村经济能人因市场参与频率较高、对新技术新模式具有较强的敏感性，因而倾向利用数字技术和平台开展各类经济活动，以优化经济资源配置、提高从事各类经济活动的效率和效益，进而巩固其经济资源比较优势地位。

（二）数字素养对农民乡村数字经济参与度的影响回归结果

表4-4 汇报了数字素养对农民乡村数字经济参与度的影响。结果显示，当农民数字经济参与度为0时，数字素养对数字经济参与度的影响在1%的统计水平上负向显著；当数字经济参与度为2或3时，农民

数字素养对数字经济参与度的影响至少在5%的统计水平上正向显著。该结果再次证实了作为数字化时代农民适应力、胜任力、创造力集中体现的数字素养不仅对农民参与乡村数字经济的广度产生积极作用，而且对农民参与乡村数字经济的深度产生正向影响。

表4-4　数字素养对农民乡村数字经济参与度的影响回归结果

变量	(1) 参与度=0	(2) 参与度=1	(3) 参与度=2	(4) 参与度=3
数字素养	-0.316*** (0.072)	-0.048 (0.077)	0.209*** (0.082)	0.154** (0.068)
是否为村干部	-0.026 (0.027)	-0.004 (0.005)	0.017 (0.017)	0.013 (0.012)
是否为经济能人	-0.105*** (0.040)	-0.016 (0.017)	0.069*** (0.018)	0.051*** (0.013)
性别	-0.018 (0.019)	-0.003 (0.004)	0.012 (0.012)	0.009 (0.009)
年龄	0.004 (0.003)	0.001 (0.001)	-0.003** (0.001)	-0.002** (0.001)
受教育年限	-0.002 (0.004)	-0.000 (0.000)	0.001 (0.003)	0.001 (0.002)
非农工作经历	0.010 (0.022)	0.002 (0.005)	-0.007 (0.015)	-0.005 (0.011)
亲友供职于银行或信用社	-0.037 (0.026)	-0.006 (0.007)	0.025 (0.016)	0.018 (0.012)
住所到最近快递点距离	-0.000 (0.006)	-0.000 (0.001)	0.000 (0.004)	0.000 (0.003)
村庄有无益农信息社	-0.023 (0.020)	-0.004 (0.005)	0.016 (0.013)	0.012 (0.010)
村庄到乡镇距离	0.002 (0.005)	0.000 (0.001)	-0.001 (0.003)	-0.001 (0.002)
村庄有无微信公众号	0.002 (0.025)	0.000 (0.004)	-0.001 (0.016)	-0.001 (0.012)
县域虚拟变量	控制	控制	控制	控制
Wald χ^2	\multicolumn{4}{c}{1159.34***}
样本量	\multicolumn{4}{c}{654}

注：①表中汇报的是估计的边际效应，括号内数值为标准误；②**、***分别表示在5%和1%的统计水平上显著。

当数字经济参与度较低和较高时，是否为村干部对农民关于乡村数字经济参与度的影响不显著。当数字经济参与度为0时，是否为新型农业经营主体对农民关于乡村数字经济参与度的影响在1%的统计水平上负向显著;而当数字经济参与度为2或3时,是否为新型农业经营主体对农民关于乡村数字经济参与度的影响在1%的统计水平上正向显著。这再次证明,村干部身份对农民参与乡村数字经济的广度和深度均无影响,而经济能人身份对农民参与乡村数字经济的广度和深度均产生积极作用。

(三)不同乡村能人身份下农民数字素养影响乡村数字经济参与的差异性分析

乡村能人身份是农民社会地位的直观体现,也是其拥有的政治资源或经济资源优势的集中反映。理论上,对于村干部和经济能人群体,其数字素养越高,参与乡村经济数字化的积极性越高、参与能力越好。由表4-5可知,数字素养对具有乡村能人身份和不具有乡村能人身份的群体参与数字经济的边际影响均在1%的统计水平上正向显著。虽分组回归结果的系数差异的检验结果表明,列(1)和列(2)中数字素养的回归系数不存在显著差异,但后者的边际系数稍大。分领域看,由列(3)至列(8)可知,除数字化生产外,数字素养对不具有乡村能人身份的农民群体参与数字化供销和数字化金融的边际影响更大。数字化生产和数字化供销的分组回归结果表明,两组回归系数至少在10%的统计水平上存在显著差异。由于数字化生产的参与有一定的技术和收入门槛,目前农民参与数字化生产的比例较低,且以农业规模经营主体为主,因此数字素养对乡村能人尤其是经济能人产生更积极的作用。随着数字化供销和数字金融服务从乡村能人群体向非能人群体延伸,数字素养对非能人群体的参与产生更大的边际影响。

表4-5 不同乡村能人身份下数字素养对农民参与乡村数字经济的影响分组回归结果

变量	数字经济		数字化生产		数字化供销		数字化金融	
	(1)	(2)	(3)	(4)	(5)	(6)	(7)	(8)
	乡村能人	非乡村能人	乡村能人	非乡村能人	乡村能人	非乡村能人	乡村能人	非乡村能人
数字素养	0.198*** (0.072)	0.353*** (0.028)	0.221** (0.098)	0.017 (0.024)	0.117*** (0.037)	0.494*** (0.107)	0.231*** (0.084)	0.357*** (0.029)

续表

变量	数字经济		数字化生产		数字化供销		数字化金融	
	(1)	(2)	(3)	(4)	(5)	(6)	(7)	(8)
	乡村能人	非乡村能人	乡村能人	非乡村能人	乡村能人	非乡村能人	乡村能人	非乡村能人
县域虚拟变量	控制	控制	控制	控制	控制	控制	控制	控制
LRχ^2	79.37***	407.22***	18.04**	37.10**	57.75***	67.45***	99.50***	421.26***
系数差异检验	0.79		2.34**		3.08*		2.14	
样本量	204	450	204	450	204	450	204	450

注：①*、**、***分别表示在10%、5%和1%的统计水平上显著；②分组回归后的系数差异性检验采用似不相关检验（Suest检验）。

（四）稳健性检验

为验证前述估计结果的稳健性，以数字素养得分法计算结果替换因子分析法计算结果。具体操作：对每个数字素养测量题项选项赋值为1的赋分为1，否则赋分为0。以等权重进行加总计算的数字素养总得分区间为[0,12]，样本数字素养均值为3.75（标准差为2.89），证实了农民数字素养的整体水平较低。重新回归结果显示（表4-6），以得分法计算的数字素养对农民参与乡村数字化生产、数字化供销和数字化金融的影响均至少在5%的统计水平上正向显著。此外，经济能人身份对乡村数字经济参与度和各领域参与度的影响均正向显著。因此，前述主要结论较为稳健。

表4-6　　　　稳健性检验：基于得分法测度数字素养

变量	数字经济		数字化生产		数字化供销		数字化金融	
	(1)	(2)	(3)	(4)	(5)	(6)	(7)	(8)
数字素养	0.060*** (0.004)	0.086*** (0.020)	0.011** (0.005)	0.049* (0.029)	0.019*** (0.005)	0.112*** (0.050)	0.059*** (0.004)	0.067*** (0.012)
是否为村干部	0.031 (0.033)	0.044 (0.042)	0.033 (0.030)	0.026 (0.033)	-0.053* (0.031)	-0.055* (0.032)	0.029 (0.032)	0.024 (0.031)
是否为经济能人	0.087** (0.036)	0.127* (0.069)	0.113*** (0.025)	0.079* (0.042)	0.093*** (0.024)	0.084*** (0.028)	0.080** (0.033)	0.070* (0.038)
控制变量	控制	控制	控制	控制	控制	控制	控制	控制

续表

变量	数字经济		数字化生产		数字化供销		数字化金融	
	(1)	(2)	(3)	(4)	(5)	(6)	(7)	(8)
县域虚拟变量	控制	控制	控制	控制	控制	控制	控制	控制
LRχ^2/Waldχ^2	644.97***	121.44***	87.46***	99.85***	138.57***	78.63***	657.06***	173.01***
第一阶段F值		37.88***		37.88***		37.88***		37.88***
DWH内生性检验		5.23**		5.43**		4.67**		6.43**
样本量	654	654	654	654	654	654	654	654

注：①表中汇报的是估计的边际效应，括号内数值为标准误；② *、**、*** 分别表示在10%、5%和1%的统计水平上显著。

第二节 农民数字素养、乡村能人身份与乡村数字治理

数字乡村建设背景下深入探究农民参与乡村数字治理行为的驱动机理和加快乡村治理数字化转型的政策优化路径具有重要现实意义。近年来，政府及各级地方政府从加强村党组织建设、健全村民自治机制等层面不断完善乡村治理的制度框架和政策体系，使乡村治理整体水平得以明显提升。与此同时，中国乡村治理还面临普通村民参与性仍然不足、治理决策的科学性与有效性亟待提升等突出问题，迫切需要以大数据驱动乡村治理范式的转变和治理效能的提升（赵敬丹、李志明，2020）。随着全国行政村基本实现4G网络普遍覆盖及以人工智能、大数据中心等为代表的新型基础设施建设的持续推进，农村数字基础设施实现较大程度的改善，为数字技术加快嵌入乡村治理各领域创造了客观条件。但与此同时，中国滞后的数字素养教育体系越来越难以满足数字经济快速发展和乡村治理数字化转型对居民数字素养的迫切要求（温涛、陈一明，2020）。数字经济时代，农民对于各类数字技术应用的适应力、胜任力与创造力从根本上影响着其主体作用的发挥和乡村数字治理能力的整体提升。因此，立足乡村数字治理现状，深入探讨农民数字素养的培育有助于激发不同主体参与乡村数字

治理、实现共建共治共享的内生动力。

数字技术嵌入乡村治理各领域，在强化部分乡村能人参与乡村治理的比较优势的同时，也在一定程度上增加普通村民参与乡村治理的机会、提高其参与能力和效率。一方面，作为乡村容易接受新思维新技术的代表，乡村能人总体上有更强的新技术采用意识和采用能力，从而拉大其与普通村民在参与乡村数字治理方面的差距。另一方面，数字技术具有普惠性强、对象均等、渗透力大等典型特征，使普通村民在经过一定的数字化培训和自主学习实践后，同样能够有效运用数字平台和工具参与乡村数字治理；且数字平台的创新性运用驱动乡村治理日益公开化和透明化，使广大普通村民参与乡村治理的积极性和主动性得到有效调动（沈费伟，2020）。因此，数字化治理能否打破乡村治理格局中长期存在的"乡村能人—普通村民"的分野，使更多普通村民积极参与乡村治理中，实现由"能人主导、普通村民低度参与"转向"能人引领带动、普通村民充分参与、多元主体民主协商"的良性治理格局，对加快乡村治理现代化至关重要。

鉴于此，本节拟依据自主治理理论，系统阐释农民数字素养、乡村能人身份对乡村数字治理参与行为的影响机制，并依据微观农户调查数据，实证检验数字素养影响农民乡村数字治理单一领域参与及总体参与度的内生动力机制及对不同类型农民影响的群体差异性，计量论证不同乡村能人身份对乡村数字治理单一领域参与及总体参与度的差异化影响，检视数字技术在重塑乡村治理格局中的潜在作用。本章研究有益于丰富农民数字素养、乡村数字治理及数字乡村的理论体系，为提高农民数字素养水平，推动形成大数据时代共建共治共享的乡村数字治理新格局、不断提升乡村治理现代化水平提供实践策略参考。

一　理论分析与研究假说

借鉴沈费伟等（2020）的观点，即数字乡村治理与公共池塘资源的治理实践在内部运作机制、生存法则等方面具有高度的契合性，本章以埃莉诺·奥斯特罗姆（2012）提出的自主治理理论为基础构建理论分析框架。自主治理理论认为，任何情景下理性个体对公共事务治理的参与策略选择产生于行为动机，而行为动机受预期收益、预期成本、内在规范和贴现率4个内部因素的综合影响。其中，个体所遵循的内在规范—

第四章 农民数字素养、乡村能人身份对数字乡村发展的影响研究

般受所处特定环境和周围群体共有规范的影响；贴现率受所处自然条件和经济保障程度的制约，反映个体对长短期收益的重视程度及权衡结果（张克中，2009）。作为乡村治理的主体，农民兼具数字资源的使用者和贡献者双重角色，其对乡村数字治理参与主要指运用数字化工具和平台高效便捷地参与党群教育、村务管理、民主监督等乡村治理的各个领域①，以实现乡村共建共治共享的智慧化治理活动。数字化治理情境下农民人力资本中的数字素养主要影响其参与乡村数字治理的成本、收益及综合效用，是否具有乡村能人身份及具有何种类型的乡村能人身份主要影响参与乡村数字治理的内在规范和贴现率。鉴于此，本节分别阐释农民数字素养、乡村能人身份对乡村数字治理参与的影响逻辑（图4-1）。

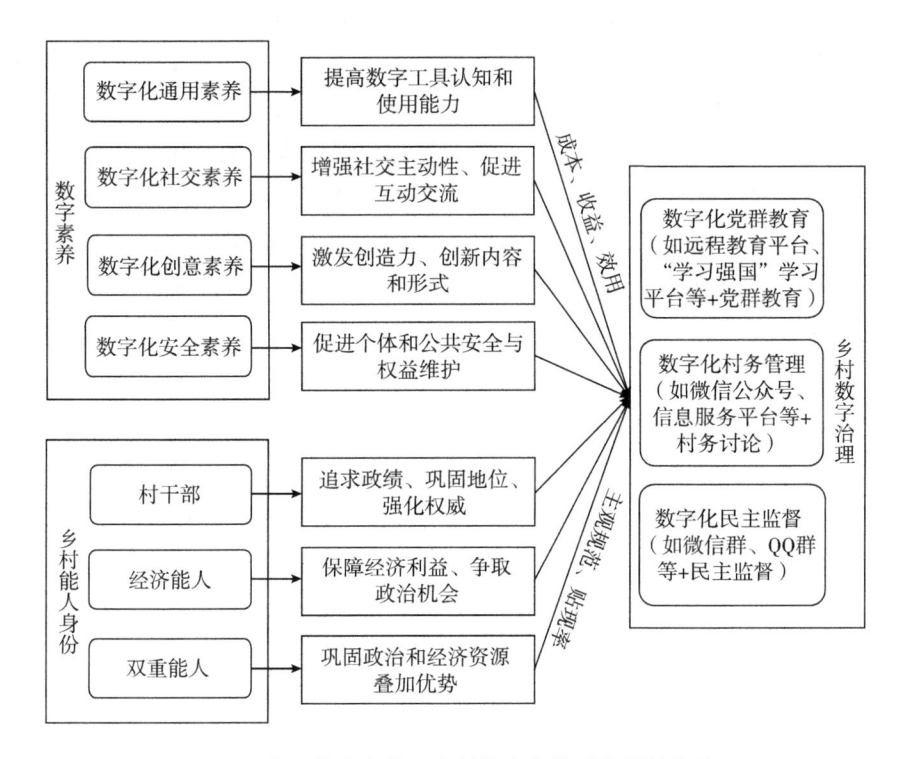

图4-1 农民数字素养、乡村能人身份对乡村数字治理参与的影响逻辑

---

① 基于对当前农民参与乡村数字治理主要内容的考察和数据可得性限制，本章主要从乡村党群教育、村务管理和民主监督3个方面刻画农民对乡村数字治理的参与行为。

（一）农民数字素养影响乡村数字治理参与：内生动力机制分析

数字技术赋能乡村有助于推进乡村经济社会政策的改进、优化乡村管理体系、重塑乡村治理结构，为实施精准的村庄治理、提高治理绩效提供重要支撑（沈费伟，2020）。良好的知识文化储备是农民驾驭应用新技术的关键要素，且引导农民素质提升、培育现代化农民，有助于夯实乡村善治之基（秦中春，2020；沈费伟，2020）。乡村数字治理在依托数字技术驱动的同时，更依赖农民主体内在能动性的有效发挥。一般地，农民尤其是党员群体数字化通用素养越高，越能够在党群教育、村务管理、综合信息服务等有关乡村治理平台使用中表现出较强的控制力和适应力（Zimmerman，1990），越能够通过乡镇或村级政务服务平台高效开展农业保险、农业补贴、业务许可等事项的申请和办理。农民数字化社交素养越高，越倾向充分利用各类平台拓展线上社会网络（Prior et al.，2016），在有关基层党建、群众教育、政务服务、民主监督等方面积极参与线上交流讨论、表达意见和建议。农民数字化创意素养越高，对乡村数字治理领域新的思想、平台和技术就会表现出越高的接受度，越能充分利用信息编辑和制作能力方面的优势（Eshet-Alkalai，2012），创新基层党建、群众教育、政务服务、民主监督等方面的内容和形式。农民数字化安全素养越高，往往就具有越强的信息安全意识、权益保护意识和风险规避能力，进而增强个体参与乡村数字治理的可持续性。综上可知，提高农民数字素养有助于降低其采用数字技术参与乡村治理的成本与风险、提高参与收益、改进参与体验，进而激发农民深度参与乡村数字治理的积极性、灵活性和创造性。因此，本章提出以下研究假说：

H4-3：提升农民数字素养有助于激发其参与乡村数字治理的内生动力，即对参与乡村数字化党群教育、村务管理、民主监督单一领域和总体参与度均产生正向影响。

（二）农民的乡村能人身份影响乡村数字治理参与：强化还是削弱？

近年来，部分村级党组织的弱化、虚化、边缘化问题突出，村干部在乡村治理中的权威式微（刘守英等，2018）。与此同时，以农民专业合作社理事长、家庭农场主及个体工商大户等为代表的经济能人，因具有现代化的市场理念和较强的经营管理能力，在产业项目、致富经验、核心技术等层面产生积极的示范带动作用（贺雪峰，2011；梅继霞等，2019），并促进区域就业与农民增收，在村域经济发展中产生较大的影响力，在乡村治理中的话语权也越来越大。结合前述文献，将乡村能人划分为村干部、经济能人和双重能人（既是村干部也是经济能人），阐释不同类型能人身份对乡村数字治理参与的差异化影响机制，并进一步分析数字治理引入对乡村能人治理格局的强化抑或削弱作用。

数字技术赋能有助于提高个体对乡村治理实践的参与能力（Zimmerman，1990），使传统治理场景下不同身份能人乡村治理参与动机的实现方式得以重塑，且数字化治理场景下不同类型乡村能人获取数字技术的实践基础、关注数字技术及平台的类型、采用数字技术的主要动机和预期效用等均存在一定差异性。村干部依靠国家体制赋予的合法代理人和村民当家人身份获取较多政治资源（原超，2019），对国家推进乡村治理数字化转型的政策举措有更充分的了解和认知，较为关注利用数字技术增强基层政治参与的便利性及自身在乡村党群教育、村务管理、民主监督等方面治理决策中的主导作用。国家推进乡村数字治理相关政策文件中对农村基层党组织和村干部的要求与期望形成村干部参与乡村数字治理的内在规范，村干部对村庄善治的政绩担忧、对巩固自身领导地位及换届选举潜在竞争的担忧形成其参与乡村数字治理较高的社会贴现率。经济能人较为重视家庭多元化经济活动中及乡村公共事务决策中有关经济活动的数字技术应用，并依托自身掌握的关键经济资源及在核心技术和经营理念等方面的比较优势，试图在乡村数字治理的部分领域发挥重要的示范、引领和带动作用（原超，2019；梅继霞等，2019）。经济能人有较丰富的市场参与经历（贺雪峰，2011），生意伙伴、供应商、顾客等利益相关主体对其的期望和影响形成经济能人参与乡村数字治理的内在规范；同时，经济能人将保障和提高长短期经济利益作为参与乡村数字治理的首要目标，而将获取潜在政治机会以强化经济优势作为次要目标，因而其社会贴现率主要来源于对自身经济利益而非公共利益最大化的考量。此外，部分具有双重能人身份的农民，参与乡村数字治理受到单一能人身份具备的内在规范和社会贴现率的综合影响，倾向多样化数字技术在村庄公共事务管理和市场参与实践中的高效利用，因而参与乡村数字治理的积极性较高。

理论上，数字平台的创新性运用有效拓展乡村治理的内容和形式，可在一定程度上增加普通村民参与乡村治理的机会和能动性，促进普通村民实现法理层面同等的乡村治理权利，缩小其与乡村能人参与乡村治理的差距，从而削弱能人治村模式；但同时，普通村民的政治信息获取能力有限、组织化程度低、拥有的经济资源不足，对乡村治理的实际影响力较弱（梅继霞等，2019），缺乏参与乡村数字治理较强内在规范的驱动，且社会贴现率较低，最终导致普通村民对乡村数字治理的低度参与和能人治村模式的强化。综上分析，本章认为乡村能人身份所引致的禀赋效应直接影响个体参与乡村数字治理的内在规范和社会贴现率，进而作用于乡村数字治理参与决策；现阶段乡村能人和普通村民之间力量的非均衡，逐渐导致普通村民在乡村数字治理中主体地位的缺失，使乡村能人的主导作用得以强化。鉴于此，本章提出以下假说：

H4-4：乡村能人身份促进农民参与乡村数字治理，强化了能人治村模式；

H4-4a：村干部身份促进农民参与乡村数字治理，强化了能人治村模式；

H4-4b：经济能人身份促进农民参与乡村数字治理，强化了能人治村模式；

H4-4c：双重能人身份促进农民参与乡村数字治理，强化了能人治村模式。

二 研究设计

（一）变量选取与测度

1. 被解释变量：乡村数字治理参与

本节分别以"有无参与村庄组织的远程教育学习或利用'学习强国'学习平台等党群教育平台进行在线学习？""有无通过村庄微信公众号、益农信息社等平台参与选举、投票、协商议事等有关的村务讨论活动？""有无通过村庄微信群或QQ群等社交平台参与有关环境卫生、集体项目等方面的民主监督及个人正当权益的维护？"测量农民在乡村数字化党群教育、数字化村务管理和数字化民主监督3个方面的参与情况。进一步对上述3个方面进行加总计算，以衡量农民的乡村数字治理参与度。统计显示，农民参与数字化党群教育、数字化村务管理和数字化民主监督的比例分别为20.48%、17.89%和12.08%，表明当前农民对乡村数字治理不同领域的参与比例均较低。

2. 核心解释变量

数字素养的测度指标体系及结果见第四章第一节。对于乡村能人身份，延续前述测度，从村干部身份和经济能人身份两个方面进行刻画，并将同时具有村干部身份和经济能人身份界定为双重身份能人。

3. 控制变量

参考已有文献（张翠娥等，2015；王立华、苗婷，2012），本节从个体特征、家庭特征及村庄特征方面选取控制变量，并以县域为单元，控制区域固定效应。上述各类变量的定义、赋值及描述性统计如表4-7所示。

表4-7　　　　变量的定义、赋值及描述性统计

变量	变量名	变量赋值	均值	标准差	最小值	最大值
乡村数字治理参与	数字化党群教育参与	有=1，无=0	0.20	0.40	0	1
	数字化村务管理参与	有=1，无=0	0.18	0.38	0	1
	数字化民主监督参与	有=1，无=0	0.12	0.33	0	1
	数字治理参与度	前述三项赋值加总	0.50	0.92	0	3
数字素养	数字素养（因子分析法）	因子分析法所得	0.03	0.58	-0.88	1.17
	数字素养（得分法）	单项题项赋值加总所得	3.75	2.89	0	11
乡村能人身份	是否为村干部	是=1，否=0	0.09	0.29	0	1
	是否为经济能人	是=1，否=0	0.18	0.40	0	1
	是否同时为村干部和经济能人	是=1，否=0	0.04	0.19	0	1
个体特征	性别	家庭财务决策人性别：男=1，女=0	0.67	0.47	0	1

续表

变量	变量名	变量赋值	均值	标准差	最小值	最大值
个体特征	年龄	家庭财务决策人年龄（单位：岁）	51.96	12.60	20	75
	受教育年限	家庭财务决策人受教育年限（单位：年）	8.15	4.33	0	19
	是否为户主	家庭财务决策人是否为户主：是=1，否=0	0.66	0.47	0	1
	是否为党员	家庭财务决策人是否为党员：是=1，否=0	0.21	0.41	0	1
	非农就业	家庭财务决策人有无从事非农工作：有=1，无=0	0.41	0.29	0	1
家庭特征	家庭社会声望	家庭在村庄的社会声望所处等级：1 表示最差，10 表示最好，1~10 表示程度依次增加	5.61	1.82	1	10
	有无亲友任职村干部或公务员	家庭有无亲友为村干部或公职人员：有=1，无=0	0.27	0.44	0	1
	与邻里信任度	家庭对邻里的信任程度：1=非常不信任；2=较不信任；3=一般；4=比较信任；5=非常信任	3.86	0.92	1	5
村庄特征	村庄到乡镇的距离	村庄到乡镇的直线距离（单位：千米）	3.68	2.45	1	12
	村庄有无益农信息社	村庄有无运营的益农信息社：有=1，无=0	0.36	0.48	0	1
	村庄有无开通微信公众号	村庄有无开通运营的微信公众号：有=1，无=0	0.22	0.41	0	1
区域	永川区	是=1，否=0	0.22	0.42	0	1
	荣昌区	是=1，否=0	0.19	0.39	0	1
	巴州区	是=1，否=0	0.12	0.33	0	1
	井研县	是=1，否=0	0.15	0.36	0	1
	温江区	是=1，否=0	0.07	0.22	0	1
	彭山区	是=1，否=0	0.08	0.25	0	1
	武胜县	是=1，否=0	0.17	0.38	0	1

注：家庭社会声望包括对家庭信誉、美德、贡献等方面的综合评价。

(二) 计量模型设定

为检验农民数字素养、乡村能人身份对乡村数字治理参与行为的影响，设定模型如下：

$$\text{Prob}(Y'_{1ki}=1|X'_i) = \Phi'_1(\alpha'_0 DL_i + \beta'_0 EI_i + \gamma'_0 X'_i + \mu'_0) \tag{4-3}$$

式中：Y'_{1ki}为二分类被解释变量，$Y'_{1ki}=1$表示农民参与乡村数字治理，否则$Y'_{1ki}=0$，k取值1、2、3，分别表示农民在乡村数字化党群教育、数字化村务管理、数字化民主监督方面的参与决策；DL_i为第i个样本的数字素养水平；EI_i为第i个样本的乡村能人身份[①]；X'_i为控制变量，如表4-7所示；α'_0、β'_0、γ'_0为估计系数；μ'_0为服从标准正态分布的随机误差项。上述模型可能因数字素养与乡村数字治理参与行为之间的反向因果关系、遗漏变量或变量测量偏差等导致内生性问题。因此，选取"除受访者自身外居住在同一村庄的其他样本的数字素养均值"作为受访样本数字素养水平的工具变量，采用工具变量法对上述模型进行估计。

为检验农民数字素养、乡村能人身份对乡村数字治理参与度的影响，设定模型如下：

$$\text{Prob}(Y'_{2i}=m|X'_i) = \Phi'_2(\alpha'_1 DL_i + \beta'_1 EI_i + \gamma'_1 X'_i + \mu'_1) \tag{4-4}$$

式中：Y'_{2i}为有序分类被解释变量；m取值为0、1、2、3；DL_i为第i个样本的数字素养水平；EI_i为第i个样本的乡村能人身份；X'_i为控制变量，如表4-7所示；α'_1、β'_1、γ'_1为估计系数；μ'_1为服从标准正态分布的随机误差项。

三　实证检验与结果分析

（一）农民数字素养对乡村数字治理单一领域参与的影响分析

农民数字素养对参与乡村数字治理单一领域的影响分析。由表4-8列（1）、列（3）和列（5）基准回归结果可知，数字素养对农民参与

[①] 实证模型中未讨论农民乡村能人身份的内生性问题，主要考虑：一方面，乡村能人身份的认定具有一定的外生性（如村干部由村民代表大会选举产生，家庭农场主、农民专业合作社理事长等经济能人均需工商部门认定注册），农民乡村数字治理的参与并不必然导致乡村能人身份尤其是经济能人身份的获取。另一方面，农民乡村能人身份与其职业基础等有较大关系，且个人职业基础在一定时期内具有相对稳定性。鉴于乡村数字治理近两年才起步且发展较为滞后，现阶段乡村数字治理参与影响农民乡村能人身份获取的反向逻辑关系并不明显。当然，由遗漏变量、测量偏差等导致的潜在内生性问题待后续研究。

数字化党群教育、数字化村务管理和数字化民主监督的影响均在1%的统计水平上正向显著。再由列（2）、列（4）和列（6）工具变量回归估计结果可知，DWH检验均拒绝数字素养为外生变量的原假设。因此，采用工具变量回归结果进行解释。此外，第一阶段F值为27.46，均大于16.38，表明不存在弱工具变量问题（Staiger et al.，1997）[①]。回归结果显示，数字素养对农民参与数字化党群教育、数字化村务管理和数字化民主监督的影响均在1%的统计水平上正向显著，且农民数字素养每提升一个单位，其参与数字化党群教育、数字化村务管理和数字化民主监督的概率分别增加6.01%、13.75%和10.87%。因此，H4-3得到证实。作为数字化时代人力资本中的重要内容，农民应用基础数字工具与平台的意识越强，有关数字技术操作与使用的知识储备越充足，利用数字平台开展社会互动、信息交流、创意化表达的能力越好，使用数字工具的安全意识和权益保护意识越敏锐，越有助于降低参与乡村数字治理的人力、物力和时间成本，规避新技术采用风险与潜在损失、提高参与收益和综合效用，有效调动和充分激发其参与乡村数字化党群教育、数字化村务管理和数字化民主监督的积极性、能动性和创造性。

表4-8　农民数字素养、乡村能人身份对乡村数字治理单一领域参与的影响回归结果

变量	数字化党群教育参与		数字化村务管理参与		数字化民主监督参与	
	Probit	IV-Probit	Probit	IV-Probit	Probit	IV-Probit
	（1）	（2）	（3）	（4）	（5）	（6）
数字素养	0.101***	0.060***	0.137***	0.138***	0.144***	0.109***
	（0.031）	（0.015）	（0.040）	（0.027）	（0.039）	（0.024）
是否为村干部	0.096**	0.100**	0.122**	0.121**	0.095**	0.093**
	（0.045）	（0.045）	（0.054）	（0.054）	（0.046）	（0.043）
是否为经济能人	0.006	0.017	0.020	0.014	0.005	0.016
	（0.029）	（0.032）	（0.033）	（0.034）	（0.027）	（0.029）
是否同时为经济能人和村干部	0.112*	0.114*	0.139*	0.146*	0.150*	0.153*
	（0.066）	（0.062）	（0.077）	（0.080）	（0.080）	（0.081）

---

① 依次以工具变量对数字治理参与、工具变量和数字素养对数字治理参与进行回归。结果显示，前者工具变量的影响至少在10%的水平上正向显著，后者则不显著，表明该工具变量具有较好的外生性。

续表

变量	数字化党群教育参与 Probit (1)	数字化党群教育参与 IV-Probit (2)	数字化村务管理参与 Probit (3)	数字化村务管理参与 IV-Probit (4)	数字化民主监督参与 Probit (5)	数字化民主监督参与 IV-Probit (6)
性别	0.057* (0.031)	0.051 (0.032)	-0.006 (0.035)	0.004 (0.035)	0.026 (0.032)	0.017 (0.032)
年龄	-0.003** (0.001)	-0.003 (0.002)	-0.002 (0.002)	-0.002 (0.002)	-0.001 (0.001)	0.001 (0.002)
受教育年限	0.006* (0.003)	0.007* (0.004)	0.007* (0.004)	0.007* (0.004)	0.008* (0.004)	0.009** (0.004)
是否为户主	0.002 (0.030)	-0.006 (0.030)	-0.004 (0.035)	-0.008 (0.035)	0.037 (0.033)	0.051** (0.025)
是否为党员	0.230*** (0.018)	0.241*** (0.022)	0.090*** (0.029)	0.093*** (0.029)	0.027*** (0.004)	0.028*** (0.004)
非农就业	-0.067*** (0.023)	-0.062** (0.028)	-0.029 (0.028)	-0.028 (0.029)	-0.019 (0.025)	-0.016 (0.027)
家庭社会声望	0.021*** (0.006)	0.019*** (0.007)	0.015** (0.008)	0.015* (0.008)	0.011* (0.006)	0.012* (0.006)
有无亲友任职村干部或公务员	-0.024 (0.024)	-0.019 (0.027)	0.014 (0.027)	0.019 (0.027)	-0.018 (0.025)	-0.022 (0.026)
与邻里信任度	0.002 (0.010)	-0.002 (0.012)	0.014 (0.014)	0.014 (0.014)	0.031** (0.013)	0.028** (0.013)
村庄到乡镇的距离	-0.011* (0.006)	0.004 (0.005)	0.002 (0.008)	0.001 (0.006)	-0.001 (0.007)	0.003 (0.006)
村庄有无益农信息社	0.043* (0.025)	0.027* (0.014)	0.033 (0.029)	0.035 (0.026)	0.011 (0.026)	0.006 (0.025)
村庄有无微信公众号	0.026 (0.030)	0.036 (0.026)	0.068** (0.035)	0.057* (0.030)	0.061** (0.030)	0.047* (0.027)
区域虚拟变量	控制	控制	控制	控制	控制	控制
$LR\chi^2/Wald\chi^2$	358.91***	186.64***	202.97***	221.90***	148.69***	144.11***
第一阶段 F 值		27.46***		27.46***		27.46***
DWH 内生性检验		4.48**		10.32***		6.40***
样本量	654	654	654	654	654	654

注：①*、**、*** 分别表示在 10%、5% 和 1% 的统计水平上显著；②表中报告边际效应，括号内为标准误；③"乡村能人身份"变量以"普通村民"为参照组。

(二) 乡村能人身份对农民参与乡村数字治理单一领域的影响分析

表 4-8 列 (2)、列 (4) 和列 (6) 结果显示，具有村干部身份对乡村数字化党群教育、数字化村务管理和数字化民主监督的参与均在

5%的统计水平上显著高于村庄普通村民，且相较于普通村民，具有村干部身份带来农民参与乡村数字化党群教育、数字化村务管理和数字化民主监督的概率分别增加9.95%、12.10%和9.29%。由此，H4-4a得到证实。进一步地，具有经济能人和村干部双重身份的农民参与乡村数字化党群教育、数字化村务管理和数字化民主监督的概率均在10%的水平上高于普通村民，且分别高出11.35%、14.56%和15.33%。因此，H4-4c得到证实。不同能人身份引致个体的禀赋效应和社会贴现率存在差异，进而作用于不同主体的乡村治理参与决策。具体而言，村干部对基层群众自治制度赋予的政治资源优势表现出较高的禀赋效应，履行着带领和组织村民开展有效自治的社会责任及岗位规范，加之部分村干部的集权思想较浓厚，其参与乡村数字治理各领域的概率显著高于普通村民具有合理性和现实性。兼具村干部和经济能人双重身份的农民拥有政治资源、经济资源、生产管理技术等多重优势及乡村能人身份引致的较高禀赋效应，比较重视树立自身威望和群众评价，整体上对乡村各领域的数字治理表现出较高的参与积极性和实际参与概率，且双重能人身份的影响存在一定的叠加效应。

但是，以个体工商大户、家庭农场主、农民专业合作社负责人等为代表的村庄经济能人在乡村数字化党群教育、数字化村务管理和数字化民主监督方面的参与和村庄普通村民的参与均不存在显著差异。由此，H4-4b未得到证实。可能的解释如下：一方面，数字经济具有跨越时空的普惠性特征，依托数字技术较强的渗透力，微信公众号、益农信息服务中心、微信群等数字化平台在乡村治理相关领域的使用，有助于缩小普通村民和经济能人参与乡村治理的机会和程度差距，并提高大众参与乡村治理的能力和效率。另一方面，虽然部分经济能人将凭借经济资源优势获取村庄政治机会作为参与乡村治理的重要动机，但大部分经济能人参与乡村治理的首要动机仍然是保障和巩固既有经济资源优势地位。经济能人和普通村民均主要对涉及自身核心利益（非政治机会）的乡村数字治理参与表现出较高的贴现率和预期效用，为缩小二者的参与差距提供了可能性。

综上可知，数字技术在乡村治理诸多领域的创新性应用并未显著扩大普通村民和村庄经济能人参与乡村治理的差距，但在一定程度上扩大了普通村民与村干部,尤其是具有双重能人身份的农民参与乡村治理的差距。由此认为,数字化治理视域下,经济能人身份并未强化能人治村模式,而村干部身份和双重能人身份均在一定程度上强化了能人治村模式,后者不利于构建数字经济时代多元主体民主协商的乡村良性治理格局。

(三)其他因素对农民参与乡村数字治理单一领域的影响分析

估计结果如表4-8列(2)、列(4)和列(6)所示。在个体特征方面,农民参与乡村数字治理不存在显著的性别和年龄差异,这可能与数字技术采用具有打破时空限制、使用机会均等等特征有关。受教育年限对农民参与乡村数字化党群教育、数字化村务管理和数字化民主监督的影响分别在10%、10%和5%的水平上正向显著,农民受教育程度越高,越容易接受新思维新技术,采用数字工具参与乡村数字治理的积极性和能动性越高。是否为户主对农民参与乡村数字化民主监督的影响在5%的水平上正向显著,整体上户主的村庄主人翁意识和参与民主监督尤其是对涉及家庭核心利益事项的监督意识更强。是否为党员对农民参与乡村数字化党群教育、数字化村务管理和数字化民主监督的影响均在1%的水平上正向显著,党员身份显著提升农民参与乡村数字治理各领域的积极性和责任感。非农就业对农民参与数字化党群教育的影响在5%的水平上负向显著,现阶段数字化党群教育多集中在村委会开展,非农就业直接降低农民的现场参与概率。在家庭特征方面,家庭社会声望对农民参与数字化党群教育、数字化村务管理和数字化民主监督的影响分别在1%、10%和10%的水平上正向显著,家庭社会声望越高,越重视在村庄中营造良好的公共关系、维护家庭影响力和形象,因而参与乡村数字治理的意识越强。与邻里信任度在5%的水平上显著促进农民参与乡村数字化民主监督,农民对邻里信任度越高,越愿意在村庄事务管理和民主决策中展现良好形象、发挥积极作用。在村庄特征方面,村庄有无益农信息社在10%的水平上促进农民参与数字化党群教育,村庄益农信息社的设立有助于畅通内外信息获取与交流渠道,且增加农民参与远程教育学习的机会。村庄有无开通微信公众号对农民参与数字化村务管理和数字化民主监督的影响均在10%的水平上正向显著,微信公众号的开通有助于改善村庄数字化环境,便于农民及时了解村务活动动态，并推动其积极主动参与村庄事务的民主监督、充分发挥主体作用。

(四)农民数字素养、乡村能人身份对乡村数字治理总体参与度的影响实证分析

表4-9报告了农民数字素养、乡村能人身份对乡村数字治理总体参与度的影响。由列(1)至列(4)可知，数字素养在1%的水平上提高农民对乡村数字治理的参与度。再由列(5)至列(8)工具变量法估计结果可知，拒绝数字素养为外生变量的原假设（atanhrho在1%的水平上显著），且第一阶段F值为58.11，表明不存在弱工具变量问题。因此，采用工具变量回归的结果显示，农民数字素养对乡村数字治理参与度为"0"的影响在1%的水平上负向显著，对参与度为"1""2""3"的影响均在1%的水平上正向显著。H4-3再次得到验证，即农民数字素养积累在降低参与成本、规避风险、提高预期效用等方面的作用，不仅增加乡村数字治理单一领域参与概率，而且有助于促进其对乡村数字治理的深度参与。此外，相较于普通村民，经济能人身份对乡村数字治理参与度的影响不显著，村干部身份对农民未参与乡村数字治理的影响在1%的水平上负向显著，但对其参与乡村数字治理单一领域及多领域的影响均至少在10%的水平上正向显著；具有经济能人和村干部双重能人身份在10%的水平上增强了农民对乡村数字治理的参与度。H4-4a和H4-4c进一步得到证实，即村干部身份和双重能人身份引致的禀赋效应均在一定程度上促进了乡村数字治理的深度参与、强化了能人治村模式。

表4-9 数字素养、乡村能人身份对乡村数字治理总体参与度的影响回归结果

变量	Oprobit				CMP			
	参与度=0	参与度=1	参与度=2	参与度=3	参与度=0	参与度=1	参与度=2	参与度=3
	(1)	(2)	(3)	(4)	(5)	(6)	(7)	(8)
数字素养	-0.177***	0.052***	0.048***	0.077***	-0.527***	0.074***	0.109***	0.344***
	(0.036)	(0.011)	(0.012)	(0.018)	(0.069)	(0.020)	(0.018)	(0.095)
经济能人	0.017	0.005	0.005	0.007	0.021	0.003	0.004	0.013
	(0.033)	(0.010)	(0.010)	(0.013)	(0.026)	(0.004)	(0.006)	(0.017)

续表

变量	Oprobit				CMP			
	参与度=0 (1)	参与度=1 (2)	参与度=2 (3)	参与度=3 (4)	参与度=0 (5)	参与度=1 (6)	参与度=2 (7)	参与度=3 (8)
村干部	-0.140*** (0.045)	0.032*** (0.011)	0.039*** (0.014)	0.069*** (0.025)	-0.114*** (0.035)	0.0160* (0.009)	0.024** (0.010)	0.074*** (0.022)
经济能人和村干部	-0.092* (0.046)	0.023* (0.013)	0.037* (0.021)	0.072* (0.039)	-0.077* (0.046)	0.014* (0.008)	0.029* (0.015)	0.075* (0.039)
控制变量	控制	控制	控制	控制	控制	控制	控制	控制
区域虚拟变量	控制	控制	控制	控制	控制	控制	控制	控制
$LR\chi^2 / Wald\chi^2$	361.93***				339.83***			
第一阶段 F 值					58.11***			
atanhrho					-0.77***			
样本量	654				654			

注：① *、**、***分别表示在10%、5%和1%的统计水平上显著；②"乡村能人身份"变量以"普通村民"为参照组。

（五）乡村能人身份视角下农民数字素养影响乡村数字治理参与的群体差异性分析

基于前述估计结果，进一步探讨乡村能人身份视角下农民数字素养影响乡村数字治理参与的群体差异。由表4-10可知，数字素养对具有乡村能人身份的农民和普通村民参与乡村数字化党群教育、数字化村务管理和数字化民主监督及乡村数字治理参与度的影响均在不同水平上正向显著，且从影响程度来看，数字素养对乡村能人参与乡村数字治理各领域及整体参与度的影响更大。当前，农民数字素养整体水平及乡村数字治理参与水平均偏低，数字素养对不同类型农民参与乡村数字治理均发挥基础性和能动性作用，即通过降低乡村数字治理的参与成本、减少数字技术和平台使用风险、增加预期效用等激发不同农民参与乡村数字治理的内生动力。此外，乡村能人身份赋予的政治资源和经济资源等优势有效提高农民的禀赋效应，在一定程度上增强数字素养的内生动力作用。

表 4-10　乡村能人身份视角下农民数字素养影响乡村数字治理参与的群体差异性

变量	数字化党群教育参与		数字化村务管理参与		数字化民主监督参与		乡村数字治理参与度	
	乡村能人	普通村民	乡村能人	普通村民	乡村能人	普通村民	乡村能人	普通村民
	(1)	(2)	(3)	(4)	(5)	(6)	(7)	(8)
数字素养	0.147* (0.081)	0.066*** (0.026)	0.178* (0.101)	0.102*** (0.034)	0.223** (0.111)	0.103*** (0.039)	0.152** (0.062)	0.037*** (0.013)
控制变量	控制	控制	控制	控制	控制	控制	控制	控制
区域虚拟变量	控制	控制	控制	控制	控制	控制	控制	控制
Wald χ^2	114.25***	176.80***	85.43***	92.41***	61.70***	72.13***	88.85***	174.55***
第一阶段 F 值	18.43***	14.09***	18.43***	14.09***	18.43***	14.09***	15.57***	16.88***
DWH 内生性检验	3.21**	3.56**	8.25***	9.17***	4.58**	5.22***		
atanhrho							-0.58***	-0.69***
样本量	204	450	204	450	204	450	204	450

注：①为便于比较，仅按照乡村能人和普通村民进行分组回归；②列（7）和列（8）采用 CMP 估计，仅汇报被解释变量在最高分类水平处的边际效应；③ * 、 ** 、 *** 分别表示在 10%、5% 和 1% 的统计水平上显著。

（六）稳健性检验

为验证前述估计结果的稳健性，以数字素养得分法计算结果替换因子分析法计算结果。重新回归结果（表 4-11）显示，以得分法计算的数字素养对农民参与乡村数字化党群教育、数字化村务管理和数字化民主监督及乡村数字治理参与度的影响均仍在 1% 的水平上正向显著。此外，相较于普通村民，经济能人身份对乡村数字治理单一领域的参与及总体参与度的影响均不显著，但村干部身份显著促进农民参与乡村数字治理各领域并提高总体参与度。因此，前述主要结论较为稳健。

表 4-11　稳健性检验：基于得分法测度数字素养

变量	数字化党群教育参与		数字化村务管理参与		数字化民主监督参与		数字治理参与度	
	Probit	IV-Probit	Probit	IV-Probit	Probit	IV-Probit	Oprobit	CMP
	(1)	(2)	(3)	(4)	(5)	(6)	(7)	(8)
数字素养	0.011** (0.005)	0.049** (0.023)	0.018*** (0.006)	0.088*** (0.016)	0.016*** (0.005)	0.088*** (0.016)	0.010*** (0.003)	0.059*** (0.014)

续表

变量	数字化党群教育参与		数字化村务管理参与		数字化民主监督参与		数字治理参与度	
	Probit	IV-Probit	Probit	IV-Probit	Probit	IV-Probit	Oprobit	CMP
	(1)	(2)	(3)	(4)	(5)	(6)	(7)	(8)
乡村能人身份（以"普通村民"为参照组)								
经济能人	0.004	0.049	0.022	0.077	0.006	0.080	0.007	0.014
	(0.030)	(0.039)	(0.033)	(0.056)	(0.028)	(0.076)	(0.013)	(0.016)
村干部	0.098**	0.082*	0.121**	0.059**	0.148***	0.080*	0.068***	0.065***
	(0.045)	(0.049)	(0.054)	(0.025)	(0.051)	(0.047)	(0.024)	(0.020)
经济能人和村干部	0.126*	0.107	0.151*	0.079	0.045	0.002	0.050	0.050*
	(0.069)	(0.074)	(0.080)	(0.070)	(0.056)	(0.056)	(0.031)	(0.027)
控制变量	控制	控制	控制	控制	控制	控制	控制	控制
区域虚拟变量	控制	控制	控制	控制	控制	控制	控制	控制
LRχ^2/Waldχ^2	352.57***	215.85***	198.76***	305.46***	142.29***	270.72***	353.06***	859.20***
第一阶段F值		18.97***		18.97***		18.97***		
DWH 内生性检验		4.17**		11.43***		13.19***		
Atanhrho								−0.83***
样本量	654	654	654	654	654	654	645	645

注：①列（7）、列（8）仅汇报被解释变量在最高分类水平处的边际效应；② *、**、*** 分别表示在10%、5%和1%的统计水平上显著。

第三节 农民数字素养、乡村能人身份与乡村数字生活

数字经济时代，探寻乡村生活数字化转型路径对于加快数字乡村建设、不断提高农民生活质量、持续增进农民福祉显得尤为必要和迫切。数字、平台与技术赋能深刻改变着全社会的思维与行为模式、生产与生活方式（刘淑春，2019），尤其重塑了个体与社会互动的维度，促进了居民生活的智能化、便捷化和个性化，且不断拓展和满足居民更高层次的生活需要（张勋等，2019）。当前，中国数字鸿沟问题已从先前的接

入机会差距转化为现阶段的使用程度差距（彭波、严峰，2020），但农村数字化教育及其对农民生活领域数字技术"使用沟"的影响尚未引起学界充分重视。农村日益推广的新型职业农民培训、电子商务培训等培训项目成为拓宽农民数字技术认知与数字思维的主要渠道，但其是否有效提升农民数字素养并促进不同农民群体数字生活的广泛参与仍有待深入的实证探讨。

乡村生活数字化涉及消费、文化娱乐、教育、医疗、日常生活服务等诸多方面，依赖大量信息资源的数字化存储、传输、交流和使用，因而对农民内在数字素养提出越来越高的要求。作为全面建设数字乡村的重要战略目标之一，农民数字素养水平提升关系着其参与数字生活各领域的积极性、主动性、创造性和灵活性。然而，中国农民数字素养整体水平偏低、农村数字化人才匮乏（温涛、陈一明，2020），最终影响乡村生活的数字化转型和质量改善。因此，探究数字时代农民数字素养水平的提升对加速实现乡村生活全面数字化转型、提高数字经济的普惠性具有重要现实意义。

现有研究缺乏从乡村数字生活层面评估数字化教育的效果，且忽视了数字化教育对农民数字素养的影响及数字素养在数字化教育影响农民数字生活中的作用机制探讨。鉴于此，本章拟在以下方面做出改进：一是充分考虑乡村新的数字化现象，从购物、医疗、生活服务、出行等层面对农民数字生活参与进行典型刻画和具体表征。二是试图从乡村数字生活参与层面探究农民数字化教育的经济社会效应，深入阐释数字化教育对农民数字生活实践的影响机制及数字素养的中介作用。本章研究有益于丰富数字素养和数字乡村的理论体系，为新时期完善农村数字化教育体系、提升农民数字素养水平、弥合数字技术使用鸿沟、提高乡村生活数字化广度和深度、持续改善农民生活质量探寻有效的实践策略。

一 理论分析与研究假说

（一）农民数字素养对乡村数字生活的影响理论分析

农民购物、文化教育、医疗、生活服务、出行等各方面数字化水平的提升事关乡村生活数字化整体水平的改善。现代商业发展重塑了居民消费的信息传递模式、心理情景模式和需求动能模式（马香品，2020），使线上产品与服务消费成为农村消费的新趋向。大数据、人工智能等数字技术的应用有效拓宽了农村地区获取教育、文化和医疗资源的渠道，促进了优质资源共享。此外，"互联网+"全面融入农民的衣、食、住、行，推动民生服务的便捷化和高效化。网络约车和数字地图等线上出行平台的广泛使用为农民出行提供诸多便利。综上分析，本章拟从数字购物、数字医疗①、数字生活服务和数字出行4个方面刻画农民数字生活参与行为。

农民作为理性的决策主体，其数字生活的参与决策取决于对线上线下生活的成本、收益、风险及参与能力的综合评估和预期效用比较。一般地，农民数字化通用素养水平越高，使用数字化工具进行信息收集、整理和加工的知识储备越充分，对电子商务、线上医疗、生活缴费及旅游出行平台等的基本操作能力越好，越有助于降低数字技术采用门槛及数字生活的参与成本。数字化社交素养越高的农民，越能够积极拓展线上社会网络资源（Prior et al.，2016），并通过线上网络的消费示范作用择优选择和使用日常消费品、网络医疗、线上缴费和线上出行等方面的产品与服务。数字化创意素养较高的农民倾向积极采用电商平台、线上诊疗App、文旅教卫类App、日常生活服务类App等新产品新功能，同时，也能够主动利用自身的数字化编辑和信息传播能力，进行短视频创作、参与社区交流互动与经验分享，不断增强数字生活参与的感知收益和实际效用（Knobel and Lankshear，2008）。农民数字化安全素养越高，在数字平台使用过程中的风险防范意识和权益保护意识越强，越能够积极采取设置动态密码、绑定验证信息等措施维护账号安全、保护个人信息、保障线上交易合法权益，降低数字生活参与的潜在风险。理论上，提升农民数字素养水平有助于降低其数字技术采用的成本和风险、提高参与能力和实际收益，进而不断增强参与数字购物、数字医疗、数字生活服务及数字出行等的内生动力，持续改善数字生活参与的广度和深度。因此，本节提出如下研究假说：

H4-5：提高数字素养有助于促进农民数字生活参与。

（二）乡村能人身份对农民数字生活的影响理论分析

改善生活方式、提高生活便利性进而提高整体生活质量，是各类

---

① 限于数据可得性，数字文娱教卫方面仅选取数字医疗进行实证研究。

农民的共同追求和期待。如前所述，乡村能人群体在村庄运作和治理中发挥不可替代的作用，那么，乡村能人身份的不同是否导致农民数字生活实践的差异尚有待检验。相较于普通农民，村干部和经济能人分别在政治资源和经济资源方面具有明显优势，且相对更易接受新思想、新技术，而各自比较优势的发挥有助于乡村能人群体更便利地获取各类信息、采用最新数字工具和设备服务生产生活。此外，乡村能人群体在区域内的社会地位相对较高，对改善生活质量的追求和目标也相对较高。鉴于数字生活以数字技术与平台使用为依托，具有跨越时空、高创新性、高渗透性、高便捷性等典型特征，理论上，具有乡村能人身份的群体更有积极性和能力参与数字购物、数字医疗、数字生活服务、数字出行等数字生活领域。因此，本节提出如下研究假说：

H4-6：乡村能人身份可促进农民数字生活参与。

（三）数字化教育对农民数字素养的影响理论分析

人力资本理论指出，教育培训和"干中学"是提升个体人力资本的重要路径（西奥多·舒尔茨，1990），且教育培训有助于调动个体自主学习、在实践中积累的积极性和主动性。已有研究证实，针对性的技术培训可有效激发农民采用新技术的意愿和能力，强化农民的技术思维和现代化意识，进而形成乡村技术赋能的环境基础（沈费伟，2020）。依据赋能理论，技术赋能有助于提高被赋能对象的社会参与能力、自我效能感和控制力（Zimmerman，1990）。理论上，开展面向不同群体的数字化培训均有助于在一定程度上提高农民对数字技术的理解和认知水平，增强其在生产生活实践中自主采纳数字工具和平台的意识和能力，并通过"干中学"的方式促进数字素养方面的专业化人力资本积累。因此，本节提出如下研究假说：

H4-7：数字化教育有助于提高农民数字素养水平。

（四）数字素养在数字化教育影响农民数字生活中的中介作用理论分析

诸多研究从经济层面探讨了教育培训对增加农民不同类型收入（吴炜，2016）、提高家庭消费水平的影响（刘子兰等，2018）。事实上，专业系统的教育培训可有效提高农民对新技术的采纳意愿和程度

（曹建民等，2005）。数字技术具有覆盖面广、渗透性强、更新速度快等典型特征，可降低信息搜寻成本和交易成本，增加资源获取机会和可得性（陈剑等，2020）。鉴于中国农民接受正规数字化教育十分有限，本章主要从数字化相关的培训（如计算机培训、电商培训等）参与层面界定农民数字化教育情况。理论上，政府部门组织的互联网知识、电商知识等方面的初级培训和专业化教育所产生的外部驱动作用均有助于提高农民采用数字技术的意识和能力，拓展生活的时空维度、降低日常生活的信息搜寻处理成本，促进日常消费品、医疗等各类生活资源的在线获取，推动生活服务、出行等的数字化参与，有效丰富数字生活实践的内容和形式。基于前述分析，加强数字化教育有助于提升农民数字素养水平，而农民数字素养水平的提高有助于促进数字购物、数字医疗、数字生活服务及数字出行等多领域的数字生活参与，持续改善数字技术赋能效果。综上分析，数字化教育可通过数字素养的中介作用促进农民数字生活参与广度和深度的提高（图4-2）。由此，本节提出如下研究假说：

H4-8：数字化教育对农民数字生活参与产生正向影响。

H4-9：数字素养对数字化教育影响农民数字生活参与发挥中介作用。

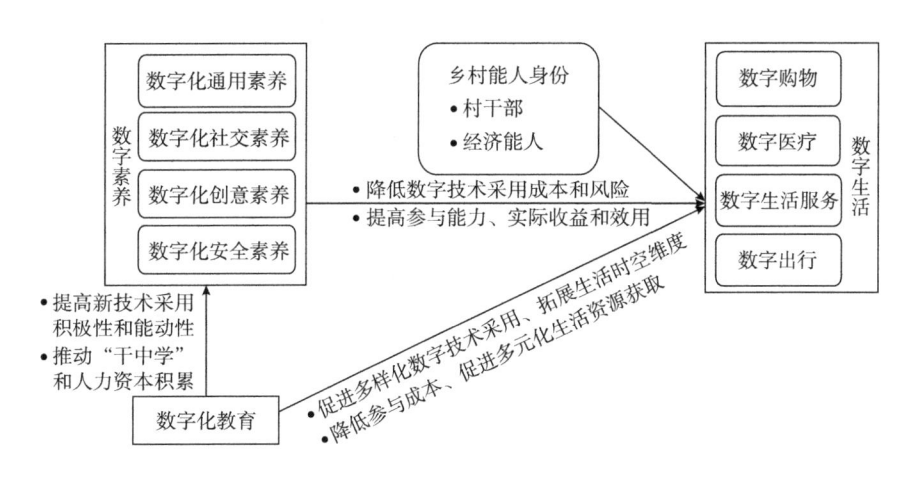

图4-2 数字素养、乡村能人身份对农民数字生活参与的影响机制

二 研究设计

（一）变量选取与测度

1. 被解释变量：数字生活

本节分别以"有无在网上购买日常生活用品？""有无在好大夫、春雨医生等互联网医疗平台上寻医问诊或使用线上预约挂号？""有无在网上平台缴纳水电费、医疗保险费等日常生活费用和社会保障费用？""有无在网上预订车票、住宿或使用滴滴打车等出行服务？"测量农民数字购物、数字医疗、数字生活服务和数字出行的参与情况。对上述4个方面数字生活的参与情况进行加总计算，以衡量数字生活参与度。统计显示，农民参与数字购物、数字医疗、数字生活服务和数字出行的比例分别为51.37%、5.66%、44.03%和40.98%，且数字生活参与度均值为1.42。

2. 核心解释变量：数字素养、乡村能人身份和数字化教育

本节通过询问"有无参与过地方政府部门组织的计算机知识、互联网知识、电子商务等方面的培训教育？"测度农民数字化教育的参与情况。统计显示，17.43%的样本接受过至少一种形式的数字化教育，整体上农民数字化教育较为滞后。数字素养测度体系和乡村能人身份的测度详见第四章第一节。

3. 控制变量

本节从个体特征、家庭特征及村庄特征方面选取控制变量，并控制区域固定效应。上述各类变量的定义、赋值及描述性统计如表4-12所示。

表4-12 变量的定义、赋值及描述性统计

变量	变量名	变量赋值	均值	标准差	最小值	最大值
数字生活	数字购物	有=1；无=0	0.51	0.50	0	1
	数字医疗	有=1；无=0	0.06	0.23	0	1
	数字生活服务	有=1；无=0	0.44	0.49	0	1
	数字出行	有=1；无=0	0.41	0.49	0	1
	数字生活参与度	前述四项赋值加总	1.42	1.38	0	4
数字素养	数字素养	因子分析所得	0.03	0.58	-0.88	1.17

续表

变量	变量名	变量赋值	均值	标准差	最小值	最大值
乡村能人身份	是否为村干部	是=1；否=0	0.13	0.33	0	1
	是否为经济能人	是=1；否=0	0.24	0.43	0	1
数字化教育	数字化教育	有=1；无=0	0.17	0.34	0	1
个体特征	性别	家庭财务决策人性别：男=1；女=0	0.67	0.47	0	1
	年龄	家庭财务决策人年龄（单位：岁）	51.96	12.60	20	75
	年龄平方	家庭财务决策人年龄平方/100	28.58	12.96	4	56.25
	是否为户主	家庭财务决策人是否为户主：是=1；否=0	0.66	0.47	0	1
	健康状况	家庭财务决策人的身体健康状况：健康=1；非健康=0	0.68	0.47	0	1
	外出务工经历	家庭财务决策人的外出务工经历：有=1；无=0	0.61	0.49	0	1
家庭特征	子女数量	家庭未成年子女数量（单位：个）	1.69	0.90	0	5
	家庭收入	家庭2019年的毛收入（单位：万元）	15.33	24.94	0	200
	住所到最近快递点的距离	住所到最近快递点的直线距离：小于1千米=1；1—2千米=2；2—3千米=3；3—4千米=4；大于4千米=5	3.48	1.56	1	5
村庄特征	村庄有无益农信息社	村庄有无运营的益农信息社：有=1；无=0	0.36	0.48	0	1
	村庄到乡镇的距离	村庄到乡镇的直线距离（单位：千米）	3.68	2.45	1	12
	村庄有无开通微信公众号	村庄有无开通运营的微信公众号：有=1；无=0	0.22	0.41	0	1

续表

变量	变量名	变量赋值	均值	标准差	最小值	最大值
区域	永川区	是=1；否=0	0.22	0.42	0	1
	荣昌区	是=1；否=0	0.19	0.39	0	1
	巴州区	是=1；否=0	0.12	0.33	0	1
	井研县	是=1；否=0	0.15	0.36	0	1
	温江区	是=1；否=0	0.07	0.22	0	1
	彭山区	是=1；否=0	0.08	0.25	0	1
	武胜县	是=1；否=0	0.17	0.38	0	1

（二）计量模型设定

为考察数字素养、乡村能人身份对农民数字生活参与行为的影响，设定模型如下：

$$\text{Prob}(Y''_{ki}=1 \mid X''_i) = \text{Prob}(\alpha''_1 DL_i + \beta''_1 EI_i + \delta''_1 X''_i + \mu''_1) \tag{4-5}$$

式中：Y''_{ki} 为二元离散变量，$Y''_{ki}=1$ 表示农民参与数字生活，否则 $Y''_{ki}=0$，k 取值 1、2、3、4，分别表示农民数字购物、数字医疗、数字生活服务和数字出行的参与行为；DL_i 为第 i 个样本的数字素养水平；EI_i 为 i 个样本的乡村能人身份（$i=1$、2 分别表示村干部身份、经济能人身份）；X''_i 为控制变量，如表 4-12 所示；α''_1、β''_1、δ''_1 为估计系数；μ''_1 为服从标准正态分布的随机误差项。上述模型可能由数字素养与数字生活参与行为之间的反向因果关系、遗漏变量或变量测量偏差等导致内生性问题。因此，选取"除受访者自身外居住在同一村庄的其他样本的数字素养均值"作为受访样本数字素养水平的工具变量①，采用工具变量法对上述模型进行估计。鉴于同一村庄内部的数字化环境具有相似性，个体数字素养水平受到同一村庄内部其他人平均数字素养水平的影响；同时，受访个体的数字生活参与决策与其他人数字素养水平并不直接相关，理论上上述工具变量选取符合相关性和外生性要求（Staiger and Stock，1997）。同理，鉴于农民数字生活参与度为有序多分类变量，采用 IV-

---

① 工具变量计算如下：剔除村庄 j 的第 i 个农民的同一村庄其他受访者数字素养水平均值为 $\left[\left(\sum_{i=1}^{N_j} FL_{ji}\right) - FL_{ji}\right]/(N_j-1)$，其中 N_j 为村庄 j 的样本数量。

Oprobit 模型实证检验数字素养对农民数字生活参与度的影响,模型设定不再赘述。

为检验数字化教育对农民数字生活参与行为的影响,设定模型如下:

$$\text{Prob}(Y''_{ki}=1 \mid X''_i) = \text{Prob}(\alpha_2 DE_i + \beta_2 X''_i + \mu_2) \quad (4-6)$$

式(4-6)中:Y''_{ki} 为二元离散变量,$Y''_{ki}=1$ 表示农民参与数字生活,否则 $Y''_{ki}=0$,k 取值 1、2、3、4,分别表示农民数字购物、数字医疗、数字生活服务和数字出行的参与决策;DE_i 为第 i 个样本的数字化教育参与情况;X''_i 为控制变量,如表 4-12 所示;α_2、β_2 为估计系数;μ_2 为服从标准正态分布的随机误差项。此外,鉴于农民数字生活参与度为有序多分类变量,采用 Oprobit(Ordered probit)模型实证检验数字化教育对农民数字生活参与度的影响,模型设定不再赘述。

依据温忠麟等(2005)提出的中介效应检验程序,分别构建数字化教育对农民数字生活参与的影响[式(4-6)]、数字化教育对农民数字素养的影响、数字化教育与数字素养对农民数字生活参与的影响 3 个层次回归模型,分别如下所示:

$$DL_i = \theta_1 DE_i + \vartheta_1 X''_i + \upsilon \quad (4-7)$$

$$\text{Prob}(Y''_{ki}=1 \mid X''_i) = \text{Prob}(\alpha_3 DE_i + \beta_3 DL_i + \chi_0 X''_i + \mu_3) \quad (4-8)$$

式(4-7)和式(4-8)中:DE_i 为第 i 个样本的数字化教育参与情况;DL_i 为第 i 个样本的数字素养;X''_i 为控制变量向量,如表 4-12 所示;θ_1、ϑ_1、α_3、β_3、χ_0 为估计系数;υ、μ_3 为随机误差项。鉴于式(4-7)中,被解释变量数字素养为因子分析后的连续型变量,且可能存在数据删失,同时采用 OLS 模型和 Tobit 模型进行估计。该中介效应检验程序如下。第一步,检验式(4-6)回归系数 α_2,若 α_2 显著,则继续进行检验;否则停止检验。第二步,检验式(4-7)和式(4-8)回归系数 θ_1、β_3,若均显著,则进行下一步检验;若至少有一个不显著,则直接跳至第四步。第三步,检验式(4-8)回归系数 α_3 是否显著,若不显著,则说明 DL_i 为完全中介变量;若显著,且 $\alpha_3 < \alpha_2$,则说明 DL_i 为部分中介变量。第四步,根据第二步结果进行 Sobel 检验。

三 实证检验与结果分析

（一）农民数字素养、乡村能人身份对数字生活参与的影响实证分析

表4-13报告了数字素养对农民数字生活参与的影响估计结果。由列（2）、列（6）和列（8）工具变量估计结果可知，DWH检验分别在5%、1%和5%的水平上拒绝数字素养不存在内生性的原假设，故而采用工具变量回归结果进行解释。同理，列（4）工具变量估计结果无法拒绝数字素养不存在内生性的原假设，因此采用基准回归结果进行分析。第一阶段估计的 F 值均为 34.20，表明所选取工具变量非弱工具变量。结果显示，数字素养对农民数字购物、数字医疗、数字生活服务和数字出行的影响分别在1%、1%、1%和5%的水平上正向显著，且边际效应分别为 0.508、0.102、0.638 和 0.402。进一步地，列（10）结果显示，拒绝数字素养不存在内生性的原假设（atanhrho 显著不为0），且数字素养在1%的水平上提高农民数字生活参与程度。因此，H4-5得到证实。农民在数字化通用素养、数字化社交素养、数字化创意素养和数字化安全素养等方面的积累越充分，越有助于降低数字生活参与成本与风险、提高参与收益和效用，充分激发参与数字购物、数字医疗、数字生活服务和数字出行等数字生活不同领域的内生动力。

进一步地，由列（2）、列（3）、列（6）、列（8）和列（10）估计结果可知，是否具有村干部身份和是否具有经济能人身份对农民数字购物、数字医疗、数字生活服务和数字出行参与的影响均不显著。可知，无论是村干部身份还是经济能人身份，均不显著增加农民在数字生活及各领域的参与概率。数字技术在农民生活领域的嵌入多与公共服务密切相关，主要优势在于提升农民日常生活便利度，而这对于不同类型农民并无显著差异。因此，乡村能人身份并未带来农民参与数字生活的差距的扩大，假说H4-6并未得到证实。

控制变量的影响方面，个体特征中，年龄与数字医疗、数字生活服务、数字生活参与度之间呈倒"U"形关系。随着年龄增加和创收能力提高，中年农民参与数字医疗和数字生活服务的比例增加，但老年农民使用在线医疗平台和数字生活服务的能力明显降低。家庭特征中，子女

第四章 农民数字素养、乡村能人身份对数字乡村发展的影响研究

表4-13 数字素养、乡村能人身份对农民数字生活参与的影响估计结果

变量	数字购物 Probit (1)	数字购物 IV-Probit (2)	数字医疗 Probit (3)	数字医疗 IV-Probit (4)	数字生活服务 Probit (5)	数字生活服务 IV-Probit (6)	数字出行 Probit (7)	数字出行 IV-Probit (8)	数字生活参与度 Oprobit (9)	数字生活参与度 CMP (10)
数字素养	0.288*** (0.032)	0.508*** (0.083)	0.102*** (0.030)	0.160 (0.142)	0.293*** (0.039)	0.638*** (0.048)	0.294*** (0.041)	0.402*** (0.135)	0.113*** (0.016)	0.301*** (0.083)
是否为村干部	0.068* (0.040)	0.023 (0.042)	0.023 (0.022)	0.017 (0.025)	0.045 (0.043)	-0.035 (0.039)	0.007 (0.035)	-0.006 (0.039)	0.015 (0.010)	-0.004 (0.017)
是否为经济能人	-0.028 (0.036)	-0.027 (0.038)	0.015 (0.020)	0.024 (0.023)	0.012 (0.041)	-0.033 (0.037)	0.029 (0.033)	0.038 (0.039)	0.007 (0.010)	0.000 (0.016)
性别	0.010 (0.041)	-0.000 (0.041)	-0.018 (0.022)	-0.015 (0.029)	0.032 (0.044)	-0.021 (0.039)	0.031 (0.035)	0.021 (0.040)	0.007 (0.010)	-0.003 (0.016)
年龄	-0.011 (0.009)	-0.021** (0.010)	-0.013** (0.005)	-0.017* (0.010)	-0.003 (0.010)	-0.022** (0.009)	-0.021** (0.010)	-0.028** (0.012)	-0.005** (0.002)	-0.014*** (0.005)
年龄的平方	-0.000 (0.000)	0.000 (0.000)	0.000** (0.000)	0.000 (0.000)	-0.000 (0.000)	0.000** (0.000)	0.000 (0.000)	0.000 (0.000)	0.000 (0.000)	0.000** (0.000)
是否为户主	0.021 (0.040)	0.032 (0.037)	-0.012 (0.022)	-0.008 (0.025)	0.069 (0.044)	0.072* (0.038)	0.056 (0.036)	0.057 (0.037)	0.014 (0.010)	0.026* (0.015)
健康状况	0.030 (0.030)	-0.017 (0.035)	-0.034* (0.021)	-0.045 (0.034)	0.038 (0.035)	-0.046 (0.034)	0.016 (0.031)	-0.005 (0.039)	0.007 (0.008)	-0.018 (0.016)
外出务工经历	-0.018 (0.028)	-0.026 (0.027)	0.032 (0.021)	0.034 (0.023)	-0.031 (0.032)	-0.047* (0.027)	-0.010 (0.027)	-0.006 (0.029)	-0.003 (0.008)	-0.011 (0.012)
子女数量	0.029* (0.016)	0.031** (0.015)	0.015 (0.011)	0.015 (0.012)	0.008 (0.019)	-0.001 (0.015)	0.008 (0.015)	0.018 (0.016)	0.009** (0.004)	0.012* (0.006)
家庭收入	0.000 (0.000)	0.000 (0.000)	0.000*** (0.000)	0.000** (0.000)	0.000 (0.000)	0.000 (0.000)	0.000** (0.000)	0.000** (0.000)	0.000*** (0.000)	0.000** (0.000)

续表

变量	数字购物 Probit (1)	数字购物 IV-Probit (2)	数字医疗 Probit (3)	数字医疗 IV-Probit (4)	数字生活服务 Probit (5)	数字生活服务 IV-Probit (6)	数字出行 Probit (7)	数字出行 IV-Probit (8)	数字生活参与度 Oprobit (9)	数字生活参与度 CMP (10)
村庄到最近快递点的距离	-0.000 (0.007)	-0.001 (0.009)	-0.012** (0.005)	-0.014** (0.006)	0.001 (0.010)	0.008 (0.009)	-0.016** (0.008)	-0.012 (0.009)	-0.003 (0.002)	-0.002 (0.004)
村庄有无益农信息社	0.077** (0.031)	0.029 (0.026)	0.016 (0.019)	0.018 (0.019)	-0.006 (0.035)	-0.004 (0.027)	0.051* (0.029)	0.006 (0.026)	0.015* (0.009)	0.007 (0.011)
村庄到最近乡镇的距离	-0.000 (0.007)	0.003 (0.006)	-0.006 (0.005)	-0.004 (0.006)	0.005 (0.008)	-0.005 (0.006)	-0.004 (0.007)	0.002 (0.006)	-0.001 (0.002)	-0.001 (0.003)
村庄有无微信公众号	-0.010 (0.039)	-0.054* (0.032)	-0.024 (0.025)	-0.034 (0.029)	0.030 (0.045)	-0.033 (0.033)	-0.029 (0.039)	-0.084** (0.035)	-0.007 (0.011)	-0.034** (0.016)
县域虚拟变量	控制	控制	控制	控制	控制	控制	控制	控制	控制	控制
LR χ^2/Wald χ^2	496.35***	326.15***	90.95***	52.60***	354.95***	420.81***	506.82***	613.23***	679.78***	755.49***
第一阶段 F 值		34.20***		34.20***		34.20***		34.20***		
DWH 内生性检验		4.64**		0.24		14.66***		4.16**		
atanhrho										-0.57***
Pseudo R^2	0.55		0.32		0.40		0.57		0.37	
样本量	654	654	654	654	654	654	654	654	654	654

注：①列（1）至列（8）报告了平均边际效应，列（9）和列（10）仅报告数字生活参与度在最高分类水平处的边际效应；②IV-Oprobit 估计采用 cmp.do 程序；③*、**、***分别表示在10%、5%和1%的统计水平上显著。

数量对农民参与数字购物及数字生活参与度的影响均在5%的统计水平上正向显著。家庭子女数量越多，日常购物消费的概率和频率越高。家庭收入对数字医疗、数字出行和数字生活参与度的影响分别在1%、5%和5%的水平上正向显著。现阶段，数字医疗相较于农村公共医疗服务的参与成本较高，且数字出行相较于采用公共交通服务也需要较多的经济投入。村庄特征中，住所到最近快递点的距离对数字医疗的影响在5%的统计水平上负向显著，居住位置离最近快递点越远，获取数字信息、学习数字技术和数字生活新思维越为有限。

（二）数字化教育、数字素养对农民数字生活参与的影响实证分析

1. 数字化教育对农民数字生活参与的影响分析

表4-14报告了数字化教育对农民数字生活的影响估计结果。列（1）至列（4）结果显示，数字化教育分别在5%、1%、1%和1%的水平上显著正向影响农民数字购物、数字医疗、数字生活服务和数字出行，且影响的边际效应分别为0.111、0.073、0.174和0.127。进一步地，列（5）结果显示，数字化教育在1%的水平上对农民数字生活参与度产生显著正向影响。综上，H4-7得到证实。地方政府部门组织的有关计算机知识、互联网知识、电商知识等方面的初级培训和专门培训，均有助于提高农民在日常消费、医疗、生活服务、出行等不同领域积极运用数字化工具与平台的意识、知识和能力，不断提高乡村生活质量。因此，数字化教育对农民参与数字生活各领域产生重要的外部驱动作用。

表4-14　数字化教育对农民数字生活参与的影响估计结果

变量	数字购物	数字医疗	数字生活服务	数字出行	数字生活参与度
	Probit	Probit	Probit	Probit	Oprobit
	（1）	（2）	（3）	（4）	（5）
数字化教育	0.111** （0.046）	0.073*** （0.019）	0.174*** （0.045）	0.127*** （0.037）	0.065*** （0.011）
控制变量	控制	控制	控制	控制	控制
县域虚拟变量	控制	控制	控制	控制	控制
LRχ^2	421.01***	93.52***	320.21***	466.33***	589.18***

续表

变量	数字购物 Probit (1)	数字医疗 Probit (2)	数字生活服务 Probit (3)	数字出行 Probit (4)	数字生活参与度 Oprobit (5)
Pseudo R^2	0.46	0.33	0.36	0.53	0.32
样本量	654	654	654	654	654

注：①*、**、***分别表示在10%、5%和1%的统计水平上显著，括号内数值为标准误；②列（1）至列（4）报告估计的平均边际效应，限于篇幅，列（5）仅报告数字生活参与度在最高分类水平处的边际效应。

2. 数字化教育的数字素养累积效应实证分析

表4-15报告了数字化教育对农民数字素养的影响估计结果。列（1）和列（2）结果显示，数字化教育在1%的水平上显著作用于农民数字素养，边际效应为0.127—0.139。由此可知，地方政府部门组织的有关数字化知识（如互联网知识、电商知识等）的初级培训和专门培训，有助于提高农民对多样化数字工具的认知和操作能力，增强其在日常生产生活实践中利用数字工具和平台维护社会关系网络、创新生产生活内容与形式的意识与能力，以及使用数字工具全过程中的安全意识和权益保护能力，最终促进数字素养的积累。综上，H4-8得到证实。

表4-15　数字化教育对农民数字素养的影响估计结果

变量	OLS (1)	Tobit (2)
数字化教育	0.139*** (0.046)	0.127** (0.056)
控制变量	控制	控制
县域虚拟变量	控制	控制
$F/\text{LR}\chi^2$	41.07	551.30
$R^2/\text{Pseudo } R^2$	0.58	0.48
样本量	654	654

注：①*、**、***分别表示在10%、5%和1%的统计水平上显著，括号内数值为标准误；②表中报告了估计的平均边际效应。

3. 数字素养的中介作用检验

表4-16报告了同时引入数字化教育和数字素养的回归估计结果。依据DWH检验结果，采用列（2）、列（3）、列（6）和列（8）回归结果进行分析。工具变量回归估计结果中，第一阶段F值均为31.97，表明不存在弱工具变量问题。结果显示，同时引入数字化教育和数字素养后，数字素养对农民参与数字购物、数字医疗、数字生活服务和数字出行的影响分别在1%、1%、1%和10%的水平上正向显著。此时，数字化教育对农民参与数字购物、数字医疗、数字生活服务和数字出行的影响分别在10%、1%、1%和5%的水平上正向显著，且边际效应分别为0.052、0.063、0.131和0.082，均低于未引入数字素养变量时数字化教育相应的边际影响（0.111、0.073、0.174和0.127）。进一步地，列（10）工具变量估计结果显示，拒绝数字素养不存在内生性的原假设，数字化教育对数字生活参与度的影响在1%的水平上显著，且对数字生活参与度最高值处的边际效应从0.065降低为0.057。上述结果表明，数字素养在数字化教育影响农民参与数字购物、数字医疗、数字生活服务、数字出行等不同领域中均发挥部分中介作用。因此，H4-9得到证实。农民参与互联网知识、电商知识等相关的数字化培训教育有助于提升综合数字素养水平，进而激发其参与乡村数字生活各领域的积极性、能动性和创造性，持续提高数字生活实践的广度和深度。

4. 稳健性检验

为验证前述估计结果的稳健性，以数字素养得分法计算结果替换因子分析法计算结果。由表4-17可知，得分法估计结果显示，数字素养对以数字购物、数字医疗、数字生活服务、数字出行等表征的数字生活参与均存在显著正向影响，前述主要研究结论较为稳健。

采用索贝尔检验（Sobel法）和自抽样检验（Bootstrap法）进行中介效应的稳健性检验。参考Wooldridge（2010），考虑到数字素养内生性问题，以数字素养为被解释变量，以其工具变量和所有外生解释变量为解释变量，计算数字素养的估计值，并引入中介效应模型。结果显示，数字素养中介效应检验的统计量Z值均至少在10%的水平上显著。数字素养在数字化教育影响农民数字生活各领域参与及总体参与度的关系中均发挥部分中介作用，且中介效应占比分别为46.86%、4.97%、

表4-16 数字素养的中介作用检验结果

变量	数字购物 Probit (1)	数字购物 IV-Probit (2)	数字医疗 Probit (3)	数字医疗 IV-Probit (4)	数字生活服务 Probit (5)	数字生活服务 IV-Probit (6)	数字出行 Probit (7)	数字出行 IV-Probit (8)	数字生活参与度 Oprobit (9)	数字生活参与度 CMP (10)
数字化教育	0.062* (0.04)	0.052* (0.03)	0.063*** (0.02)	0.058*** (0.02)	0.124*** (0.04)	0.131*** (0.05)	0.090*** (0.03)	0.082** (0.04)	0.045*** (0.01)	0.057*** (0.01)
数字素养	0.287*** (0.03)	0.278*** (0.10)	0.080*** (0.03)	0.079* (0.04)	0.266*** (0.04)	0.125*** (0.05)	0.275*** (0.04)	0.262* (0.14)	0.103*** (0.02)	0.321*** (0.09)
控制变量	控制	控制	控制	控制	控制	控制	控制	控制	控制	控制
县域虚拟变量	控制	控制	控制	控制	控制	控制	控制	控制	控制	控制
LRχ^2/Waldχ^2	495.92***	325.35***	102.13***	68.69***	365.97***	446.36***	518.17***	627.45***	702.93***	683.68***
第一阶段F值		31.97***		31.97***		31.97***		31.97***		
DWH内生性检验		4.23**		1.99		15.74***		6.14***		
atanhrho										−0.76***
Pseudo R^2	0.55		0.36		0.41		0.59		0.39	
样本量	654	654	654	654	654	654	654	654	654	654

注：①*、**、***分别表示在10%、5%和1%的统计水平上显著，括号内数值为标准误；②列（1）至列（8）报告了平均边际效应，列（9）至列（10）仅报告数字生活参与度在最高分类水平处的边际效应。

表 4-17　　　　　稳健性检验：替换数字素养的测度

变量	数字购物 IV-Probit (1)	数字医疗 Probit (2)	数字生活服务 IV-Probit (3)	数字出行 IV-Probit (4)	数字生活参与度 CMP (5)
数字素养	0.097*** (0.016)	0.012*** (0.083)	0.114*** (0.010)	0.060** (0.024)	0.046*** (0.012)
控制变量	控制	控制	控制	控制	控制
县域虚拟变量	控制	控制	控制	控制	控制
$LR\chi^2/Wald\chi^2$	355.43***	82.13***	541.49***	229.17***	1897.37***
第一阶段 F 值	31.04***		31.04***	31.04***	
DWH 内生性检验	4.01**		15.99***	5.05**	
atanhrho					−0.65***
样本量	654	654	654	654	654

注：①列（1）至列（4）报告了平均边际效应，列（5）仅报告数字生活参与度在最高分类水平处的边际效应；②**、***分别表示在5%和1%的统计水平上显著。

19.52%、17.93%和20.78%。上述结果证实了数字素养中介作用的稳健性。

5. 异质性分析

鉴于不同农民群体的人力资本禀赋和资源条件存在差异，分别以受访者年龄、受教育程度、家庭职业类型及家庭收入为分组变量，对数字化教育影响农民数字生活参与的异质性进行实证检验。结果如表 4-18 所示。

表 4-18　　　数字化教育影响农民数字生活参与的异质性估计结果

变量	分类水平	数字购物 Probit (1)	数字医疗 Probit (2)	数字生活服务 Probit (3)	数字出行 Probit (4)	数字生活参与度 Oprobit (5)
年龄	[20-45)	0.078 (0.059)	0.250*** (0.056)	0.117* (0.066)	0.184*** (0.064)	0.161*** (0.039)
	[45-60)	0.188** (0.085)	0.069* (0.037)	0.330*** (0.081)	0.170** (0.072)	0.042** (0.014)
	[60-75]	0.107 (0.117)	0.065 (0.057)	0.077 (0.065)	0.073 (0.062)	0.007 (0.010)

续表

变量	分类水平	数字购物 Probit (1)	数字医疗 Probit (2)	数字生活服务 Probit (3)	数字出行 Probit (4)	数字生活参与度 Oprobit (5)
受教育程度	初中以下	0.032 (0.132)	0.023 (0.026)	0.085 (0.130)	0.143 (0.097)	0.008 (0.006)
	初中	0.159 (0.106)	0.044 (0.041)	0.054 (0.105)	0.113* (0.060)	0.032** (0.016)
	高中及以上	0.115** (0.053)	0.138*** (0.053)	0.201*** (0.059)	0.103* (0.059)	0.163*** (0.036)
家庭职业类型	普通农户	0.130** (0.062)	0.045* (0.026)	0.163*** (0.056)	0.116*** (0.043)	0.030*** (0.009)
	新型农业经营主体	0.093 (0.065)	0.181*** (0.058)	0.169** (0.080)	0.162** (0.071)	0.128*** (0.038)
家庭收入	低水平	0.076 (0.068)	0.070** (0.029)	0.108* (0.061)	0.109* (0.062)	0.026*** (0.009)
	高水平	0.111* (0.059)	0.149*** (0.055)	0.255*** (0.069)	0.134*** (0.050)	0.121*** (0.032)

注：①*、**、***分别表示在10%、5%和1%的统计水平上显著，括号内数值为标准误；②家庭收入低水平组为家庭收入低于或等于均值组，高水平组为家庭收入高于均值组；③列（1）至列（4）报告了平均边际效应，列（5）仅报告数字生活参与度在最高分类水平处的边际效应。

在以年龄分组的异质性层面，由列（1）至列（4）可知，在数字医疗和数字出行方面，数字化教育对年龄为20—45岁的群体影响更大，这与年轻群体更易学习和使用最新的数字化技术有关；但在数字购物和数字生活服务方面，数字化教育对年龄为45—60岁的群体影响更明显，这可由中年群体有更稳定的消费能力和更广泛的日常生活参与来解释。进一步地，由列（5）可知，数字化教育对年龄为20—45岁的农民群体数字生活参与度的影响更大。

在以受教育程度分组的异质性层面，由列（1）至列（4）可知，数字化教育仅对高中及以上学历的群体数字购物、数字医疗和数字生活服务参与的影响分别在5%、1%和1%的水平上显著为正，且对受教育程度为初中、高中及以上群体数字出行的影响均在10%的水平上正向显著。进一步地，由列（5）可知，数字化教育对受教育程度在高中及以上群体数字生活参与度的影响更大。这表明，受教育程度越高的农民越容易将参与数字化教育培训所学应用到实际行动中，从而提高生活数字化水平。

在以家庭职业类型分组的异质性层面，由列（1）至列（4）可知，数字医疗、数字生活服务和数字出行方面，数字化教育对新型农业经营主体的边际影响更大（至少在5%的水平上显著），但在数字购物方面，数字化教育仅对普通农户的影响在5%的水平上正向显著。随着农村数字消费模式的普及，新型农业经营主体参与数字购物较为普遍，数字化教育对普通农户数字购物决策的边际影响更明显。相较于普通农户，新型农业经营主体市场参与度高，数字化教育培训更易激发其对医疗、出行等方面最新数字技术采用的积极性。进一步地，列（5）结果显示，数字化教育对两类农户数字生活参与度的影响均在1%的水平上正向显著，且对新型农业经营主体广泛参与数字生活的影响更大。

在以家庭收入分组的异质性层面，由列（1）至列（4）可知，数字化教育对家庭收入高于均值组农民参与数字购物、数字医疗、数字生活服务和数字出行的边际影响更大，体现了数字生活各领域的参与均对农民家庭经济基础具有一定的依赖性。进一步地，列（5）结果显示，家庭收入越高，数字化教育对提高农民数字生活参与度的作用越大。

第四节　本章小结

本章采用微观农户调查数据，对农民数字素养进行了定量测度，并依次实证探讨了数字素养、乡村能人身份对农民参与乡村数字经济、数字治理和数字生活的影响及其差异性，揭示了数字素养的能动性作用及乡村能人身份的禀赋效应。本章研究结论主要包括：

第一，农民数字素养均值仍然偏低，且个体间差异较大。样本数字化通用素养、数字化社交素养、数字化创意素养和数字化安全素养的均值分别为54.50、46.90、16.01和29.06，农民数字素养不同维度的平均水平均偏低尤其是数字化创意素养和数字化安全素养。

第二，提升农民数字素养水平不仅有助于促进其参与生产、供销和金融单一领域的数字化，而且有助于提高其乡村数字经济整体参与度。不同乡村能人身份对农民关于乡村数字经济参与产生差异化影响，村干部身份显著减少农民参与数字化供销的概率，经济能人身份显著增加农民参与数字化生产、数字化供销和数字化金融的概率及乡村数字经济参与度。

第三，提升农民数字素养水平可显著促进农民参与乡村数字化党群教育、数字化村务管理和数字化民主监督。相较于普通村民身份，经济能人身份并未显著增加农民对乡村数字治理单一领域的参与概率及整体参与度，但村干部身份、经济能人和村干部双重能人身份均显著增加农民参与乡村数字治理单一领域的概率及整体参与度。数字化场域下村干部和双重能人身份均在一定程度上强化了能人治村模式。研究还证实，相较于普通村民，数字素养对具有乡村能人身份的农民群体参与乡村数字治理的作用更大。

第四，提高农民数字素养水平有助于增强其参与数字购物、数字医疗、数字生活服务和数字出行等乡村数字生活不同领域的内生动力，乡村能人身份的不同并未导致农民数字生活参与的差异。数字化教育显著促进农民参与数字生活，且上述影响在不同年龄、受教育程度、家庭职业类型及收入水平的农民群体中存在异质性。研究还证实，数字化教育显著增加农民数字素养积累，且可通过数字素养的部分中介作用促进农民数字生活参与。

第三篇

数字乡村发展的福利效应研究

第五章

乡村数字经济发展对农民收入的影响研究

在中国式现代化背景下，需要探索加快实现农民共同富裕、着力构建橄榄型社会的有效路径。党的二十大报告强调"扎实推进共同富裕"[1]，并对完善收入分配制度提出新要求。尽管社会各界对共同富裕的理解存在差异（彭刚等，2023；蔡昉，2023），但居民收入及其分配情况始终是衡量共同富裕程度的关键。在高质量发展中持续提高居民收入水平、缩小区域和城乡收入差距是破解共同富裕难题的核心路径（刘培林等，2021；黄祖辉等，2021）。中国居民的收入分配差距始终在高位徘徊，农村居民内部的收入差距甚至比城乡居民收入差距更大。根据《中国农村经济形势分析与预测（2023—2024）》，中国城乡居民人均可支配收入之比由2022年的2.45倍下降到2023年的2.39倍，而农村居民内部收入分配不均衡状况加剧（以全国农村居民人均可支配收入5等分分组，高收入组家庭人均可支配收入增长8.8%，但低收入组家庭人均可支配收入仅提升4.8%）[2]。在共同富裕目标导向下，需要探索促进低收入群体增收和加快缩小农民内部收入差距的可行路径。

数字乡村发展战略实施，尤其是乡村经济数字化转型，为助力农民共同富裕提供了新契机。在《数字乡村发展战略纲要》《数字农业农村

---

[1] 习近平：《高举中国特色社会主义伟大旗帜 为全面建设社会主义现代化国家而团结奋斗——在中国共产党第二十次全国代表大会上的报告》，人民出版社2022年版。

[2] 魏后凯、王贵荣：《中国农村经济形势分析与预测（2023—2024）》，社会科学文献出版社2024年版，第4页。

发展规划（2019—2025年）》《数字乡村发展行动计划（2022—2025年）》等政策文件①陆续出台和乡村数字经济发展呈现良好态势的基础上，2023年《数字经济促进共同富裕实施方案》②应运而生，为数字经济助力共同富裕明确了发展目标、重点任务与保障措施。理论上，农民参与数字经济各领域活动，可以培养其数字素养与技能，重塑数字时代个体的权能结构和信用评价体系。具体而言，数字技术的扩散加速各类生产要素的跨区域流动与重组配置，增加区域间、行业间和群体间经济活动的关联度和交互性（韩旭东等，2023），有助于增加农民参与市场经济活动的机会，提高其利用市场资源的可行能力。数字技术加快嵌入农业全产业链，不断催生新业态新模式、孕育新市场新需求，有助于提升农民就业创业能力，促进其公共治理参与和公共服务获取。此外，数字技术应用所形成的"数字足迹"有助于更好地呈现个体信用信息，提高金融机构的个体信用画像的精准度，培育经营主体的契约意识（Berg et al.，2020）。而农民在公共治理参与和公共服务获取等方面权利的强化、生产经营与创业创新等方面能力的激活、信用画像改善和契约意识形成皆与农民收入密切相关（刘守英、李昊泽，2023）。因此，农民数字经济参与如何影响其收入水平及其收入差距，值得深入探讨。

实现共同富裕目标和乡村数字经济全面发展均有赖于农民内生动力的激活和主体作用的发挥。然而，乡村数字经济发展中的农民参与程度和获益程度亟待提升（黄季焜等，2024）。相较于中国东部地区和中部地区，西部地区虽然数字经济发展整体滞后，但追赶潜力较大。数字经济参与能否为西部地区农民尤其是能力和资源禀赋不足的农民增收带来新契机，有待深入探讨。因此，本章拟采用四川省、重庆市和宁夏回族

---

① 参见《中共中央办公厅 国务院办公厅印发〈数字乡村发展战略纲要〉》，https://www.gov.cn/gongbao/content/2019/content_5395476.htm；《农业农村部 中央网络安全和信息化委员会办公室关于印发〈数字农业农村发展规划（2019—2025年）〉的通知》，https://www.gov.cn/zhengce/zhengceku/2020-01/20/content_5470944.htm；《中央网信办等十部门印发〈数字乡村发展行动计划（2022—2025年）〉》，https://www.gov.cn/xinwen/2022-01/26/content_5670637.htm。

② 参见《国家发展改革委 国家数据局关于印发〈数字经济促进共同富裕实施方案〉的通知》，https://www.gov.cn/zhengce/zhengceku/202401/content_6924631.htm。

自治区农户调查数据，实证检验农民数字经济参与的增收效应与分配效应。本章边际贡献在于：一是基于农业全产业链数字化转型和农民有序参与视角，实证探讨以数字化生产、数字化供销和数字化金融表征的数字经济参与对农民收入和收入不平等的影响。二是引入赋权机制、扩能机制和增信机制，从微观层面检验农民数字经济参与的收入效应的多重作用逻辑。三是论证粮食作物和经济作物种植户数字经济参与的收入效应的规模门槛，并揭示农民数字经济参与的福利溢出效应。本章研究有益于丰富乡村数字经济发展与农民农村共同富裕的相关理论，为加快农业全产业链数字化与培育农业领域新质生产力、持续完善数字时代农民权能结构和信用体系、促进低收入农民增收、助力西部地区乃至全国实现共同富裕提供借鉴。

第一节　理论逻辑与研究假说

一　研究动态综述

已有研究多从单一领域的互联网使用探讨其对收入不平等的影响，且尚未形成一致结论。互联网使用对群体间收入不平等的影响可体现在城乡收入差距（程名望、张家平，2019；Liu et al.，2021）、性别工资收入差距（戚聿东、刘翠花，2020）、户籍工资收入差距（毛宇飞等，2021）等方面。例如，部分研究指出，使用手机上网可通过信息效应和就业效应间接缓解农民收入不平等（张自强，2022），数字金融推广可通过提高就业匹配度降低收入机会不平等（杨伟明等，2020；叶琴等，2023），电子商务的应用可提高农民收入并缩小农村内部收入差距（邱子迅、周亚虹，2021）。另有研究表明，互联网使用扩大了农民收入差距（刘任等，2022），且对城乡收入差距的影响呈现先增加后降低的倒"U"形曲线（程名望、张家平，2019）。互联网使用影响农民收入差距的效果差异取决于其使用引致的数字鸿沟效应与红利效应的比较（尹志超等，2021）。

随着数字技术与经济社会各领域的融合加速，数字经济发展对收入不平等的影响引起越来越多学者的关注。诸多研究聚焦宏观层面数字经济发展对区域与城乡收入差距的影响。例如，基于区域经济发展差距视角，王园园和冯祥玉（2023）采用省级面板数据的研究指出，数字经济发展与地区收入差距之间存在倒"U"形关系。马为彪和吴玉鸣（2023）采用250个地级市的面板数据发现，城市数字经济发展可通过提升市场潜能、增强城市经济联系和促进创新创业3个渠道缩小区域经济发展差异。基于城乡收入差距视角，张丽君等（2023）采用省级面板数据的研究指出，数字经济发展通过促进产业集聚，先缩小后扩大城乡收入差距，而黄庆华等（2023）研究发现，产业数字化和数字产业化均可通过提升人力资本和优化要素配置，缩小城乡居民收入差距。少数研究将省域、市域或县域数字经济发展指数或电子商务进农村综合示范等政策的试点名单与微观层面的农户调查数据进行匹配，探讨乡村数字经济发展的增收效应，但这些研究存在难以有效区分城镇居民和农村居民实际参与情况和难以针对性评估农村居民参与的实际影响的局限性（赵佳佳等，2023；方师乐等，2024；Zhang et al.，2024）。基于农村低收入群体增收视角，田艳平和向雪风（2023）采用省级数据和农户数据的匹配研究发现，区域数字经济发展促进了低收入群体收入阶层向上流动，且家庭创业、理财参与和就业水平提升是重要渠道。许成安和刘一涵（2023）基于省级数字经济发展指数和中国家庭追踪调查数据匹配的研究指出，数字经济发展可以通过拓展农民就业领域、提高就业质量等渠道促进农村低收入群体增收。综上可知，鲜有研究探讨农民数字经济参与对缓解收入不平等的作用逻辑，难以从微观层面深入揭示数字经济发展与农民共同富裕的关联逻辑。

二 理论分析与研究假说

现阶段加快实现农民共同富裕的重点在于提高低收入群体的绝对收入和缩小群体收入差距（史新杰等，2022；林万龙、纪晓凯，2022）。农村低收入群体长期在权利表达上失语、在利益寻求上失效，可行能力被剥夺，难以与中高收入群体等量、同质地将数字红利转化为致富机遇（方师乐等，2024）。数字经济以其高创新性、强渗透性、广覆盖性等优势，加速农村市场结构变革、生产要素配置优化，改造提升乡村传统产业，重塑公共治理与公共服务提供方式（柳毅等，2023），有利于打破农村低收入群体面临的资源与能力约束的固有格局。以农业产业链数字化为核心的乡村数字经济发展有助于革新农业生产经营方式，提高农民数字素养,重塑其在市场活动参与、公共治理参与、公共服务享有等方面的权利结构和在生产经营、创业创新、要素共享等方面的能力结构,改进面向农民的信用评价机制,增强其契约意识,进而促进农村低收入群体增收。在此基础上,数字经济参与对农民收入不平等可能存在两方面的影响:一是数字经济参与存在一定的技术和能力门槛,资源禀赋较好的群体有更多的机会和更强的能力参与数字经济各领域活动,并将参与实践转化为增收红利,进而扩大群体间的收入差距。二是数字经济参与可以改善公共服务获得、提高农民经营能力和创业能力等,使资源匮乏与能力不足的低收入群体获得更高的边际效益(田艳平、向雪风,2023),从而缩小群体间的收入差距。对于西部地区而言,数字经济参与预期通过赋权、扩能、增信三大机制促进该地区低收入群体增收,激活后发优势,进而在一定程度上缩小群体间的收入差距,助力共同富裕,具体作用机制如图5-1所示。

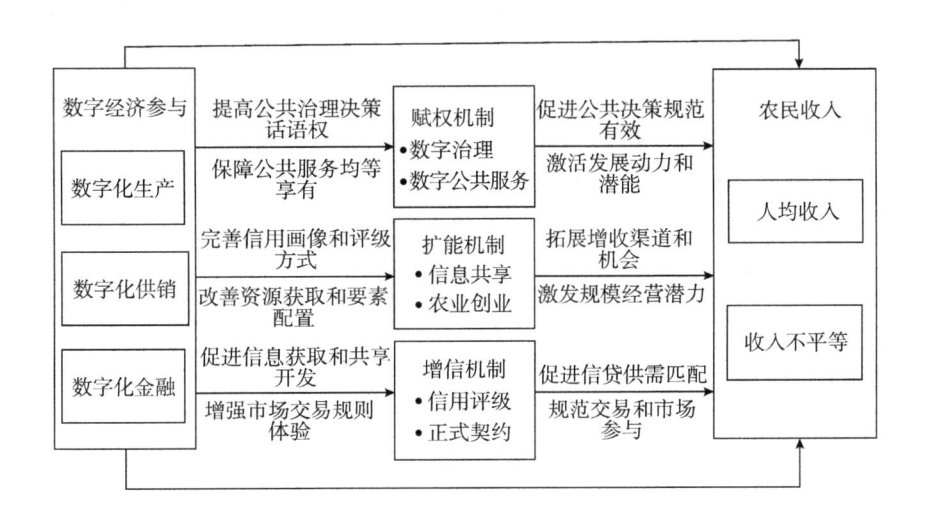

图 5-1　数字经济参与影响农民收入和收入不平等的作用机制

(一)数字经济参与对农民收入和收入不平等影响的赋权机制

赋权的核心在于通过权力再分配,改变个体的无权状态和无力感,使其在基层治理参与和公共服务获取中获得更大的话语权和更多的资源利用机会,进而激发低收入群体的干事创业能动性,拓宽其增收渠道,降低其收入不平等程度。

数字经济参与有助于促进农民数字治理参与和改善其数字公共服务获取。基层治理参与和公共服务获得是彰显公民基本权利及其保障程度的两个重要方面。一方面，数字经济参与有助于促进农民的数字治理参与。乡村数字治理强调基于社交平台或专业性治理平台，构建数字技术驱动的基层政府与社会各主体之间便捷的交互机制，促进农民有序参与民主管理、民主决策和民主监督（张岳、张博，2024）。依据新公共治理理论，现代公共治理决策强调工具理性、价值理性与制度理性的融合。数字经济参与有助于营造良好的乡村数字化氛围、提升农民数字素养和技能水平（邱泽奇、乔天宇，2021），保障农民尤其是低收入农民参与乡村数字治理的均等机会，促进其权利表达和利益维护。分领域来看，数字化生产参与可以巩固农民经济资源比较优势，强化其通过数字治理参与提升公共决策话语权和影响力的内在动机；数字化供销参与可以通过增进农民跨区域、跨组织的人际互动，帮助其拓展商业圈层、促进阶层流动，提高其使用乡村钉、为村等数字治理平台的主动性；数字化金融参与可以提高农业生产经营活动的便利性，在信用评级中考虑农民获得的文明家庭和模范家庭等荣誉因素或示范家庭农场和示范合作社等认证因素，促进农民对乡村集体行动和公共治理活动的响应。另一方面，数字经济参与有助于促进农民均等享有数字公共服务。依据公共经济学理论，公共服务供需匹配的改善具有明显的再分配效应。数字经济参与有助于激发农民在教育、医疗、养老和就业等方面的多元化需求，拓宽其公共服务获取渠道、改进其公共服务体验，保障低收入群体权益的实现（马九杰、高原，2024）。分领域来看，数字化生产参与可增加农民在就业创业方面的信息服务、技能培训服务等需求，提高其获取相关公共服务的能力与概率；数字化供销参与所带来的体验感和实际收益激发农民对高效便捷低成本公共服务的追求；数字化金融参与可以提高农民使用微信、支付宝等平台的频率，促进以金融交易为基础的各类线上公共服务的获取。

进一步地，数字治理参与和数字公共服务享有有助于促进农民增收和缓解其收入不平等。一方面，数字治理参与强调基于数字技术与平台应用，充分发挥多元主体的能动性、构建共建共治共享的基层治理格局，保障基层治理中重要决策的充分沟通协商，增强基层治理参与的有效性，并通过规范利益分配、促进生产要素高效配置和降低制度性交易成本，拓宽农民增收渠道（林海等，2023），缩小其收入不平等。数字治理有助于打破中高收入群体对资源要素的垄断，促进低收入农民获取信息、表达利益诉求，提高低收入农民收入，进而改善农民的收入不平等状况（张岳、张博，2024）。另一方面，数字公共服务享有有助于增加村集体经济发展活力，支撑农业新业态新模式发展，助力小农户与现代农业有机衔接，实现区域经济发展和农民增收（李实、杨一心，2022）。数字公共服务均等化可以发挥社会保障功能，缩小不同群体在公共服务资源获取成本和使用门槛等方面的差距，助力低收入群体人力资本的提升，打破阶层固化的樊篱，激发农民内生发展动力。综上所述，本章提出如下研究假说：

H5-1：数字经济参与可通过赋权路径促进农民增收和缓解其收入不平等；

H5-1a：数字经济参与可通过推动数字治理参与促进农民增收和缓解其收入不平等；

H5-1b：数字经济参与可通过推动数字公共服务享有促进农民增收和缓解其收入不平等。

（二）数字经济参与对农民收入和收入不平等影响的扩能机制

扩能的关键是提高个体尤其是低收入个体从事经济活动的可行能力，强化以信息为基础的数据要素的开发利用与交易共享，提高新技术条件下农民的创业能力、生计可持续性和收入稳定性，拓宽其收入获取渠道，进而缩小农民群体间的收入差距。

数字经济参与有助于改善农民信息共享能力和创业能力。信息共享能力和创业能力是数字时代农民能力体系的重要组成部分。一方面，数字经济参与有助于提升农民以信息为基础的数据要素的共享能力。数字经济发展提升了数据资源的共享性和经营主体的共生性（Rong and Luo，2023），社交类平台、媒体类平台和电商类平台的广泛应用促进信息供需匹配和流动共享（邱子迅、周亚虹，2021）。农民数字经济参与可以促进信息来源和内容的多元化，降低信息获取成本，提高农民尤其是低收入农民的信息获取、编辑加工、价值挖掘和交易共享的能力

（赵佳佳等，2023）。分领域来看，数字化生产参与有助于农民获取数字技术应用的前沿信息和精准的农业生产数据，增强农民的信息搜寻和开发利用能力；数字化供销参与可以推动农民获取商圈信息，提高其在产业链发展中的信息共享和合作发展能力；数字化金融参与依托数字平台汇集个体背景资料、消费偏好和资金流等信息，推动农民将海量的信息转变为有价值的数据资源。另一方面，数字经济参与有助于提高农民的创业能力。创业是打破低收入群体向上流动壁垒的重要途径（田艳平、向雪风，2023）。数字经济发展引致农村新业态新模式不断涌现，可以激发农民利用新技术突破创业资源约束的能动性，提高其创业概率（孟维福等，2023）。数字经济参与有助于激发农民尤其是低收入农民的创业意识，通过增强资源获取能力和要素配置能力，促进农民创业（Yin et al.，2019；Hao and Zhang，2024）。分领域来看，在农业生产中应用数字技术可以节约劳动力投入和监工时间，扩大经营规模，激励农民投资创业；应用智慧物流和电子商务技术进行农产品销售，有助于拓展农产品销售市场、节约交易成本，扩大农业再生产；数字金融可通过提高交易便捷性、缓解融资约束、加速财富积累，助力农民创业实践。

进一步地，农民信息共享能力和创业能力提升有助于促进其增收和缓解其收入不平等。一方面，农民信息共享能力提升有助于促进数据要素与其他生产要素的融合，推动涉农数据资源转化为增收致富动能，拓宽农民增收渠道（赵佳佳等，2023），也有助于增强农村低收入群体在数字时代的适应力、胜任力和创造力，改善资源分配，缩小不同群体在生产经营成本、信息资源利用和市场交易效率等方面的差距和由此引致的收入差距。另一方面，创业能力改善可提高农民改善生产要素配置的积极性和创造性，推动农民扩大农业生产经营规模，拓宽农民尤其是低收入农民经营性收入增长的渠道（田艳平、向雪风，2023），进而缓解农民收入不平等。因此，本章提出如下研究假说：

H5-2：数字经济参与可通过扩能路径促进农民增收和缓解其收入不平等；

H5-2a：数字经济参与可通过增进信息共享促进农民增收和缓解其收入不平等；

H5-2b：数字经济参与可通过提高创业能力促进农民增收和缓解其收入不平等。

(三) 数字经济参与对农民收入和收入不平等影响的增信机制

增信的重点在于推动以声誉为基石的"熟人"信用向以制度为基石的契约信用转变（韩家平，2020），并加快重塑数字时代社会信用体系的评价机制与载体依托，挖掘个体信用价值，提高农民资源可得性，助力低收入农民持续增收。

数字经济参与有助于提高农民的信用评级和增强其契约意识。基础信用和契约信用是社会信用体系建设的重要内核（刘建洲，2011）。一方面，数字经济参与有助于完善农民尤其是低收入农民的信用画像，提升个体的信用水平。数字经济发展使市场交易呈现去中心化、去中介化和留痕化等特点，推动社会信用生态重构，革新金融机构信用风险管理模式，促进精准授信和信贷供需匹配（赵建、王静娴，2022）。数字经济参与所形成的数字足迹具有可视可循等特征，有利于金融机构高效获取农民的生产经营、资产负债和现金流等方面的翔实历史数据，改善个体的信用评级。分领域来看，数字化生产参与体现农民生产经营活动的类型、规模与可行能力，可在一定程度上降低金融机构对农民还款来源和还款能力的顾虑；数字化供销参与反映农民生产经营活动的流水情况和经营的灵活性，可改善金融机构对农民的信用评价；数字化金融参与中的支付、信贷和理财等行为均会产生一定的信用积分，构成金融机构对农民信用水平评定的重要依据。另一方面，数字经济参与有助于增强农民尤其是低收入农民的契约意识。数字技术的广泛运用驱动商业组织形态虚拟化与智慧化及交易活动线上化与平台化，经营主体信用的发现机制和激励约束机制也随之转型（Zhang et al., 2024）。关系契约理论指出，合约关系的建立有助于降低交易风险和不确定性，实现双方利益最大化。数字经济参与增加农民对数字时代交易规则的感知和体验，增强其参与市场经济活动的信用意识和契约意识。分领域来看，数字化生产参与增加农民与智能设备生产企业、社会化服务组织等主体的交互频率，有助于培育农民的契约意识；数字化供销参与深化农民对各类电商交易、智慧物流服务等相关交易规则的认知，增进其对正式契约的认同感；数字金融参与中支付、信贷和理财等活动的规则与要求有助于培育农民的契约精神。

进一步地，信用评级和契约意识改善有助于促进农民增收和缓解其收入不平等。一方面，信用评级改善有助于激发农民潜在信贷需求，增加信贷资金供给，缓解农民生产经营面临的资金约束，促进农民生产经营规模的扩大，助力农民持续增收，同时也可改善低收入农民的信贷可得性，增加低收入农民的就业创业机会，进而缩小农民间的收入差距。另一方面，契约意识的形成有助于规范农村市场交易行为，增加农民市场参与的广度和深度，激发农民干事创业的热情，也可推动小农户以更加多元的方式衔接现代农业发展，充分保障农民尤其是低收入农民的合法权益，进而缩小农民间的收入差距。因此，本章提出如下研究假说：

H5-3：数字经济参与可通过增信路径促进农民增收和缓解其收入不平等；

H5-3a：数字经济参与可通过提高信用水平促进农民增收和缓解其收入不平等；

H5-3b：数字经济参与可通过增进契约意识促进农民增收和缓解其收入不平等。

（四）数字经济参与影响农民收入和收入不平等的空间溢出效应理论分析

数字技术具有较强的渗透性和开放性等特征，农民数字经济参与预期存在一定的空间关联性。既有研究表明，数字经济发展对周边区域农业生产方式变革和农民增收产生正向的空间溢出效应（柳毅等，2023；孟维福等，2023）或虹吸效应（李琳等，2024）。理论上，数字经济参与可通过要素扩散效应、示范带动效应等对邻近农民收入产生空间溢出效应。一方面，农业生产、供销和金融服务等领域的数字技术应用可加快农业信息、知识和技术等要素跨区域流动与扩散，打破信息孤岛，降低邻近区域农民获取各类生产要素的成本，增进要素共享与合作。另一方面，根据社会互动理论，个体认知建构和经济决策受人际互动的影响，个体数字经济参与及其带来的福利改善易对周边群体产生示范和带动效应（彭艳玲等，2022）。在同一区域内，农业产业类型、技术需求、生产条件和市场环境等具有相似性，数字经济参与更易通过模仿学习在同一区域内的农民间扩散；农民的数字经济参与会影响同一区域内其他农民的生产经营理念和要素配置方式，改进其生产经营与管理行为，提升地理位置邻近农民尤其是低收入农民的收入水平，进而缩小农民间的收入差距。因此，本章提出如下研究假说：

H5-4：数字经济参与促进农民增收和缓解其收入不平等的作用具有空间溢出效应。

第二节　研究设计

一　数据说明

本章所使用数据来自课题组在四川省、重庆市和宁夏回族自治区开展的农村实地入户调查。具体抽样原则如本书第一章第五节所述。结合本章研究主题及变量选取，剔除数据存在较多缺失值和极端值样本，剔除2019年农业收入和农业支出均为0的样本，得到的最终样本为836个。四川省、重庆市和宁夏回族自治区样本占比分别为32%、18%和50%。

二　变量选取与测度

（一）被解释变量

本章被解释变量为人均收入和收入不平等程度。人均收入以2019年样本农户人均毛收入衡量；收入不平等程度以Kakwani指数测算出的样本农户人均收入不平等程度进行表征。Kakwani指数具有无量纲化、归一性和尺度不变性等特性，有助于克服其他不平等衡量指数的不足（Kakwani，1984）。Kakwani指数的取值范围为[0, 1]，数值越大，表示农民受到的社会资源相对剥夺越严重，内部收入不平等程度越高。以所有样本为参照群，将特定受访样本与参照群中人均收入高于特定受访样本人均收入的样本进行比较，从而计算受访样本的Kakwani指数。收入不平等程度的测度公式如式（5-1）所示：

$$RD_k = \frac{1}{n\mu_I} \sum_{i=k+1}^{n} (I_i - I_k) = \gamma_{I_k}^+ \frac{(\mu_{I_k}^+ - I_k)}{\mu_I} \tag{5-1}$$

式中：RD_k为Kakwani指数测算出的农户k的收入不平等程度；n为样本量，对应的收入向量为I，$I = (I_1, I_2, \cdots, I_n)$，按人均收入升序排列；$\mu_{I_k}^+$ 为总样本中人均收入超过 I_k 的样本农户人均收入的均值；$\gamma_{I_k}^+$ 为总样本中人均收入超过 I_k 的样本量占总样本量 n 的比重；μ_I 为总样本人均收入均值。测算结果表明，样本农户人均收入为 4.96 万元①，收入不平等程度的均值为 0.62。这表明样本区域内农民内部收入不平等问题较为突出。

（二）核心解释变量

本章核心解释变量为数字经济参与，包括数字化生产、数字化供销和数字化金融3个方面的参与行为。本章以"在生产中是否利用物联网、人工智能（如智能卷帘机、智能打药机等）、无人机（含服务购买）等数字技术改进种植业、养殖业的生产管理过程"衡量农民数字化生产参与。若样本的回答为"是"，则数字化生产参与赋值为1，否则赋值为0。以"在生产和销售活动中是否采用微信、QQ 等朋友圈或京东、淘宝等电商平台销售农产品，或依托抖音、快手等网络平台进行直播销售农产品，或运用智能化仓储设施和智慧物流设施实现生产资料和产品精细化运输和配送"衡量农民数字化供销参与。若样本的回答为"是"，则数字化供销参与赋值为1；否则赋值为0。以"在生产经营活动中是否使用微信、支付宝等第三方支付，使用蚂蚁借呗、京东白条、微粒贷、P2P 借贷平台等数字信贷产品，或使用余额宝、网上银行等购买基金、股票、债券等理财产品"衡量农户数字化金融参与。若样本农户的回答为"是"，则数字化金融参与赋值为1；否则赋值为0。若样本农户对上述3个题项的回答至少包含一个"是"，则农户至少参与数字化生产、数字化供销和数字化金融3个方面活动中的一项，相应的数字经济参与赋值为1；否则，数字经济参与赋值为0。统计显示，存在数字化生产参与、数字化供销参与②和数字化金融参与的样本农户

---

① 样本农户的人均纯收入为 2.18 万元，这与 2019 年全国农民人均可支配收入 1.6 万元相近。由于样本农户均从事农业生产经营，且新型农业经营主体占比为 33.25%，该数值具有合理性。

② 因难以完全剥离物流与销售对收入的影响，本章将数字化物流和数字化销售合并为数字化供销。存在数字化物流参与活动、数字化销售参与活动的样本占全部样本的比重分别为 34.57%、15.07%，同时参与这两项活动的样本占比为 8.25%。

占全部样本农户的比重分别为 16.38%、41.39% 和 71.89%[①]。

(三) 机制变量

本章选取数字治理参与、数字公共服务享有两个变量,反映样本农户在数字时代的公共决策话语权和在公共服务享有方面的基本权利,以检验赋权机制。具体根据 3 个题项"有无参与村庄组织的远程教育学习或利用'学习强国'学习平台等党群教育平台进行在线学习""有无通过村庄微信公众号、益农信息社等平台参与选举、投票、协商议事等有关的村务讨论活动""有无通过村庄微信群或 QQ 群等社交平台参与环境卫生、集体项目等方面的民主监督及维护个人正当权益"测度数字治理参与。若样本农户对上述 3 个题项的回答至少包含一个"是",则数字治理参与赋值为 1;否则赋值为 0。根据题项"是否参与线上就业技能培训、使用线上医疗,或线上缴纳医保费、养老保险费和水电费等"测度数字公共服务享有。若样本农户的回答为"是",则数字公共服务享有赋值为 1;否则赋值为 0。

本章采用信息共享、农户创业两个变量,反映样本农户的信息共享能力和创业能力,以检验扩能机制。相应的题项为:"浏览公众号或新闻的频率""查看或评论朋友圈动态的频率""线上聊天互动频率""发朋友圈分享信息的频率",相应的选项为从不、偶尔(每周 1—2 天)、有时(每周 2—3 天)、经常(每周 4—5 天)和几乎每天(每周 6—7 天)。若样本农户的回答是经常或几乎每天,则相应的题项的分值为 1;否则分值为 0,加总 4 个题项的分值,得到信息共享的赋值。根据题项"是否在种植养殖、农产品加工和涉农服务等领域开展创业"测度农户创业,若样本农户的回答为"是",则农户创业赋值为 1;否则赋值为 0。

本章采用信用评级和正式契约签订两个变量,反映样本农户的信用水平和契约意识,以检验增信机制。根据题项"金融机构是否进行过信用评级并授予信用贷款额度"测度信用评级。若样本农户的回答为

[①] 数字化金融参与比例较高主要是因为数字支付使用比例较高,这与相关统计基本一致。《第 47 次中国互联网络发展状况统计报告》显示,截至 2020 年底,全国农村地区手机网民中使用移动支付的比例为 79.0%,网址:https://www.cac.gov.cn/2021-02/03/c_16139 23423079314.htm。

"是",则信用评级赋值为1;否则赋值为0。立足农户经济活动参与实际,选取农村相对具有较高适用性和普遍性的土地流转契约签订场景,以"土地流转中是否签订过书面合同"测量正式契约签订情况①。若样本农户的回答为"是",则正式契约签订赋值为1;否则赋值为0。

（四）门槛变量

本章选取粮食作物种植规模和经济作物种植规模作为门槛变量。样本农户粮食作物种植规模的均值为18.30亩（1亩≈666.67平方米）,种植规模在50亩以下、50（含）—100（含）亩、100亩以上的比例分别为91.37%、4.21%、4.42%;样本农户经济作物种植规模的均值为71.77亩,种植规模在50亩以下、50—100亩（含）、100亩以上的比例分别为40.28%、14.22%、45.50%。

（五）控制变量

本章从家庭财务决策人个体特征、家庭特征和村庄特征3个方面选取控制变量,并控制了省份虚拟变量。

上述各类变量的定义、赋值及描述性统计如表5-1所示。

表5-1　　　　　　　变量定义、赋值与描述性统计

变量类型	变量名称	变量定义	均值	标准差
被解释变量	人均收入	受访农户2019年的人均毛收入（万元）	4.96	8.07
	收入不平等程度	受访农户2019年人均毛收入的不平等程度,以Kakwani指数测算	0.62	0.24
核心解释变量	数字经济参与	存在数字化生产、数字化供销或数字化金融活动的参与行为:是=1;否=0	0.77	0.42
	数字化生产参与	在生产中是否利用物联网、人工智能（如智能卷帘机、智能打药机等）、无人机（含服务购买）等数字技术改进种植与养殖的生产管理过程:是=1;否=0	0.16	0.37

---

① 农户可能签订契约的交易活动主要包括订单生产、农超对接、集体资产交易、土地流转和代理电商物流服务点等。其中,签订土地流转契约的现象最普遍,更能体现契约形式选择的自主性。

续表

变量类型	变量名称	变量定义	均值	标准差
核心解释变量	数字化供销参与	在生产销售活动中是否采用微信、QQ等朋友圈或京东、淘宝等电商平台销售农产品，或依托抖音、快手等网络平台进行直播销售农产品，或运用智能化仓储设施和智慧物流设施实现生产资料和产品精细化运输和配送：是=1；否=0	0.41	0.49
	数字化金融参与	在生产经营活动中是否使用微信、支付宝等第三方支付，或使用蚂蚁借呗、京东白条、微粒贷、P2P借贷平台等数字信贷产品，或使用余额宝、网上银行等购买基金、股票、债券等理财产品：是=1；否=0	0.72	0.45
机制变量	数字治理参与	是否参与线上的教育学习、线上村务讨论活动，或通过线上渠道参与村庄事务民主监督及维护个人正当权益：是=1；否=0	0.20	0.40
	数字公共服务享有	是否参与线上就业技能培训、使用线上医疗，或线上缴纳医保费、养老保险费和水电费等：是=1；否=0	0.59	0.49
	信息共享	浏览公众号或新闻的频率、查看评论朋友圈动态的频率、线上聊天互动频率和发朋友圈分享信息的频率4个题项分值的和	2.70	1.52
	农户创业	是否在种植养殖、农产品加工和涉农服务等领域开展创业：是=1；否=0	0.31	0.46
	信用评级	金融机构是否进行过信用评级并授予信用贷款额度：是=1；否=0	0.17	0.37
	正式契约签订	土地流转中是否签订过书面合同：是=1；否=0	0.67	0.47
门槛变量	粮食作物种植规模	粮食作物种植规模（亩）	18.30	60.57
	经济作物种植规模	经济作物种植规模（亩）	71.77	307.58

续表

变量类型	变量名称	变量定义	均值	标准差
控制变量	年龄	受访家庭财务决策人的年龄（岁）	48.30	11.63
	受教育程度	受访家庭财务决策人的受教育程度：初中以上＝1；初中及以下＝0	0.23	0.42
	政治面貌	受访家庭财务决策人是否为党员：党员＝1；非党员＝0	0.14	0.35
	微信好友数	受访家庭财务决策人经常联系的微信好友数（千人）	0.04	0.08
	非农就业占比	家庭非农劳动力数量占家庭劳动力总数的比重	0.29	0.30
	家庭抚养比	65岁以上老年人和14岁以下小孩数量之和与家庭劳动力数量的比值	0.71	0.69
	家庭社会关系	自己家人或亲戚供职于政府、银行等金融机构的数量	0.38	0.70
	村庄到乡镇距离	村庄到乡镇政府的直线距离（千米）	4.20	2.93
	村庄新型农业经营主体数量	村庄农民专业合作社和家庭农场数量（家）	6.44	11.70
	村庄经济发展水平	村庄2019年人均纯收入（万元）	1.30	0.65
	村庄微信群	村庄有无面向全体村民的微信群：是＝1；否＝0	0.81	0.39
	村庄微信公众号	村庄是否有微信公众号：是＝1；否＝0	0.16	0.37
	村庄信用水平	村庄是否是信用村：是＝1；否＝0	0.55	0.50
	省份虚拟变量	样本是否居住在重庆市：是＝1；否＝0	0.18	0.38
		样本是否居住在四川省：是＝1；否＝0	0.32	0.47
		样本是否居住在宁夏回族自治区：是＝1；否＝0	0.50	0.50

注：①存在土地流转的样本农户共计324户，其中签订书面合同的样本占比约为67%；②人均收入在后文回归中取对数；③信用村的评定标准一般包括信用户占比、不良贷款率、金融基础设施水平、乡风文明程度等。

三 计量模型设定

（一）基准模型

为估计数字经济参与对农户收入和收入不平等的影响，本章构建如下模型：

$$Y_{ji}=\alpha_0 DE_{mi}+\beta_0 X_i+\varepsilon_i \tag{5-2}$$

式中：Y_{ji} 为被解释变量，j 取值 1 和 2，Y_{1i} 表示农户 i 的人均收入，Y_{2i} 表示农户 i 的收入不平等程度；DE_{mi} 为核心解释变量，m 取值 1、2、3 和 4，DE_{1i} 表示农户 i 的数字经济参与情况，DE_{2i} 表示农户 i 的数字化生产参与情况，DE_{3i} 表示农户 i 的数字化供销参与情况，DE_{4i} 表示农户 i 的数字化金融参与情况；X_i 为反映家庭财务决策人个体特征、家庭特征、村庄特征和区域特征的控制变量，具体如表 5-1 所示；α_0、β_0 为待估系数；ε_i 为随机扰动项。

（二）机制检验模型

依据江艇（2022）的研究，本章检验核心解释变量对机制变量的影响。具体模型如下：

$$M_{ni}=\gamma_1 DE_{mi}+\gamma_2 X_i+\mu_i \tag{5-3}$$

式中：M_{ni} 为机制变量，n 取值 1、2、3、4、5 和 6，M_{1i} 表示数字治理参与情况，M_{2i} 表示数字公共服务享有情况，M_{3i} 表示信息共享情况，M_{4i} 表示农户创业情况，M_{5i} 表示信用评级情况，M_{6i} 表示正式契约签订情况；γ_1、γ_2 为待估参数；μ_i 为随机扰动项；其余变量含义同式（5-2）。

（三）门槛回归模型

为揭示数字经济参与对农民收入和收入不平等影响的非线性特征，本章以粮食作物种植规模和经济作物种植规模为门槛变量，采用门限回归模型进行估计，构建如下模型：

$$Y_{ji}=\varphi_0+\alpha_1 DE_{mi}\Phi(LS_{hi}\leq\theta_s)+\alpha_2 DE_{mi}\Phi(\theta_s<LS_{hi}\leq\theta_t)+\alpha_3 DE_{mi}\Phi(LS_{hi}>\theta_t)+\beta_1 X_i+\tau_i \tag{5-4}$$

式中：$\Phi(\cdot)$ 为指示函数，满足括号中条件时取值为 1，否则取值为 0；LS_{hi} 为门槛变量，h 取值 1 和 2，LS_{1i} 表示粮食作物种植规模，LS_{2i} 表示经济作物种植规模；θ_s、θ_t 为门限值，s、t 为门限出现次序；τ_i 为随机误差项；φ_0 为常数项；α_1、α_2、α_3 和 β_1 为待估参数；其余变量含义同式（5-2）。

（四）空间自滞后模型

同一村域内，农户是既彼此独立又存在高度时空关联的经济活动决策单元。鉴于乡村数字经济发展仍处于起步阶段，在村域层面探讨数字经济参与的空间溢出效应具有合理性。空间自滞后模型包含的外生交互效应强调特定单位的被解释变量受其他单位的独立的解释变量的影响，与本章研究问题具有一致性，因而采用该模型进行估计，具体模型如下：

$$Y_{ji} = \alpha_4 DE_{mi} + \alpha_5 W \times DE_{mi} + \sigma X_i + \omega_i \tag{5-5}$$

式中：W 为空间权重矩阵；$W \times DE_{mi}$ 为核心解释变量的空间滞后项；系数 α_5 为空间溢出效应，α_4、σ 和 ω_i 为待估参数；其余变量含义同式（5-2）。为避免内容过于复杂，本章采用假定条件最为简单、应用较为广泛的 Queen 邻近空间权重。若村庄编码相同，则样本在同一个村，空间权重矩阵相应的元素设定为 1；否则设定为 0。空间权重矩阵具体表示为

$$W_{ij} = \begin{cases} 1, & 农户\ i\ 和农户\ j\ 在同一村庄 \\ 0, & 农户\ i\ 和农户\ j\ 在不同村庄 \end{cases} (i \neq j) \tag{5-6}$$

式中：W_{ij} 为空间权重矩阵 W 中的元素；i 和 j 为不同的农户。

第三节 实证检验与结果分析

一 基准回归估计结果

表 5-2 汇报了数字经济参与对农民收入和收入不平等影响的基准回归估计结果。根据列（1）至列（4）的估计结果，数字经济参与、数字化生产参与、数字化供销参与和数字化金融参与均在 1% 的统计水平上对农民人均收入存在显著的正向影响。根据列（5）至列（8）的估计结果，数字经济参与、数字化生产参与、数字化供销参与和数字化金融参与均在 1% 的统计水平上对农民收入不平等程度存在显著的负向影响。以列（1）和列（5）的估计结果为例，相较于未参与数字经济活动的农民，数字经济参与使农民人均收入平均增加 66.20%，使农民收入不平等程度平均降低 0.12。这表明，农民在数字化生产、数字化供销和数字化金融 3 个方面活动的参与均显著提高了农民收入水平和缓解了农民收入不平等，数字经济参与所带来的农民公共服务可得性改善、可行能力提升与要素配置优化，推动农民迈

向共同富裕。

表 5-2 数字经济参与对农民收入和收入不平等影响的基准回归结果

变量	人均收入				收入不平等程度			
	(1)	(2)	(3)	(4)	(5)	(6)	(7)	(8)
数字经济参与	0.662*** (0.103)				-0.122*** (0.017)			
数字化生产参与		0.635*** (0.120)				-0.136*** (0.024)		
数字化供销参与			0.404*** (0.087)				-0.076*** (0.017)	
数字化金融参与				0.702*** (0.101)				-0.130*** (0.018)
年龄	0.005 (0.004)	-0.004 (0.004)	-0.001 (0.004)	0.008* (0.004)	-0.000 (0.001)	0.001* (0.001)	0.001 (0.001)	-0.001 (0.001)
受教育程度	0.536*** (0.114)	0.464*** (0.113)	0.521*** (0.115)	0.524*** (0.114)	-0.105*** (0.023)	-0.089*** (0.023)	-0.102*** (0.023)	-0.102*** (0.023)
政治面貌	0.018 (0.139)	0.084 (0.138)	0.059 (0.140)	0.017 (0.140)	-0.006 (0.028)	-0.018 (0.028)	-0.013 (0.028)	-0.006 (0.028)
微信好友数	2.627*** (0.546)	2.598*** (0.559)	2.736*** (0.545)	2.567*** (0.545)	-0.556*** (0.112)	-0.539*** (0.113)	-0.575*** (0.111)	-0.545*** (0.111)
非农就业占比	-0.025 (0.138)	-0.023 (0.136)	0.032 (0.140)	-0.091 (0.137)	0.033 (0.026)	0.031 (0.026)	0.022 (0.027)	0.046* (0.026)
家庭抚养比	-0.182*** (0.060)	-0.194*** (0.062)	-0.206*** (0.061)	-0.172*** (0.058)	0.035*** (0.011)	0.037*** (0.011)	0.040*** (0.011)	0.033*** (0.011)
家庭社会关系	0.120** (0.055)	0.116** (0.054)	0.129** (0.056)	0.111** (0.055)	-0.025** (0.011)	-0.023** (0.011)	-0.026** (0.011)	-0.023** (0.011)
村庄到乡镇距离	-0.030** (0.013)	-0.018 (0.013)	-0.024* (0.013)	-0.033** (0.013)	0.007*** (0.002)	0.004* (0.002)	0.006*** (0.002)	0.007*** (0.002)
村庄新型农业经营主体数量	0.003 (0.005)	0.002 (0.005)	0.003 (0.005)	0.003 (0.005)	-0.001 (0.001)	-0.001 (0.001)	-0.001 (0.001)	-0.001 (0.001)
村庄经济发展水平	0.092* (0.055)	0.095* (0.055)	0.077 (0.057)	0.097* (0.056)	-0.014 (0.011)	-0.014 (0.011)	-0.011 (0.011)	-0.015 (0.011)
村庄微信群	-0.073 (0.111)	-0.202* (0.110)	-0.110 (0.109)	-0.055 (0.110)	0.026 (0.021)	0.052** (0.021)	0.033 (0.021)	0.023 (0.021)
村庄微信公众号	0.070 (0.114)	0.115 (0.112)	0.102 (0.115)	0.045 (0.114)	-0.014 (0.022)	-0.024 (0.022)	-0.020 (0.023)	-0.009 (0.022)
村庄信用水平	0.135* (0.081)	0.186** (0.080)	0.196** (0.081)	0.148* (0.081)	-0.028* (0.015)	-0.037** (0.015)	-0.039*** (0.015)	-0.031** (0.015)
省份虚拟变量	控制	控制	控制	控制	控制	控制	控制	控制

续表

变量	人均收入				收入不平等程度			
	(1)	(2)	(3)	(4)	(5)	(6)	(7)	(8)
F值	15.393***	13.336***	13.820***	16.118***	17.244***	15.372***	15.554***	18.029***
R^2	0.222	0.218	0.207	0.229	0.256	0.262	0.243	0.262
样本量	836	836	836	836	836	836	836	836

注：①***、**和*分别表示1%、5%和10%的显著性水平；②括号中数值为稳健标准误。

此外，决策者受教育程度、微信好友数、家庭社会关系、村庄信用水平均对农民人均收入产生显著正向影响，对农民收入不平等程度产生显著负向影响；而家庭抚养比、村庄到乡镇距离对农民人均收入产生显著负向影响，对农民收入不平等程度产生显著正向影响。

二 工具变量回归估计结果

考虑到遗漏变量、变量测量偏差和反向因果关系等可能导致潜在的内生性问题，本章采用工具变量法进行估计。参考Kolko（2012）的研究，本章选取村庄平均海拔①作为工具变量。理论上，村庄平均海拔越高，村庄的网络通信设施和物流设施的建设成本与维护成本及农业社会化服务成本等越高，越会制约数字技术在农业生产、销售、物流和服务等环节的渗透和农民参与乡村数字经济活动，满足相关性假定。考虑到村庄平均海拔可能通过村庄交通情况、现代农业发展情况、村庄经济发展水平等因素影响农民收入，本章还控制了村庄到乡镇距离、村庄新型农业经营主体数量、村庄经济发展水平等变量。后文将尝试对工具变量的外生性进行检验。

表5-3汇报了数字经济参与对农民收入和收入不平等影响的工具变量法估计结果。根据Kleibergen-Paap rk LM统计量，拒绝工具变量识别不足的原假设。DWH检验结果表明，拒绝核心解释变量为外生变量的原假设。第一阶段F值均大于经验值10，这表明工具变量选取具有合理性。同时，借鉴秦芳等（2022）的做法，同时引入村庄平均海拔

---

① 课题组使用奥维互动地图App，通过逐一输入行政村名称的方式，采集得到村庄平均海拔数据。

和核心解释变量后（表5-4），村庄平均海拔对农民收入不平等程度的影响不再显著；以家庭总收入和总收入不平等程度分别替换人均收入和收入不平等程度后，同时引入村庄平均海拔和核心解释变量的回归结果显示（表5-5），村庄平均海拔对农民家庭总收入和总收入不平等程度的影响均不显著，进一步证实了村庄平均海拔的外生性。根据工具变量法第二阶段估计结果，核心解释变量均在5%的统计水平上显著促进农民增收，降低其内部的收入不平等程度。相较于基准估计结果，工具变量法得到的核心解释变量的估计系数变大，表明忽视内生性问题可能导致数字经济参与的收入效应被低估。综上可知，农民数字经济参与能促进其增收和降低收入不平等，产生显著的共富效应。

表5-3　数字经济参与对农民收入和收入不平等影响的工具变量法第二阶段估计结果

变量	人均收入				收入不平等程度			
	(1)	(2)	(3)	(4)	(5)	(6)	(7)	(8)
数字经济参与	1.898** (0.778)				-0.350** (0.151)			
数字化生产参与		1.941** (0.791)				-0.358** (0.149)		
数字化供销参与			2.024** (0.943)				-0.374** (0.180)	
数字化金融参与				2.256** (0.930)				-0.416** (0.180)
控制变量	控制	控制	控制	控制	控制	控制	控制	控制
省份虚拟变量	控制	控制	控制	控制	控制	控制	控制	控制
第一阶段F值	21.878	14.596	11.318	15.453	21.878	14.596	11.318	15.453
Kleibergen-Paap rk LM 统计量	20.373***	14.849***	10.337***	14.812***	20.373***	14.849***	10.337***	14.812***
DWH检验统计量	3.104*	3.291*	4.553**	3.475*	2.957*	2.708*	4.292**	3.300*
样本量	836	836	836	836	836	836	836	836

注：①***、**和*分别表示1%、5%和10%的显著性水平；②括号中数值为稳健标准误；③控制变量同表5-2。

表 5-4　工具变量外生性检验：基于家庭人均收入和收入不平等

变量	人均收入		收入不平等程度	
	(1)	(2)	(3)	(4)
村庄平均海拔	-0.625** (0.244)	-0.491* (0.286)	0.131** (0.052)	0.091 (0.056)
数字经济参与		0.634*** (0.103)		-0.117*** (0.018)
控制变量	控制	控制	控制	控制
省份虚拟变量	控制	控制	控制	控制
F 值	12.340***	14.647***	12.482***	16.474***
R^2	0.244	0.225	0.246	0.258
样本量	836	836	836	836

注：①*、***分别表示10%和1%的显著性水平；②括号中数值为稳健标准误；③控制变量同表5-2。

三　稳健性检验

（一）替换核心解释变量

农民使用数字支付的比重较高可能导致数字化金融参与和数字经济参与的均值较大，本章剔除数字支付的相关题项，重新测度数字化金融参与和数字经济参与；剔除数字化金融参与的相关题项，重新测度数字经济参与。剔除数字支付的相关题项后，农民存在数字金融参与活动和数字经济参与活动的比例分别为16.99%和51.79%；剔除数字化金融参与的相关题项后，农民存在数字经济参与活动的比例为47.72%。本章分别以新测算的核心解释变量替换原有解释变量，重新进行回归，所得估计结果如表5-6所示。结果显示，替换核心解释变量后，估计结果与表5-3基本一致，表明前述研究结论具有稳健性。

本章引入数字化消费，重新测度核心解释变量。根据题项"有无通过京东、天猫、淘宝、拼多多等电商平台或微信朋友圈购买农产品"衡量数字化消费。若样本的回答为"是"，则数字化消费赋值为1；否则赋值为0。若样本至少参与数字化生产、数字化供销、数字化金融和数字化消费四个方面活动中的一项，则数字经济参与赋值为1；否则赋值为0。统计显示，样本农民存在数字化消费的比例为22.01%，引入数字化消费变量后，样本农民存在数字经济参与活动的比例为77.51%。

表 5-5　工具变量外生性检验：基于家庭总收入和收入不平等

变量	家庭总收入						收入不平等			
	(1)	(2)	(3)	(4)	(5)	(6)	(7)	(8)	(9)	(10)
村庄平均海拔	-0.612** (0.293)	-0.367 (0.290)	-0.386 (0.292)	-0.482 (0.293)	-0.382 (0.283)	0.117** (0.057)	0.075 (0.057)	0.068 (0.056)	0.092 (0.057)	0.077 (0.056)
数字经济参与		0.633*** (0.106)								
数字化生产参与			0.595*** (0.124)				-0.108*** (0.018)			
数字化供销参与				0.359*** (0.087)				-0.130*** (0.026)		
数字化金融参与					0.706*** (0.102)				-0.068*** (0.017)	-0.124*** (0.018)
控制变量	控制	控制	控制	控制	控制	控制	控制	控制	控制	控制
省份虚拟变量	控制	控制	控制	控制	控制	控制	控制	控制	控制	控制
F 值	17.301***	20.081***	17.506***	18.544***	21.166***	18.876***	21.598***	19.350***	19.883***	22.977***
R^2	0.250	0.280	0.276	0.266	0.290	0.279	0.302	0.310	0.294	0.310
样本量	836	836	836	836	836	836	836	836	836	836

注：①**、***分别表示 5%和 1%的显著性水平；②括号中数值为稳健标准误；③控制变量同表 5-2。

表5-6 数字经济参与对农民收入和收入不平等影响的稳健性检验结果

变量	剔除数字支付的相关题项				剔除数字化金融参与的相关题项	
	人均收入		收入不平等程度		人均收入	收入不平等程度
	(1)	(2)	(3)	(4)	(5)	(6)
数字经济参与	1.264** (0.521)		-0.233** (0.100)		1.622** (0.686)	-0.299** (0.131)
数字化金融参与		2.442** (1.237)		-0.451* (0.235)		
控制变量	控制	控制	控制	控制	控制	控制
省份虚拟变量	控制	控制	控制	控制	控制	控制
第一阶段F值	29.575	11.589	29.575	11.589	16.784	16.784
Kleibergen-Paap rk LM 统计量	26.812***	12.129***	26.812***	12.129***	15.464***	15.464***
DWH检验统计量	3.248*	7.039***	2.891*	6.646***	3.448*	3.190*
样本量	836	836	836	836	836	836

注：①***、**和*分别表示1%、5%和10%的显著性水平；②括号中数值为稳健标准误；③控制变量同表5-2。

本章以引入数字化消费重新测算的核心解释变量，替换原有核心解释变量，重新进行回归，具体估计结果如表5-7所示。结果显示，引入数字化消费变量后，估计结果与表5-3基本一致，表明前述研究结论具有稳健性。

表5-7 数字经济参与对农民收入和收入不平等影响的稳健性检验结果

变量	人均收入		收入不平等程度	
	(1)	(2)	(3)	(4)
数字经济参与	2.096** (0.887)		-0.387** (0.171)	
数字化消费		2.198** (0.970)		-0.406** (0.186)
控制变量	控制	控制	控制	控制
省份虚拟变量	控制	控制	控制	控制
第一阶段F值	19.002	14.192	19.002	14.192
Kleibergen-Paap rk LM 统计量	17.901***	13.609***	17.901***	13.609***

续表

变量	人均收入		收入不平等程度	
	（1）	（2）	（3）	（4）
DWH 检验统计量	3.727*	4.840**	3.504*	4.522**
样本量	836	836	836	836

注：①***、**和*分别表示1%、5%和10%的显著性水平；②括号中数值为稳健标准误；③控制变量同表5-2。

（二）替换被解释变量

采用 Yitzhaki 指数①替换前文采用的 Kakwani 指数，重新计算收入不平等程度，以放松"均值依赖框架"的约束（Yizhaki，1979）。替换被解释变量，重新进行估计，估计结果如表5-8所示。可知，替换被解释变量后，估计结果与表5-3基本一致，表明前述估计结果是稳健的。

表5-8　数字经济参与对农民收入不平等影响的稳健性检验结果

变量	收入不平等程度			
	（1）	（2）	（3）	（4）
数字经济	-1.739** (0.747)			
数字化生产		-1.778** (0.741)		
数字化供销			-1.855** (0.894)	
数字化金融				-2.067** (0.894)
控制变量	控制	控制	控制	控制
省份虚拟变量	控制	控制	控制	控制
第一阶段 F 值	21.878	14.596	11.318	15.453
Kleibergen-Paap rk LM 统计量	20.373***	14.849***	10.337***	14.812***
DWH 检验统计量	2.957*	2.708*	4.292**	3.300*
样本量	836	836	836	836

注：①***、**和*分别表示1%、5%和10%的显著性水平；②括号中数值为稳健标准误；③控制变量同表5-2。

---

① Yitzhaki 指数计算公式为：$RD_k = \frac{1}{n} \sum_{i=k+1}^{n} (I_i - I_k) = \gamma_{I_k}^+ (\mu_{I_k}^+ - I_k)$，变量定义同式（5-1）。

（三）更换工具变量和估计方法

本章分别采用村庄到杭州市的球面距离（取对数）和村庄所在县域是否为国家数字乡村试点地区（是＝1，否＝0）作为新的工具变量，分别命名为"到杭州球面距离"和"国家数字乡村试点情况"，替换原有工具变量。理论上，数字经济发展具有以中心城市为核心向全国辐射扩散的典型特征，村庄到杭州市的球面距离与本地区的数字经济发展具有较强相关性，但距离相较于个体的社会经济活动及其结果是外生的。国家数字乡村试点地区为农民参与数字经济活动提供了较好的政策支持和环境保障，但国家数字乡村试点工作并不通过数字经济参与之外的因素影响农民收入。采用条件混合估计方法重新进行回归估计，估计结果如表5-9所示。可知，估计结果与基准回归基本一致，前述估计结果是稳健的。

表5-9 数字经济参与对农民收入和收入不平等影响的稳健性检验结果

变量	工具变量：到杭州球面距离				工具变量：国家数字乡村试点			
	数字经济参与	人均收入	数字经济参与	收入不平等程度	数字经济参与	人均收入	数字经济参与	收入不平等程度
	(1)	(2)	(3)	(4)	(5)	(6)	(7)	(8)
数字经济参与		1.699*** (0.256)		-0.336*** (0.040)		1.641*** (0.260)		-0.328*** (0.040)
到杭州球面距离	-3.220* (1.700)		-2.906* (1.606)					
国家数字乡村试点					0.275* (0.140)		0.243* (0.138)	
控制变量	控制	控制	控制	控制	控制	控制	控制	控制
省份虚拟变量	控制	控制	控制	控制	控制	控制	控制	控制
Atanhrho值		-0.634*** (0.158)		0.703*** (0.122)		-0.594*** (0.168)		0.672*** (0.125)
Wald统计量	653.07***		721.67***		621.95***		690.95***	
样本量	836	836	836	836	836	836	836	836

注：①***、**和*分别表示1%、5%和10%的显著性水平；②括号中数值为稳健标准误；③控制变量同表5-2。

（四）考虑基期收入水平

为进一步验证数字经济参与对农民收入的影响，本章以2018年样本人均收入为基期人均收入，分别生成核心解释变量与基期人均收入的交互项,将其代入式(5-2)重新进行回归。根据表5-10的估计结果,所有交互项均至少在10%的统计水平上显著,且系数为负。这表明,数字经济参与对基期收入低的样本农民的增收效应更大,为缺少机会和可行能力不足的低收入农民迈向共同富裕提供了契机,也进一步证实了前述研究结论的稳健性。

表5-10　　数字经济参与对农民收入影响的稳健性检验结果

变量	人均收入			
	(1)	(2)	(3)	(4)
基期人均收入	1.560*** (0.132)	1.121*** (0.077)	1.138*** (0.104)	1.455*** (0.137)
数字经济参与	0.806*** (0.145)			
数字经济参与× 基期人均收入	−0.581*** (0.145)			
数字化生产参与		0.651*** (0.226)		
数字化生产参与× 基期人均收入		−0.290*** (0.104)		
数字化供销参与			0.441*** (0.146)	
数字化供销参与× 基期人均收入			−0.190* (0.106)	
数字化金融参与				0.787*** (0.153)
数字化金融参与× 基期人均收入				−0.491*** (0.150)
控制变量	控制	控制	控制	控制
省份虚拟变量	控制	控制	控制	控制
F 值	94.025***	89.502***	97.784***	93.789***
R^2	0.674	0.668	0.667	0.677
样本量	836	836	836	836

注:①***和*分别表示1%和10%的显著性水平;②括号中数值为稳健标准误;③控制变量同表5-2。

(五)更换估计方法

为解决可能存在的样本选择偏差问题,本章进一步采用倾向得分匹配法进行稳健性检验,结果如表5-11所示。结果显示,无论是采用 k

近邻匹配（$k=1$）、半径匹配还是核匹配法，数字经济整体及分领域参与对农民人均收入的影响平均处理效应估计结果均在1%的统计水平上正向显著，对农民收入不平等的平均处理效应估计结果均在1%的统计水平上负向显著。

表5-11　　　　　　　　　稳健性检验分析结果

变量		人均收入			收入不平等程度		
		k近邻匹配	半径匹配	核匹配	k近邻匹配	半径匹配	核匹配
数字经济参与	ATT	1.020	0.892	0.830	-0.175	-0.159	-0.146
	T值	5.40	4.96	5.03	-6.10	-5.57	-5.57
数字化生产参与	ATT	0.533	0.574	0.572	-0.107	-0.122	-0.123
	T值	2.85	4.14	4.35	-2.88	-4.46	-4.72
数字化供销参与	ATT	0.624	0.552	0.464	-0.120	-0.099	-0.086
	T值	5.09	5.32	4.71	-5.14	-4.97	-4.55
数字化金融参与	ATT	0.849	0.760	0.737	-0.146	-0.135	-0.132
	T值	3.97	4.08	4.34	-4.53	-4.43	-4.72

（六）叠加效应检验

表5-12的估计结果显示，农民同时参与数字化生产、数字化供销和数字化金融中的任意两个领域或同时参与3个领域均在5%的统计水平上对农民人均收入存在显著的正向影响，且均在5%的统计水平上对农民收入不平等程度存在显著的负向影响。比较表5-3和表5-12的估计结果可知，农民同时参加3个领域数字经济活动的共富效应最大。这表明，农业产业链视角下数字经济参与对农民收入和收入不平等的影响存在叠加效应。

表5-12　　不同领域数字经济参与对农民收入和收入不平等的
叠加效应检验结果

变量	人均收入				收入不平等程度			
	(1)	(2)	(3)	(4)	(5)	(6)	(7)	(8)
数字化生产+数字化供销	2.545** (1.123)				-0.470** (0.212)			

续表

变量	人均收入				收入不平等程度			
	(1)	(2)	(3)	(4)	(5)	(6)	(7)	(8)
数字化生产+数字化金融		2.327**(0.986)				-0.429**(0.185)		
数字化供销+数字化金融			2.162**(0.984)				-0.399**(0.188)	
数字化生产+数字化供销+数字化金融				2.781**(1.259)				-0.513**(0.237)
控制变量	控制	控制	控制	控制	控制	控制	控制	控制
省份虚拟变量	控制	控制	控制	控制	控制	控制	控制	控制
第一阶段 F 值	10.847	10.940	10.826	10.357	10.847	10.940	10.826	10.357
Kleibergen-Paap rk LM 统计量	10.691***	11.041***	10.004***	9.213***	10.691***	11.041***	10.004***	9.213***
DWH 检验统计量	3.832**	3.612*	4.219**	3.934**	3.195*	2.985*	3.983**	3.292*
样本量	836	836	836	836	836	836	836	836

注：①***、**和*分别表示1%、5%和10%的显著性水平；②括号中数值为稳健标准误；③控制变量同表5-2。

四 作用机制检验

（一）数字经济参与影响农民收入和收入不平等的赋权机制检验

由表5-13可知，数字经济参与、数字化生产参与、数字化供销参与和数字化金融参与均在1%的统计水平上显著正向影响农民数字治理参与，且均在1%的统计水平上显著正向影响农民数字公共服务享有。再由表5-14可知，进一步的检验表明，数字治理参与对农民人均收入和收入不平等程度的影响不显著，数字公共服务享有对农民人均收入和收入不平等程度的影响分别至少在10%的统计水平上显著和在5%的统计水平上显著。因此，农民数字经济参与助力共同富裕的数字治理参与路径未得到证实，数字公共服务享有路径得到证实，即H5-1得到部分验证。这表明，农民参与农业数字化生产、数字化供销和数字化金融活动，可激发其参与乡村数字治理的积极性与能动性，但现阶段的数字治理还尚不成熟，农民数字治理参与的增收效应不明显。同时，数字经济参与可有效拓展数字时代农民享有就业、医疗和社会保障等方面基本公共服务的渠道,推动公共服务均等化和享有便捷化,增加农民尤其是低收入农民的发展机会,提高其内生发展动力,促进农民增收和降低其收入不平等程度。

表5-13　数字经济参与影响农民收入和收入不平等的赋权机制检验结果

变量	数字治理参与				数字公共服务享有			
	(1)	(2)	(3)	(4)	(5)	(6)	(7)	(8)
数字经济参与	0.649*** (0.203)				1.315*** (0.148)			
数字化生产参与		0.383*** (0.147)				0.606*** (0.155)		
数字化供销参与			0.340*** (0.121)				0.587*** (0.109)	
数字化金融参与				0.717*** (0.189)				1.436*** (0.139)
控制变量	控制	控制	控制	控制	控制	控制	控制	控制
省份虚拟变量	控制	控制	控制	控制	控制	控制	控制	控制
LR统计量	221.607***	216.774***	218.030***	225.972***	356.150***	285.153***	298.364***	385.469***
调整后R^2	0.267	0.261	0.263	0.272	0.315	0.252	0.264	0.341
样本量	836	836	836	836	836	836	836	836

注:①***表示1%的显著性水平;②括号中数值为稳健标准误;③控制变量同表5-2;④均采用Probit模型进行估计。

表5-14　数字经济参与影响农民收入的赋权机制:同时引入核心解释变量和机制变量

变量	人均收入		收入不平等程度	
	(1)	(2)	(3)	(4)
数字经济参与	0.669*** (0.103)	0.567*** (0.109)	-0.124*** (0.017)	-0.100*** (0.019)
数字治理参与	-0.086 (0.112)		0.022 (0.022)	
数字公共服务享有		0.230* (0.092)		-0.055*** (0.018)
控制变量	控制	控制	控制	控制

续表

变量	人均收入		收入不平等程度	
	(1)	(2)	(3)	(4)
省份虚拟变量	控制	控制	控制	控制
R^2	0.206	0.211	0.241	0.248
样本量	836	836	836	836

注：①*、***分别表示10%、1%的显著性水平；②括号中数值为稳健标准误；③控制变量同表5-2。

（二）数字经济参与影响农民收入和收入不平等的扩能机制检验

由表5-15可知，核心解释变量均在1%的统计水平上显著提高农民的信息共享水平，并在1%的统计水平上显著推动农民创业。再由表5-16可知，进一步的检验表明，信息共享对农民人均收入和收入不平等程度的影响均至少在5%的统计水平上显著，农民创业对农民人均收入和收入不平等程度的影响均在1%的统计水平上显著。这表明，农民参与农业数字化生产、数字化供销、数字化金融活动，既有助于提升其以信息为基础的数据要素开发与共享能力，为将海量信息转变为有价值的数据资源、降低生产经营成本、提高经营效益和促进农民持续增收提供重要支撑；也有利于提高农民对新技术的接受度，改善其资源获取能力和要素配置能力，激发农民投资创业的积极性，进而促进农民增收和缓解其收入不平等。综上所述，H5-2得到验证。

表5-15　　数字经济参与影响农民收入和收入不平等的扩能机制检验结果

变量	信息共享				农民创业			
	(1)	(2)	(3)	(4)	(5)	(6)	(7)	(8)
数字经济参与	1.841*** (0.123)				1.183*** (0.198)			
数字化生产参与		0.305*** (0.112)				0.799*** (0.162)		
数字化供销参与			0.631*** (0.086)				0.485*** (0.127)	
数字化金融参与				2.082*** (0.115)				1.221*** (0.191)
控制变量	控制	控制	控制	控制	控制	控制	控制	控制

续表

变量	信息共享				农民创业			
	(1)	(2)	(3)	(4)	(5)	(6)	(7)	(8)
省份虚拟变量	控制	控制	控制	控制	控制	控制	控制	控制
F 值	95.849***	38.306***	46.702***	108.778***				
LR 统计量					466.898***	451.103***	440.668***	472.572***
R^2	0.576	0.394	0.424	0.641				
调整后 R^2					0.453	0.437	0.427	0.458
样本量	836	836	836	836	836	836	836	836

注：①***表示1%的显著性水平；②括号中数值为稳健标准误；③控制变量同表5-2；④前4个方程采用OLS方法进行估计，后4个方程采用Probit模型进行估计。

表 5-16　数字经济参与影响农民收入的扩能机制：同时引入核心解释变量和机制变量

变量	人均收入		收入不平等程度	
	(1)	(2)	(3)	(4)
数字经济参与	0.441*** (0.121)	0.488*** (0.097)	-0.079*** (0.021)	-0.087*** (0.017)
信息共享	0.120*** (0.038)		-0.023*** (0.007)	
农民创业		0.795*** (0.118)		-0.162*** (0.023)
控制变量	控制	控制	控制	控制
省份虚拟变量	控制	控制	控制	控制
R^2	0.215	0.253	0.249	0.293
样本量	836	836	836	836

注：①***表示1%的显著性水平；②括号中数值为稳健标准误；③控制变量同表5-2。

（三）数字经济参与影响农民收入和收入不平等的增信机制检验

由表 5-17 可知，除数字化供销参与外，其他核心解释变量均在 1% 的统计水平上显著改善了农民信用评级，且至少在 5% 的统计水平上显著推动农民签订正式契约。再由表 5-18 可知，进一步的检验表明，信用评级对农民人均收入和收入不平等程度的影响均在 1% 的统计水平上显著，正式契约签订对农民人均收入和收入不平等程度的影响均在

1%的统计水平上显著。这表明,一方面,农民对数字经济各领域活动的广泛参与能够依托数字足迹促进信用信息的呈现和归集,提高金融机构客户画像的精准性,降低农民信用评级的难度,有利于提高农民的授信额度,改善其信贷可得性,进而产生共富效应。另一方面,正式契约在规范交易行为、保障农民尤其是低收入农民权益、激发投资热情等方面发挥积极作用,有助于农民生产经营活动有序进行,进而促进农民收入增长和缓解农民收入不平等。因此,H5-3得到验证。

表5-17 数字经济参与影响农民收入和收入不平等的增信机制检验结果

变量	信用评级				正式契约签订			
	(1)	(2)	(3)	(4)	(5)	(6)	(7)	(8)
数字经济参与	0.729*** (0.191)				1.263*** (0.398)			
数字化生产参与		0.453*** (0.137)				0.579** (0.247)		
数字化供销参与			0.151 (0.116)				0.126 (0.203)	
数字化金融参与				0.807*** (0.178)				1.135*** (0.313)
控制变量	控制	控制	控制	控制	控制	控制	控制	控制
省份虚拟变量	控制	控制	控制	控制	控制	控制	控制	控制
LR统计量	82.458***	76.727***	67.611***	88.789***	190.082***	184.331***	178.934***	192.825***
调整后R^2	0.110	0.102	0.090	0.119	0.464	0.450	0.437	0.471
样本量	836	836	836	836	324	324	324	324

注:①***和**分别表示1%和5%的显著性水平;②括号中数值为稳健标准误;③控制变量同表5-2;④均采用Probit模型进行估计。

表5-18 数字经济参与影响农民收入的增信机制:同时引入核心解释变量和机制变量

变量	人均收入		收入不平等程度	
	(1)	(2)	(3)	(4)
数字经济参与	0.624*** (0.103)	0.437* (0.240)	-0.114*** (0.017)	-0.088** (0.043)
信用评级	0.329*** (0.115)		-0.067*** (0.023)	

续表

变量	人均收入		收入不平等程度	
	(1)	(2)	(3)	(4)
正式契约签订		0.814*** (0.174)		-0.165*** (0.034)
控制变量	控制	控制	控制	控制
省份虚拟变量	控制	控制	控制	控制
R^2	0.215	0.184	0.250	0.201
样本量	836	836	836	836

注：①*、**、***分别表示10%、5%和1%的显著性水平；②括号中数值为稳健标准误；③控制变量同表5-2。

五 异质性影响检验

鉴于不同乡村数字经济发展的基础与条件、不同群体数字经济参与的能力和资源禀赋等存在差异，本章进一步探讨数字经济参与对农民收入和收入不平等的群体异质性影响。

家庭财务决策人是家庭经济活动的决策者，其数字素养水平与农民数字经济参与及其效果密切相关。数字素养水平的测度题项为："是否会使用智能手机的基础功能""是否会对计算机的简单应用进行正确操作""是否会使用微信的基础功能""是否会使用朋友圈功能""能否熟练参与线上互动""能否熟练编辑分享视频"。若样本的回答是"会"，则相应题项分值为1；否则分值为0。加总6个题项的分值，得到数字素养水平变量的赋值。将数字素养水平、数字经济参与及二者交互项纳入式（5-2），重新进行回归，具体估计结果如表5-19列（1）和列（4）所示。估计结果显示，数字经济参与和数字素养水平的交互项至少在5%的统计水平上显著，且系数分别为0.125和-0.026。这表明家庭财务决策人的数字素养水平越高，农民数字经济参与的收入增长效应和收入不平等缓解效应越大。数字经济参与更有助于提升高数字素养水平农民的收入水平，并降低该部分农民的收入不平等程度。

乡村能人可通过"身份标签"影响农民的社会偏好、期望、信念和内在规范，进而影响其行为决策。根据题项"是否为经济能人或村干部"定义乡村能人身份变量，若样本的回答为"是"，则乡村能人身份赋值为1；否则赋值为0。本章将乡村能人身份、数字经济参与及二者交互项纳入式（5-2），重新进行回归，估计结果如表5-19列（2）和列（5）所示。估计结果显示，数字经济参与和乡村能人身份的交互项至少在5%的统计水平上显著，且系数分别为0.457和-0.096。这表明，乡村能人群体在参与数字经济活动过程中能够更加充分地发挥政治资源、经济资源和社会关系等方面的优势，提高资源配置效率，增加自身收入并降低收入不平等程度。

村庄劳动力流动情况是影响乡村数字经济发展的重要因素。本章以村庄外出务工时间超过3个月的劳动力数量占村庄全部劳动力数量的比重，衡量村庄劳动力流动变量。将村庄劳动力流动、数字经济参与及二者交互项纳入式（5-2），重新进行回归，具体估计结果如表5-19列（3）和列（6）所示。估计结果显示，数字经济参与和村庄劳动力流动的交互项均在10%的统计水平上显著，且系数分别是0.007和-0.001。这表明，村庄劳动力流动越多，村庄的信息通达度越高、资源要素流动性越强，越有助于引入新理念新技术，提高农民数字经济参与的获益程度，从而缓解其收入不平等。

表5-19　数字经济参与对农民收入和收入不平等的群体异质性影响检验结果

变量	人均收入			收入不平等程度		
	（1）	（2）	（3）	（4）	（5）	（6）
数字经济参与	-0.017 (0.189)	0.469*** (0.106)	0.404** (0.168)	0.014 (0.034)	-0.083*** (0.018)	-0.077*** (0.029)
数字素养水平	0.063 (0.039)			-0.010 (0.007)		
数字经济参与×数字素养水平	0.125** (0.052)			-0.026*** (0.009)		
乡村能人身份		0.129 (0.208)			-0.018 (0.032)	
数字经济参与×乡村能人身份		0.457** (0.225)			-0.096*** (0.037)	
村庄劳动力流动			-0.001 (0.003)			0.000 (0.001)
数字经济参与×村庄劳动力流动			0.007* (0.004)			-0.001* (0.001)

续表

变量	人均收入			收入不平等程度		
	(1)	(2)	(3)	(4)	(5)	(6)
控制变量	控制	控制	控制	控制	控制	控制
省份虚拟变量	控制	控制	控制	控制	控制	控制
F 值	15.332***	15.174***	13.803***	17.388***	16.874***	15.598***
R^2	0.241	0.247	0.227	0.275	0.281	0.259
样本量	836	836	836	836	836	836

注：①***、**和*分别表示1%、5%和10%的显著性水平；②括号中数值为稳健标准误；③控制变量同表5-2。

六 门槛效应检验

由于农民数字经济参与积极性、预期福利与农业经营规模密切相关，本章以经济作物种植规模和粮食作物种植规模为门槛变量，检验数字经济参与影响农民收入和收入不平等的门槛效应，具体估计结果如表5-20所示。

表5-20　数字经济参与影响农民收入和收入不平等的门槛效应检验结果

变量	种植粮食作物样本		种植经济作物样本	
	人均收入	收入不平等程度	人均收入	收入不平等程度
	(1)	(2)	(3)	(4)
数字经济参与 （粮食作物种植规模<40）	0.132* (0.075)	-0.028* (0.016)		
数字经济参与 （40≤粮食作物种植规模<200）	0.624*** (0.123)	-0.132*** (0.026)		
数字经济参与 （粮食作物种植规模≥200）	1.471*** (0.183)	-0.309*** (0.038)		
数字经济参与 （经济作物种植规模<22）			0.157 (0.327)	-0.030 (0.068)
数字经济参与 （22≤经济作物种植规模<270）			1.110*** (0.279)	-0.231*** (0.059)
数字经济参与 （经济作物种植规模≥270）			2.059*** (0.31)	-0.431*** (0.065)
控制变量	控制	控制	控制	控制

续表

变量	种植粮食作物样本		种植经济作物样本	
	人均收入	收入不平等程度	人均收入	收入不平等程度
	（1）	（2）	（3）	（4）
省份虚拟变量	控制	控制	控制	控制
样本量	452	452	211	211

注：①考虑到种植业和养殖业对土地经营规模的要求存在差异，剔除仅从事养殖的样本（87个），并剔除同时种植粮食作物和经济作物的样本（86个），最终得到样本量为663个；②***和*分别表示1%和10%的显著性水平；③括号中数值为稳健标准误；④控制变量同表5-2。

列（1）和列（2）的估计结果显示，对于种植粮食作物的样本而言，数字经济参与对农民人均收入和收入不平等程度的影响存在基于粮食作物种植规模的双重门槛效应，门槛值分别为40亩和200亩。数字经济参与对农民人均收入和收入不平等程度的影响随着粮食作物种植规模的增加而逐渐增强，尤其当粮食作物种植规模大于200亩时，数字经济参与的共富效应最大。

列（3）和列（4）的估计结果显示，对于种植经济作物的样本农民而言，数字经济参与对农民人均收入和收入不平等程度的影响存在基于经济作物种植规模的双重门槛效应，门槛值分别为22亩和270亩。数字经济参与对农民人均收入和收入不平等程度的影响随着经济作物种植规模的增加而逐渐增强，尤其当经济作物种植规模大于270亩时，数字经济参与的共富效应最大。

七 空间溢出效应检验

数字经济发展并不自动产生成果共享的"涓流效应"，这依赖不同区域、群体的有效互动。为揭示数字经济参与的福利溢出效应，本章进一步探讨核心解释变量影响农民收入和收入不平等的空间溢出效应，具体估计结果如表5-21所示。根据列（1）至列（4）的估计结果，核心解释变量的空间滞后项均至少在5%的统计水平上显著，且系数为正；根据列（5）至列（8）的估计结果，核心解释变量的空间滞后项均至少在10%的统计水平上显著，且系数为负。上述分析表明，数字经济参与对农民收入和收入不平等的影响存在显著的空间溢出效应。同一区域内数字经济发展的制度与政策条件具有相似性，农民尤其是新型农业经营主体的数字经济活动参与行为具有一定的示范性和带动性，因此，农民数字经济参与不仅影响其本身的收入水平和收入不平等程度，还对地理位置邻近农民的收入水平和收入不平等程度产生影响，H5-4 得到验证。在数字经济时代，政府需要构建跨区域的数字帮扶和交流协作机制，完善不同群体共享数字经济发展红利的合作机制，为加快实现共同富裕提供重要支撑。

表 5-21　　数字经济参与影响农民收入和收入不平等的空间溢出效应检验结果

变量	人均收入				收入不平等程度			
	(1)	(2)	(3)	(4)	(5)	(6)	(7)	(8)
数字经济参与	0.616*** (0.107)				-0.115*** (0.020)			
W×数字经济参与	0.668*** (0.225)				-0.115*** (0.043)			
数字化生产参与		0.582*** (0.112)				-0.128*** (0.021)		
W×数字化生产参与		0.457** (0.214)				-0.072* (0.040)		
数字化供销参与			0.380*** (0.085)				0.071*** (0.016)	
W×数字化供销参与			0.425** (0.184)				-0.088** (0.035)	
数字化金融参与				0.662*** (0.104)				-0.124*** (0.020)
W×数字化金融参与				0.623*** (0.206)				-0.109*** (0.039)
控制变量	控制	控制	控制	控制	控制	控制	控制	控制
省份虚拟变量	控制	控制	控制	控制	控制	控制	控制	控制
F 值	18.980***	19.217***	17.665***	19.789***	18.980***	19.217***	17.665***	19.789***
观测值	836	836	836	836	836	836	836	836

注：①莫兰指数检验结果显示，数字经济参与具有空间自相关性，限于篇幅，未报告详细结果；②***、** 和 * 分别表示 1%、5% 和 10%的显著性水平；③括号中数值为稳健标准误；④控制变量同表 5-2。

第四节　本章小结

　　本章探索性阐释共同富裕目标导向下数字经济参与影响农民收入和收入不平等的理论逻辑，并采用四川省、重庆市和宁夏回族自治区3个省份836户农户调查数据，实证检验西部地区数字经济参与对农民收入和收入不平等的影响及其作用机制、门槛效应和空间溢出效应。研究表明，数字经济参与显著促进农民增收并缓解农民收入不平等，凸显乡村数字经济发展的共富效应；数字经济参与主要通过赋权机制、扩能机制和增信机制影响农民人均收入和收入不平等。对于财务决策人数字素养水平高、具有乡村能人身份、劳动力流动较多村庄的农民，数字经济参与的共富效应更大。研究进一步发现，数字经济参与对粮食作物和经济作物种植户的人均收入和收入不平等的影响存在基于作物种植面积的双重门槛效应；农民数字经济参与对地理位置邻近农民人均收入和收入不平等的影响存在正向的空间溢出效应。

第六章

数字乡村发展对农民消费的影响研究

深挖农村消费潜力是加快构建新发展格局、助力乡村振兴战略实施的迫切要求。新冠疫情冲击、国际关系格局重塑、经济下行压力较大等多重背景下，着力推动国内消费提档升级成为保障经济平稳运行的"压舱石"。构建经济发展新格局的战略基点在于扩大内需，短板在于农村消费市场。中国拥有规模庞大的农民群体（居住在乡村的人口为5.09亿人，占全国人口的36.11%）[1]，2018—2022年，农村地区人均可支配收入的增长率明显高于城市地区，农村居民人均消费支出年均增长率接近城镇居民的2倍[2]，但农村居民消费水平仍远低于城市居民。农村消费市场潜力巨大，成为当前和今后一段时期扩大内需的重要突破口。2022年中央一号文件明确提出促进农村消费扩容提质升级。与此同时，越来越多学者指出，必须准确把握经济发展新阶段的消费特征变化，多措并举深挖国内市场尤其是农村市场的需求潜力（陈昌盛等，2021）。因此，探究新时期农村消费提档升级的可行路径对积极应对经济发展的短期困难和长期挑战、实现"促消费、稳增长"的战略目标具有重要意义。

数字乡村发展或将成为激发农村消费潜力的新动能。长期的城乡二元经济结构背景下，中国农村居民消费受人均收入水平相对较低、农村

---

[1] 国家统计局：《第七次全国人口普查公报（2021）》，http：//www.gov.cn/guoqing/2021-05/13/content_5606149.htm。

[2] 乔金亮：《改善预期稳住农村消费基本盘》，《经济日报》2023年1月31日第5版。

消费市场运行机制尚不健全、农村社会保障体系有待完善等多重因素的制约（唐博文、郭军，2022）。为破除这些制约因素，国家和地方政府先后出台多项政策，不断完善促进农村消费的体制机制，虽取得一定成效，但消费持续增长依然乏力。随着以5G、大数据、人工智能等为标志的第四次技术革命快速推进，人类社会生产生活方式正在跨入以数字经济为核心发展引擎的新时代。作为乡村建设在数智维度的集中体现，数字乡村发展将通过重塑乡村内部各要素间的时空关系、交互方式及要素组合方式，为优化农村消费结构、释放农村消费潜力提供新思路。

梳理相关文献可知，学者从收入、流动性约束、储蓄、消费习惯等层面对居民消费的决定因素展开了较为系统的研究（Pistaferri，2015；朱信凯、骆晨，2011），并围绕互联网使用、数字基础设施、数字金融、数字治理及其经济社会效应展开了诸多有益探讨（汪亚楠等，2021；唐红涛、谢婷，2022；周应恒、杨宗之，2021；Zhao et al.，2022），且互联网使用对居民消费水平和结构的影响已得到较多证实（谭恒鑫等，2022；齐红倩、马溆君，2021）。但聚焦数字乡村发展的整体框架与居民消费的关联性研究还相对有限，少有的几项研究也仅从逻辑分析角度进行阐释或基于省市数据进行探索性分析（汪亚楠等，2021；汪亚楠、王海成，2021），鲜有文献从数字乡村建设主战场（县域）层面进行系统研究，尤其缺乏针对县域数字乡村发展如何影响农村居民消费的理论和实证探讨。

鉴于此，本章拟立足县域数字乡村发展的整体性框架，采用北京大学县域数字乡村指数（2018）和中国家庭追踪调查（CFPS）的匹配数据，实证检验数字乡村发展对农村居民家庭消费的影响及其作用机制。本章探索性地剖析县域尺度的数字乡村发展对微观层面农民消费行为的影响效应，以期在一定程度上补充由现有文献仅从宏观层面讨论导致的研究不足。基于数字乡村发展的分维度分析和家庭消费的类型比较，深入揭示数字乡村发展影响农民消费的结构性差异及对农民家庭不同类型消费影响的异质性，并从家庭增收和信贷约束两个层面实证探究数字乡村发展影响农村家庭消费的潜在路径。本章研究旨在为加快县域数字乡村包容有序发展、促进农村消费提质升级探寻有效的实践策略。

第一节 文献综述与理论分析

国内外学者围绕农村居民消费的决定因素开展了广泛探讨,并形成以下几类代表性观点。一是以收入为核心的观点。该类观点依据凯恩斯的绝对收入假说及其衍生出的相对收入假说、生命周期假说及持久收入假说,认为居民主要根据现期或未来的收入水平进行消费决策（李江一、李涵,2016）。二是以流动性约束为核心的观点。该类观点认为,流动性约束的上升造成了中国的低消费增长和内需不足（万广华等,2001；汪浩瀚、唐绍祥,2009）。流动性约束限制了居民通过借贷方式平滑长期消费（唐博文、郭军,2022）。尤其中国农村地区的金融市场不发达,消费信贷的规模和种类较少,导致农村居民受到较大的流动性约束,而普惠金融可以通过缓解家庭流动性约束来促进家庭消费支出（Li et al.,2020）。三是以预防性储蓄为核心的观点。该类观点认为,外部不确定性会导致个体对消费行为过度敏感、增加预防性储蓄进而减少消费倾向。农民较差的抗风险能力与农村不完善的医疗、教育和养老保障体系加剧了他们对未来不确定性的担忧,导致农民存在明显的预防性储蓄行为（汪浩瀚、唐绍祥,2009；Liu et al.,2020）。四是以习惯形成、文化及价值观等为核心的观点。此类研究认为,中国农村居民的各项消费支出与消费行为变动均表现出了显著的内部或外部习惯形成效应（王小华等,2020；崔海燕、范纪珍,2011）。面对不确定性冲击,习惯形成减慢了居民消费的变化速度,抑制了高消费倾向的形成（臧旭恒等,2020）。此外,有研究表明农村居民的消费行为还受到中华民族传统的儒家文化、勤俭节约、人情往来、面子工程等文化和价值观层面因素的影响（叶德珠等,2012；De Giorgi et al.,2020）。五是以农村基础设施和公共品为核心的观点。该类观点认为,农村地区基础设施条件滞后是农民消费需求不足的主要因素之一（林毅夫,2000）,以电力、燃气、水利、交通为主的硬件设施与以农村公共服务体系为主的软件设施共同构筑的消费环境对农村居民消费产生了显著的影响（杨琦,2018；梁任敏、巴曙松,2022）。

随着数字技术加速嵌入乡村生产生活诸多领域,数字乡村建设得到

第六章 | 数字乡村发展对农民消费的影响研究

越来越多学者的重视,但直接探讨数字乡村发展与农村居民消费的研究十分有限。受限于研究数据的可得性,已有文献多从理论层面初步探讨了数字乡村发展对居民消费的影响。一些学者利用省级、地市级数据测算了区域数字经济发展水平,并证实了区域数字经济发展对居民消费模式的影响(Li et al.,2020;唐红涛、谢婷,2022;钟若愚、曾洁华,2022)。与此同时,部分学者论证了数字技术采纳对农村居民消费理念、消费内容和消费模式等方面的影响(Liu et al.,2020;周应恒、杨宗之,2021),为探讨数字乡村发展整体框架下的消费促进效应提供有益启发。相关研究如下。一是数字技术在农村生产生活诸多领域的应用,加速物流、资金流、信息流的扩散,加快打破乡村传统的消费理念和消费习惯,激活农村居民在价值、质量、安全和体验等方面的多元消费需求,进而释放农村消费潜力(祝仲坤、冷晨昕,2017)。二是数字技术应用大幅降低了交易成本,提高了消费效率、拓展了乡村消费的产品和服务内容(周应恒、杨宗之,2021)。三是数字技术对传统消费模式具有替代效应,加速线上消费、智能消费等模式兴起。麦肯锡的研究报告显示,网络消费每新增1元,其中0.6元源于对线下消费的替代,另外0.4元是新增消费(陈有钢等,2013)。

理论上,数字乡村发展所推动的基础设施数字化、经济数字化、治理数字化和生活数字化可从不同层面对农民消费能力、消费预期、消费结构及消费观念等产生影响。具体而言,首先,数字技术具有高创新性、强渗透性和广覆盖性等特征,其广泛应用有助于打破时间与空间限制,使城镇地区的前沿技术和先进知识加速溢出到农村地区,并通过提高农村地区人力资本、激活乡村市场中的沉睡资源、催生新业态新模式、加快农业全产业链数字化,拓宽农民增收渠道和提高农民可支配收入水平,进而持续提高农民消费能力。其次,数字技术的广泛和深度应用不仅有助于为乡村治理和生活等场景赋能,减少乡村生产生活中的不确定性,稳定农民消费预期,而且还能够通过农村金融服务的网络化、便捷化,减少获取金融资源的时间成本和物质成本,降低农村居民的流动性约束,从而提高家庭消费水平。再次,数字乡村发展推动乡村网络基站、物流网点、购销平台等基础设施提档升级,可有效增加支付便利性、提升交易效率,并增加农民消费尤其是线上消费的比例和金额。最后，数字乡村发展加速培育乡村网络消费、体验消费、智能消费等消费新模式，拓展乡村消费的产品和服务内容，并将全新的消费理念嵌入农村日常生活，革新传统消费习惯。

综上所述，已有研究围绕数字经济发展与农村居民家庭消费开展了诸多有益探讨，在理论和实践方面取得了初步的研究成果，但仍存在以下问题值得深入研究。一是仅较为零散地探讨互联网、大数据平台等新一代信息技术对农村消费的影响效应，缺乏针对数字乡村情境下农村居民消费行为逻辑的系统性考量，因此，有必要基于数字乡村发展的整体架构开展全面分析。二是少量研究主要基于省市层面的数据探讨数字乡村发展的经济社会效应，存在难以剥离农民群体参与实际的局限性，所得结论缺乏针对性与外推性。因此，有必要基于微观调查数据，从农民主体性视角系统评估数字乡村发展的消费促进效应。三是关于数字乡村发展影响农村家庭消费的作用渠道尚不清晰，且缺乏基于数字乡村发展及其分维度对不同群体消费行为的异质性影响分析，不利于根据有效性条件分类设计优化对策。

第二节 研究设计

一 模型设定

为探讨数字乡村发展的消费促进效应，本章构建基准回归模型如下所示：

$$Consumption_{ij} = \alpha + \beta Digital_j + \gamma Z_{ij} + \varepsilon_{ij} \tag{6-1}$$

式中：$Consumption_{ij}$ 为第 j 个县家庭 i 的人均消费水平；$Digital_j$ 为核心解释变量，表示区县 j 的数字乡村发展水平；Z_{ij} 为一系列控制变量，包括户主特征、家庭特征及地区特征等变量；ε_{ij} 为随机扰动项。此外，由于本章分析的是县域层面的数字乡村发展对家庭消费的影响，为避免县域内部个体之间的相关性对模型估计结果的影响，本章采用聚类到村级层面的稳健标准误。

值得注意的是，上述模型可能存在由遗漏变量、反向因果关系等导致的内生性问题。具体而言，当地传统文化、个体对数字经济的接受程度及数字技术应用水平等因素不仅影响家庭消费行为，也可能影响数字乡村的发展，但很难被测量。此外，随着区域消费活动的增加，数字技术的应用场景日趋多元化，农民对数字乡村相关设施与技术的需求也逐渐增长，从而促进当地的数字乡村发展。因此，本章拟采用工具变量法进行补充分析，选取的工具变量是农村居民家庭所在县域与浙江省杭州市中心点的球面距离（邱子迅、周亚虹，2021；张勋等，2021）。主要考虑如下。一方面，核心解释变量数字乡村发展指数是基于阿里巴巴集团的底层数据编制而成的，以阿里集团为代表的大型互联网企业的发展起源于杭州，而杭州向外具有辐射效应，因此，县域距离杭州的球面距离与数字乡村发展指数具有较高相关性。另一方面，农村居民家庭所在村庄与杭州的距离远近并不直接影响家庭消费行为，因此，工具变量的外生性近似满足。

二 数据说明

本章研究数据为 3 个方面数据的匹配。一是县域层面数字乡村指数数据。该指数由乡村数字基础设施指数、乡村经济数字化指数、乡村治理数字化指数和乡村生活数字化指数 4 个子指数构成，测算范围覆盖全国 1880 个县或县级市（不包括市辖区或特区）。二是中国家庭追踪调查（CFPS）数据。本章采用 CFPS 2018 年的截面数据，且仅保留乡村样本。三是工具变量数据。本章选取家庭所在县域与杭州市中心的球面距离为工具变量，该数据通过地理信息系统投影计算所得。将以上 3 个方面数据按照样本所在县和年份进行数据匹配，最终获得了 4560 个农村家庭样本数据。

三 变量选取与测度

（一）被解释变量

本章被解释变量为家庭层面的人均消费支出[①]，并进行对数化处理。根据 CFPS 问卷，家庭消费性支出包括食品、衣着、居住、家庭设备及日用品、交通通信、文教娱乐、医疗保健和其他消费支出。在此基础上，借鉴徐佳和韦欣（2021）的分类定义及具体类目，将家庭消费

[①] 人均消费支出由家庭消费支出除以家庭成员数计算所得。CFPS 对于家庭成员的判断包含如下两条原则：同一家庭的成员之间存在直接或间接的婚姻、血缘或领养的亲属关系；除有以上的亲属关系之外，个体还需要和家庭有经济联系才会被定义为家庭成员（经济联系是指需要靠家里供养或需要养家的人员）。

划分为生存型消费、发展型消费和享受型消费①,描述性统计如表6-1所示。

表6-1 主要变量的描述性统计

变量	定义及赋值	均值	标准差	最小值	最大值
家庭人均消费水平	家庭成员在生存型、发展型和享受型等方面的总消费支出/家庭人口数(元)	11215.18	12546.97	30	289300
家庭人均生存型消费	家庭成员在吃、穿、住、用、行等方面必不可少的总消费/家庭人口数,包括食品、衣着、居住、日用品、直接医疗支出等(元)	9469.33	10660.04	30	213300
家庭人均发展型消费	家庭成员为更好地提高德育、智育等而进行的总消费/家庭人口数,主要包括教育消费和健康消费等(元)	896.99	1852.61	0	30000
家庭人均享受型消费	家庭用于满足物质和精神性享受的总消费/家庭人口数,包括保健费用支出、休闲旅游和美容支出等(元)	848.85	2951.98	0	86100
数字乡村发展	乡村基础设施、经济、治理以及生活四个方面的数字化发展综合水平,以县域数字乡村指数衡量	52.24	9.77	22.58	82.96
乡村基础设施数字化	乡村信息基础设施、数字金融基础设施、数字商业地标、基础数据资源体系等数字基础设施发展水平,以县域数字乡村指数中的乡村数字基础设施分指数衡量	74.48	12.83	36.85	99.26
乡村经济数字化	乡村生产、供应链、营销、金融服务等方面的经济数字化发展水平,以县域数字乡村指数中的乡村经济数字化分指数衡量	43.08	8.38	21.31	81.03

---

① 生存型消费指家庭在吃、穿、住、用、行等方面必不可少的消费,包括自家消费的食品、衣着消费、居住类消费、日用品消费、直接医疗支出等。发展型消费指家庭用于提高家庭成员德育、智育等方面的消费,主要为家庭教育类支出。享受型消费指用于满足家庭物质和精神性享受的物质和劳务消费,包括外出就餐费、保健费用支出、旅游和美容支出等。

续表

变量	定义及赋值	均值	标准差	最小值	最大值
乡村治理数字化	乡村支付宝政务业务、微信公众服务平台、乡村钉及腾讯为村使用等方面的治理数字化发展水平,以县域数字乡村指数中的乡村治理数字化分指数衡量	44.50	21.88	10.40	96.57
乡村生活数字化	乡村消费、文旅教卫、生活服务等方面的生活数字化发展水平,以县域数字乡村指数中的乡村生活数字化分指数衡量	45.62	12.57	7.40	72.30
性别	受访者性别:1=男;0=女	0.57	0.50	0	1
年龄	受访者年龄(岁)	52.37	13.89	13	91
受教育年限	受访者的受教育年限(年)	6.26	4.25	0	19
婚姻状况	受访者的婚姻状况:1=已婚;0=其他	0.84	0.37	0	1
民族	受访者所属民族:1=汉族;0=其他	0.88	0.33	0	1
户籍状况	受访者的户籍类型:1=农业户口;0=其他	0.95	0.21	0	1
健康水平	受访者的身体健康水平:1=健康;0=不健康	0.78	0.42	0	1
家庭网络接入	家庭互联网接入情况:1=联网;0=未联网	0.35	0.48	0	1
家庭规模	家庭人口数量(人)	3.95	2.02	1	21
家庭抚养比	(65岁以上老年人数量+14岁以下小孩数量)/家庭劳动力数量	0.34	0.29	0	1
家庭房屋产权	家庭住房产权情况:1=有产权;0=无产权	0.89	0.32	0	1
县域人均GDP	样本所处县域的人均GDP(万元/人)	3.67	2.08	0.76	16.61
东部地区	样本是否来自东部地区:1=是;0=否	0.33	0.47	0	1
中部地区	样本是否来自中部地区:1=是;0=否	0.29	0.45	0	1
西部地区	样本是否来自西部地区:1=是;0=否	0.39	0.49	0	1

注：后文回归中对被解释变量农村居民家庭人均消费取对数,对核心解释变量数字乡村发展(总指数及分指数)进行 Z-Score 标准化处理。

（二）核心解释变量

本章核心解释变量为县域数字乡村发展。采用县域数字乡村指数（2018）作为数字乡村发展的代理变量,该指数为目前可得且能够较好反映县域层面数字乡村建设进展的较少数据集之一。基于主成分分析和聚集度分析的检验表明，该指数的构建具有一定的科学性和合理性（北京大学新农村发展研究院，2020）。数字乡村发展指数原始取值介于 0—100，为便于解释，除描述性统计部分以原始值分析外，实证分析均采用 Z-Score 标准化后的数字乡村发展指数。县域层面家庭人均消费与数字乡村发展指数的散点如图 6-1 所示。

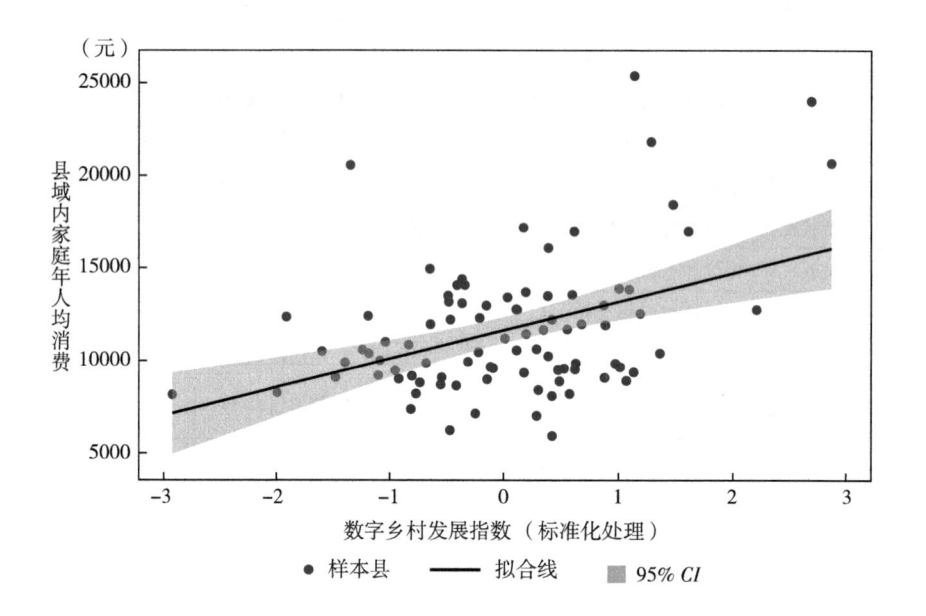

图 6-1 数字乡村发展与县域家庭人均消费散点

资料来源：作者基于县域数字乡村指数（2018）和中国家庭追踪调查（2018）数据绘制而成。

（三）控制变量

借鉴郭峰等（2020）、张勋等（2020）等研究，本章在农民家庭消费方程中选取个体层面、家庭层面和地区层面的控制变量。其中，个体层面的变量包括户主的性别、年龄、受教育年限、婚姻状况、民族、健康状况等；家庭层面的变量包括家庭人口规模、家庭抚养比等；地区层面的变量包括县域人均 GDP 及地区虚拟变量等。变量的具体定义、赋值及描述性统计如表 6-1 所示。

采用 Epanechnikov 核函数模拟的样本家庭人均消费分布情况如

图 6-2 所示①。由图 6-2 可知，样本家庭人均消费和家庭人均生存型消费在数字乡村发展水平更高的地区总体消费量更大，家庭人均发展型消费和家庭人均享受型消费在数字乡村发展水平更高的地区具有更集中于中间部分的分布特征。

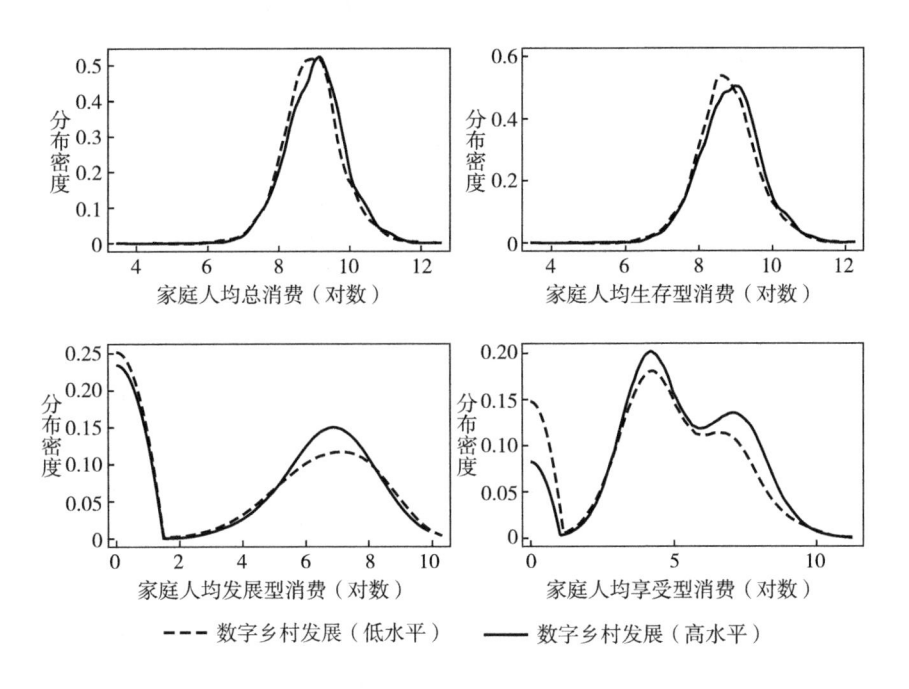

图 6-2 家庭总消费和各类消费的人均消费量分布

第三节 实证检验与结果分析

一 基准回归估计结果

表 6-2 列（1）汇报了采用 OLS 模型的估计结果。结果显示，数字乡村发展的估计系数显著为正，表明控制户主特征、家庭特征和区域特征后，数字乡村发展显著正向影响农村居民家庭人均消费。具体而言，数字乡村发展对农村家庭消费的影响系数为 0.048，即数字乡村发展每

---

① 根据样本均值将数字乡村发展分为高水平和低水平两组，便于对比分析组间的差异。

提高1个标准差，农村居民家庭人均消费提高4.8%。

表6-2　　　　　数字乡村发展对农村家庭消费的回归结果

变量	(1) OLS	(2) IV-2SLS 第一阶段	(3) IV-2SLS 第二阶段
数字乡村发展	0.048** (0.024)		0.256*** (0.066)
与杭州的球面距离		-0.752*** (0.105)	
性别	0.023 (0.025)	-0.023 (0.031)	0.017 (0.026)
年龄	-0.009 (0.007)	-0.003 (0.006)	-0.008 (0.007)
年龄平方	-0.002 (0.007)	0.005 (0.006)	-0.004 (0.007)
受教育年限	0.017*** (0.003)	0.019*** (0.006)	0.015*** (0.004)
婚姻状况	-0.004 (0.037)	-0.065* (0.034)	0.007 (0.038)
民族	-0.013 (0.055)	0.293** (0.140)	-0.094 (0.070)
户籍状况	-0.370*** (0.051)	0.098* (0.051)	-0.395*** (0.056)
健康水平	-0.046 (0.030)	0.085*** (0.029)	-0.070** (0.031)
家庭网络接入	0.235*** (0.030)	0.076** (0.036)	0.218*** (0.030)
家庭规模	-0.089*** (0.007)	0.000 (0.011)	-0.090*** (0.007)
家庭抚养比	-0.203*** (0.054)	0.039 (0.045)	-0.219*** (0.054)
家庭房屋产权	-0.156*** (0.038)	0.166** (0.068)	-0.194*** (0.041)
县域人均GDP	0.142*** (0.043)	0.654*** (0.105)	-0.037 (0.071)
东部地区	0.034 (0.047)	-0.396*** (0.089)	0.146** (0.061)
西部地区	0.031 (0.050)	-0.243** (0.115)	0.161*** (0.062)
常数项	8.793*** (0.478)	-1.911 (1.527)	10.718*** (0.749)
样本量	4560	4560	4560

续表

变量	(1) OLS	(2) IV-2SLS 第一阶段	(3) IV-2SLS 第二阶段
R^2	0.200	0.525	0.168
第一阶段 F 统计量		21.755	
Cluster-Robust Hausman P-val			0.003

注：①＊、＊＊、＊＊＊分别表示在10%、5%和1%的统计水平上显著；②括号内为聚类到村级层面的稳健标准误。

控制变量的估计结果与预期基本一致。在户主特征方面，户主受教育程度越高，家庭消费水平越高；非农户口的家庭消费水平显著高于农业户口的家庭。而在其他户主特征方面，户主的性别、年龄、婚姻状况、民族、健康水平对农村居民家庭人均消费的影响不显著。在家庭特征方面，互联网接入、家庭规模、家庭抚养比和房屋产权均可显著影响农村家庭消费水平；其中，相较于无互联网接入的家庭，有互联网接入的家庭消费水平更高。而家庭规模、家庭抚养比与家庭消费水平呈负相关关系，即家庭规模越大、家庭抚养比越高的家庭消费水平越低。可能的解释是，在当前农村教育体系和农村养老与医疗保障体系均不完善背景下，对于家庭负担较大、家庭抚养比较高这类抗风险能力相对较弱的家庭，一个理性的选择即进行预防性储蓄，适当减少当期消费（李春琦、张杰平，2009；陈晓毅、张波，2014）。在区域特征方面，县域人均 GDP 与农村家庭消费水平呈正相关，表明消费作为一种具有习惯效应、示范效应和同群效应的行为（杭斌、闫新华，2013），县域内经济环境对其影响十分显著。

二 内生性处理

如前文所述，数字乡村发展与农村家庭消费的基准回归模型可能存在内生性问题。因此，本章采用工具变量法（IV-2SLS）进行估计以解决内生性问题带来的偏误。本章选取的工具变量为样本农民家庭所在县域距离杭州市的球面距离，前文已经从理论上论述了该工具变量的相关性和外生性。工具变量有效性的检验结果如表6-2列（2）和列（3）所示。聚类稳健的 Hausman 检验 p 值为 0.004，表明 OLS 估计可能存在内生性偏误，IV-2SLS 的估计结果更为可信。第一阶段检验工具变量的

F 统计量为 21.733，大于经验参考值 10；弱工具变量检验中的 AR 统计量和 Wald 统计量对应的 p 值均小于 1%；由此表明，所选工具变量非弱工具变量。从模型估计系数来看，工具变量与数字乡村发展之间呈显著负相关，表明与杭州球面距离越远的县域，其数字乡村发展水平越低。第二阶段结果显示，相较于基准回归模型，数字乡村发展的估计系数仍显著为正且估计系数有一定的扩大。这表明，忽视数字乡村发展的内生性问题可能导致低估数字乡村发展的消费促进效应。

三　稳健性检验

（一）调整分析数据集

考虑到核心解释变量数字乡村发展的代理变量为县域数字乡村指数，其大部分底层指标数据源自总部位于杭州的阿里巴巴集团及旗下业务和生态伙伴，且上述数据分析也发现，数字乡村指数大小与该县到杭州的球面距离呈显著负相关。借鉴尹振涛等（2021）的处理方法，删除杭州市样本，并在此基础上进一步剔除样本中数字乡村指数最高 5% 和最低 5% 的样本，形成新的数据集以验证估计结果的稳健性。具体结果如表 6-3 所示，估计系数显著为正，与前述基准分析结果一致。

表 6-3　稳健性检验一：约束样本数据集

变量	去除杭州市的样本 (1) IV-2SLS	去除数字乡村发展最高与最低 5% (2) IV-2SLS
数字乡村发展	0.180*** (0.059)	0.280*** (0.103)
个体特征	控制	控制
家庭特征	控制	控制
区域特征	控制	控制
样本量	4508	4068
R^2	0.183	0.170

注：① *、**、*** 分别表示在 10%、5% 和 1% 的统计水平上显著；② 括号内为聚类到村级层面的稳健标准误。

（二）评估不可观测遗漏变量的影响

鉴于可能存在一些不可观测遗漏变量对估计结果产生潜在影响，本章借鉴 Altonji 等（2005）、Nunn 和 Wantchekon（2011）等评估遗漏变量重要性的思路来检验上述结果的稳健性。具体来说，设计两组回归模型，一组为受约束控制变量的模型，另一组为完全控制变量模型，依据两组模型解释变量的估计系数计算变动系数，该变动系数越大表示待估系数受遗漏变量的影响越小。受约束控制变量模型 1 只包括核心解释变量（数字乡村发展），完全控制变量模型 1 加入核心解释变量及户主特征和家庭特征变量；受约束控制变量模型 2 加入核心解释变量和户主特征变量，完全控制变量模型 2 包括核心解释变量和户主特征、家庭特征、区域特征等全部变量。变动系数 Ratio 的计算结果如表 6-4 所示。结果显示，第一种情形下计算的 Ratio 为 5.492，第二种情况计算的 Ratio 为 3.818，均值为 4.655。该结果表明，潜在遗漏变量对模型的影响至少比现有模型已知控制变量的影响大 3.8 倍时，遗漏变量才应被认为是严重问题。该检验从侧面论证了基准回归结果的稳健性。

表 6-4　　稳健性检验二：遗漏变量评估结果

变量	受约束的模型 1	完整模型 1	受约束的模型 2	完整模型 2
	（1）	（2）	（3）	（4）
数字乡村发展	0.157*** （0.042）	0.192*** （0.038）	0.189*** （0.042）	0.256*** （0.066）
个体特征	未控制	控制	控制	控制
家庭特征	未控制	控制	未控制	控制
区域特征	未控制	未控制	未控制	控制
样本量	4560	4560	4560	4560
Ratio	5.492		3.818	

注：①*、**、***分别表示在10%、5%和1%的统计水平上显著；②括号内为聚类到村级层面的稳健标准误。

四　异质性分析

（一）数字乡村发展对分类别农村家庭消费的影响

鉴于数字乡村发展可能对不同类型的家庭消费具有异质性影响，本章将对 3 类消费（生存型消费、发展型消费和享受型消费）进行对比分析。表 6-5 列（1）、列（2）和列（3）分别对应 3 个不同类型消费的估计结果。其中，数字乡村发展对三大类型家庭消费均具有显著的正向影响。由列（1）、列（2）和列（3）的估计系数对比可知，数字乡村发展对家庭享受型消费的促进作用最大，其次是发展型消费，最后为生存型消费。可能的解释包括：首先，生存型消费属于农村家庭最基本的消费需求，"脱贫攻坚"极大改善了农村居民的基本生存状态，数字乡村发展对生存型消费的边际提升效应较弱（汪亚楠等，2021）。其次，随着数字乡村建设推进，在线知识技能培训教育的需求日益增长、在线教育培训资源可得性明显提升，在一定程度上缓解了农村教育资源供给不足的问题，大幅促进了农村家庭在教育方面的消费行为。最后，数字乡村发展通过更加广泛的信息传播与区域互动，潜移默化地改变了农村居民的消费习惯与消费观念，显著增加了农村地区物质与精神层面的享受型消费，推动了农村家庭消费结构转型升级。

表 6-5　　　　数字乡村发展对家庭不同消费类别的影响

变量	家庭生存型消费 （1） IV-2SLS	家庭发展型消费 （2） IV-2SLS	家庭享受型消费 （3） IV-2SLS
数字乡村发展	0.241*** (0.067)	0.385*** (0.141)	0.986*** (0.151)
个体特征	控制	控制	控制
家庭特征	控制	控制	控制
区域特征	控制	控制	控制
样本量	4560	4560	4560
R^2	0.163	0.252	0.161

注：①*、**、***分别表示在10%、5%和1%的统计水平上显著；②括号内为聚类到村级层面的稳健标准误。

（二）数字乡村发展分维度对农村家庭消费的影响

为进一步探讨数字乡村发展影响农村家庭消费的结构效应，本章将从数字乡村发展的4个主要维度（乡村基础设施数字化、乡村经济数字化、乡村治理数字化和乡村生活数字化）对比分析其对农村家庭消费的影响，表6-6列（1）至列（4）分别对应4个分维度的估计结果。

可知，乡村基础设施数字化、乡村经济数字化、乡村治理数字化和乡村生活数字化均对农村居民家庭消费具有显著正向影响。其中，乡村基础设施数字化发展对农村家庭消费的影响最大，其次为乡村经济数字化，最后为乡村生活数字化和乡村治理数字化。可能的解释是，数字乡村建设中的传统基础设施数字化改造及新型数字基础设施建设，补齐了农村基础设施普遍滞后与乡村公共品投入匮乏的短板（方松海等，2011），能够更加直接有效地促进农村家庭消费水平升级。

表6-6　　　　数字乡村发展分维度对家庭消费的影响

变量	（1）IV-2SLS	（2）IV-2SLS	（3）IV-2SLS	（4）IV-2SLS
乡村基础设施数字化	0.627** （0.292）			
乡村经济数字化		0.349*** （0.116）		
乡村治理数字化			0.206*** （0.054）	
乡村生活数字化				0.274*** （0.071）
个体特征	控制	控制	控制	控制
家庭特征	控制	控制	控制	控制
区域特征	控制	控制	控制	控制
样本量	4560	4560	4560	4560

注：①*、**、***分别表示在10%、5%和1%的统计水平上显著；②括号内为聚类到村级层面的稳健标准误。

（三）基于户主特征的异质性影响

鉴于数字乡村发展的消费促进作用可能会因户主特征不同而存在差异，本章进一步选取户主性别和年龄①两个维度进行分析，估计结果如表6-7所示。列（1）至列（2）分别为基于女性户主样本和男性户主样本的估计结果，列（3）至列（5）依次为基于青年、中年和老年户

---

① 借鉴世界卫生组织关于年龄的界定，44岁以下为青年，45—59岁为中年，60岁及以上属于老年。

主家庭的分析结果。可知，数字乡村发展对男性、女性户主家庭，青年、中年、老年户主家庭均有显著的正向影响，表明数字乡村发展的消费促进效应具有普惠性，但同时也存在一定的群体差异。具体来说，数字乡村发展对男性和女性户主所在家庭消费的影响不存在明显差异；与此同时，数字乡村发展对中年户主所在家庭消费的影响最大，对青年户主家庭、老年户主家庭的影响次之。可能的原因是，青年户主对于新鲜事物的接受度和接受能力较强，已经能够熟练地操作最新的数字化工具，能够自如地开展信息搜寻与线上消费，数字乡村建设对挖掘该类型家庭消费潜力的作用相对较小；而老年户主由于认知和学习能力的限制，面临较为普遍的数字排斥问题，因此，数字乡村建设对该类户主所在家庭消费的影响也相对较小。

表 6-7　　数字乡村发展消费促进效应的个体特征异质性

变量	被解释变量：家庭人均总消费				
	(1)	(2)	(3)	(4)	(5)
	女	男	青年	中年	老年
数字乡村发展	0.251*** (0.079)	0.270*** (0.075)	0.142** (0.059)	0.333*** (0.098)	0.232*** (0.089)
个体特征	控制	控制	控制	控制	控制
家庭特征	控制	控制	控制	控制	控制
区域特征	控制	控制	控制	控制	控制
样本量	1959	2601	1320	1858	1378

注：①＊、＊＊、＊＊＊分别表示在10%、5%和1%的统计水平上显著；②括号内为聚类到村级层面的稳健标准误。

第四节　进一步讨论：影响机制

一　数字乡村发展的增收效应

数字乡村发展有助于通过改造传统农业和催生农村新业态提升农村家庭收入，进而提高家庭消费水平。具体来说：一方面，数字乡村发展促进当地依托资源禀赋优势不断升级对农业产业链的数字化改造，进而提升农村居民的农业经营收入。另一方面，数字乡村发展催生的"农产品直播带货"等新业态在一定程度上降低了农业工作对体力与时间的要求，为农村留守老人、妇女等弱势群体提供一定的就业机会，显著提高家庭非农就业收入（田鸽、张勋，2022）。表6-8汇报了数字乡村发展增收效应的估计结果。考虑了数字乡村发展内生性的两阶段回归估计结果显示，数字乡村发展对农村家庭人均收入有显著正向影响。列（2）至列（5）估计结果显示，与列（1）估计结果相比，加入家庭人均收入变量后，数字乡村发展对家庭人均消费的影响效应系数有一定程度的降低，间接论证了促进家庭人均收入增加是数字乡村发展影响农村居民家庭消费的渠道之一。

表6-8　　　　　　　　数字乡村发展的增收效应

变量	家庭人均收入	家庭人均总消费	家庭生存型消费	家庭发展型消费	家庭享受型消费
	（1）	（2）	（3）	（4）	（5）
	IV-2SLS	IV-2SLS	IV-2SLS	IV-2SLS	IV-2SLS
数字乡村发展	0.409***	0.140***	0.125**	0.431***	0.706***
	(0.083)	(0.052)	(0.054)	(0.147)	(0.128)
家庭人均收入		0.285***	0.284***	-0.114*	0.684***
		(0.015)	(0.015)	(0.060)	(0.050)
个体特征	控制	控制	控制	控制	控制
家庭特征	控制	控制	控制	控制	控制
区域特征	控制	控制	控制	控制	控制
样本量	4560	4560	4560	4560	4560

注：①*、**、***分别表示在10%、5%和1%的统计水平上显著；②括号内为聚类到村级层面的稳健标准误；③列（1）被解释变量家庭人均收入取对数。

二　数字乡村发展的预算平滑效应

数字乡村发展有助于促进数字普惠金融等产品和服务在农村地区的推广和应用，不断完善网上银行与掌上信贷服务，使农村消费者能够较好地实现跨期预算平滑，进而增加消费需求（张勋等，2021）。本章以家庭当前是否背负银行信贷表征家庭的信贷获取，并实证揭示数字乡村发展的预算平滑效应。表6-9汇报了数字乡村发展预算平滑效应的估计结果。列（1）估计结果显示，数字乡村发展显著提高了农村家庭获取正规信贷的概率。列（2）至列（5）估计结果显示，与列（1）估计结果相比，加入家庭信贷变量后，数字乡村发展对家庭人均消费的影响效应存在一定程度的下降，间接论证了数字乡村发展能通过作用于家庭信贷行为从而影响农村居民家庭消费。此外，家庭信贷与家庭人均总消费、家庭生存型消费、家庭发展型消费均有显著的正相关关系，而家庭信贷对享受型消费的影响不显著。可能的原因是，维持日常生活运转的生存型消费和提高人力资本的发展型消费具有相对刚性的支出需求，而享受型消费是弹性更大的较高层次支出需求。面对未来还款的潜在压力，需求弹性较大的享受型消费会受到一定限制（潘敏、刘知琪，2018）。

表 6-9　　　　　　　数字乡村发展的预算平滑效应

变量	家庭信贷	家庭人均总消费	家庭生存型消费	家庭发展型消费	家庭享受型消费
	（1）	（2）	（3）	（4）	（5）
	Probit	IV-2SLS	IV-2SLS	IV-2SLS	IV-2SLS
数字乡村发展	0.118** (0.052)	0.252*** (0.065)	0.238*** (0.067)	0.366*** (0.141)	0.983*** (0.152)
家庭信贷		0.142*** (0.038)	0.105*** (0.038)	0.612*** (0.167)	0.081 (0.118)
个体特征	控制	控制	控制	控制	控制
家庭特征	控制	控制	控制	控制	控制
区域特征	控制	控制	控制	控制	控制
样本量	4559	4559	4559	4559	4559

注：①*、**、***分别表示在10%、5%和1%的统计水平上显著；②括号内为聚类到村级层面的稳健标准误。

第五节　本章小结

基于全国县域数字乡村指数数据和中国家庭追踪调查（CFPS）微观农户数据的匹配，本章深入分析了数字乡村发展对农民消费的影响效应及其异质性，并进一步探讨了其作用渠道。研究发现：数字乡村发展对农村居民家庭消费具有显著正向影响，且对农村居民享受型消费的促进作用最大，其次是发展型消费和生存型消费。从数字乡村发展的分维度影响来看，乡村基础设施数字化水平对农村居民家庭消费影响最大，其后依次是乡村经济数字化水平、乡村治理数字化水平和乡村生活数字化水平。数字乡村发展对农村居民家庭消费的影响在户主特征层面存在一定差异性，尤其对中年户主群体家庭消费的影响更大。此外，数字乡村发展可通过增收效应和预算平滑效应促进农村居民家庭消费。

第七章

乡村数字经济发展对农民生计韧性的影响研究

着力提升农民生计韧性对激发农民内生发展动力、加快推进乡村全面振兴具有重要意义。党的二十大报告强调"着力提升产业链供应链韧性和安全水平"。提升农业产业链韧性是加快建设现代化经济体系的内在要求，而农业产业链韧性与农民生计韧性密切相关。当下中国经济发展面临形势错综复杂，自然灾害、公共卫生突发事件和其他不确定性冲击等风险频发，使农业产业发展和农民家庭生计活动面临多重挑战。作为推进乡村全面振兴的重要主体，农民普遍面临生计韧性不足及由此带来的增收乏力和可持续发展能力不强等问题。在共同富裕目标导向下，需要加快构建全面提升农民生计韧性的政策支持体系。

近年来，数字经济发展加快重塑农业生产方式、农民生活方式和乡村治理方式，或可为提升农民生计韧性提供新的驱动力。从宏观层面来看，乡村数字经济发展可加速打破乡村生产要素流动、社会资源和福利分配的固有格局（彭艳玲等，2022），弥合城乡基础设施、公共服务和社会治理等各方面的差距，改善农民生产条件和生活品质，并加快重构基层治理的理念、手段和机制，促进农村信用体系数字化转型（袁康，2022）。从微观层面来看，农民在乡村数字经济各领域的广泛和深度参与有助于改善其生计韧性。理论上，农民参与数字经济各领域有助于提升其公共服务可得性、改善服务获取的体验感，激发基层治理参与意愿，提高其在公共决策中的话语权，增强其面对环境不确定性的应对能力；农民在农业全产业链环节数字化转型中的实践参与，可提升其关于

第七章 乡村数字经济发展对农民生计韧性的影响研究

涉农数据的收集、加工、分析和处理能力及生产经营与管理能力,助力应对经济活动参与中的各项挑战;数字经济活动参与还有助于依托数字足迹完善个体信用画像,增进农民契约意识,进而提高其可持续发展能力。因此,数字经济参与究竟能否提升及如何提升农民生计韧性仍有待深入的实证检验。

梳理文献可知,鲜有研究关注数字经济参与对农民生计韧性的影响及作用机制。一是已有研究在测算农民生计韧性时多以满足收入或消费等单一福利标准的条件概率体现家庭应对风险的综合能力(张东玲、焦宇新,2022;田杰等,2024),该方法较为依赖福利指标的选取和阈值的设定。二是少有研究针对性地探讨数字经济参与对农民生计韧性的影响。学者主要探讨了以数字金融、电商等为表征的数字经济参与在促进农民就业(戚聿东、褚席,2021;仇化、尹志超,2023)、助力农民增收(秦芳等,2022)、缩小群体收入差距(邓金钱、张娜,2022;徐莹、王娟,2024)、缓解贫困脆弱性(赵亚雄、王修华,2022)等方面的作用。三是部分研究多从提升社会资本和人力资本(戚聿东、褚席,2021)、促进就业创业(秦芳等,2022;赵亚雄、王修华,2022)、提高经济信息关注度(宋文豪等,2023)、增强信息搜寻能力(仇化、尹志超,2023)等方面揭示数字经济参与影响农民福利的潜在机制,鲜有研究从赋权、扩能和增信的多重视角对数字经济参与影响农民生计韧性的作用机制进行体系化研究。四是现有文献缺乏关于数字经济参与和农民生计韧性之间非线性关系的探讨。事实上,不同群体难以等量、同质地共享数字经济发展红利(林海等,2023),农民数字经济参与的福利效应的产生可能存在一定的规模门槛。

鉴于此,本章拟采用中国乡村振兴综合调查(CRRS)数据,实证探究数字经济参与对农民生计韧性的影响效果、作用机制及门槛效应。本章可能的边际贡献在于:一是使用具有全国代表性的微观调查数据,探讨农民在农业全产业链中的生产、销售及金融服务等环节的数字经济参与对其生计韧性的影响,为厘清农民数字经济参与和生计韧性的关系提供新视角和微观证据。二是综合生产者视角和消费者视角构建农民生计韧性测度指标体系。现有文献对农民作为消费者层面的生计韧性的探讨较多,而对其作为生产者的生计韧性的探讨较少。考虑到数字技术在农业生产、销售与金融服务等领域的应用主要对农民生计层面的韧性产生影响，本章拟从应对经济风险与不确定性情境下的家庭抵抗力、适应力和再造力三个维度构建农民生计韧性的综合评价指标体系。三是基于赋权、扩能和增信的多重视角，引入数字公共服务享有和基层治理决策参与、生产经营能力与组织管理能力、信用意识和契约意识构建数字经济参与对农民生计韧性影响的理论分析框架，系统揭示数字经济参与影响农民生计韧性的潜在机制。四是基于作物种植规模和农民数字素养水平，实证揭示数字经济参与影响农民生计韧性的门槛效应。

第一节 理论分析与研究假说

一 总体影响的理论分析与研究假说

农民生计韧性集中反映在自然环境、市场环境等方面的不确定性条件下，家庭抵御外部冲击、保持各项经济活动平稳有序开展和收入可持续增长的多元能力。参考 Speranza 等（2014）的农民生计韧性框架[1]，结合农民生产经营活动中生计韧性的具体表征，本章将农民生计韧性分解为抵抗力、适应力和再造力三个维度。其中，抵抗力是农民面对外界扰动时保持自身经济状况稳定的基础，适应力是农民在不确定性较高的经济环境下实现自我调节、快速复原的关键，再造力是农民在复杂多变的外部发展条件下实现转型突破的核心。鉴于农民资产拥有量与其抵御和化解各类风险冲击、保持生产生活稳定性直接相关，本章以农民在生产与生活两个方面的资产禀赋表征其抵抗能力。鉴于生计策略多元化和灵活性对提升农民长期适应性能力具有重要作用，本章以农业与非农领域生计选择多样性与职业稳定性等指标衡量风险条件下家庭经营活动的恢复与调适能力。鉴于学习能力改善和技能水平提升直接关系农民在新市场环境和新技术条件下的转型发展，本章以培训参与、技能证书获取、在线学习投入等表征农民在开拓新发展路径方面的再造力。

---

[1] 韧性这一概念最早源于物理学，Holling（1973）较早地将该概念应用到生态学领域，用于描述系统抵御风险以及恢复自身状态的能力。其后，Speranza 等（2014）率先从生计视角提出生计韧性的概念，并在此基础上构建了以缓冲能力、自组织能力和学习能力为表征的农户生计韧性框架。

第七章 乡村数字经济发展对农民生计韧性的影响研究

以数字化生产、数字化销售和数字化金融参与为表征的数字经济参与在推动农业生产方式优化升级的同时，也使农民在面临外部环境变化时能够更灵活地进行生计策略调整。在生产环节，数字技术在种植业和养殖业等领域的渗透，能够对传统农业生产过程进行全方位改造，激发农民生产经营潜力、提高农业生产效率（彭艳玲等，2022）。农民在农业全产业链各环节的经济活动参与中广泛应用各类数字平台，有助于合理制定生产经营决策，高效配置资金、人力、物资等各类资源要素，形成自我调节机制，实现生产经营活动的有序运转，进而提高自身抵御和化解自然风险和市场风险的能力。在销售环节，以专业性电子商务平台、社交平台等为依托的数字化营销手段的应用能够打破时空限制，将农产品推向更广阔的市场，拓宽农民增收路径（秦芳等，2022）。农产品数字化交易可加速相关生产要素融合流动、提升交易效率，提高农业产业链的稳定性与安全性，强化农民的市场竞争力，进而提升其抵抗力、适应力与再造力。在金融服务场景中，以数字支付、数字信贷和数字理财为核心的数字金融产品与服务的使用，有助于提升农业生产经营活动中的交易便捷性、缓解流动性约束、促进财富积累；与此同时，建立在农民信用信息归集基础上，金融机构能够对动态变化的农民金融需求快速做出反应，以更好支持农民应对风险冲击过程中的调整、恢复与转型发展等适应性行为。因此，本章提出以下研究假说：

H7-1：数字经济参与对农民生计韧性产生正向影响；

H7-1a：数字化生产参与对农民生计韧性产生正向影响；

H7-1b：数字化销售参与对农民生计韧性产生正向影响；

H7-1c：数字化金融参与对农民生计韧性产生正向影响。

二 影响机制的理论分析与研究假说

基于前文分析，本章从赋权、扩能和增信三个维度构建了数字经济参与影响农民生计韧性的逻辑框架，如图7-1所示。

数字经济参与可通过赋权逻辑影响农民生计韧性。赋权理论认为，为弱势群体增权的主要途径是保障该群体平等参与的机会（阿玛蒂亚·森，2013）。赋权路径主要体现在两个方面：一是促进公共服务享有。享有基本公共服务是公民的基本权利，确保农民尤其是弱势农民在公共服务方面的均等化享有对于持续增进农民福祉具有重要意义。二是促进基层治理决策参与。基层治理参与是乡村场域下发挥农民主体性的有效实现形式，平等参与基层事务治理是尊重农民主体地位，保障其具有无差别阶层地位、享有同等民主权利的重要体现。

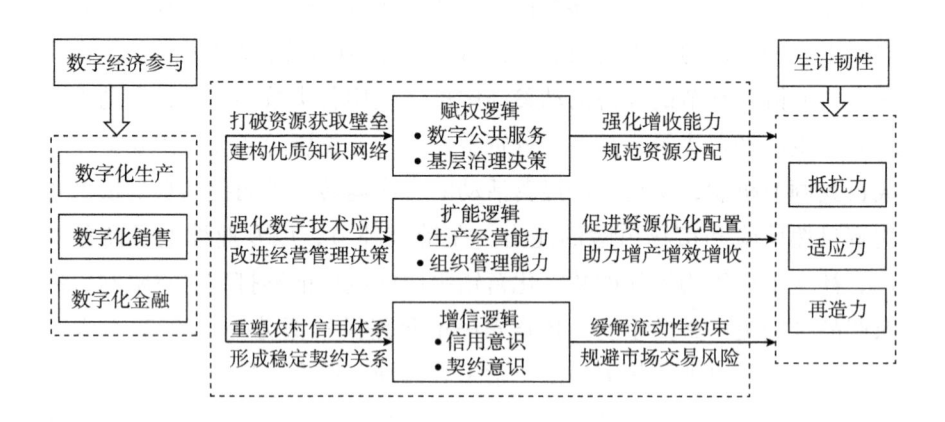

图 7-1 数字经济参与对农民生计韧性的影响逻辑

数字经济参与有助于促进农民数字公共服务享有和基层治理决策参与。一方面，数字经济参与可提升农民享有数字公共服务的均等化水平。数字技术应用能够有效打破区域之间的资源壁垒，推动城市地区多元、优质的数字公共服务资源向乡村延伸（沈费伟、胡紫依，2024），增加农民尤其是弱势农民获得教育与医疗等服务的可能性。具体而言，农民在生产环节应用智能设备有助于提高自身与数字技术的联结感，增强其使用新技术新服务的积极性，为其获取数字公共服务提供重要支撑。农民利用数字技术与平台从事农产品销售和金融活动有助于促进信息资源与资金要素的有序流动，助力其精准高效地捕捉各类信息和享有高质量的公共服务。另一方面，数字经济参与有助于提升个体响应基层治理决策的积极性。数字经济活动嵌入有助于个体建构优质的知识网络（Brinkerhoff and Wetterberg, 2016），调动其参与基层治理的能动性（林海等，2023）。具体而言，参与数字化生产、数字化销售和数字化金融服务等领域可强化农民对多样化数字工具的应用、促进其数字素养与技能的积累，拓展其获取信息、表达意见的渠道，并激发其参与公共治理决策、筑牢经济资源比较优势、提高社会地位的内在动机（苏岚岚等，2022）。

进一步地，公共服务享有和基层治理决策参与有助于改善农民生计韧性。例如，李永友和柏霖（2023）采用中国家庭追踪调查（CFPS）数据的研究发现，公共服务可及性的改善能有效提高低收入家庭持续增收能力，弥合不同收入家庭间的福利分配差距。张岳和张博（2024）基于中国乡村振兴综合调查（CRRS）数据的研究发现，乡村数字治理参与具有收入增长效应，且能够缩小农民内部收入差距。以上研究表明，公共服务享有和基层治理决策参与能有效增加农民福利，提高其面对不利经济处境时的应对能力。综上分析可知，数字经济参与可通过促进数字公共服务享有和基层治理决策参与激活农民内生动力，从而提高其应对风险和不确定性条件下的抵抗力、适应力和再造力，增强其生计韧性。

因此，本章提出如下研究假说：

H7-2：数字经济参与可通过赋权路径提升农民生计韧性；

H7-2a：数字经济参与可通过促进数字公共服务享有提升农民生计韧性；

H7-2b：数字经济参与可通过促进基层治理决策参与提升农民生计韧性。

数字经济参与可通过扩能逻辑影响农民生计韧性。生产经营能力和组织管理能力与农民生计韧性高度相关，因而，面向农民群体的扩能路径应主要体现在两个方面。具体包括：一是提高生产经营能力。这强调在现有生产经营条件下，提升农民动态完善生产方案、优化资源要素配置、提高经营决策效率的能力。二是提高组织管理能力。这要求鼓励引导农民依托合作社、家庭农场等组织载体的力量嵌入农业产业链各环节，实现自身长足发展。

数字经济参与有助于提高农民生产经营能力和组织管理能力。一方面，数字经济参与可改善农民生产经营能力。乡村经济数字化转型加速大数据、物联网、人工智能等数字技术与农业生产经营各环节深度融合（赵佳佳等，2023），为农民尤其是规模经营主体优化生产决策、提高经营管理活动的精准性与灵活性、改进生产效率提供重要驱动力。具体而言，随着无人机、GIS 应用、智能农机等智能设备扩散至农业生产领域，农民有望通过使用这些设备实现生产全过程的精准管控和资源要素的高效投入。农民在数字化销售和数字化金融活动中的经验积累可提高其数字技术应用能力，促使其积极利用数字平台寻找专业技术指导及优质社会化服务，助力其制定更优的生产经营决策。另一方面，数字经济参与有助于提升农民的组织管理能力。具体而言，数字技术在农业生产、销售、金融等领域的广泛应用，可加快破除农民对智慧化生产、直播销售、数字信贷等数字技术应用场景的畏惧心理，转变其传统的思想观念和经营方式（方师乐等，2024），促进其以合作社、家庭农场等组织载体为依托积极融入农业新业态新模式发展。

进一步地，生产经营能力与组织管理能力的改善有助于提升农民生计韧性。例如，杜鑫和张贵友（2022）基于中国乡村振兴综合调查（CRRS）数据发现，农民扩大土地经营规模可优化土地资源配置，增加家庭收入、提升自身可持续发展能力。平卫英和张谊瑞（2023）采用西南地区农户调查数据的研究发现，农民通过参加合作社并在经营管理、市场销售、技术支持等方面承担相应角色和职能，可保障组织有序运转和资源高效协调，并进一步实现自身经营性收入的增长。以上研究表明，农民生产经营能力和组织管理能力的增强能提高经营主体间合作的效率和效益，促进生产经营活动稳定开展，改善农民福利。综上分析可知，数字经济参与可通过提高生产经营能力和组织管理能力促使农民理性高效决策，增强其应对不确定性条件下的抵抗力、适应力和再造力，进而提升农民生计韧性。

因此，本章提出如下研究假说：

H7-3：数字经济参与可通过扩能路径提升农民生计韧性；

H7-3a：数字经济参与可通过提高生产经营能力提升农民生计韧性；

H7-3b：数字经济参与可通过提高组织管理能力提升农民生计韧性。

数字经济参与可通过增信逻辑影响农民生计韧性。通过赋权与扩能，农民获得更公平的发展机会，也具备了相应的能力和素质，但要更大限度激发农民主体的能动性、提升其市场参与广度和深度，还需要持续加强农村信用体系建设。面向农民群体的增信路径主要体现在如下两个方面。一是改善信用意识。农民信用评价是金融机构开展农村信贷业务的基础，具有"资源创造"的作用。通过对农民信用信息建档立案，完善农民信用评价机制，有助于削弱农民因没有或缺少符合金融机构要求的抵押物或担保人而带来的金融排斥问题，提高其金融资源可得性。二是改善契约意识。契约订立有助于农民形成守约、诚信的市场行为习惯，助力其维持良好的信用水平与市场竞争力，以持续提升其经营收益。

数字经济参与有助于改善农民信用意识和契约意识。一方面，数字经济参与可促进农民信用意识提升。数字技术的广泛运用驱动商业组织形态虚拟化与智慧化，促进交易活动线上化与平台化，经营主体的信用发现机制和激励约束机制也随之转型（Zhang et al., 2024）。以微信支付分、芝麻信用等为载体的数字信用评价机制加快重塑农民的信用观念，使农民信用数据得以被更准确地记录，且能够被更有效地抓取和应用。具体而言，数字技术在农业生产、销售和服务等环节的创新性应用可提高信用信息传递效率，促进涉农信用信息的归集整合与价值挖掘，进而提升农民的信用水平（彭艳玲等，2022；钱水土、方立凯，2024）。另一方面，数字经济参与有助于推进农民与其他经营主体建立稳定的契约关系。数字技术应用具有开放性和标准化等鲜明特征，有助于促进农业生产经营各项业务流程规范化，引导农民自觉规范生产经营和市场交易行为。具体而言，在农业生产、销售、金融服务等领域应用各类数字技术和平台，能够加深农民对商业合作和规范交易的认知与体验，促使其通过契约订立等方式有效规避市场交易风险，强化履约意识及契约保障作用。

进一步地，信用意识与契约意识的提高能有效提升农民生计韧性、防止其陷入财务困境。例如，周小刚和陈熹（2017）基于江西省726个农户样本的研究发现，信用评级体现了金融机构对农民资产与收入水平及负债偿还能力的判断，较高的信用评级有利于农民更易获取正规信贷资金，并改善正规信贷资金使用所引致的福利效应。高静等（2020）基于全国11个省份1030个农户的调查数据发现，提升农民的契约意识和正式契约关系的建立能够显著增加农民收入。以上研究表明，农民信用意识与契约意识的增强均有助于提升农民福利水平，强化家庭经营的稳健性，拓展家庭生计的发展空间。综上分析可知，数字经济参与可通过改善信用意识和契约意识增强农民内生发展动力，有效改善农民在隐性、长期的外部环境变化下的抵抗力、适应力和再造力，从而提升生计韧性。

因此，本章提出如下研究假说：

H7-4：数字经济参与可通过增信路径提升农民生计韧性；

H7-4a：数字经济参与可通过改善信用意识提升农民生计韧性；

H7-4b：数字经济参与可通过改善契约意识提升农民生计韧性。

第二节 研究设计

一 数据来源

本章所使用的数据来源于中国乡村振兴综合调查（CRRS），具体抽样调查原则请详见本书第一章第五节。由于CRRS只采集了粮食作物种植户数字化生产参与的数据，对粮食作物种植户样本与全样本对比分析发现，该部分样本中数字化销售、数字化金融参与的样本占比与全样本中数字化销售、数字化金融参与的样本占比相差不大。为保持核心变量样本数量一致，本章仅采用粮食作物种植户样本（2126个）进行分析。经过对缺失值、异常值等的处理后，最终获得1774个有效样本。

二 变量选取与测度

（一）被解释变量

本章被解释变量为农民生计韧性。本章从抵抗力、适应力和再造力三个维度构建农民生计韧性测度指标体系。为提高具体指标设计的合理性，本章在抵抗力测度中突出农民多元化保险市场参与情况，以充分考虑在面对外界环境变化时购买各类保险对保持自身经济状况稳定性的效果；在适应力测度中重视对劳动力质量的刻画，以充分考虑在不利的经济环境中持续提升劳动生产率和就业质量等对有序恢复家庭经营活动的作用；在再造力的测度中关注农民对有助于转型发展的信息与技能的了解与掌握情况，以充分考虑在新的外部环境下家庭重新焕发经营活力的可能性。各指标权重采用熵值法进行测算，以尽可能避免主观赋值存在的随意性。指标的选取充分结合国外相对成熟的生计韧性分析框架与中国农民的生产生活实际，遵循科学性、系统性、代表性等原则，并综合考虑了数据可得性。具体指标设计如表7-1所示。

表7-1　　　　　　　　农民生计韧性指标体系

维度层	指标层	指标描述与定义	均值	权重
抵抗力 (0.290)	房屋资产	住房类型×0.5+住房面积×0.5；住房类型中，竹草土坯=1；砖瓦砖木=2；砖混材料=3；钢筋混凝土=4	88.02	0.012
	人均耕地面积	自家实际经营耕地面积/家庭总人数（亩）	3.88	0.029
	家庭生产性资产	家庭拥有农业生产机械总数（辆）	0.48	0.050
	社会保险购买	城乡居民医疗保险参保人数/家庭总人数	0.90	0.002
	商业医疗保险购买	有无购买商业医疗保险：有=1；无=0	0.06	0.123
	农业保险购买	有无购买农业保险：有=1；无=0	0.51	0.029
	家庭储蓄	家庭储蓄额：1万元以下=1；1万元及以上至5万元以下=2；5万元及以上至10万元以下=3；10万元及以上至20万元以下=4；20万元及以上=5	1.77	0.044
适应力 (0.364)	人均收入	家庭年总收入/家庭总人数（元）	14846.69	0.001
	生计多样性	家庭从事所有生计活动的种类数（如种植、养殖、经商、务工）	1.76	0.028
	种植多样性	家庭种植非自家食用的作物种类数	2.08	0.019
	非农就业选择	从事非农就业人数/家庭劳动年龄人数	0.44	0.109
	农业劳动生产率	每亩农作物产量/每亩农作物生产投工量（公斤/日）	234.98	0.058
	工作稳定性	外出从业者有无在国家机关、党群组织、企业、事业单位工作：有=1；无=0	0.03	0.150
再造力 (0.346)	技能证书获得	外出从业者有无与当前职业相关的技能等级证书：有=1；无=0	0.24	0.080
	技术培训经历	外出从业者有无接受过农业或非农技术培训：有=1；无=0	0.35	0.047
	信息关注程度	是否经常关注生产经营相关的信息（如生产指导、市场销售、就业创业等）：有=1；无=0	0.21	0.068

续表

维度层	指标层	指标描述与定义	均值	权重
再造力 (0.346)	增收技能持有	是否掌握有助于增收的技能（如农业规模经营、农产品电商销售等）：有=1；无=0	0.12	0.093
	线上学习投入	使用手机进行学习和阅读的时长/使用手机总时长	0.12	0.058

（二）核心解释变量

本章核心解释变量为数字经济参与。本章界定数字经济参与包括数字化生产参与、数字化销售参与和数字化金融参与。利用"在生产各阶段是否应用智能化技术（如利用 GIS 导航、基于遥感等辅助生产决策、采用智能设备精准控制要素投入、利用传感器实时收集数据等）？""是否有经营的产品通过网络销售？""在生产经营活动中是否使用微信、支付宝等第三方支付，以及使用互联网信贷？"① 三个问题分别识别样本的数字化生产参与、数字化销售参与和数字化金融参与。统计分析发现，样本在各生产阶段的数字化参与度存在明显差异：产中阶段（包括打药、施肥和灌溉环节）的数字化参与度最高，达到 6.43%；其次为产前阶段（包括耕地和播种环节），数字化参与度占比为 5.02%；产后阶段（包括收获和运输环节）数字化参与度最低，仅为 2.82%。这表明农民更倾向于在产中和产前阶段应用智能化技术。进一步地，若农民参与数字化生产、数字化销售及数字化金融三者中至少一项，则该样本被识别为数字经济参与。统计显示，农民数字化生产、数字化销售和数字化金融参与的比例分别为 11.27%、3.78% 和 44.93%，数字经济整体参与度为 51.30%②。

（三）机制变量

本章从赋权、扩能、增信三个方面选取机制变量。赋权机制方面包

---

① CRRS 难以提取数字理财参与信息，故农户数字化金融参与中未考虑数字理财。为评估农户数字化金融参与比例的合理性，笔者基于 2019 年中国家庭金融调查（CHFS）数据进行了测算，统计结果显示，参与数字理财的农户均至少参与数字支付或数字借贷中的一项行为，为本章仅以数字支付和数字信贷衡量农户数字化金融参与提供一定的合理性支撑。

② 与其他全国大型抽样调查数据进行比较发现，本章所采用样本中的数字化销售占比与已有研究（吴本健等，2023）中关于农户电商经营占比的测量结果（2.70%）相近。

括数字公共服务享有与基层治理决策参与两个变量，分别采用"有无进行过网络问诊"与"有无对村庄发展提出过建议或对村庄重大事项进行监督"进行衡量。扩能机制方面包括生产经营能力和组织管理能力两个变量，分别采用"有无通过土地转入扩大土地经营规模"与"有无加入合作社或注册为家庭农场"进行表征。增信机制方面包括信用评级和契约订立两个变量，分别采用"金融机构有无进行信用评级并授予信用贷款额度"与"土地转入时有无签订书面合同"[①]进行刻画。

（四）控制变量

参考相关文献（苏岚岚等，2022；彭艳玲等，2022），本章从个体特征、家庭特征、村庄特征及地区特征四个方面选取控制变量。各变量的定义及描述性统计如表7-2所示。

表7-2　　　　　　　　变量定义及描述性统计

变量类型	变量名称	变量定义	均值	标准差
被解释变量	农民生计韧性	在不确定环境中，家庭抵御外部冲击、保持各项经济活动平稳有序开展和收入可持续增长的能力，由熵值法计算得到	0.11	0.09
核心解释变量	数字经济参与	有无数字化生产、数字化销售或数字化金融参与行为：有=1；无=0	0.51	0.50
	数字化生产参与	有无应用智能化技术支持生产管理过程改进等活动：有=1；无=0	0.11	0.32
	数字化销售参与	有无使用互联网进行农产品销售活动：有=1；无=0	0.04	0.19
	数字化金融参与	有无使用微信、支付宝等App进行结算、贷款等活动：有=1；无=0	0.45	0.50

---

①　农户可能签订契约的交易活动主要包括订单生产、农超对接、集体资产交易、土地流转和代理电商物流服务点等。其中，签订土地流转契约的现象最普遍，能有效体现契约形式选择的自主性。进一步地，转入土地是农户选择主动开展农业生产、承担经营风险的行为，在转入土地时签订书面合同能体现其保障土地经营权益的主动性，故以签订书面土地转入合同测度农户契约意识具有一定的合理性。

续表

变量类型	变量名称	变量定义	均值	标准差
机制变量	数字公共服务享有	有无进行过网络问诊：有=1；无=0	0.06	0.23
	基层治理决策参与	有无对村庄发展提出过建议或对村庄重大事项进行监督：有=1；无=0	0.46	0.50
	生产经营能力	有无通过土地转入扩大土地经营规模：有=1；无=0	0.15	0.36
	组织管理能力	有无加入合作社或注册为家庭农场：有=1；无=0	0.26	0.44
	信用意识	金融机构有无进行信用评级并授予信用贷款额度：有=1；无=0	0.27	0.45
	契约意识	土地转入时有无签订书面合同：有=1；无=0	0.29	0.46
个体控制变量	户主年龄	户主年龄（单位：岁）	55.40	9.53
	户主性别	男=1；女=0	0.95	0.22
	户主婚姻状况	已婚=1；未婚或其他=0	0.93	0.26
	户主教育程度	户主受教育年限（年）	7.94	3.01
	户主健康状况	健康=1；非健康=0	0.85	0.36
家庭控制变量	家庭劳动力数量	家庭劳动力数量（单位：人）	4.45	1.75
	家庭抚养比	(64岁以上老人数量+15岁以下小孩数量)/家庭劳动力数量	0.44	0.53
	家庭重要事件	过去一年家庭是否发生结婚、家人考上大学等重大事件：是=1；否=0	0.14	0.35
村庄控制变量	村庄自然灾害情况	村庄近三年是否遭受自然灾害：是=1；否=0	0.65	0.48
	村庄到县政府距离	村庄到县政府的直线距离（单位：千米）	24.99	16.90
	村庄经济水平	村庄人均纯收入（单位：万元）	1.40	0.54
	村庄有无网络社交平台	村庄是否有微信群、微信公众号等网络社交平台：是=1；否=0	0.98	0.14
地区控制变量	县域人均GDP	县域人均GDP（单位：万元）	5.91	2.83
	东部地区	东部地区：是=1；否=0	0.16	0.37
	中部地区	中部地区：是=1；否=0	0.20	0.40
	西部地区	西部地区：是=1；否=0	0.51	0.50

三 模型设定

为考察数字经济参与对农民生计韧性的影响，本章构建如下基准回归模型：

$$Y_i = \alpha_1 + \beta_1 DE_i + \theta_1 X_i + \varepsilon_{1i} \tag{7-1}$$

式（7-1）中：Y_i 为农民生计韧性；DE_i 为数字经济参与；X_i 为影响农民生计韧性的其他控制变量，主要包括个体特征、家庭特征、村庄特征与地区特征，具体如表 7-2 所示；β_1 与 θ_1 为待估系数；α_1 为常数项；ε_{1i} 为随机误差项。

直接采用 OLS 模型对式（7-1）进行估计，可能存在因遗漏变量、变量测量偏差和双向因果关系带来的内生性问题。由于农民生计韧性是在复杂多变的外部环境下家庭实现收入可持续增长的能力体现，可能受到生活中各种行为和情境的影响，因此其影响因素难以被全面观察与测度，不可避免地会出现遗漏变量所造成的内生性问题。同时，以抵抗力、适应力和再造力构建的农民生计韧性综合评价指标体系可能存在某些指标遗漏情况，造成测量偏差。此外，个体抵御和化解各类风险的能力可能在一定程度上影响其参与数字经济活动，即农民生计韧性可能对其数字经济参与产生影响，存在因反向因果关系造成的内生性问题。

为缓解上述潜在的内生性问题，借鉴张勋等（2019）研究，选取样本所在村庄到杭州市的球面距离作为数字经济参与的工具变量，并采用由 Roodman（2011）提出的条件混合估计方法（CMP）进行回归估计。

为检验数字经济参与对农民生计韧性的作用机制，采用江艇（2022）的研究思路，参考已有文献说明机制变量和因变量的关系，并在分析自变量与机制变量之间的关系时使用多个较为直观的机制变量以强化因果效果。基于此，本章将机制检验模型设定如下：

$$M_{ki} = \alpha_2 + \delta DE_i + \theta_2 X_i + \varepsilon_{2i} \tag{7-2}$$

式（7-2）中：M_{ki} 为机制变量，M_{1i}、M_{2i}、M_{3i}、M_{4i}、M_{5i}、M_{6i} 分别为数字公共服务享有、基层治理决策参与、生产经营能力、组织管理能力、信用意识、契约意识；δ 为机制分析中关注的核心解释变量系数；ε_{2i} 为随机扰动项。其余变量设定与式（7-1）相同。

为探究数字经济参与对农民生计韧性的影响是否存在非线性效应，

本章借鉴 Hansen（1999）的做法，在式（7-1）的基础上进一步构建门槛模型，以单门槛和双门槛为例，列示门槛模型的表达式如下：

$$Y_i = \alpha_3 + \rho_1 DE_i \cdot I(q \leq \gamma) + \rho_2 DE_i \cdot I(q > \gamma) + \theta_3 X_i + \varepsilon_{3i} \quad (7-3)$$

$$Y_i = \alpha_4 + \omega_1 DE_i \cdot I(q \leq \gamma_1) + \omega_2 DE_i \cdot I(\gamma_1 < q \leq \gamma_2) + \omega_3 DE_i \cdot I(q > \gamma_2) + \theta_4 X_i + \varepsilon_{4i} \quad (7-4)$$

式（7-3）、式（7-4）中：$I(\cdot)$ 为示性函数，括号内条件满足时取值 1，否则取值 0；q 为门槛变量；γ 为特定的门槛值；ρ 与 ω 为门槛分析中关注的核心解释变量系数；ε_{3i} 和 ε_{4i} 为随机扰动项。其余变量设定同式（7-1）。

第三节 实证检验与结果分析

一 基准回归结果

表 7-3 汇报了数字经济参与对农民生计韧性的影响回归估计结果。其中，列（1）显示，数字经济参与对农民生计韧性的影响在 1% 的统计水平上正向显著，验证了 H7-1。分领域来看，列（2）至列（4）显示，数字化生产、数字化销售和数字化金融参与对农民生计韧性的影响分别在 5%、5% 和 1% 的统计水平上正向显著，验证了 H7-1a、H7-1b 和 H7-1c。以上结果证实，相较于未参与数字经济，参与数字经济可充分激发市场交易活力、优化农业全产业链各环节的资源要素配置，进而强化对农民生计韧性的提升作用。

表 7-3 数字经济参与对农民生计韧性的影响基准回归估计

变量	农民生计韧性				抵抗力	适应力	再造力
	(1)	(2)	(3)	(4)	(5)	(6)	(7)
数字经济参与	0.032*** (0.005)				0.010*** (0.002)	0.004*** (0.002)	0.017*** (0.003)
数字化生产参与		0.018** (0.007)					
数字化销售参与			0.029** (0.012)				
数字化金融参与				0.034*** (0.005)			

续表

变量	农民生计韧性				抵抗力	适应力	再造力
	(1)	(2)	(3)	(4)	(5)	(6)	(7)
户主年龄	0.001 (0.002)	0.001 (0.002)	0.001 (0.002)	0.001 (0.002)	0.000 (0.001)	-0.000 (0.001)	0.001 (0.002)
户主年龄的平方	-0.000 (0.000)	-0.000 (0.000)	-0.000 (0.000)	-0.000 (0.000)	-0.000 (0.000)	0.000 (0.000)	-0.000 (0.000)
户主性别	-0.011 (0.010)	-0.009 (0.010)	-0.010 (0.010)	-0.010 (0.010)	0.002 (0.004)	-0.008* (0.005)	-0.004 (0.007)
户主婚姻状况	-0.000 (0.007)	0.001 (0.008)	-0.000 (0.008)	0.000 (0.007)	0.003 (0.003)	-0.004 (0.003)	0.001 (0.006)
户主教育程度	0.0047*** (0.007)	0.005*** (0.001)	0.005*** (0.001)	0.005*** (0.001)	0.001*** (0.000)	0.001** (0.000)	0.003*** (0.001)
户主健康状况	0.018*** (0.005)	0.021*** (0.006)	0.021*** (0.006)	0.017*** (0.005)	0.005** (0.002)	0.002 (0.002)	0.011*** (0.004)
家庭劳动力数量	0.005*** (0.001)	0.005*** (0.001)	0.005*** (0.001)	0.005** (0.001)	0.000 (0.001)	0.002*** (0.001)	0.003*** (0.001)
家庭抚养比	-0.012** (0.005)	-0.015*** (0.005)	-0.015*** (0.005)	-0.011** (0.005)	-0.001 (0.002)	-0.003* (0.002)	-0.008** (0.003)
家庭重要事件	-0.001 (0.007)	-0.003 (0.007)	-0.003 (0.007)	-0.001 (0.007)	-0.000 (0.003)	-0.001 (0.002)	0.001 (0.005)
村庄自然灾害情况	0.001 (0.005)	-0.001 (0.005)	-0.000 (0.005)	0.002 (0.005)	-0.001 (0.002)	0.001 (0.002)	0.001 (0.003)
村庄到镇政府距离	-0.000 (0.000)	-0.000 (0.000)	-0.000 (0.000)	-0.000 (0.000)	-0.000 (0.000)	0.000 (0.000)	-0.000 (0.000)
村庄经济水平	0.011** (0.004)	0.012*** (0.004)	0.011*** (0.004)	0.010** (0.004)	0.007*** (0.002)	0.001 (0.001)	0.003 (0.003)
村庄有无网络社交平台	-0.004 (0.014)	-0.007 (0.015)	-0.003 (0.015)	-0.004 (0.014)	0.012*** (0.004)	-0.013 (0.009)	-0.002 (0.011)
县域人均GDP	0.001 (0.001)	0.001 (0.001)	0.001 (0.001)	0.001 (0.001)	0.000 (0.000)	0.000 (0.000)	0.000 (0.001)
区域虚拟变量	控制	控制	控制	控制	控制	控制	控制
常数项	0.021 (0.060)	0.055 (0.062)	0.042 (0.061)	0.016 (0.061)	0.002 (0.021)	0.026 (0.024)	-0.007 (0.046)
R^2	0.123	0.099	0.099	0.126	0.099	0.031	0.091
样本量	1774	1774	1774	1774	1774	1774	1774

注：①*、**、***分别表示在10%、5%、1%的统计水平上显著；②括号内数值为稳健标准误；下同。

进一步地，本章分析了数字经济参与对农民抵抗力、适应力和再造力的影响，如列（5）至列（7）所示。估计结果显示，数字经济参与对农民抵抗力、适应力和再造力的影响均在1%的统计水平上正向显著。这表明，数字经济参与能够有效调动农民的积极性、主动性、创造性，充分激发其内生动力和创新活力，进而推进其生计活动持续改善。

此外，控制变量的估计结果表明，在个体特征方面，户主教育程度、户主健康状况显著正向影响农民生计韧性；在家庭特征方面，家庭劳动力数量对农民生计韧性具有显著的正向影响，家庭抚养比对农民生计韧性呈现显著的抑制作用；在村庄特征方面，村庄经济水平对农民生计韧性具有显著正向影响。

二　内生性检验

表7-4汇报了CMP估计结果。结果显示，atanhrho_12在1%的统计水平上负向显著，表明基准回归模型存在内生性问题，使用CMP方法进行估计具有合理性。在第一阶段回归中，村庄到杭州市球面距离变量的估计系数均在1%的统计水平上负向显著，表明工具变量与各内生变量之间具有强相关性。在第二阶段回归中，数字经济参与、数字化生产参与、数字化销售参与和数字化金融参与的估计系数均在1%的统计水平上正向显著，分别为0.07、0.14、0.19和0.07，相较于基准模型有所扩大，这表明忽视内生性问题将低估数字经济参与对农民生计韧性的影响效应。

表7-4　　　　　　　　　内生性检验：CMP估计

变量	第一阶段	第二阶段	第一阶段	第二阶段	第一阶段	第二阶段	第一阶段	第二阶段
数字经济参与		0.071*** (0.012)						
数字化 生产参与				0.139*** (0.016)				
数字化 销售参与						0.186*** (0.015)		
数字化 金融参与								0.072*** (0.019)
村庄到杭州市 球面距离	-0.272*** (0.089)		-0.517*** (0.125)		-0.422*** (0.122)		-0.266*** (0.096)	
atanhrho_12		-0.277*** (0.086)		-0.851*** (0.167)		-1.143*** (0.163)		-0.273** (0.137)

续表

变量	第一阶段	第二阶段	第一阶段	第二阶段	第一阶段	第二阶段	第一阶段	第二阶段
控制变量	控制		控制		控制		控制	
样本量	1774		1774		1774		1774	

进一步地，本章对数字经济参与对农民生计韧性各分维度的影响进行实证检验。表7-5汇报了 CMP 估计结果，估计结果总体与前文一致（仅数字经济参与对再造力的影响回归结果中，内生性检验参数 atanhrho_12 不显著，采用前文 OLS 模型的回归结果进行解释）。综合来看，数字经济参与对农民抵抗力、适应力和再造力的影响均在1%的统计水平上正向显著。这表明，参与数字经济活动有助于增强家庭生计活动抵抗自然风险和市场风险冲击的能力、面对不确定性环境的应对能力以及可持续发展的能力。

表7-5　数字经济参与对农民生计韧性各分维度的影响 CMP 估计

变量	抵抗力		适应力		再造力	
	第一阶段	第二阶段	第一阶段	第二阶段	第一阶段	第二阶段
数字经济参与		0.027*** (0.005)		0.010*** (0.002)		0.036** (0.016)
村庄到杭州市球面距离	-0.284*** (0.090)		-0.232*** (0.086)		-0.226*** (0.084)	
atanhrho_12		-0.295*** (0.095)		-0.109*** (0.036)		-0.179 (0.151)
控制变量	控制		控制		控制	
样本量	1774		1774		1774	

三　稳健性检验

为保证基准回归结果的稳健性，本章进行了一系列稳健性检验，包括更换估计方法、更换工具变量和更换样本。

更换估计方法。本章进一步采用多元正态分布的扩展回归模型（ERM）[①]进行回归。表7-6汇报了内生线性模型（Eregress）估计结

[①] 扩展回归模型（Extended Regression Model，ERM）可同时处理内生变量、内生样本选择、内生处理指派、随机效应或多种情形组合的内生性问题。因被解释变量为连续变量，选择 ERM 子模块中的内生线性模型（Eregress）。

果。其中，列（1）至列（4）显示，第一阶段与第二阶段的回归模型残差相关系数不为 0，且具有统计显著性，证明使用 ERM 合理有效。在第二阶段的主回归中，考虑核心解释变量的内生性问题后，数字经济参与、数字化生产参与、数字化销售参与和数字化金融参与对农民生计韧性的影响仍均在 1% 的统计水平上正向显著，表明基准回归估计结果稳健。

表 7-6　　　　　　　　更换估计方法后的稳健性检验

变量	（1）	（2）	（3）	（4）
第二阶段				
数字经济参与	0.071*** (0.019)			
数字化生产参与		0.139*** (0.012)		
数字化销售参与			0.186*** (0.012)	
数字化金融参与				0.073*** (0.022)
常数项	-0.016 (0.063)	0.076 (0.065)	-0.011 (0.063)	-0.019 (0.064)
第一阶段				
村庄到杭州市球面距离	-0.272*** (0.082)	-0.517*** (0.106)	-0.422*** (0.136)	-0.274*** (0.085)
Waldχ^2	199.13***	295.96***	430.31***	197.64***
残差相关系数	-0.270**	-0.692***	-0.815***	-0.269*
控制变量	控制	控制	控制	控制
样本量	1774	1774	1774	1774

本章进一步采用村庄海拔高度和省级移动电话普及率作为数字经济参与的工具变量。具体而言，村庄海拔高度直接关系着当地数字基础设施的建设难度与信息传输效果，进而影响地区数字化水平；省级移动电话普及率体现了当地移动通信的发展水平，可直接影响地区内数字经济业务的可触达性，即上述工具变量均与本地区的数字经济发展情况具有较强相关性。同时，村庄海拔高度和省级移动电话普及率与单个农民家庭生计韧性并不直接相关，符合外生性要求。具体估计结果如表 7-7

和表 7-8 所示，在更换工具变量之后，数字经济参与、数字化生产参与、数字化销售参与和数字化金融参与依然显著正向影响农民生计韧性，再次证实了数字经济参与有助于提高农民生计韧性的结论。

表 7-7　更换工具变量后的稳健性检验：以村庄海拔高度为工具变量

变量	第一阶段	第二阶段	第一阶段	第二阶段	第一阶段	第二阶段	第一阶段	第二阶段
数字经济参与		0.072*** (0.012)						
数字化 生产参与				0.135*** (0.017)				
数字化 销售参与						0.184*** (0.015)		
数字化 金融参与								0.069*** (0.021)
村庄海拔高度	-0.001*** (0.000)		-0.002*** (0.000)		-0.001*** (0.000)		-0.001** (0.000)	
$atanhrho\_12$		-0.289*** (0.085)		-0.839*** (0.174)		-1.115*** (0.169)		-0.249* (0.148)
控制变量	控制		控制		控制		控制	
观测值	1774		1774		1774		1774	

表 7-8　更换工具变量后的稳健性检验：以省级移动电话普及率为工具变量

变量	第一阶段	第二阶段	第一阶段	第二阶段	第一阶段	第二阶段	第一阶段	第二阶段
数字经济参与		0.069*** (0.013)						
数字化 生产参与				0.140*** (0.017)				
数字化 销售参与						0.186*** (0.015)		
数字化 金融参与								0.073*** (0.017)
省级移动 电话普及率	0.020** (0.005)		0.025*** (0.006)		0.025*** (0.008)		0.021*** (0.005)	
$atanhrho\_12$		-0.263*** (0.087)		-0.859*** (0.178)		-1.136*** (0.157)		-0.280** (0.125)
控制变量	控制		控制		控制		控制	
样本量	1774		1774		1774		1774	

本章剔除数字化生产参与的题项后,重新生成数字经济参与变量,并采用全样本对数字经济参与、数字化销售参与和数字化金融参与与农民生计韧性的关系进行稳健性检验,估计结果如表7-9所示。结果显示,更换样本后,数字经济参与、数字化销售参与和数字化金融参与对农民生计韧性的影响仍显著为正向,与前述结论一致。

表7-9　　　　　　　　　　更换样本后的稳健性检验

变量	(1)	(2)	(3)
数字化经济参与	0.036*** (0.003)		
数字化销售参与		0.038*** (0.010)	
数字化金融参与			0.036*** (0.003)
控制变量	控制	控制	控制
常数项	0.017 (0.039)	0.023 (0.040)	0.015 (0.040)
R^2	0.123	0.090	0.122
样本量	2989	2989	2989

第四节　进一步讨论:影响机制

一　作用机制分析

表7-10汇报了数字经济参与影响农民生计韧性的赋权机制检验结果。其中,列(1)、列(3)、列(5)和列(7)的回归结果显示,数字经济参与、数字化生产参与、数字化销售参与和数字化金融参与分别在1%、5%、1%、1%的统计水平上显著促进农民数字公共服务享有;列(2)、列(4)、列(6)和列(8)的回归结果显示,数字经济参与、数字化生产参与、数字化销售参与和数字化金融参与分别在1%、1%、5%、1%的统计水平上显著促进农民基层治理决策参与。因此,H7-2、H7-2a和H7-2b得到证实。农民参与数字经济各领域能够催生数字公共服务新需求、拓展相关服务获取渠道,并基于数字经济参与提升了物质与精神上的双重获得感,激发公共治理活动参与热情,强化诉求表达、

第七章 乡村数字经济发展对农民生计韧性的影响研究

资源获取与利益维护的内在动机，进而提升其生计韧性。

表 7-10　数字经济参与对农民生计韧性影响的赋权机制检验

变量	数字公共服务享有	基层治理决策参与	数字公共服务享有	基层治理决策参与	数字公共服务享有	基层治理决策参与	数字公共服务享有	基层治理决策参与
	(1)	(2)	(3)	(4)	(5)	(6)	(7)	(8)
数字经济参与	0.604*** (0.118)	0.355*** (0.067)						
数字化生产参与			0.296** (0.140)	0.310*** (0.101)				
数字化销售参与					0.545*** (0.197)	0.401** (0.166)		
数字化金融参与							0.578*** (0.112)	0.327*** (0.067)
控制变量	控制	控制	控制	控制	控制	控制	控制	控制
样本量	1753	1685	1753	1685	1753	1685	1753	1685

表 7-11 汇报了数字经济参与影响农民生计韧性的扩能机制检验结果。其中，列（1）、列（3）、列（5）和列（7）回归结果显示，数字经济参与、数字化生产参与、数字化销售参与和数字化金融参与分别在 1%、1%、10%、5% 的统计水平上显著提高农民生产经营能力；列（2）、列（4）、列（6）和列（8）回归结果显示，数字经济参与、数字化生产参与、数字化销售参与和数字化金融参与分别在 1%、5%、1%、1% 的统计水平上显著提高农民组织管理能力。因此，H7-3、H7-3a 和 H7-3b 得到验证。农民在乡村数字经济各领域的广泛参与能够增强自身应用新技术新服务的积极性，提高其劳动技能水平、经营素质与管理经验，并推动其转变传统生产经营方式，以合作社、家庭农场等组织载体为依托积极融入现代农业，进而提升其生计韧性。

表 7-11　数字经济参与对农民生计韧性影响的扩能机制检验

变量	生产经营能力	组织管理能力	生产经营能力	组织管理能力	生产经营能力	组织管理能力	生产经营能力	组织管理能力
	(1)	(2)	(3)	(4)	(5)	(6)	(7)	(8)
数字经济参与	0.278*** (0.080)	0.332*** (0.070)						

233

续表

变量	生产经营能力	组织管理能力	生产经营能力	组织管理能力	生产经营能力	组织管理能力	生产经营能力	组织管理能力
	(1)	(2)	(3)	(4)	(5)	(6)	(7)	(8)
数字化生产参与			0.307*** (0.110)	0.216** (0.101)				
数字化销售参与					0.353* (0.186)	0.724*** (0.165)		
数字化金融参与							0.165** (0.079)	0.277*** (0.070)
控制变量	控制	控制	控制	控制	控制	控制	控制	控制
样本量	1702	1755	1702	1755	1702	1755	1702	1755

表 7-12 汇报了数字经济参与影响农民生计韧性的增信机制检验结果。其中，列（1）、列（5）和列（7）回归结果显示，数字经济参与、数字化销售参与和数字化金融参与均在1%的统计水平上显著改善农民信用意识；列（2）、列（6）和列（8）回归结果显示，数字经济参与、数字化销售参与和数字化金融参与分别在5%、1%和5%的统计水平上显著改善农民契约意识。这表明，农民在销售、金融服务等领域应用数字技术有助于积累数字足迹，为其参与市场交易活动提供必要的信用支撑，并强化其对正式契约关系的认知。而列（3）和列（4）回归结果显示，数字化生产参与对农民信用意识与契约意识的影响不显著。因此，H7-4、H7-4a 和 H7-4b 得到部分验证。可能的解释是，目前乡村数字化生产仍处于起步阶段，生产领域涉农信息归集共享的效率较低，对农民信用意识和契约意识培育的影响仍然有限。

表 7-12　数字经济参与对农民生计韧性影响的增信机制检验

变量	信用意识	契约意识	信用意识	契约意识	信用意识	契约意识	信用意识	契约意识
	(1)	(2)	(3)	(4)	(5)	(6)	(7)	(8)
数字经济参与	0.342*** (0.090)	0.257** (0.119)						
数字化生产参与			0.117 (0.127)	0.057 (0.161)				

续表

变量	信用意识	契约意识	信用意识	契约意识	信用意识	契约意识	信用意识	契约意识
	（1）	（2）	（3）	（4）	（5）	（6）	（7）	（8）
数字化销售参与					0.576*** (0.193)	0.671*** (0.246)		
数字化金融参与							0.334*** (0.089)	0.229** (0.117)
控制变量	控制	控制	控制	控制	控制	控制	控制	控制
样本量	1135	665	1135	665	1135	665	1135	665

二 门槛效应分析

从理论上看，农民数字经济参与及其引致的福利效应与其自身资源禀赋和人力资本密切相关。因而，应进一步探究数字经济参与影响农民生计韧性的资源门槛和能力门槛。一方面，作物种植规模的差异可能导致农民信息利用的方式和能力存在差别，造成对农民生计韧性影响的差异。相较于小农户，从事规模化种植的农户更倾向于使用数字技术和平台便捷高效地获取各类信息（魏滨辉、罗明忠，2024），实现生计韧性的提升。另一方面，农民人力资本禀赋有别、数据应用能力各异，可能导致参与数字经济对其生计韧性的影响存在差异。数字技术的使用具有一定的专业性与复杂性，对使用者的数字素养提出要求（林海等，2023）。综上所述，本章将作物种植规模与农民数字素养分别设置为门槛变量，采用门槛回归模型实证检验数字经济参与和农民生计韧性之间的非线性关系。

表7-13报告了门槛回归估计结果。列（1）给出了以种植规模为门槛变量的回归估计结果，可知，无论位于哪个区间，数字经济参与对农民生计韧性的影响均在1%的统计水平上正向显著。进一步比较估计系数可知，当种植规模≤20亩时，数字经济参与的估计系数为0.02；当20亩<种植规模≤52亩时，数字经济参与的估计系数为0.04；当种植规模>52亩时，数字经济参与的估计系数为0.06。这表明，随着种植规模增加，数字经济参与对农民生计韧性的提升作用不断增强。因此，为着力提升农民生计韧性，应鼓励小农户积极融入现代农业产业链，共享数字经济发展红利。

表 7-13　　　　　　　门槛回归模型估计结果

变量	以种植规模为门槛变量 (1)	以数字素养为门槛变量 (2)
数字经济参与（种植规模≤20）	0.023*** (0.005)	
数字经济参与（20<种植规模≤52）	0.042*** (0.008)	
数字经济参与（种植规模>52）	0.062*** (0.008)	
数字经济参与（数字素养≤6）		0.021*** (0.005)
数字经济参与（数字素养>6）		0.052*** (0.006)
控制变量	控制	控制
F值	13.57	14.53
P值	0.000	0.000
样本量	1774	1774

注：基于数据可得性，数字素养测度题项包括：4G/5G智能手机使用、手机新软件新功能使用、手机或网络获取信息、判断网络获取信息的准确性、使用微信或微博等社交平台进行聊天互动、推荐亲友使用某手机软件或关注微信公众号、使用手机处理解决问题、获取网络信息对生产生活的作用，各题项赋值均为0或1。

列（2）给出了以数字素养为门槛变量的回归估计结果，可以看出，当农民数字素养加总值≤6时，数字经济参与的估计系数为0.02；当农民数字素养加总值>6时，数字经济参与的估计系数为0.05，且二者均在1%的统计水平上显著。这表明，数字经济参与对农民生计韧性的提升作用受到农民人力资本的影响，即农民数字素养水平越高，其数字经济参与对自身生计韧性的提升作用越强。

三　异质性分析

本章进一步探讨不同地区、不同村庄和不同家庭特征下数字经济参与对农民生计韧性的影响差异。

地区特征[①]方面，本章将全部样本依据所属粮食功能区、是否数字

[①] 在CRRS所覆盖的10个调查省份中，山东、河南、四川、黑龙江、安徽属于粮食主产区，宁夏、贵州、陕西属于粮食产销平衡区，浙江、广东属于粮食主销区。国家数字乡村试点县名单详见https：//www.cac.gov.cn/2020-10/23/c_1605022250461079.htm? from=timeline。

乡村试点地区进行分类,然后分别进行回归,估计结果如表7-14所示。

表7-14　数字经济参与对农民生计韧性影响的异质性分析:
基于地区特征的差异

变量	粮食功能区			数字乡村试点地区	
	粮食主销区	粮食主产区	粮食产销平衡区	是	否
	(1)	(2)	(3)	(4)	(5)
数字经济参与	0.026 (0.019)	0.028*** (0.006)	0.032*** (0.007)	0.035*** (0.011)	0.030*** (0.005)
控制变量	控制	控制	控制	控制	控制
常数项	0.351** (0.164)	0.102 (0.090)	-0.189** (0.089)	0.232 (0.198)	-0.011 (0.063)
R^2	0.180	0.111	0.176	0.139	0.130
样本量	133	911	730	357	1417

注:回归系数的组间差异性检验(Chow检验)显示,列(1)和列(2)之间、列(2)和列(3)之间、列(1)和列(3)之间、列(4)和列(5)之间的Chow检验统计量分别为0.50、0.57、0.63、0.30,均不显著。

基于粮食功能区的分组结果显示,数字经济参与对粮食主产区和粮食产销平衡区农民生计韧性的影响系数均在1%的统计水平上正向显著,而对粮食主销区农民生计韧性的影响系数不显著。可能的原因是,主产区和产销平衡区的农业资源相对丰富、农业产业特色较为鲜明,农民增收更依赖于农业生产、销售等经济活动。因而,数字经济参与对位于主产区和产销平衡区农民的生计韧性具有显著提升作用。

基于数字乡村试点与非试点地区的分组结果显示,数字经济参与对两组农民生计韧性的影响均在1%的统计水平上正向显著,且对两组农民生计韧性的影响无显著差异。这表明,无论农民是否位于数字乡村试点区,数字经济参与均可显著提升农民生计韧性。

在村庄特征方面,本章根据村庄公共服务条件、收入水平和信用评定情况进行分组回归。依据村庄有无配备卫生室将村庄分为无卫生室村庄组和有卫生室村庄组,以衡量村庄公共服务设施建设情况;按照村庄人均收入中位数将村庄分为低收入村庄组和高收入村庄组;根据村庄有无参与政府组织的"信用村"评定将村庄分为未参与评定村庄组和参与评定村庄组。估计结果如表7-15所示。

表7-15 数字经济参与对农民生计韧性影响的异质性分析：基于村庄特征的差异

变量	村庄公共服务设施情况		村庄收入情况		村庄参与信用评定情况	
	无卫生室	有卫生室	低收入	高收入	未参与评定	参与评定
	（1）	（2）	（3）	（4）	（5）	（6）
数字经济参与	0.054**	0.031***	0.036***	0.025***	0.040***	0.028***
	(0.026)	(0.005)	(0.006)	(0.007)	(0.008)	(0.005)
控制变量	控制	控制	控制	控制	控制	控制
常数项	0.022	0.013	-0.099	0.258**	-0.019	0.038
	(0.355)	(0.062)	(0.069)	(0.105)	(0.096)	(0.078)
R^2	0.259	0.120	0.115	0.139	0.158	0.114
Chow 检验	3.00**		5.09***		2.80*	
样本量	110	1664	920	854	572	1202

基于村庄公共服务设施的分组回归结果显示，数字经济参与对无卫生室村庄组农民的生计韧性影响更明显。可能的解释是，无卫生室的村庄医疗卫生资源紧张，农民应用数字技术能够获取更多医疗信息，保障其享有基本医疗卫生服务的权利，从而提升其生计韧性。

基于村庄收入的分组结果显示，数字经济参与对低收入村庄组农民的生计韧性影响更明显。可能的原因在于，数字技术应用能有效缩短欠发达地区农产品与消费市场的距离，降低低收入群体的市场交易成本，增强其市场参与意愿并提高其生产经营能力，从而提升其生计韧性。

基于村庄参与信用评定的分组结果显示，数字经济参与对未参与信用评定村庄组农民生计韧性的影响更明显。可能的解释是，农民在数字化生产生活实践中产生的碎片化数据可被有效汇集，并通过结构化处理后生成信用信息，更好地支撑农民信用评定，进而提高其信贷可得性、改善其生计韧性。这种作用对于未参与信用评定、缺乏明确信用认证的村庄组农民更为重要。

在家庭特征方面，本章根据农民采纳社会化服务和使用智能手机的情况进行分组回归，估计结果如表7-16所示。

表 7-16　数字经济参与对农民生计韧性影响的异质性分析：
基于家庭特征的差异

变量	家庭采纳社会化服务情况		受访人使用智能手机情况	
	未采纳社会化服务	采纳社会化服务	未使用智能手机	使用智能手机
	（1）	（2）	（3）	（4）
数字经济参与	0.027***	0.033***	0.012	0.028***
	（0.007）	（0.006）	（0.012）	（0.005）
控制变量	控制	控制	控制	控制
常数项	-0.057	0.098	0.302*	0.039
	（0.089）	（0.083）	（0.166）	（0.067）
R^2	0.129	0.124	0.258	0.092
Chow 检验	3.72**		12.69***	
样本量	728	1046	201	1573

基于家庭采纳社会化服务的分组回归结果显示，采纳社会化服务家庭组数字经济参与的估计系数高于未采纳社会化服务家庭组。可能的原因是，购买农业社会化服务的家庭往往更重视防范经营风险，强化数字经济发展的生计韧性改善作用。

基于受访人使用智能手机的分组结果显示，数字经济参与仅对使用智能手机的家庭生计韧性具有显著提升作用。这表明，在生产经营活动中，利用各类数字平台有助于农户获取丰富的信息资源，拓宽其增收路径、提高其防御和应对风险的能力。

第五节　本章小结

本章基于 2022 年 CRRS 数据实证探究了数字经济参与对农民生计韧性的影响效果、作用机制及门槛效应。主要研究结论如下：一是数字经济参与显著提升了农民生计韧性，且对农民抵抗力、适应力和再造力均有显著提升作用。二是促进数字公共服务享有和基层治理决策参与、提高生产经营能力与组织管理能力、改善信用意识和契约意识是数字经济参与提升农民生计韧性的重要渠道。三是数字经济参与对农民生计韧性的提升作用存在非线性特征，且随着作物种植规模增加与农民数字素养提升，数字经济参与对粮食作物种植户生计韧性的提升作用增强。四是数字经济参与对位于粮食主产区和产销平衡区农民的生计韧性有显著提升作用,对位于数字乡村试点和非试点地区农民生计韧性的影响无显著差异;对于公共服务条件差、收入水平低、未参与信用评定的村庄及采纳社会化服务、使用智能手机的家庭,数字经济参与提升农民生计韧性的效应更大。

第八章

乡村数字经济发展对农民社会阶层认同的影响研究

当前数字技术与实体经济加速融合，不断催生新业态、新模式，为数字时代重塑经济社会发展格局提供重要战略机遇。数字技术在农业全产业链中的创新性应用，不断激发了乡村经济发展的新动能，为新时期破解城乡发展不平衡不充分问题、持续赋能低收入群体，助力实现共同富裕创造了新机遇。与此同时，数字经济发展加速打破乡村既有的经济社会结构、关系结构及地缘结构，加快改变农民传统生活方式、人际交互模式和乡村共同体认知，使乡村现代化治理面临新挑战。数字经济时代着力提升乡村不同阶层群体对自身社会地位的认同，不仅关系着乡村社会结构优化与新型人际关系的建构，更影响数字经济包容性发展、社会福利分配机制完善及社会公平性提高。鉴于推进物质共同富裕和精神共同富裕均是实现共同富裕的题中要义，深入探究数字经济时代农民社会阶层认同的提升路径对构建共同富裕框架下的乡村社会关系新格局和农民福利长效提升机制具有重要意义。

作为个体对自身在社会资源利用和经济收益分配方面拥有的控制权力水平的社会比较和系统评价的综合反映，社会阶层认同不仅涵盖了个体对自身在整个社会结构中所属社会经济地位的综合感知和判断（Jackman and Jackman，1973），也囊括了个体对既往经济状况、教育背景和家庭出身的全面考量，以及对未来前景和风险的预期（吴青熹、陈云松，2015；封铁英、刘嫄，2022）。因而，社会阶层认同既是衡量个体主观幸福感和获得感、透视社会公平性问题的重要维度，也是决定国民总体社会心态和有序政治参与的关键因素（封铁英、刘嫄，2022）。近几十年中国经济的高速发展尽管带来了居民的大幅度增收[①]，但国民收入分布结构与橄榄型社会结构仍有很大距离，且目前绝大多数低收入群体处于农村地区。不容忽视的是，中国居民尤其是农村居民社会阶层认同普遍偏低（陈云松、范晓光，2016）。个体对自身社会阶层的低估及由此产生的不公平感知将会激发居民对制度安排、经济和社会生态的不满和仇富心理，进而引发各类社会风险（赵昱名、黄少卿，2020）。随着数字乡村建设进程加快，数字技术在农民生产生活各领域的广泛渗透有望加快乡村各类生产要素的重组配置，打破社会资源和福利分配的固有模式。因此，数字经济参与能否增强乡村不同群体的社会阶层认同、重塑乡村社会结构和人际关系格局值得深入理论和实证探讨。

随着数字乡村战略的落地实施，数字经济赋能农民群体生计发展已逐渐在农业生产、物流、销售及金融服务等产业链环节得以体现。鉴于此，本章拟依据四川省、重庆市和宁夏回族自治区三省份国家数字乡村试点和非试点地区农户调查数据，运用内生转换回归模型和中介作用模型实证探究以数字化生产、数字化供销和数字化金融为表征的数字经济参与对农民社会阶层认同的影响及作用机制，并运用空间自回归模型进一步检验数字经济参与及其各维度参与的空间溢出效应。本章研究有助于丰富乡村数字经济发展的社会效应和数字化时代农民福利分配机制等相关理论探讨，为从农民社会阶层认同提升和农村社会关系格局优化层面评估乡村数字经济发展效益，探究增进数字经济发展的普惠性、公平性的有效路径提供实证依据。

第一节　理论分析与研究假说

一　总体影响的理论分析与研究假说

促进数字经济和实体经济深度融合是近年来中国加快发展数字经济的

[①] 拥有中等收入水平的人口规模已达4亿人，但仍不及总人口的1/3。数据来源：《国家统计局局长就2021年国民经济运行情况答记者问》，http://www.stats.gov.cn/xxgk/jd/sjjd2020/202202/t20220209_1827283.html。

第八章 乡村数字经济发展对农民社会阶层认同的影响研究

核心方向,然而农业产业链数字化发展滞后制约了数字技术在农业经济中的全面渗透(韩旭东等,2023)。农民是乡村数字经济发展的参与者、监督者和受益者,从微观层面刻画农民数字经济参与行为能够最为直观地反映乡村数字经济发展现状。借鉴《县域数字乡村指数(2020)》[①]的研究,立足乡村数字经济发展微观视角,本章将数字经济赋能下农民在乡村产业链数字化转型中的生产、供销及金融服务等环节经济活动产生的数字足迹界定为农民数字经济参与,并从数字化生产、数字化供销和数字化金融三个维度进行刻画。即农民对乡村数字经济的参与主要通过数字化生产(如采用物联网、人工智能、无人机等数字技术改进种植业、养殖业的生产管理过程,实现精准化生产)、数字化供销(如采用微信、QQ等社交软件朋友圈或京东、淘宝等电商平台进行农产品销售,以及依托抖音、快手等短视频平台进行直播销售农产品,并运用智能化的仓储设施和智慧物流体系等实现产品精细化运输和配送)和数字化金融(如使用微信、支付宝等第三方支付,使用蚂蚁借呗、京东白条、微粒贷、P2P借贷平台等数字信贷产品,使用余额宝、网上银行等购买基金、股票、债券等理财产品)三方面的参与实践来体现(苏岚岚、彭艳玲,2021)。

已有研究侧重探讨城市居民的社会阶层认同及其影响因素,但较少关注农村居民。相关研究指出,个体职业、收入、教育水平、社会流动感知、生活状况与自评健康程度(陈云松、范晓光,2016)及家庭住房资产(蔡禾等,2020)均对居民社会阶层认同产生重要影响。极少数研究发现,互联网使用显著影响老年群体的社会阶层认同(封铁英、刘嫄,2022)。进一步地,极少有研究基于乡村数字经济发展的一般性框架和新型社会关系格局构建,探讨微观层面农民数字经济参与的形成逻辑及其对农民社会阶层认同的影响及潜在路径。已有研究聚焦省级或县域层面探讨数字经济内涵界定、水平测度及其经济效应(常倩、李瑾,2019;慕娟、马立平,2021)。微观视角的研究主要探讨了互联网使用在促进农业生产转型(温涛、陈一明,2020)、降低交易成本(王胜等,2021)、增加消费(张勋等,2020)、促进农民非农就业和收入

[①] 北京大学新农村发展研究院数字乡村项目组,《县域数字乡村指数(2020)》,http://www.ccap.pku.edu.cn/nrdi/docs/2022-05/20220530144658673576.pdf。

增长（潘明明等，2021；张莉娜等，2021）、缩小农民内部收入差距等（邱泽奇、乔天宇，2021）方面的作用。

数字经济参与可从个体内在惯习①重塑和外在阶层认知建构两个层面对农民社会阶层认同产生影响。一方面，依据布尔迪厄的社会阶层理论，数字经济参与为个体在生产和生活方式上提供的多样化选择会直接改变其自身在既有社会空间内的惯习，并影响自我身份认知和阶层认同意识的形成。另一方面，参照建构主义观点，数字经济参与有助于个体获得更多不同阶层群体的信息画像，改变其进行社会比较的参照系，进而影响其群体认同和阶层意识建构。数字技术的采用打破时空限制，有效拓展个体可用于社会比较的参照群体，有利于其精准筛选参照对象，高效开展社会阶层画像和定位，满足其情感归属需求（刘子玉、罗明忠，2023），进而改善其社会阶层认同。进一步地，农民在数字经济不同领域的参与对其社会阶层认同的影响存在差异化作用逻辑。

基于自身条件和所处环境，开展有选择的跨群体跨行业比较是个体进行自身社会地位定位的一般逻辑。农业农村场域下，农民在农业产业链不同环节的嵌入广度与深度及其面临的政策环境、市场环境、技术条件等方面的差异直接影响其社会比较的范围、领域和标准。与此同时，符号互动理论认为，人的自我意识是在主我和客我的辩证互动中逐渐形成、发展和变化的，人与人之间互动的媒介是具有意义的"符号"。农民是否参与数字化生产、数字化供销和数字化金融服务，并不完全取决于各产业链环节本身，参与各环节所传递出的个体社会地位符号及其差异尤为关键。该符号不仅表明自己的阶层身份，也折射出自身与其他群体间的阶层距离。综上，农民个体有关数字化生产、数字化供销和数字化金融服务的参与对其自身阶层认知和意识建构的影响存在差异。基于此，本章提出以下研究假说。

H8-1：数字经济参与对农民社会阶层认同产生正向影响；

H8-1a：数字化生产参与对农民社会阶层认同产生正向影响；

---

① "惯习"概念源于皮埃尔·布尔迪厄（Pierre Bourdieu）提出的社会阶层理论。Bourdieu（2018）认为，"惯习"是具有文化特色的思维、认知与行动模式，可内化为社会成员独特的阶层习惯，表现为不同的实践和行动偏好，并通过对生活方式的选择表明其阶层身份，进而产生阶层意识。

H8-1b：数字化供销参与对农民社会阶层认同产生正向影响；

H8-1c：数字化金融参与对农民社会阶层认同产生正向影响。

二 影响路径的理论分析与研究假说

农民在数字化生产、数字化供销和数字化金融服务等产业链各环节的参与可通过增收效应、社会资本累积效应，以及数字治理参与促进效应，改善农民在物质层面和精神层面的获得感和对所属群体的归属感，并激活农民参与乡村治理的主体性，进而提升其社会阶层认同。

第一，数字经济参与可通过提升农民在市场经济活动中的竞争能力和对各类资源的利用效率从而提高家庭收入，强化农民社会阶层认同感。数字技术在农业生产领域的扩散，一方面，可通过提高个体专业技能和素养，帮助更多农民摒弃传统生产活动或改变传统生产方式，从事智慧化、现代化的种植或养殖活动，开拓增收机会。另一方面，可通过大数据平台及时高效捕捉市场需求动态，引导个性化、精准化及智慧化生产，提高生产决策质量和规模经营的灵活性，同时缓解信息不对称程度，降低生产成本，实现规模经济效益（邱子迅、周亚虹，2021）。此外，数字技术嵌入农产品供销和金融服务环节可拓宽销售渠道，提高农产品销量，提升家庭收入水平（苏岚岚、孔荣，2020）。而收入越高的个体往往表现出越高的社会阶层认同（范晓光、陈云松，2015）。基于此，本章提出如下研究假说。

H8-2：数字经济参与通过提高家庭收入，增进农民社会阶层认同；

H8-2a：数字化生产参与通过提高家庭收入，增进农民社会阶层认同；

H8-2b：数字化供销参与通过提高家庭收入，增进农民社会阶层认同；

H8-2c：数字化金融参与通过提高家庭收入，增进农民社会阶层认同。

第二，数字经济参与可通过优化社会关系网络和改善社会信任水平，进而增进农民社会阶层认同。差序格局理论认为，中国农村存在以亲属关系为主轴的人际交往格局，且较大程度上取决于个体的社会影响。个体通过参与数字化生产、数字化供销和数字化金融等经济活动不仅可增加其与亲属等社会网络成员的联系频率，获取信息、技术、资金等层面的社会支持，更可帮助个体在积极情绪体验和熟悉场域的基础上突破传统的人际关系网络，并在更大的虚拟社交空间扩大朋友圈、商业圈、信息圈，进而改善社会互动的强度和深度，提升社会资本的质量

（王天夫，2021）。此外，农民还可依托数字技术将潜在的社会资本转化为汲取更多外部资源的能力（张连刚、陈卓，2021），提升社会资本带来的多元收益。社会资本在数量和质量层面的改善可显著增进个体的社会归属感和阶层认同。由此，本章提出如下研究假说。

H8-3：数字经济参与通过提升社会资本，增进农民社会阶层认同；

H8-3a：数字化生产参与通过提升社会资本，增进农民社会阶层认同；

H8-3b：数字化供销参与通过提升社会资本，增进农民社会阶层认同；

H8-3c：数字化金融参与通过提升社会资本，增进农民社会阶层认同。

第三，数字经济参与可通过改善个体参与乡村数字治理实践的广度和深度，提高乡村治理与公共服务的普惠性和精准度，进而增进农民社会阶层认同。数字技术在农业产业链各环节的创新性应用可推动智慧化管理平台建设，提高农民对数字平台和工具的使用能力，调动其参与村庄治理的能动性和主体性（沈费伟，2020）。乡村党群教育、村务管理、民主监督等方面的数字化转型，有助于充分保障村民知情权、监督权，改善农民与基层政府间的信息不对称状况，不断提升乡村治理的温度和精度及群众满意度，强化农民主体性和归属感，进而提升其社会阶层认同。由此，本章提出如下研究假说。

H8-4：数字经济参与通过改善数字治理参与度，增进农民社会阶层认同；

H8-4a：数字化生产参与通过改善数字治理参与度，增进农民社会阶层认同；

H8-4b：数字化供销参与通过改善数字治理参与度，增进农民社会阶层认同；

H8-4c：数字化金融参与通过改善数字治理参与度，增进农民社会阶层认同。

三 空间溢出效应的理论分析与研究假说

极少有文献专门从微观尺度研究乡村数字经济整体及分领域发展的空间溢出效应。部分研究基于省域层面指出，数字经济发展发挥了显著的空间溢出作用（王军等，2021），且少量研究初步证实，乡村数字经济发展具有空间差异性特征（慕娟、马立平，2021）。因数字技术具有较强的渗透性，加之个体经济决策受到社会互动的影响，个体在数字经济活动中的参与行为及其带来的福利改善易对周边其他群体产生示范和带动效应（李晓静等，2021）。同一区域内，农业产业类型、技术需求、生产条件和市场环境等具有相似性，生产、物流、销售、金融服务等方面的数字技术采用更易通过模仿学习在同一区域内的个体间扩散（王静、霍学喜，2015），增强区域数字经济发展的协同性。农民尤其是新型农业经营主体数字经济参与将通过重塑同一区域内其他农民的生产经营理念和要素配置方式，改进生产经营行为，促进地理位置近邻农民收入水平、社会地位及阶层认同提升。基于数字经济发展的区域示范性、社会群体互动性及社会阶层认同形塑具有的社会比较属性，忽视剖析数字经济赋能的空间效应将难以深入诠释乡村数字经济发展对农民社会阶层认同的作用逻辑。由此，本章提出如下研究假说。

H8-5：农民参与数字经济发展通过空间溢出效应，增进邻近农民社会阶层认同。

根据上述理论分析，本章构建的数字经济参与增进农民社会阶层认同的理论分析框架如图 8-1 所示。

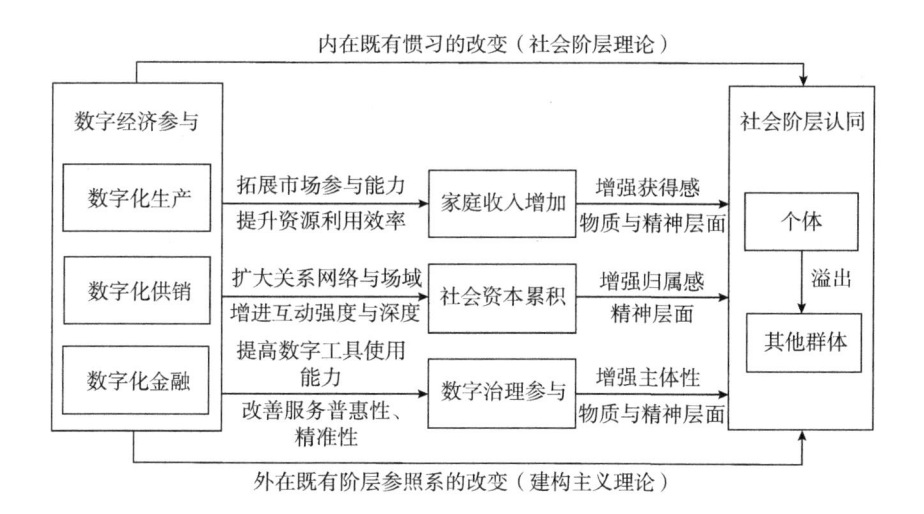

图 8-1 数字经济参与增进农民社会阶层认同的理论分析框架

第二节 研究设计

一 数据说明

本章所使用数据来自课题组在四川省、重庆市和宁夏回族自治区开展的农村实地入户调查。具体抽样调查原则如本书第一章第五节所述。结合本章研究主题及变量选取，剔除数据存在较多缺失值和极端值样本后，本章实际采用的有效样本为1142个。

二 变量选取与测度

（一）被解释变量

本章被解释变量为社会阶层认同。采用经典的主观社会经济地位MacArthur量表（Adler et al.，2000）度量农民社会阶层认同。该量表设置了5级阶梯题项，由受访者根据自身的社会比较和主观感知判断予以回答。样本自评的社会阶层不同等级象征着拥有不同收入水平、受教育程度和职业声望的群体所处的社会阶层位置，样本自评等级越高，表示其认同自身所处的社会阶层越高。

（二）处理变量

本章处理变量为数字经济参与，具体包括数字化生产、数字化供销和数字化金融三个方面的参与行为。测量题项同本书第五章第二节。进一步地，若农民参与数字化生产、数字化供销及数字化金融三个方面活动中的至少一项，则该样本被识别为数字经济参与。统计显示，农民数字化生产、数字化供销[1]和数字化金融参与的比例分别为12.52%、34.80%和63.22%，数字经济整体参与度为67.90%[2]。

（三）机制变量

本章采用的机制变量包括家庭收入、社会资本及数字治理参与。采用"家庭年均毛收入"衡量家庭总收入水平，采用"微信好友数"表征农民积累和可拓展的社会资本水平，以及采用"是否参与乡村数字

---

[1] 统计显示，受访样本中，数字化物流、数字化销售的参与比例分别为29.5%、12.0%；其中，同时参与数字化物流、数字化销售的农民占总样本的比例为6.74%（77/1142×100%）。

[2] 数字化金融参与比例较高主要由数字支付使用比例较高导致，但这与中国互联网络信息中心的统计具有一致性。第47次《中国互联网络发展状况统计报告》显示，截至2020年底，农村地区手机网民中使用移动支付的比例为79.0%。

化党群教育、数字化村务管理或数字化民主监督"刻画数字治理参与。其中,关于数字治理参与的各维度,采用"有无参与村庄组织的远程教育学习或利用'学习强国'学习平台等党群教育平台在线学习""有无通过村庄微信群、益农信息社等平台参与选举、投票、协商议事等有关的村务讨论活动""有无通过村庄微信群或 QQ 群等社交平台参与有关环境卫生、集体项目等方面的民主监督及个人正当权益的维护"分别衡量农民在乡村数字化党群教育、数字化村务管理和数字化民主监督三个方面的参与情况。统计显示,数字治理参与比例为 25%。其中,农民参与乡村数字化党群教育、数字化村务管理和数字化民主监督的比例分别为 13.92%、13.05%和 12.7%。

（四）识别变量

借鉴张勋等研究结果（2020），本章将"村庄到杭州市的球面距离"作为识别变量引入估计方程，以解决因可能存在遗漏变量、双向因果关系带来的内生性偏误问题。理论上，该变量符合相关性和外生性要求。一方面，该变量与本地区的数字经济发展程度具有较强相关性。杭州市自 2018 年着力打造"全国数字经济第一城"，并在 2019 年全国城市数字经济发展中位列榜首。基于数字经济发展具有以中心城市为核心向全国辐射扩散的典型特征，样本地的数字经济发展与杭州市的数字经济发展水平具有一定的相关性。另一方面，距离作为城市空间要素，与个体社会经济活动及结果无直接联系（陈云松，2012）。因此，样本村到杭州市的球面距离难以通过数字经济发展之外的因素影响农民社会阶层认同。

（五）控制变量

本章从个体（户主）特征、家庭特征及村庄特征三个方面选取了控制变量，并控制区域变量。限于篇幅，本章未选取不同控制变量以探讨农民数字化生产、数字化供销和数字化金融参与的差异化生成逻辑。

上述各类变量的定义、赋值及描述性统计如表 8-1 所示。

表 8-1　　　　　　　　变量定义与描述性统计

变量类型	变量名称	变量定义	均值	标准差
被解释变量	社会阶层认同	在阶梯中所处位置：共 5 个等级，1 表示最低，5 表示最高	2.98	0.89

续表

变量类型	变量名称	变量定义	均值	标准差
处理变量	数字经济参与	是否有数字化生产、供销、金融参与行为：是=1；否=0	0.68	0.47
	数字化生产参与	是否利用人工智能等数字技术支持生产管理改进等活动：是=1；否=0	0.13	0.33
	数字化供销参与	是否采用智慧物流技术配送和电商等平台进行销售等活动：是=1；否=0	0.35	0.48
	数字化金融参与	是否利用微信、支付宝等App进行结算、贷款、理财等活动：是=1；否=0	0.63	0.48
识别变量	球面距离	样本村庄到杭州市的球面距离（千米）	1471.00	97.86
机制变量	家庭收入	样本家庭2018年和2019年的年均毛收入（万元）	29.46	102.97
	社会资本	微信好友数（百人）	1.88	3.17
	数字治理参与	是否参与数字化党群教育、村务管理、监督等：是=1；否=0	0.25	0.43
控制变量	性别	男=1；女=0	0.62	0.49
	年龄	户主年龄（岁）	50.99	13.24
	受教育年限	户主受教育年限（年）	6.78	4.51
	党员身份	是否为党员：是=1；否=0	0.16	0.36
	健康状况	健康=1；非健康=0	0.66	0.47
	数字教育经历	是否参加过计算机、电子商务等培训教育：是=1；否=0	0.12	0.33
	家庭资产	家庭人均总资产（万元）	22.30	88.69
	生活状况	受访者自评：共5个等级，1表示最不满意，5表示最满意	3.36	0.94
	土地流转	是否流转土地：是=1；否=0	0.57	0.50
	非农就业占比	家庭非农劳动力数量占家庭总人口比重（%）	0.47	0.37
	劳动力就业层次	本人及家人供职于乡镇政府、银行等单位人数（人）	0.27	0.57
	村庄到县城的距离	村庄到县城的直线距离（千米）	17.25	9.88
	益农信息社	村庄是否有益农信息社：是=1；否=0	0.33	0.47

续表

变量类型	变量名称	变量定义	均值	标准差
控制变量	微信公众号	村庄是否建有微信公众号：是=1；否=0	0.16	0.36
	村庄经济水平	本村人均收入在本乡镇的经济水平：中偏下=0；中偏上=1	0.39	0.49
	新型经营主体规模	村庄专业合作社和家庭农场数量（个）	5.98	10.59
	村庄外出务工比例	村庄外出务工时间多于3个月的劳动力比例（%）	0.36	0.19
	区域	重庆：是=1；否=0	0.24	0.43
		宁夏：是=1；否=0	0.41	0.49
		四川：是=1；否=0	0.34	0.48

三 计量模型设定

（一）数字经济参与对农民社会阶层认同影响的模型设定

为估计数字经济及其各维度参与行为对农民社会阶层认同的影响，构建如下方程：

$$Y_i = \beta X_i + \delta DE_{mi} + \varepsilon_i \tag{8-1}$$

式中：Y_i 为农民 i 的社会阶层认同；X_i 为个体特征、家庭特征、村庄特征及区域特征等控制变量，具体如表8-1所示；DE_{mi} 为农民 i 是否参与数字经济行为 m 的二元选择变量（$m=1, 2, 3, 4$ 分别表示数字经济、数字化生产、数字化供销、数字化金融）；β、δ 为待估系数；ε_i 为随机扰动项。

若农民被随机分配到数字经济参与组和未参与组，则参数 δ 反映农民参与数字经济后的社会阶层认同变化。然而，是否参与数字经济是农民基于自身特质、家庭条件和资源禀赋等因素有意识选择的结果。若不考虑农民潜在的自我选择过程而直接估计上述模型，参数估计结果可能有偏差。因此，估计中需要对因样本的自选择问题产生的偏差进行处理。鉴于内生转换回归（Endogenous Switching Regression，ESR）模型可同时考虑可观测因素和不可观测因素对社会阶层认同的影响，并使用全信息最大似然估计可有效避免有效信息的遗漏问题，使用该模型估计数字经济及其各维度参与对农民社会阶层认同的处理效应。ESR 模型采用两阶段估计，具体如下。

第一阶段估计影响农民是否参与数字经济的因素,构建如下决策方程:

$$DE_{mi} = \gamma Z_i + I_i k_i + \mu_i \tag{8-2}$$

第二阶段在将样本分为参与农民和未参与农民两组的基础上,针对数字经济参与和未参与分别引致的社会阶层认同影响进行估计。由此,构建如下结果方程:

$$Y_{i1} = \beta_{i1} X_{i1} + \varepsilon_{i1}, \text{ 如果 } DE_{mi} = 1 \tag{8-3a}$$

$$Y_{i0} = \beta_{i0} X_{i0} + \varepsilon_{i0}, \text{ 如果 } DE_{mi} = 0 \tag{8-3b}$$

为保证 ESR 模型的可识别性,将"样本村庄到杭州市的球面距离"作为识别变量纳入数字经济参与决策模型。式(8-2)中,I_i 是识别变量,Z_i 为影响农民是否参与数字经济的各类因素。式(8-3a)和式(8-3b)中 Y_{i1}、Y_{i0} 分别为参与组农民和非参与组农民的社会阶层认同,X_i 为控制变量。当不可观测因素对农民数字经济参与决策和社会阶层认同均产生影响时,决策方程和结果方程的残差项存在相关关系。为此,在估计决策方程后,计算逆米尔斯比率(λ_i),并将其引入结果方程,可得

$$Y_{i1} = \beta_{i1} X_{i1} + \sigma_{u1} \lambda_{i1} + \varepsilon_{i1}, \text{ 如果 } DE_{mi} = 1 \tag{8-4a}$$

$$Y_{i0} = \beta_{i0} X_{i0} + \sigma_{u0} \lambda_{i0} + \varepsilon_{i0}, \text{ 如果 } DE_{mi} = 0 \tag{8-4b}$$

式(8-4a)和式(8-4b)中:λ_{i1} 和 λ_{i0} 控制了由不可观测变量产生的选择性偏差;σ_{u1}、σ_{u0} 为协方差。$\rho_{\mu 1}$ 和 $\rho_{\mu 0}$ 作为决策方程和结果方程误差项的相关系数,是判断结果方程是否存在样本选择性偏差的重要依据(Lokshin and Sajaia,2004)。若 $\rho_{\mu 1}$ 或 $\rho_{\mu 0}$ 显著,则表明选择性偏差是由不可观测变量产生的,此时选择 ESR 模型消除选择偏差是保证处理效应无偏估计的前提。

(二)农民数字经济参与决策处理效应模型设定

基于 ESR 模型估计系数,计算农民参与数字经济及其各维度对社会阶层认同影响的平均处理效应(Average Treatment Effect,ATE)。估计方程如下:

$$ATE = E(Y_i | DE_{mi} = 1) - E(Y_i | DE_{mi} = 0) \tag{8-5}$$

式中:$E(Y_i | DE_{mi} = 1)$ 为如果样本农民都参与数字经济,预期的平均社会阶层认同;$E(Y_i | DE_{mi} = 0)$ 为如果样本农民都不参与数字经济,预期

的平均社会阶层认同。

（三）数字经济参与影响农民社会阶层认同的中介作用模型设定

基于式（8-2）计算的逆米尔斯比 λ_{i1} 和 λ_{i0} 构建风险指数（H_i）控制两种状态下的选择偏差：$DE_{mi}=1$，$H_i=\lambda_{i1}$；$DE_{mi}=0$，$H_i=\lambda_{i0}$。因 DE_{mi} 与所有中介变量可能存在内生性，将 H_i 作为可观测和不可观测的混杂变量代入任一中介效应模型中。若 H_i 的系数显著，则表明有效纠正了数字经济参与的选择性偏差。

依据温忠麟等（2014）提出的中介效应检验程序，结合 H_i，构建如下回归方程：

$$Y_i = \alpha_0 + \alpha_1 DE_{mi} + \alpha_2 X_i + \alpha_3 H_i + \varepsilon_i \tag{8-6a}$$

$$M_{in} = \beta_0 + \beta_1 DE_{mi} + \beta_2 X_i + \beta_3 H_i + \varepsilon_i' \tag{8-6b}$$

$$Y_i = \delta_0 + \alpha_1' DE_{mi} + \delta_1 M_{in} + \delta_2 X_i + \delta_3 H_i + \varepsilon_i'' \tag{8-6c}$$

式（8-6a）、式（8-6b）和式（8-6c）中：M_{in} 为中介变量（$n=1$，2，3），分别为农民家庭收入（$n=1$）、社会资本（$n=2$）以及数字治理参与（$n=3$）；其他变量的定义见式（8-1）；ε_i、ε_i'、ε_i'' 为随机扰动项。由于农民社会阶层认同为分类变量，式（8-6a）和式（8-6c）采用有序 Probit 模型进行估计。

（四）空间计量模型设定

当前，中国乡村数字经济仍处于起步发展阶段，数字技术尤其是智慧农业领域数字技术推广应用体系建设滞后，数字技术在农业全产业链各环节的嵌入广度和深度仍显不足。乡村数字经济发展在宏观层面和更大空间范围的溢出效应产生尚需一个过程。以村域尺度探讨农民数字经济参与的溢出效应更契合现阶段乡村数字经济发展实际。借鉴金刚和沈坤荣（2018），采用空间自回归模型估计农民参与数字经济及其各维度对社会阶层认同的空间溢出效应，具体表示如下：

$$Y_i = \delta_1' DE_{mi} + \delta_2' W \times DE_{mi} + \beta' X_i + \varepsilon_i''' \tag{8-7}$$

式中：W 为空间权重矩阵；$W \times DE_{mi}$ 为数字经济参与的空间滞后项；系数 δ_2' 为数字经济参与对社会阶层认同的空间溢出效应。

关于空间权重矩阵设定，采用引申的 Queen 邻近空间权重进行分析。若村庄编码相同，则表明受访农民为同村，矩阵元素设定为 1，否则为 0，具体表示为

$$W_{ij} = \begin{cases} 1, & 农民\ i\ 和农民\ j\ 在同一村庄 \\ 0, & 农民\ i\ 和农民\ j\ 在不同村庄 \end{cases} (i \neq j) \qquad (8-8)$$

式中：W_{ij} 为空间权重矩阵 W 中的元素，为农民 i 和农民 j 间的邻近关系。

第三节 实证检验与结果分析

一 内生转换回归模型联立估计

表 8-2 和表 8-3 汇报了数字经济参与和社会阶层认同影响因素模型的联立估计结果。数字化生产、数字化供销、数字化金融，以及数字经济参与的两阶段方程独立性 LR 检验均拒绝了决策方程和结果方程相互独立的原假设；模型的 Wald 检验均至少在 10% 的统计水平上显著；反映 μ_i 和 ε_i 相关性的 $\rho_{\mu 1}$ 和 $\rho_{\mu 0}$ 至少有一个显著，表明选择 ESR 模型合适。

表 8-2　数字经济参与影响因素回归估计结果（决策方程）

变量	数字经济参与 (1)	数字化生产参与 (2)	数字化供销参与 (3)	数字化金融参与 (4)
性别	0.419***	0.394***	0.199**	0.442***
	(0.111)	(0.129)	(0.092)	(0.113)
年龄	0.063*	0.042	0.061***	0.071**
	(0.034)	(0.032)	(0.023)	(0.036)
年龄的平方	-0.133***	-0.063*	-0.100***	-0.148***
	(0.032)	(0.033)	(0.024)	(0.034)
受教育年限	0.047***	0.059***	0.024*	0.062***
	(0.015)	(0.017)	(0.013)	(0.016)
党员身份	0.405**	-0.197	-0.007	0.348*
	(0.182)	(0.158)	(0.131)	(0.185)
健康状况	0.105	-0.157	-0.000	0.232**
	(0.107)	(0.130)	(0.097)	(0.107)
数字教育经历	0.559*	0.331*	0.390***	0.652**
	(0.308)	(0.169)	(0.144)	(0.316)
家庭资产	0.013***	0.002***	0.001*	0.009**
	(0.004)	(0.001)	(0.001)	(0.004)
生活状况	0.039	0.082	0.156***	0.037
	(0.057)	(0.060)	(0.046)	(0.057)

续表

变量	数字经济参与 (1)	数字化生产参与 (2)	数字化供销参与 (3)	数字化金融参与 (4)
土地流转	0.300*** (0.116)	0.396*** (0.124)	0.340*** (0.096)	0.136 (0.117)
非农就业占比	-0.189 (0.136)	-0.412*** (0.148)	-0.337*** (0.114)	0.048 (0.138)
劳动力就业层次	0.282** (0.120)	0.073 (0.090)	0.050 (0.077)	0.331*** (0.118)
村庄到县城的距离	0.001 (0.006)	0.007 (0.006)	-0.023*** (0.005)	0.001 (0.006)
益农信息社	0.247** (0.122)	0.401*** (0.120)	0.137 (0.097)	0.125 (0.122)
村庄微信公众号	-0.244 (0.157)	-0.321* (0.181)	-0.298** (0.129)	-0.070 (0.162)
村庄经济水平	-0.073 (0.111)	0.164 (0.124)	0.076 (0.096)	-0.031 (0.114)
新型经营主体规模	0.003 (0.006)	0.001 (0.006)	-0.005 (0.004)	0.003 (0.006)
村庄外出务工比例	-0.057 (0.311)	1.421*** (0.337)	-0.316 (0.258)	0.067 (0.315)
区域	控制	控制	控制	控制
球面距离	-4.080*** (1.194)	-2.493* (1.316)	-3.459*** (0.964)	-4.080*** (1.254)
常数项	29.384*** (8.594)	14.331 (9.457)	23.728*** (6.970)	29.104*** (9.013)
Wald 检验	125.20***	31.40*	51.93***	120.26***
独立性检验	6.01**	4.09**	3.90**	3.51*
样本量	1142	1142	1142	1142

注：①*、**、***分别表示在10%、5%和1%的统计水平上显著；②括号中数值为标准误。

表8-3　数字经济参与对农民社会阶层认同影响的 ESR 模型回归估计结果（结果方程）

变量	数字经济参与		数字化生产参与		数字化供销参与		数字化金融参与	
	参与	未参与	参与	未参与	参与	未参与	参与	未参与
	(1)	(2)	(3)	(4)	(5)	(6)	(7)	(8)
性别	0.010 (0.068)	-0.015 (0.103)	-0.352* (0.205)	0.154*** (0.057)	-0.029 (0.097)	0.083 (0.070)	0.008 (0.073)	0.002 (0.094)

续表

变量	数字经济参与 参与 (1)	数字经济参与 未参与 (2)	数字化生产参与 参与 (3)	数字化生产参与 未参与 (4)	数字化供销参与 参与 (5)	数字化供销参与 未参与 (6)	数字化金融参与 参与 (7)	数字化金融参与 未参与 (8)
年龄	-0.009 (0.019)	0.076** (0.035)	0.021 (0.056)	0.020 (0.013)	0.001 (0.026)	0.032** (0.015)	-0.007 (0.022)	0.077** (0.035)
年龄的平方	0.025 (0.022)	-0.045 (0.028)	-0.011 (0.060)	-0.018 (0.012)	0.016 (0.030)	-0.019 (0.015)	0.024 (0.027)	-0.047* (0.027)
受教育年限	-0.001 (0.009)	0.016 (0.013)	-0.014 (0.034)	0.015* (0.008)	0.008 (0.013)	0.012 (0.009)	-0.004 (0.010)	0.015 (0.013)
党员身份	0.126 (0.088)	0.376** (0.153)	0.298 (0.200)	0.202** (0.084)	0.090 (0.123)	0.278*** (0.099)	0.138 (0.090)	0.369*** (0.138)
健康状况	0.144** (0.072)	0.186** (0.086)	0.285 (0.185)	0.189*** (0.059)	0.268*** (0.104)	0.168** (0.067)	0.157** (0.078)	0.114 (0.080)
数字教育经历	0.183** (0.093)	0.321 (0.407)	-0.009 (0.251)	0.170* (0.101)	-0.067 (0.132)	0.318** (0.141)	0.203** (0.094)	0.312 (0.395)
家庭资产	0.001** (0.000)	-0.000 (0.005)	-0.000 (0.001)	0.001*** (0.000)	0.001* (0.000)	0.001 (0.001)	0.001** (0.000)	0.002 (0.004)
生活状况	0.145*** (0.032)	0.198*** (0.051)	0.106 (0.082)	0.180*** (0.029)	0.070 (0.050)	0.168*** (0.037)	0.138*** (0.033)	0.199*** (0.046)
土地流转	0.088 (0.068)	-0.171* (0.099)	0.282 (0.196)	0.013 (0.061)	0.006 (0.107)	-0.035 (0.074)	0.104 (0.071)	-0.084 (0.086)
非农就业占比	0.231*** (0.080)	0.163 (0.114)	0.346 (0.256)	0.165** (0.072)	0.318*** (0.120)	0.213** (0.088)	0.215** (0.084)	0.087 (0.102)
劳动力就业层次	0.068 (0.050)	0.244** (0.123)	-0.152 (0.126)	0.179*** (0.050)	0.015 (0.068)	0.190*** (0.063)	0.065 (0.052)	0.230** (0.114)
村庄到县城的距离	0.004 (0.003)	0.001 (0.005)	-0.000 (0.009)	0.005* (0.003)	0.011* (0.006)	0.009*** (0.003)	0.004 (0.003)	0.002 (0.005)
益农信息社	0.153** (0.067)	0.006 (0.111)	-0.052 (0.196)	0.168*** (0.063)	0.173* (0.094)	0.101 (0.074)	0.194*** (0.069)	0.027 (0.100)
村庄微信公众号	-0.042 (0.088)	-0.110 (0.124)	0.163 (0.275)	-0.121 (0.074)	-0.125 (0.140)	-0.029 (0.091)	-0.049 (0.090)	-0.165 (0.116)
村庄经济水平	0.016 (0.068)	0.061 (0.098)	-0.072 (0.160)	0.017 (0.059)	-0.041 (0.099)	0.022 (0.068)	0.003 (0.071)	0.064 (0.088)
新型经营主体规模	-0.003 (0.003)	-0.009* (0.005)	-0.013* (0.007)	-0.004 (0.003)	-0.004 (0.004)	-0.002 (0.003)	-0.004 (0.003)	-0.009* (0.005)
村庄外出务工比例	-0.009 (0.180)	0.312 (0.276)	-1.548** (0.602)	0.204 (0.168)	-0.040 (0.257)	0.218 (0.196)	-0.032 (0.188)	0.322 (0.251)
区域	控制	控制	控制	控制	控制	控制	控制	控制
常数项	2.078*** (0.485)	-1.421 (1.181)	4.027* (2.232)	1.105*** (0.359)	2.254*** (0.722)	0.342 (0.460)	2.085*** (0.555)	-1.341 (1.156)
$\ln\sigma_1$ 或 $\ln\sigma_0$	-0.209*** (0.031)	-0.224*** (0.057)	-0.040 (0.240)	-0.210*** (0.029)	-0.159* (0.092)	-0.177*** (0.051)	-0.208*** (0.030)	-0.251*** (0.051)

续表

变量	数字经济参与		数字化生产参与		数字化供销参与		数字化金融参与	
	参与	未参与	参与	未参与	参与	未参与	参与	未参与
	(1)	(2)	(3)	(4)	(5)	(6)	(7)	(8)
ρ_{u1} 或 ρ_{u0}	-0.398** (0.177)	-0.421* (0.247)	-0.883 (0.560)	0.444** (0.214)	-0.595** (0.284)	-0.497** (0.250)	-0.247 (0.201)	-0.411* (0.243)
样本量	1142	1142	1142	1142	1142	1142	1142	1142

注：①*、**、***分别表示在10%、5%和1%的统计水平上显著；②括号中数值为标准误。

（一）农民数字经济参与行为的影响因素估计

数字化生产、数字化供销、数字化金融，以及数字经济整体参与影响因素分析回归结果如表8-2列（1）至列（4）所示。

在个体特征方面，性别、受教育年限、数字教育经历显著正向影响农民数字化生产、数字化供销、数字化金融及数字经济参与。年龄与数字化供销、数字化金融以及数字经济整体参与之间呈倒"U"形关系。党员身份显著正向影响农民数字化金融，以及数字经济整体参与。健康状况显著正向影响农民数字化金融参与。在家庭特征方面，生活状况显著正向影响农民数字化供销参与，家庭资产水平显著正向影响农民数字经济整体及分维度参与。土地流转显著正向影响农民数字化生产、数字化供销及数字经济整体参与。非农就业占比显著负向影响农民数字化生产和数字化供销参与。劳动力就业层次显著正向影响农民数字化金融及数字经济整体参与。在村庄特征方面，村庄到县城的距离显著负向影响数字化供销参与；村庄微信公众号显著负向影响农民数字化生产和数字化供销参与。村庄中是否有益农信息社显著正向影响农民数字化生产及数字经济整体参与。村庄外出务工比例显著正向影响农民数字化生产参与。此外，样本村到杭州的球面距离对农民数字化生产、数字化供销、数字化金融，以及数字经济整体参与均有显著影响，表明选取识别变量有效。

（二）数字经济及各维度参与和未参与农民社会阶层认同影响因素估计

表8-3列（1）至列（8）分别报告了数字经济整体及数字化生产、数字化供销、数字化金融三个分领域参与和未参与农民的社会阶层认同

影响因素的估计结果。

在个体特征方面，性别显著负向影响参与数字化生产农民的社会阶层认同，但显著正向影响未参与数字化生产农民的社会阶层认同。年龄显著正向影响未参与数字经济、数字化供销和数字化金融农民的社会阶层认同。受教育年限显著正向影响未参与数字化生产农民的社会阶层认同，党员身份显著正向影响未参与各类数字经济活动农民的社会阶层认同。拥有党员身份和较高受教育程度的农民能够接触到更广泛的阶层群体，并在社会互动过程中不断调整和提高自身的社会阶层定位；但数字经济活动参与使这类群体社会阶层认同的形成路径更为复杂和多元。此外，健康状况显著正向影响数字经济参与和未参与农民的社会阶层认同，且该影响在数字化供销领域更为突出。数字教育经历显著正向影响数字经济参与尤其是数字化金融参与农民的社会阶层认同。

在家庭特征方面，家庭资产显著正向影响数字经济参与农民、数字化生产未参与农民、数字化供销参与农民和数字化金融参与农民的社会阶层认同。家庭资产条件所带来的市场参与支持主要强化农民参与数字化供销和数字化金融所获得的社会阶层认同，但因生产领域的数字化起步时间短、发展水平低，家庭资产条件并未增进数字化生产参与农民的社会阶层。生活状况显著正向影响数字经济参与和未参与农民、数字化生产未参与农民、数字化供销未参与农民、数字化金融参与和未参与农民的社会阶层认同。非农就业占比显著正向影响数字经济参与农民、数字化生产未参与农民、数字化供销参与和未参与农民、数字化金融参与农民的社会阶层认同。劳动力就业层次显著正向影响未参与各类数字经济活动农民的社会阶层认同。就业层次越高的农民，其既有惯习和社会阶层意识的建构也变得更为复杂。

在村庄特征方面，村庄到县城的距离显著正向影响数字化生产未参与农民、数字化供销参与和未参与农民的社会阶层认同。村庄中是否有益农信息社显著正向影响数字经济参与农民、数字化生产未参与农民、数字化供销参与和数字化金融参与农民的社会阶层认同。益农信息社提供的平台支持显著增强农民从数字经济参与尤其是数字化供销参与和数字化金融参与中获得的社会阶层认同，但对数字化生产的支撑作用有限。新型经营主体规模显著负向影响未参与数字经济农民、参与数字化生产农民和未参与数字化金融农民的社会阶层认同。这表明，村庄规模经营主体数量越多，农民越难从数字化生产领域得到更高社会阶层认同。村庄外出务工比例显著负向影响参与数字化生产农民的社会阶层认同。村庄中大量外出务工的劳动力获得较高的经济收益使参与数字化生产的农民经济获得感降低，制约了其社会阶层认同提升。此外，村庄微信公众号、村庄经济水平均对数字化生产、数字化供销、数字化金融以及数字经济整体参与农民和未参与农民的社会阶层认同无显著影响。

二 平均处理效应估计

表8-4报告了农民数字化生产、数字化供销、数字化金融，以及数字经济参与对其社会阶层认同影响的平均处理效应估计结果。结果显示，数字化生产、数字化供销、数字化金融以及数字经济整体参与在1%的统计水平上显著正向影响农民社会阶层认同。相较于未参与数字经济，农民参与数字经济可使预期的社会阶层认同水平上升0.898，显著提升38.08%，验证了H8-1。分领域来看，农民参与数字化生产、数字化供销和数字化金融对其社会阶层认同影响的平均处理效应均显著为正。相较于未参与数字化生产，农民参与数字化生产有利于其社会阶层认同水平显著提升50.05%；相较于未参与数字化供销，农民参与数字化供销有利于其社会阶层认同水平显著提升32.06%；相较于未参与数字化金融，农民参与数字化金融有助于其社会阶层认同显著提升31.71%，验证了H8-1a、H8-1b和H8-1c。值得注意的是，数字化生产参与引致的农民社会阶层认同提升效应最大。或许可解释为，现阶段，数字技术在农业生产领域的应用程度整体偏低，数字化生产的增产增收效应更易显现，有助于直接满足农民的生存与发展需要；同时，数字技术使用在一定程度上实现对部分农业劳动力的替代，使部分高素质劳动力脱离传统农业生产方式，开拓新业态和模式，促进农民获得更高的经济收益和赢得更高的社会地位。

表8-4 数字经济参与影响农民社会阶层认同的平均处理效应估计结果

变量	参与	未参与	ATE	变化率（%）
数字经济参与	3.256（0.010）	2.358（0.015）	0.898***（0.018）	38.083

续表

变量	参与	未参与	ATE	变化率（%）
数字化生产参与	4.539（0.014）	3.025（0.013）	1.514***（0.019）	50.050
数字化供销参与	3.608（0.009）	2.732（0.012）	0.876***（0.015）	32.064
数字化金融参与	3.243（0.010）	2.463（0.016）	0.781***（0.019）	31.709

注：①变化率=［（参与数字经济农民-未参与数字经济农民）/未参与数字经济农民］×100%；②*** 表示在1%的统计水平上显著；③括号中数值为标准误。

三 稳健性检验

本章分别采用 IV-Oprobit 模型替换 ESR 模型和采用"收入相对剥夺水平"指数替换被解释变量再次进行估计。综合表明，数字化生产、数字化供销、数字化金融，以及数字经济整体参与对农民社会阶层认同的影响结果总体稳健。

以"村庄到杭州市的球面距离"作为识别变量，并采用 IV-Oprobit 模型进行估计，结果如表 8-5 所示。可知，数字化生产、数字化供销、数字化金融，以及数字经济整体参与均显著正向影响农民社会阶层认同，再次验证了 H8-1a、H8-1b、H8-1c 及 H8-1。

表 8-5　　　　数字经济参与影响农民社会阶层认同的 IV-Oprobit 估计结果

变量	(1)	(2)	(3)	(4)
数字经济参与	0.486**（0.221）			
数字化生产参与		0.526**（0.255）		
数字化供销参与			0.346***（0.133）	
数字化金融参与				0.491**（0.215）
控制变量	控制	控制	控制	控制
第一阶段 F 值	41.26	11.34	13.71	47.94
lnsig_2	-1.048***	-1.202***	-0.856***	-1.050***
atanhrho_12	-0.906**	-1.272**	-0.941**	-0.929**
样本量	1142	1142	1142	1142

注：①*、**、*** 分别表示在 10%、5% 和 1% 的统计水平上显著；②括号中数值为标准误；③IV-Oprobit 模型采用 CMP 方法进行估计。

以客观的"收入相对剥夺水平"指数①替换主观的"社会阶层认同",并采用 IV-2SLS 方法进行估计,结果如表 8-6 所示。可知,数字化供销、数字化金融以及数字经济参与均显著正向影响农民社会阶层认同,再次验证了 H8-1b、H8-1c 及 H8-1。

表 8-6　数字经济参与对收入相对剥夺水平影响的 IV-2SLS 回归结果

变量	收入相对剥夺水平			
	(1)	(2)	(3)	(4)
数字经济参与	0.366* (0.199)			
数字化生产参与		0.620 (0.396)		
数字化供销参与			0.295* (0.170)	
数字化金融参与				0.376* (0.206)
控制变量	控制	控制	控制	控制
第一阶段 F 值	8.36***	3.71*	8.44***	8.09***
Anderson-Rubin 检验的 F 值	4.54**	4.54**	4.54**	4.54**
样本量	1142	1142	1142	1142

注:①*、**、***分别表示在 10%、5% 和 1% 的统计水平上显著;②括号中数值为标准误。

四　作用机制检验

为探究数字经济参与影响农民社会阶层认同的作用路径,本章分别引入家庭收入、社会资本和数字治理参与三个机制变量进行实证检验,估计结果如表 8-7 所示。

---

① 近年来,"收入相对剥夺"被广泛应用于测量收入不平等,可从客观层面反映个体社会阶层地位,即收入相对剥夺程度越高,个体所处社会阶层相对越低。因收入相对剥夺水平指数为表征客观社会阶层认同的逆向指标,文中将其进行了正向标准化处理。指数测算如下:对于样本总量为 n 的农民群体,设定对应的收入向量为 $X = (x_1, x_2, \cdots, x_n)$,按收入升序排列。个体 k($k=1, 2, \cdots, n$)遭受到的收入剥夺水平记为 RD_k,$\mu_{x_k}^+$ 是 X 中收入超过 x_k 的样本收入均值,$\gamma_{x_k}^+$ 是 X 中收入超过 x_k 的样本在总样本 X 中所占的百分比,$\mu_{\ln x_k}^+$ 是 X 中收入对数超过 $\ln x_k$ 的样本的收入对数均值,μ_x 是总样本 X 的收入均值。则农民个体收入剥夺指数的测度公式为 $RD_k = \frac{1}{n\mu_x} \sum_{i=k+1}^{n} (x_i - x_k) = \gamma_{x_k}^+ \left[\frac{\mu_{x_k}^+ - x_k}{\mu_x} \right]$。

表 8-7　数字经济参与影响农民社会阶层认同的作用机制估计结果

作用路径 (X→M→Y)			α_1	α'_1	β_1	δ_1	$\beta_1 \times \delta_1$	判断
X	M	Y						
数字经济参与	家庭收入	社会阶层认同	0.435*** (0.102)	0.375*** (0.102)	0.358*** (0.074)	0.189*** (0.036)	0.068***	0.156 部分中介
数字化生产参与			0.304*** (0.108)	0.207* (0.109)	0.537*** (0.117)	0.190*** (0.036)	0.102***	0.336 部分中介
数字化供销参与			0.170** (0.071)	0.121 (0.078)	0.260*** (0.070)	0.198*** (0.036)	0.051***	0.300 完全中介
数字化金融参与			0.432*** (0.102)	0.362*** (0.098)	0.413*** (0.077)	0.187*** (0.036)	0.077***	0.178 部分中介
数字经济参与	社会资本	社会阶层认同	0.435*** (0.106)	0.413*** (0.099)	0.983*** (0.109)	0.024* (0.015)	0.024*	0.055 部分中介
数字化生产参与			0.304*** (0.113)	0.282*** (0.103)	0.884*** (0.385)	0.025* (0.014)	0.022**	0.072 部分中介
数字化供销参与			0.170** (0.077)	0.147* (0.079)	0.993*** (0.202)	0.024* (0.015)	0.024*	0.141 部分中介
数字化金融参与			0.432*** (0.097)	0.406*** (0.099)	1.101*** (0.112)	0.025* (0.015)	0.028**	0.065 部分中介
数字经济参与	数字治理参与	社会阶层认同	0.435*** (0.099)	0.409*** (0.105)	0.443** (0.193)	0.281*** (0.096)	0.124**	0.285 部分中介
数字化生产参与			0.304*** (0.111)	0.285*** (0.100)	0.196 (0.156)	0.298*** (0.095)	—	无中介效应
数字化供销参与			0.170** (0.077)	0.164** (0.078)	0.099 (0.113)	0.304*** (0.090)	—	无中介效应
数字化金融参与			0.432*** (0.103)	0.398*** (0.099)	0.578*** (0.176)	0.271*** (0.098)	0.157***	0.363 部分中介

注：①*、**、***分别表示在10%、5%和1%的统计水平上显著；②括号中数值为标准误；③中介效应值计算公示为 $\beta_1 \delta_1 / \alpha_1$。

家庭收入在数字化生产、数字化金融，以及数字经济参与对农民社会阶层认同影响中发挥部分中介效应，在数字化供销参与对农民社会阶层认同影响中发挥完全中介效应，验证了 H8-2a、H8-2b、H8-2c 和 H8-2。这表明，农民通过数字经济参与可有效提升其家庭收入水平，进而提升其社会阶层认同。

社会资本在数字化生产、数字化供销、数字化金融，以及数字经济参与对农民社会阶层认同影响中均发挥部分中介效应，验证了 H8-3a、H8-3b、H8-3c 和 H8-3。农民积极参与各类数字经济活动，通过充分利用社会网络资源有助于增加与其他经济活动主体的沟通频率、扩大社会关系圈，促进信息、技术等资源共享，增进社会互动与社会支持（王天夫，2021），进而提升其社会阶层认同。

数字治理参与在数字化金融与数字经济整体参与对农民社会阶层认同影响中发挥部分中介效应，其效应分别为 0.157 和 0.124，且占总效应比重分别为 36.3% 和 28.5%，验证了 H4c 和 H4。同时，运用自助抽样法检验数字治理参与在数字化生产和数字化供销参与对农民社会阶层认同影响中发挥的作用（$H_0: \beta_1 \times \delta_1 = 0$），结果显示 90% 置信区间内含 0，表明数字治理参与在数字化生产和数字化供销参与对社会阶层认同的影响中未发挥中介效应，H8-4a 和 H8-4b 均未得到验证。目前，乡村数字化生产和数字化供销仍处于起步阶段，农民数字化生产和数字化供销参与对社会阶层认同的影响主要来自经济活动的参与和经济资源支配权的增强，并非通过参与乡村治理、获取政治资源而产生作用。

五 空间溢出效应检验

为揭示乡村数字经济赋能的福利溢出效应，本章进一步探讨数字化生产、数字化供销、数字化金融，以及数字经济整体参与对农民社会阶层认同的空间溢出效应，估计结果如表 8-8 所示。可知，从 $W \times$ 数字化生产参与、$W \times$ 数字化供销参与、$W \times$ 数字化金融参与，以及 $W \times$ 数字经济参与的系数来看，数字化生产、数字化供销和数字化金融以及数字经济参与的空间滞后项系数均为正，且至少在 5% 的统计水平上显著，表明数字化生产、数字化供销、数字化金融，以及数字经济参与对农民社会阶层认同有显著的正向空间溢出效应，验证了 H8-5。这表明，数字化生产、数字化供销和数字化金融参与可显著影响并提升同村内邻近农民的社会阶层认同，数字经济赋能的福利溢出效应明显。数字经济参与存在"示范效应"，一方面，部分农民依托数字技术实现了经济和社会地位的提升，其成功案例显著增强了周围农民的模仿学习。另一方面，参与数字经济的农民通过传、帮、带等形式对邻近农民进行"技术反哺"和"信息反哺"（李晓静等，2021），增强同村内邻近农民数字技术和知识的应用能力，促进其增收和社会资本提升，进而助力该部分群体的社会阶层认同提升。值得注意的是，农民数字化生产参与对社会阶层认同影响的正向空间溢出效应最强。作为农业产业链数字化转型的基础环节，数字技术的广泛和深度应用有助于实现规模化、机械化和智能化生产，降低农业生产成本，发挥规模经济效应，可更有效促进农业增效和农民增收。同时，由于农业生产技术具有区域性和普适性特征，相较于数字经济其他领域的行为参与，同村内邻近农民更容易通过传、帮、带等形式从当地的数字化生产发展中获益，进而产生更强的空间相互依赖性。

表 8-8　数字经济参与对农民社会阶层认同影响的空间溢出效应的估计结果

变量	(1)	(2)	(3)	(4)
数字经济参与	0.352*** (0.069)			
W×数字经济参与	0.272** (0.117)			
数字化生产参与		0.218*** (0.081)		
W×数字化生产参与		0.540*** (0.169)		
数字化供销参与			0.132** (0.057)	
W×数字化供销参与			0.261** (0.122)	
数字化金融参与				0.345*** (0.069)
W×数字化金融参与				0.238** (0.115)
常数项	0.981*** (0.332)	1.401*** (0.331)	1.112*** (0.333)	1.014*** (0.332)
控制变量	控制	控制	控制	控制
F 统计量	12.99***	12.03***	11.46***	12.75***
样本量	1142	1142	1142	1142

注：①*、**、***分别表示在10%、5%和1%的统计水平上显著；②括号中数值为标准误。

第四节　本章小结

本章以数字化生产、数字化供销及数字化金融表征数字经济赋能下农民数字经济参与，实证探究了数字经济及其各维度参与对农民社会阶层认同的影响、作用机制及空间溢出效应。研究表明，数字化生产、数字化供销、数字化金融及数字经济参与可显著增强农民社会阶层认同。作用机制研究证实，数字经济参与有助于产生增收效应、社会资本累积效应及数字治理参与促进效应，改善农民物质和精神层面的获得感、归属感和主体性意识，进而增进农民社会阶层认同。研究还发现，数字化生产、数字化供销、数字化金融以及数字经济参与显著正向影响同村内邻近农民社会阶层认同，且数字化生产参与的空间溢出效应最大。

第四篇

数字乡村发展的短板研究

第九章

智慧农业促进乡村数字经济发展的进展与挑战研究

智慧农业发展是乡村经济数字化转型的核心和短板。从全球来看，数字技术在传统产业的应用最早发端于第三产业和第二产业，但在第一产业中的应用因产业属性、支撑条件的差异而受到诸多限制。2021年参与测算的全球47个经济体的第三产业和第二产业数字经济增加值占行业增加值比重分别为45.3%和24.3%，而第一产业数字经济增加值占行业增加值比重仅为8.6%[1]。从国内来看，作为全球第二大数字经济体，虽然中国数字经济规模由2018年的31.3万亿元增加到2022年的50万亿元，但第一产业数字经济渗透率仅为10.5%，明显低于第三产业（44.7%）和第二产业（24.0%）。系统探讨智慧农业发展面临的机遇、取得的进展和存在的挑战，对培育农业领域新质生产力、加快建设农业强国具有重要意义。

理论界和实践界对智慧农业内涵的认知不断深化，且较为认可智慧农业是新一代信息技术与农业全产业链各环节深度融合，实现农业数字化、精准化和智能化发展的高级发展阶段（赵春江，2020；宋洪远，2020；唐华俊，2022）。虽然数字技术在农业领域的应用程度仍处于较低水平，但数字技术对促进农业现代化发展的潜在作用引发学界广泛且不断上升的关注。相关研究指出，数字技术在农业生产、加工、销售、流

---

[1] 中国信息通信研究院：《全球数字经济白皮书（2022年）》，http://www.caict.ac.cn/kxyj/qwfb/bps/202212/P020221207397428021671.pdf.

通等全产业链各环节的应用与推广有助于农业产业数字化智慧化转型（易法敏、古飞婷，2023；韩旭东等，2023）。采用数字技术不仅能促进农业精准化生产和智能化监测管理，搭建精准化购销平台、促进农村消费，更有利于加速农村产业融合和新业态发展（夏显力等，2019；黄季焜，2021）。数字技术应用还可通过产生规模经济效应、范围经济效应、聚合经济效应和分工经济效应，重塑农业生产体系、产业体系和经营体系，赋能农业高质量发展（罗千峰等，2022）。另有研究指出，智慧农业发展将使农业领域的劳动者劳动过程与经营者决策过程、政府农业管理、全产业链一体化发生革命性变化，农业工人、农业领域专业投资者和农业职业经理人、农业生产过程工业化等将在农业生产领域兴起（牟少岩等，2022）。

凭借政府大力支持引导和社会资本积极参与，中国智慧农业试点取得成效，但也面临诸多挑战。例如，韩旭东等（2023）分析指出，以农业全产业链数字化助推乡村产业转型面临乡村数字基础设施薄弱、数字人才缺乏、数字技术应用不足、农业产业链主体协同分工不明等难点。李建军和白鹏飞（2023）研究表明，中国智慧农业实践依然面临整体发展基础薄弱、创新实践同质化、体制机制不完善、农业数据利用低效和惠农富农作用有限等现实挑战。基于经营主体智慧农业技术采纳视角，杨雪雁等（2023）分析指出，技术层面的复杂性、兼容性、成本感知，组织层面的管理者态度与组织资源，环境层面的政策支持都影响农场经营者对智慧农业技术评估和采纳决策。因此，应当基于智慧农业试点的典型案例，进一步分析中国智慧农业发展面临的多重挑战及制约因素。

本章拟系统梳理智慧农业发展进程中的政府支持与经营主体探索实践，并揭示智慧农业发展在制度、技术、主体等方面的基础与条件；基于发达国家智慧农业发展模式与实施路径分析，总结智慧农业发展的国际经验及有益启示。从数据平台服务、无人机植保、农机自动驾驶、人工智能等方面分析智慧农业技术在种植业和养殖业等场景中的适用性及典型特征。结合智慧农业试点地区的典型案例，剖析智慧农业技术应用发展较快、发展较为滞后，以及未来有较大发展潜力的应用场景，揭示以农业全产业链数字化促进乡村数字经济发展面临的挑战，进而提出未来加快智慧农业发展的主要方向。

第九章 智慧农业促进乡村数字经济发展的进展与挑战研究

第一节 智慧农业促进乡村数字经济发展的基础与条件

随着以大数据、人工智能、区块链等为代表的新兴数字技术加快迭代升级，政府和社会各界对采用数字技术尤其是前沿数字技术促进农业现代化发展无不充满憧憬并积极探索与推进，使智慧农业和数字乡村发展迎来重要机遇。具体而言，政府接续出台一系列规划和支持政策，指明了智慧农业发展的方向与路径，为引导财政、金融、科技、人力等资源向智慧农业领域集中提供了关键政策机遇；农业企业、互联网企业、金融机构等经营主体发挥各自在产业基础、资金与技术等方面的比较优势，积极布局智慧农业和数字乡村领域，发挥重要的示范和带动作用，为智慧农业发展创造了理想的市场机遇。

一 政府职能履行

2012年以来，围绕中国"三农"发展不同阶段的现实问题，国家从不同层面提出推进智慧农业技术装备研发、技术推广应用及其支撑保障等方面的政策措施，发展智慧农业的政策扶持力度不断加大。随着数字乡村战略的整体推进，加快农业生产经营全过程数字化转型和智慧化改造演变为以数字化驱动农业现代化和乡村经济转型升级的重要内容。表9-1梳理了有关智慧农业发展的中央政策文件。

表9-1 国家层面涉及智慧农业的文件梳理

时间	文件	与智慧农业相关内容
2012年	中共中央、国务院《关于加快推进农业科技创新持续增强农产品供给保障能力的若干意见》	突出农业科技创新重点，加快推进前沿技术研究，在信息技术、先进制造技术、精准农业技术等方面取得重大突破
2013年	中共中央、国务院《关于加快发展现代农业进一步增强农村发展活力的若干意见》	确保国家粮食安全，加强科技创新，发展农机装备的研发
2014年	中共中央、国务院《关于全面深化农村改革加快推进农业现代化的若干意见》	推进农业科技创新，建设以农业物联网和精准装备为重点的农业全程信息化和机械化技术体系

续表

时间	文件	与智慧农业相关内容
2015年	中共中央、国务院《关于加大改革创新力度加快农业现代化建设的若干意见》	加快农业科技创新，在生物育种、智能农业、农机装备、生态环保等领域取得重大突破
2016年	中共中央、国务院《关于落实发展新理念加快农业现代化实现全面小康目标的若干意见》	大力推进"互联网+"现代农业，大力发展智慧气象和农业遥感技术
2017年	中共中央、国务院《关于深入推进农业供给侧结构性改革 加快培育农业农村发展新动能的若干意见》	加快科技研发，实施智慧农业工程，推进农业物联网试验示范和农业装备智能化，发展智慧气象
2018年	中共中央、国务院《关于实施乡村振兴战略的意见》	大力发展数字农业，实施智慧农业林业水利工程，推进物联网试验示范和遥感技术应用
2019年	中共中央、国务院《关于坚持农业农村优先发展 做好"三农"工作的若干意见》	实施农业关键核心技术攻关行动，培育一批农业战略科技创新力量，推动生物种业、重型农机、智慧农业、绿色投入品等领域自主创新
2019年	中共中央办公厅、国务院办公厅印发《数字乡村发展战略纲要》	夯实数字农业基础、推进农业数字化转型、推进农业装备智能化、优化农业科技信息服务
2020年	中共中央、国务院《关于抓好"三农"领域重点工作确保如期实现全面小康的意见》	依托现有资源建设农业农村大数据中心，加快物联网、大数据、区块链、人工智能、第五代移动通信网络、智慧气象等现代信息技术在农业领域的应用
2020年	农业农村部、中央网络安全和信息化委员会办公室关于印发《数字农业农村发展规划（2019—2025年）》的通知	加快种植业、畜牧业、渔业、种业及新业态生产经营数字化改造，加快农业人工智能研发应用，建设数字农业服务体系，等等
2020年	农业农村部办公厅关于开展"互联网+"农产品出村进城工程试点工作的通知	培育县级农产品产业化运营主体，打造优质特色农产品供应链，建立适应农产品网络销售的运营服务体系，建立有效的支撑保障体系
2021年	中共中央、国务院《关于全面推进乡村振兴 加快农业农村现代化的意见》	发展智慧农业，建立农业农村大数据体系，推动新一代信息技术与农业生产经营深度融合。完善农业气象综合监测网络，提升农业气象灾害防范能力

续表

时间	文件	与智慧农业相关内容
2022年	国务院关于印发"十四五"数字经济发展规划的通知	大力提升农业数字化水平，推进"三农"综合信息服务，创新发展智慧农业，提升农业生产、加工、销售、物流等各环节数字化水平
2023年	中共中央、国务院《关于做好2023年全面推进乡村振兴重点工作的意见》	加快农业农村大数据应用，推进智慧农业发展
2024年	中共中央、国务院关于学习运用"千村示范、万村整治"工程经验有力有效推进乡村全面振兴的意见	发展智慧农业，鼓励有条件的省份统筹建设区域性大数据平台，加强农业生产经营、农村社会管理等涉农信息协同共享
2024年	农业农村部关于大力发展智慧农业的指导意见	全方位提升智慧农业应用水平，加力推进智慧农业技术创新和先行先试，有序推动智慧农业产业健康发展，强化组织实施保障，等等

注：笔者根据相关政策文件内容整理所得。

国家持续推进农业数字化智慧化发展的试点探索，且相关试点从聚焦单一生产领域向农业全产业链拓展，并纳入数字乡村建设试点的总体框架。自2013年起，农业部陆续在天津、上海、安徽等省市开展农业物联网区域试验，围绕大田生产、水产养殖、农产品电商及农产品质量安全监管等领域启动了一系列农业物联网项目，旨在探索农业物联网技术的主要应用模式、技术标准和政策支撑体系。2017年，农业部开始实施数字农业试点项目，围绕数字农业创新中心、重要农产品全产业链大数据和数字农业试点县建设，中央累计投资11.5亿元，共计建设92个项目[1]，旨在加快农业全产业链数字化建设进程。2020年8月，农业农村部启动在全国110个特色农产品优势县开展"互联网+"农产品出村进城试点，旨在从供应链管理、运营服务管理等方面完善农产品网络销售的支持保障体系。2020年9月，中央网信办公布在全国117个县开展首批国家数字乡村试点，旨在推动农业生产智能化、经营网络化、管理与服务等各领域的全面数字化转型，并为其他地区开展数字乡

---

[1] 农业农村部网站：《对十三届全国人大三次会议第1242号建议的答复摘要》，https://www.moa.gov.cn/govpublic/SCYJJXXS/202011/t20201113_6356257.htm。

村实践探索可复制、可推广的模式与经验。此后，以浙江、江苏等省份为代表，全国大多数省份结合地方实际，积极开展省级层面的数字乡村试点工作，制定实施方案、出台地方标准、完善经济性与非经济性政策支持体系，而农业数字化智慧化发展是各省推进数字乡村建设的重要内容。2022年，中央网信办等11部门联合印发《关于开展第二批国家数字乡村试点工作的通知》，提出建设一批智慧农（林、牧、渔）场，推动智能感知、智能分析、智能控制技术与装备在农业生产经营中的集成应用。

国家积极推进农业农村大数据平台建设和重要农产品全产业链大数据试点。依靠"金农工程"的实施与建设积累，农业农村部牵头建成国家农业数据中心和国家农业科技数据分中心，并在每个省份成立省级农业数据中心、开通行业应用信息系统，且信息系统已覆盖农业行业统计监测、监管评估、信息管理、预警防控等7类重要业务。与此同时，国家层面围绕粮油棉等8大类15个重点农产品大力推进全产业链大数据试点，以期为公众提供及时准确的市场信息服务。随着农业农村各类大数据平台建设和涉农数据归集的持续推进，农业信息采集、分析、发布、共享与交易等方面的机制不断完善。

国家持续完善对智慧农业发展的财政支持。为适应农业现代化发展对智能农机设备的需求不断增加的趋势，2014年，一些省份开始自主探索开展植保无人机购置补贴。随着植保无人机使用范围不断拓展、无人机植保服务需求持续增加，2017年，农业部联合财政部、中国民用航空局等部门，在广东、重庆、湖南、安徽、江西、浙江6个省份开展植保无人机补贴试点，但该阶段补贴主要面向从事植保作业的服务组织。此后，江苏、山东、湖北、河南、福建、陕西等10多个省份均积极出台无人机购置补贴的财政预算和具体方案，农机购置补贴标准大概为购置价格的1/3—1/2。2021年，植保无人机被正式纳入国家农机购置补贴目录。2023年，农业农村部联合财政部启动实施了现代设施农业建设贷款贴息试点，且对试点省份实际支出的贴息资金，中央财政按照一定比例给予差异化奖补，为智慧型设施农业发展打造了有利的政策条件。

以中央政策为指导，众多省份积极探索智慧农业发展的地方方案。表9-2梳理了部分省份推进智慧农业发展的政策措施。虽然不同省份农业农村数字化发展基础不同、发展程度不同,但在实施原则、重点任务和支撑保障措施等方面呈现一些共性特征。一是在实施原则上,均强调结合各省份农业产业特色及农业现代化发展的内生需求,因地制宜探索数字技术在特色种植业与养殖业中的应用场景和数字技术推广模式。二是在重点任务方面,均重视数字技术在农业生产、经营、管理、服务等全产业链环节的渗透。三是在支撑保障措施方面,各省份有关数字农业或智慧农业的实施方案中较多提及强化农业科技创新、加强自主创新、推动联合攻关、加快补齐核心技术短板、壮大农业农村信息化产业体系,并强调发挥财政资金的引导和撬动作用,鼓励社会资本主体的广泛参与,探索政府与市场相结合的多元投入机制。当然,在具体发展路径方面,各省表现出一定的差异性。如山东瞄准农业"新六产"发展导向,以数字化推进产业链相加、价值链相乘、供应链相通,强调建设一批示范作用显著的智慧农业园区和示范基地。浙江以农业数字化智慧化发展促进农业现代化走在全国前列,提出以"数字化基地—数字农业工厂—未来农场"为路径,加快农业数字技术创新应用,加强新一代技术、装备和管理理念推广普及,逐步构建"数字+设施"的智慧农业发展体系。江苏提出应打通资源整合和数据共享的通道,加快促进农业农村数据互联互通、资源共建共享,建立健全多元投入机制和多元主体协同推进机制,推动实现智慧农业全产业链提档升级。

表 9-2　　　　部分省份推进智慧农业发展的政策文件

省份	文件	与智慧农业相关的主要内容
山东	山东省数字乡村发展行动计划（2022—2025 年）	实施智慧农业创新发展行动,深化农业农村数据共享应用,建设天地空一体化网络,加快发展特色高效数字农业,加快智慧农业关键技术攻关
江苏	江苏省"十四五"数字农业农村发展规划	围绕智慧种植、智慧畜牧、智慧渔业、智慧农机等场景,推进农业生产数字化,推进农业科技服务、信息服务、政务服务数字化,探索全产业链数字化发展新路径
天津	天津市推进农业农村现代化"十四五"规划	推动天津智能农业研究院建设,开展农业遥感、无人机、新型传感器、大数据、区块链、机器人等方面的创新性研究,研发熟化面向大田精准作业、果园智慧管理、农产品智慧供应链等方面的智能农业技术产品,加速相关科技创新和成果产业化进程

续表

省份	文件	与智慧农业相关的主要内容
江西	江西省"十四五"农业农村信息化发展规划	发展智慧化生产,提升农业生产保障能力;推动全产业链数字化,提升农产品供给质量和效率;夯实大数据基础,提升农业农村管理决策效能
浙江	浙江省智慧农业"百千万"工程建设实施方案(2023—2027年)	重点围绕建设数字农业工厂、探索未来农场、构建浙江农业产业大脑、创新技术集成与模式业态四方面发力,创建数字农业工厂(基地)1000家以上、培育未来农场100家,在种植业、畜牧业、渔业各打造一批具有引领性、示范性、带动性的数字化新型农业产业组织
陕西	陕西省"十四五"数字农业农村发展规划	加快全省农业农村大数据建设、推进农业生产经营数字化改造、推动农业管理服务数字化转型,实施农业农村大数据提升、产业数字化、管理数字化、经营数字化四大工程
黑龙江	"数字龙江"发展规划(2019—2025年)	发展特色数字农业,推进数字技术与农业生产深度融合,提升农业经营网络化和信息服务水平,培育农业数字化新业态,构建农业数字化管理体系
重庆	重庆市数字农业农村发展"十四五"规划(2021—2025年)	强化农业农村大数据建设,提升产业信息化水平、促进经营服务智能化转型,推动数字农业农村技术创新应用,打造整合协同的信息化应用体系

注：笔者根据相关政策文件内容整理所得。

二 经营主体作用

2020年以来,农业农村部连续三年发布的《社会资本投资农业农村指引》不断强调发挥社会资本市场化、专业化优势,鼓励社会资本参与建设智慧农业,推进农业遥感、物联网、5G、人工智能、区块链等应用,推动新一代信息技术与农业生产经营、质量安全管控深度融合,促进信息技术与农机农艺融合应用。在各类政策支持引导下,传统农业企业和互联网企业等社会资本主体加速布局智慧农业领域,智慧农业发展迎来重要机遇。

2022年,由中国科学院《互联网周刊》、eNet研究院等发布的智慧农业企业排行榜显示,大北农、牧原股份、隆平高科、国源科技、云图控股等进入榜单前列。由表9-3可知,这些企业主要在数字服务平台、种植养殖业全链条管理、农业物联网、智慧农机、无人机等方面开展业务布局。从智慧农业相关企业注册地分布来看,智慧农业企业布局整体较为分散。截至 2022 年，山东、江苏、广东三省份为智慧农业企业注册数量前三名，分别有智慧农业注册企业 1901 家、1594 家、1486 家[①]。从上市企业区域分布来看，智慧农业上市公司主要分布在北京、广东和浙江三省份，如北京的北斗星通、国源科技、大北农等，广东的海大集团、新农人、神州信息、天禾股份等，浙江的海康威视、托普云农，等等。

表 9-3　　　　　2022 年中国发展较好的智慧农业企业
（TOP10）及其业务布局

序号	企业名称	主要业务布局
1	大北农	饲料、作物、养殖产业智慧科技服务
2	牧原股份	生猪饲养全链条智慧管理
3	隆平高科	智慧种业运营管理
4	国源科技	"数据+平台+应用"的空间信息服务
5	云图控股	种植综合解决方案提供商
6	吉峰农机	农业机械、物联网服务商
7	通威股份	现代农业与绿色能源
8	极飞科技	智慧农机、无人机
9	中科原动力	农业机器人、无人驾驶农机
10	禾大科技	数字农业服务平台

注：资料来源于互联网周刊、eNet 研究院。

智慧农业领域是数字时代包括互联网企业、农业龙头企业，以及非农企业等主体在内的共同投资方向。例如，阿里云以大数据、云计算和人工智能技术为支撑，在生猪养殖产业探索场景化实用性 AI 产品体系；京东尝试"无人农场"发展模式，利用物联网传感器实现智能化农业生产管理决策，并探索农产品质量安全的可追溯系统；腾讯探究人工智能种植技术方案，通过算法优化作物生长环境并实时调控，为参与试点的蔬菜种植户提供智能化远程大棚管理服务。中粮、大北农、北大荒、新希望等农业龙头企业积极推进业务数字化转型，发挥数字技术在降低企业交易成本、提高经营效率、优化内容创造、促进产业融合、提高企业综合效益等方面的作用，并对新型农业经营主体参与智慧农业试点产

---

① 前瞻产业研究院：《2023 年中国智慧农业行业竞争格局及市场份额分析》，https://bg.qianzhan.com/trends/detail/506/230426-86c22ce5.html。

生示范带动作用。此外，中国中化、中联重科、碧桂园等非农企业也积极进军智慧农业领域。

从各类社会资本主体的业务布局可知，虽然不同类型企业在涉农业务方面的基础不同，但均注重发挥各自在农业行业经验、数字科技等方面的比较优势，积极布局智慧农业领域。从具体业务领域来看，一些企业依托比较优势在数字农业服务平台、农业无人机、农业物联网、智能农机等单一领域开展业务，而少数企业围绕农业全产业链的数字化进行整体布局。无论是单一领域渗透还是全产业链推进，均表明依托数字技术和平台推动农业生产、经营、管理、服务等环节数字化转型的重要性和迫切性。当然，尽管各类经营主体在智慧农业领域开展了大量试点与探索，为以数字技术助力农业现代化提供了很好的发展机遇，但多数试点项目还难以转向示范推广，亟待深入探讨智慧农业发展面临的深层次挑战，以谋求加快智慧农业高质量发展的可行思路。

三 其他基础与条件：制度、技术、主体

近年来，中国现代农业取得积极进展，为发展智慧农业奠定重要基础。2018年以来，每年发展高效节水灌溉2000万亩以上，农业科技进步贡献率超过60%，农作物良种覆盖率稳定在96%以上，耕种收综合机械化率达到71%，畜禽粪污综合利用率超过75%，农作物化肥农药施用量连续4年负增长[①]。与此同时，农地产权制度改革引致的农地规模经营、新型农业经营主体和高素质农民队伍发展壮大、信息基础设施建设推进尤其是信息技术产业迅猛发展为智慧农业发展提供了有利条件。

农地产权制度改革助推农业规模化经营，为加快发展智慧农业提供了重要基础。随着农地产权制度改革尤其是农地"三权"分置改革的推进，全国农地经营的规模化水平不断提高。截至2022年底，全国家庭承包耕地经营权流转（含转让和互换）总面积为6.04亿亩，占家庭承包经营耕地面积的38.5%[②]。农村土地要素加快流动、农业规模化经营水平提升，激活农业投资积极性和智慧农业技术采纳意愿。

---

① 《农业农村部：推进产业、生产和经营体系现代化》，光明网，2021年1月13日，https://m.gmw.cn/baijia/2021-01/13/34539313.html?sdkver=7d05c2f1&sid_for_share=99125_4。

② 农业农村部政策与改革司：《中国农村政策与改革统计年报（2022年）》，中国农业出版社2022年版。

第九章 智慧农业促进乡村数字经济发展的进展与挑战研究

新型农业经营主体和高素质农民队伍的成长壮大，为发展智慧农业给予关键主体条件。新型农业经营主体是推进农业农村现代化和乡村振兴的有生力量，在引领现代化生产、组织带动小农与现代农业有机衔接中发挥举足轻重的作用。自党的十八大以来，中国各级政府出台系列政策措施以加快新型农业经营主体培育、发展适度规模经营、构建新型农业经营体系。随着"大众创业"战略深入实施，农民合作社、家庭农场、专业大户、农业企业等大量涌现。2021年末，全国有实际经营活动的农民专业合作社超过100万家，家庭农场近89万个，新型职业农民数量超过2000万人[1]。新型农业经营主体和高素质农民对采用智慧农业技术、扩大生产经营规模、提高农业生产效率和效益，以及开展农业社会化服务表现出较高的积极性，同时在智慧农业技术推广应用中发挥重要的示范带动作用，因而，成为推动智慧农业发展的关键主体。

信息基础设施建设的推进尤其是信息技术产业发展迅猛，为智慧农业发展提供必要支撑。信息通信技术持续扩散，加快缩小城乡"数字鸿沟"。中国农村互联网普及率从2010年的18.5%增长到2023年的66.5%（增长到原来的3.59倍），明显高于同期城镇互联网普及率的增幅（1.67倍）[2]。与此同时，"快递进村"工程和冷链物流设施建设取得显著进展，为农产品电商发展和农村线上消费提档升级提供重要的物流体系支撑。2014年以来，商务部累计支持建成县级电商公共服务中心和物流配送中心超2600个，村级电商服务站点15.3万个。截至2021年底，农村地区收投快件总量达370亿件，快件可直接投递到村的比例超过80%[3]。如京东物流几乎覆盖所有县域，服务村庄数量超过55万个；韵达、中通、顺丰、申通等几家主要快递的乡镇覆盖率均超过87%[4]。此

---

[1] 国家统计局：《农业发展成就显著 乡村美丽宜业宜居——党的十八大以来经济社会发展成就系列报告之二》，2022年9月14日，https://www.gov.cn/xinwen/2022-09/15/content_5709899.htm?sid_for_share=99125_4。

[2] 中国互联网络信息中心：《第53次中国互联网络发展状况统计报告》，https://www.cnnic.net.cn/n4/2024/0322/c88-10964.html；《第27次中国互联网络发展状况统计报告》，https://www.cnnic.net.cn/n4/2022/0401/c88-779.html。

[3] 农业农村部信息中心：《中国数字乡村发展报告（2022年）》，https://www.gov.cn/xinwen/2023-03/01/5743969/files/5807a90751b1448ba977f02e7a80b14c.pdf。

[4] 范云兵：《硬实力PK！顺丰、三通一达、百世、德邦、京东物流谁胜出？》，中国邮政快递报，https://mp.weixin.qq.com/s/U1XyZEyb3ACvg5X43qwdaQ。

外，截至2022年底，农业农村部共支持约3.6万个新型农业经营主体，建设6.9万个农产品产地冷藏保鲜设施，新增库容1800万吨以上[①]。物联网、云计算、大数据在工业、制造业、交通、商业等行业的应用广度和深度不断提高，为农业领域智慧技术的引入奠定重要基础。

第二节 智慧农业促进乡村产业转型升级的多重逻辑

一 智慧农业的典型特征

传统农业与智慧农业在生产管理决策逻辑、产业链关联性、资源配置效率、生产稳定性、生产过程与产品质量控制、产业组织、生态可持续等诸多方面存在明显差异。由表9-4可知，智慧农业突破传统农业以"人"为核心、依靠经验积累的生产管理决策逻辑，并试图建立以海量实时数据为核心辅助生产管理决策的机制。相较于传统农业产业链关联性差、资源配置效率低、生产缺乏稳定性，智慧农业发展重视延长农业全产业链及强化产业链各环节的连接融通，强调运用智能技术实现对各类生产要素的精准与高效配置，并依托人工智能等设备提高生产经营活动的稳定性。相较于传统农业缺乏有效手段开展生产过程控制和资源高效利用，智慧农业发展以各类数字技术与平台在生产过程监测、产品质量控制、资源节约与生态保护等方面的广泛应用为典型特征。相较于传统农业条件下产业组织形式的多元化，智慧农业发展情境下产业组织结构多呈现"哑铃型"特征。

表9-4　　　　　　　智慧农业与传统农业的比较

具体维度	传统农业	智慧农业
生产管理决策逻辑	以"人"为核心，主要依靠经验或手艺积累来进行判断决策和执行	以海量数据尤其是实时"数据"为核心辅助生产决策的管控和精准实施
产业链关联性	农业产前、产中、产后各环节的联系不紧密	极大延长农业产业链，产业链各环节连接较为紧密、运营效率提升

---

① 农业农村部信息中心：《中国数字乡村发展报告（2022年）》，https：//www.gov.cn/xinwen/2023-03/01/5743969/files/5807a90751b1448ba977f02e7a80b14c.pdf.

续表

具体维度	传统农业	智慧农业
资源配置效率	要素配置精准化程度低、资源利用效率低、资源浪费较多	运用智能技术精准配置要素结构、资源得到充分利用
生产稳定性	受自然环境、人工操作等影响较大，生产不稳定性较高	通过运用人工智能设备加强农业生产环境监测，提高生产稳定性并防范多样化风险
生产过程与产品质量控制	缺乏有效技术手段采集生产环境参数，采用手工实现对灌溉、打药、温湿度等的控制，耗费人力和时间；难以实现产品质量追溯	使用温度湿度监控、土壤监控、无人机航拍打药等采集生产环境参数、实施生产过程控制，节约成本、提高效率；运用二维码等技术实现产品质量追溯
产业组织	产业组织形式多元化	产业组织结构呈现"哑铃型"特征，组织分化明显
生态可持续性	农药化肥过量使用、水资源浪费，生态可持续性较差	通过物联网、无人机等智能技术的应用，实现精细化生产，减少农药滥用、促进节水灌溉

资料来源：笔者根据公开资料整理。

二 智慧农业对乡村产业转型升级的作用逻辑

基于智慧农业属性与特征可知，以智慧农业促进农业产业转型升级具有多重逻辑，具体体现在如下四个方面。一是智慧农业发展有助于提高农业生产管理决策的科学性。智慧农业发展重视将智慧农业技术应用到农业生产各环节，加强对作物长势、温湿度环境、施肥与灌溉等的全程监测，实现大数据赋能精准决策，促进生产经营管理流程的规范化和标准化；同时，减少生产资料、劳动力及时间投入成本，以精准化管理加快提升农业生产效率和资源利用率。二是智慧农业发展有助于促进农产品供需精准匹配。各类大数据平台的广泛应用可强化农业全产业链各环节的信息共享与业务联结，助力打通农业生产销售各环节的"信息孤岛"，及时优化调整农业生产经营方案，促进农业产业链高质量运行。三是智慧农业发展有助于构建农产品质量安全可追溯体系，保障农业可持续发展。物联网、无人机等智能技术的应用，有助于精细化生产、病虫害及农业生态环境的有效监控、减少农药滥用、促进节水灌溉，增强农业生产环境的安全性和农业生态系统的可持续性。RFID电子标签、二维码等数字技术的应用有助于实现农产品质量安全信息可视化，建立农产品质量安全信息共享平台，促进农产品从田间到餐桌的全程双向可追溯，增强产品质量安全监管的有效性。四是智慧农业发展有助于促进农村产业融合、催生新业态新模式，提升农业全产业链价值。智慧农业的发展推动农业全产业链从生产、经营、管理、服务到销售实现顺畅的数字链接，使智慧农业与乡村休闲旅游农业、创意农业、康养农业、直播电商等的产业关联不断加深，助力农村产业融合发展。数字技术在农业领域的应用不断拓展智慧农业的场景，农业农村大数据平台服务、无人机植保、智能农机、智慧化养殖等新的技术表现形式不断涌现；与此同时，基于数字平台的社交电商、直播销售、农业众筹等现代农业新模式创新发展，加快重塑农业产业链和价值链。

即使智慧农业发展对提高农业综合生产能力、优化农业产业链、推动农业可持续发展和农村产业融合发展均有潜在的积极作用，但该作用的发挥建立在对农业生产特殊性的充分把握基础上。农业生产既具有与工业品生产相似的共性特征，也有其特殊性。具体而言，工业生产过程无生命属性，但种植业和养殖业生产经营的载体均有生命；与此相关，工业品生产无生命周期，而种植业和养殖业均有一定的生命周期。工业品生产受自然风险影响较小，而种植业和养殖业生产经营活动受自然风险影响较大。工业品生产对工厂化、标准化程度要求较高，养殖业要求次之，种植业要求最低。就不同产业领域的雇工和监督投入而言，工业品生产过程中因机械化程度较高，雇工和监督成本相对较低，而种植业机械化程度偏低，对雇工和监督要求较高，养殖业对雇工和监督成本的要求介于两者间。基于农业生产过程和产出品具有的前述典型特征，在农业生产、加工、销售等全产业链环节推进数字技术应用需充分考虑技术采用的场景适宜性、成本投入与综合效益，并立足不同产业领域的实际需求，建立内生需求驱动的智慧农业技术推广模式。

第三节 发达国家智慧农业发展现状及经验借鉴

世界主要发达国家较早开展智慧农业方面的实践探索并形成一些有益经验。表9-5梳理了一些发达国家智慧农业的发展模式、发展现状及主要措施。综合可知，美国、英国、德国、日本等发达国家智慧农业发展呈如下典型特征：一是围绕智慧农业发展开展包括经济性政策和非经济性政策在内的多元政策支持。发达国家较早提出"精准农业"构想，在信息、科研、教育、基础设施、投资等方面，形成了一套从信息资源采集到发布共享的规范管理体系，并且十分注重监管和知识产权保护，不断推动智慧农业发展的政策法规体系、财政支持计划、知识产权保护制度的完善，为智慧农业发展提供了良好的政策环境。二是高度重视构建智慧农业科技研发体系。这些智慧农业发展较好的国家十分重视立足本国智慧农业发展需要，发挥政府、企业、涉农科研机构等多元主体的合力，构建专门且有自主知识产权的农业科技研发系统。三是持续强调农业新技术的推广与应用，重视产学研融合发展。这些智慧农业发展较好的国家均重视建立完善的农业科技推广体系以推进农业科研成果快速用于智慧农业实践。例如，欧盟委员会推出欧盟物联网创新联盟计划以加速农业数字化进程，该计划极大促进了智慧农业技术在更大范围和更广领域得以应用。

表 9-5　　世界主要发达国家智慧农业发展现状

国家	智慧农业模式	发展现状	主要措施
美国	构建完善的信息化体系支撑农业发展	在农场经营中重视使用物联网、智能农机、传感器、GPS 导航等数字技术和智能设备改造农业生产线、提升农业生产效率。2020 年平均每个农场拥有 50 台连接物联网的设备，采用传感器采集数据的农场占比接近 70%，农业机器人的应用领域覆盖耕、种、收等农业生产多个环节	①政策支持：率先提出"精准农业"构想，先后出台多项与农业信息化相关的法律法规和发展计划，从 20 世纪 90 年代开始，每年拨款 10 多亿美元建设农业信息网络；建设 100 多个信息收集处，实时汇总分析并发布全美各类农业信息，大量农业基础数据成为公开资源 ②科技创新应用体系：强调健全农业信息收集发布、农业科技研发创新与推广应用体系，建立面向农场的农业科技服务组织
德国	高科技驱动数字农业	大田作物种植方面，重视在农业机械上应用地理信息系统、卫星遥感技术，提高农机作业效率；并强调对田间作业全过程的监控管理。畜禽养殖方面，重视采用数字技术加强畜禽生长环境监测和智能控制，提高规模养殖效益	①工业 4.0 驱动：德国率先实施工业 4.0，并以工业 4.0 的基本理念驱动智慧农业发展 ②农业技术研发：企业尤其是大型企业在智慧农业科技研发中投入较多资金和人力，发挥重要作用 ③农民教育：高度重视农民的职业化教育 ④农业组织体系建设：支持成立农民协会、农民合作社、农业联合体等各类农业组织

续表

国家	智慧农业模式	发展现状	主要措施
英国	大数据整合精准农业	在农业生产全过程应用智能农机，搭建农业大数据平台，全面归集农业产业链数据。构建了涵盖地理信息系统、遥感系统、作物管理专家决策系统等在内的较为全面的农业技术体系	①技术研发：启动"农业技术战略"，建立国家精准农业研究中心，强调利用信息技术和大数据技术提升农业生产效率 ②项目支持：在欧盟FP7计划的支持下，实施未来农场智慧农业项目
日本	现代信息技术支撑农业智慧化	包括市场销售信息服务系统（由农产品中央批发市场管理委员会建立）和农产品价格预测系统（由日本农协建立）在内的农业市场信息服务系统以及农业科技推广系统不断完善	①信息化规划：重视制定农村信息化发展规划、完善信息化政策，将持续推进农业领域信息基础设施建设作为重要内容和推进方向 ②技术研发：强调由日本内阁直接负责科技创新发展，启动实施多期"战略性创新创造计划"。2015年启动基于"智能机械+现代信息技术"的"下一代农林水产业创造技术"，旨在大力发展以农业机器人为核心的无人农场。2018年发布的第二期战略性创新推进计划强调加快智能生物产业和智能农业基础技术研发与应用。2023年发布的第三期战略性创新推进计划将构建智能化基础设施管理系统作为一项重要内容

注：笔者根据网络公开资料整理。

综观世界尤其是发达国家农业数字化和智慧化发展历程，推进中国智慧农业发展必须立足国情和农情及发展阶段性。美国普渡大学2015年开展的一项精准农业经销商调查结果[①]显示，即使在现代农业发达的美国，经销商向客户提供的比例较高的精准农业技术服务主要还是自动驾驶（83%）、农业社会化服务（82%）、基于GPS的喷药控制（74%）、GPS导航和卫星或航空影像（51%）等场景，且农业生产环节经销商提供的部分数字技术服务的比例较低。例如，遥感、无人机、叶

---

① Bruce Erickson and David A. Widmar, "2015 Precision Agricultural Services Dealership Survey Results", https://agribusiness.purdue.edu/wp-content/uploads/2019/08/2015-crop-life-purdue-precision-dealer-survey.pdf.

绿素传感器等方面服务提供比例分别为20%、16%和6%。2022年，该机构继续开展的精准农业调查包括了经销商估算的农民客户使用精准农业技术情况。结果①显示，这些经销商所负责地区的农民客户中，49%的农民使用变量施肥技术，31%的农民使用航空或卫星影像，22%的农民使用变量播种技术，无人机影像的使用比例从2017年的6%上升到2022年的17%，同期全类型数据分析服务的使用比例从13%上升到38%。调查结果再次证实，即使美国精准农业取得快速发展，仍存在一些数字技术在农业生产者中的应用比例不高的问题。那么对以大国小农为基本国情的中国，数字技术在农业农村领域的推广应用更为任重道远。

世界发达国家智慧农业发展经验为中国加快农业全产业链数字化智慧化、不断增强农业国际竞争力提供重要启示。推进智慧农业发展必须立足国情和农情，从农业发展的阶段性和现实需求出发，才能确保智慧农业发展的正确方向。加大智慧农业核心技术的研发和集成创新力度是推进智慧农业发展的关键。智慧农业发展并不是单一的技术问题，需有效发挥政府与市场的协同作用。政府需在政策法规保障、财政金融支持、宏观调控与管理、生产管理服务及科技推广体系建设方面发挥作用；同时应通过完善市场激励机制，充分调动科研部门、涉农企业、互联网企业、职业农民等多元经营主体参与智慧农业科技研发创新和推广应用的积极性和能动性，以充分激发经营主体活力。

第四节　中国智慧农业发展取得的进展

中国智慧农业虽起步较晚，但近些年在国家政策大力支持、各级社会资本积极布局下，取得了明显进展。传感器、卫星遥感、大数据、物联网、人工智能、区块链等数字技术在智慧农业的不同领域得到不同程度的应用，初步形成智慧农业技术的主要应用场景。虽然不同场景智慧农业发展程度不同，但均具备较大的发展潜力。

---

① Bruce Erickson, James Lowenberg‑DeBoer, "2022 Precision Survey: As Ag Economy Shifts, So Does Technology Use By Retailers", https://www.croplife.com/precision-tech/2022-precision-survey-as-ag-economy-shifts-so-does-technology-use-by-retailers/.

一　智慧农业技术的场景适用性及特征分析

智慧农业技术在生产领域的应用主要集中在农业种植、畜牧养殖和水产养殖三大领域。基于智慧农业典型应用场景的调查分析可知，农业种植领域（如大田种植和设施农业）涉及的智慧农业技术主要包括农业物联网、大数据平台、智能水肥一体化、卫星遥感、无人机植保、农机智能驾驶等。畜牧养殖领域涉及的智慧农业技术主要是应用物联网、人工智能等技术来获取生长环境的数据以及畜牧产品自身的生长数据，并应用大数据分析技术辅助科学繁育、智能饲养、疾病防疫、环境清理等。水产养殖领域主要是采用物联网技术进行水质监控，根据养殖密度进行精准饲料投喂，还包括科学供氧、池塘清洁、自动化投饵、病害防治等。

从具体应用场景来看，各类数字技术在农业生产领域的应用产生积极作用的同时，也面临一些技术局限性。具体而言：农业物联网使用有效提升了农作物种植以及畜禽和水产养殖过程中的环境监测的精准性和及时性，但适用不同农业生产场景的高端传感器研发仍然存在核心技术短板，部分传感器的性能不够稳定。农业大数据平台通过汇集作物长势、生长环境、病虫害等信息实现对农作物的精准管理，但存在实时获取的数据质量不高，数据收集周期较长、数据标准化程度不高、现有传感器技术不成熟、可收集数据较有限等问题。无人机植保对缓解农村劳动力短缺问题、节约雇佣劳动力的监工成本、减少农药浪费等发挥了一定的积极作用，但存在无人机续航时间较短、跨区域作业便利性差、国家及行业标准缺乏等问题。农机智能驾驶对提升农机作业效率和质量具有重要影响，但现阶段，核心部件多为采用国外设备，国产系统故障率较高、性能有待进一步完善。人工智能技术应用于畜禽养殖领域，促进对畜禽养殖环境和生长情况的高效监测，但畜禽生长周期整体较短、外貌变化快，相关智能识别技术不成熟，人工智能项目建设维护成本较高、操作也较为复杂。

二　智慧农业发展的场景分析

结合笔者所在课题组在一些国家和省级数字乡村试点地区的实地调查，综合比较农业生产、流通、销售及服务等全产业链环节的数字技术应用现状，并参考黄季焜等（2024）研究，本章将智慧农业发展的场景划分为当前发展较好的应用场景（如农产品电商、农产品数字化交易、农业无人机植保、数字支付）、近期有望加快发展的应用场景（如部分经济且适用的物联网技术和人工智能技术）和未来有较大发展潜力的应用场景（如相对较为高端的人工智能技术、农产品区块链溯源技术，以及数字信贷与数字保险等技术）三类。

（一）当前发展较好的智慧农业应用场景分析

农产品电商发展较快，成为数字技术嵌入农业领域较为成熟的应用场景。统计显示[1]，农村网络零售额从2016年的8945.4亿元增长到2022年的21700亿元，占2022年全国网上零售额的16%；2022年全国农产品网络零售额为5313.8亿元，增长为2016年的3.3倍。全国淘宝村数量从2009年的3个增加到2022年的7780个，覆盖全国28个省份和180个市（地区）；即使淘宝村数量仅占全国行政村数量的1%，但其增长趋势仍十分强劲[2]。

农产品交易数字化是数字技术在农产品市场流通领域应用最广泛的场景。例如，山东寿光村头蔬菜交易市场通过引入"掌上秤"蔬菜交易终端系统，极大提升了农产品交易效率。这些村头蔬菜交易市场大致遵循如下交易程序：农户将蔬菜卖给村头市场经营主体或代办人员，记下销售数量和当天价格；代办人员再卖给来自外地的批发商等蔬菜收购商。农户在蔬菜收获季节需高频采摘销售，如果每天结账，销售数量少、工作量大，因此每隔一段时间（1周至3个月）结1次账。无论出于何种原因，任何一方在销售数量、价格或销售时间等方面出现人工记账错误等问题，必然会导致纠纷。云洋物联公司捕捉到了村头交易市场存在的人工记账易出错、交易数据碎片化、交易流程不规范导致纠纷频发等痛点，以村头蔬菜交易市场（代办）为切入点，将一卡通、显示屏、智能过磅系统、手机App等设备终端相结合，实时采集交易蔬菜品种、数量、价格、出货流向、回款状态等信息，实现对蔬菜产业链交

---

[1] 商务部、电子商务和信息化司：《2022年中国网络零售市场发展报告》，https://dzswgf.mofcom.gov.cn/news/5/2023/2/1676871953636.html；商务部，《中国电子商务报告（2016）》，https://dzswgf.mofcom.gov.cn/news_attachments/20191111024831161.pdf.

[2] 阿里研究院：《2022年"淘宝村"名单正式发布》，http://www.aliresearch.com/cn/activity/taobaoVillage.

易、结算、记账等场景的智能化管理,助推农产品流通的数字化升级。调查发现,在一些村头蔬菜交易合作社中该系统之所以能够被积极采用,主要在于其可较好满足政府部门及时掌握农产品交易数据、商户开展高效结算与订单管理以及生产者实施信息查询、交易管理与防止账款拖欠的多重需求,可在较大程度上减少因记账错误导致的交易纠纷,且投入成本较低(黄季焜等,2024)。

农业无人机的市场规模持续增长、应用功能不断拓展。2014—2022年,中国植保无人机保有量从695架增加至16万架,植保无人机作业面积从426万亩次增长到超过14亿亩次[①]。农业无人机植保对象从大田作物逐步扩展到经济作物和瓜果蔬菜,农业无人机功能由单纯植保向播种、施肥等领域延伸。无人机植保在提高植保作业精准性、节约农药和化肥、减少劳动力投入等方面预期发挥积极作用,但其经济效益有待进一步评估。北京大学中国农业政策研究中心课题组基于在山东省潍坊市开展的智慧农业发展情况分层随机抽样调查发现,截至2022年底,在种植粮食、生姜和大葱的农户中,使用无人机植保服务的比例已分别达到42%、62%和71%。无人机植保服务之所以能得到规模经营主体和小农户的积极采用,是因为它解决了常规植保打药影响农民身体健康和投入较多人工的问题,同时避免了常规植保社会化服务中的信任缺失,减少了监工时间(黄季焜等,2024)。

数字支付在农业产业链各环节的应用加快推进。近年来,各地积极推动移动支付便民工程纵深发展,数字支付加快普及,城乡支付服务差距明显缩小。网上银行、手机银行、微信银行、聚合支付等线上支付渠道,将支付服务嵌入农村生产生活各领域,有效解决农村支付"最后一公里"问题。根据涉及对象性质的不同,目前农村数字支付主要形成如下四种模式(汪小亚、黄迈,2021),即 G2C(如政府向农民发放涉农补贴)、C2B(如农民日常消费)、B2B/B2C(如农业产业链上下游间的支付),以及 C2G(基于乡村综合服务平台的支付)。统计显示,截至2022年6月,中国农村地区网络支付用户规模为2.27亿人,占农

[①] 《我国大田种植信息化率超过21.8% 多措并举推进智慧农业发展》,央视网,https://news.cctv.com/2022/12/27/ARTImCTBa9eC7EG6Wt5OcXNw221227.shtml。

村网民的 77.5%①。数字支付极大提高了农业生产资料购买、农产品流通与交易等农业生产经营活动的效率和效益。

（二）近期有望加快发展的智慧农业应用场景分析

部分经济且适用的农业物联网技术从试点应用走向加快推广。物联网技术主要应用在大田种植、设施园艺、畜禽养殖和水产养殖等领域。行业发展报告统计显示，农业物联网设备安装数量从 2015 年的 3000 万个增加到 2020 年的近 7500 万个②。农业物联网技术在农业生产不同领域应用程度的差异很大，只有那些能够解决实际问题、成本合适且成熟度较高的技术，才能在实践中得到应用和推广。例如，北京大学中国农业政策研究中心对山东省潍坊市的农户抽样调查发现，2022 年大棚蔬菜生产中已经有 20%的种植户采用了物联网传感器、9%的种植户采用了智能放风机，这些农户大都能够通过手机终端实现数据动态监测和实时控制（黄季焜等，2024）。在物联网传感器应用上，除部分农户是因为政府或企业提供免费设备而采用外，大多数农户是自己购买设备。受访农户表示，使用物联网传感器能够对大棚空气温度与湿度、土壤氮磷钾含量等环境条件进行及时监测，使用精准放风控制系统、卷帘控制器、智能补光灯等数字技术能够对蔬菜种植环境进行动态调整与高效控制，使用远程控制系统，以及手机 App 能够实现远程操作、有效节约时间成本和人力成本。总体上，设施农业领域部分感知层和传输层物联网技术的应用对提高作物生长环境监测效率、实现精准化远程操作与自动控制、优化作物生长模型、改善分析预警与管理决策等初步产生了积极作用，但同时面临起始投入成本高、后期维护成本高、仅少数数字素养与技能水平高的农民在项目支持下采用等问题。

人工智能设备在一些设施农业企业中得以试点应用。采用人工智能技术能够高效采集农作物生长情况、畜禽生长情况及所处环境数据，基于这些数据的实时分析，能够为调整优化种植养殖决策提供精准的辅助支持。苏州市某国家现代农业产业园区内的一家智慧园艺代表企业，在

---

① 中国互联网络信息中心（CNNIC）：《第 50 次中国互联网络发展状况统计报告》，https：//www.cnnic.net.cn/NMediaFile/2023/0807/MAIN1691371428732J4U9HYW1ZL.pdf.

② 前瞻产业研究院：《中国智慧农业行业发展前景与投资战略规划分析报告》，https：//www.qianzhan.com/analyst/detail/220/210615-c6d6924e.html.

市县两级财政支持下,引入了包括智能补苗机器人、滚筒式自动播种流水线、智能环控系统等在内的全套智能设备,智能化设备投资占总投资额的一半以上,提高了产能和种苗成活率,并大幅减少了雇用人员和节省了人工成本,并能够应对产能提升后的人力需求。虽然该企业采用人工智能提高产能和经济效益离不开财政的大力支持,但地方政府先建后补、成效评估及补贴资格评定等方面的机制安排,有效激励了企业立足自身需求开展技术引进,也保障了财政资金效能的最大化发挥。随着地方政府不断加大对智慧农业试点项目的财政支持力度,部分人工智能设备有望得到更多农业企业的采用。

(三)未来有较大发展潜力的智慧农业应用场景分析

智能农机的研发与试点应用进程不断加快,但大多数应用尚处于试验示范阶段。在国家补贴政策、北斗卫星组网、无人农场项目推广等政策支持下,农机自动驾驶的市场需求和应用规模持续增长。截至2021年,全国累计安装北斗农业高精自动驾驶系统10万台(套),耕种收作业农机安装北斗定位终端超过50万台,分别占当年全国拖拉机总拥有量的0.5%和2.3%(或相当于全国大中型拖拉机的2.1%和10.4%)[1]。在水产养殖、经济作物种植等领域,智能农机的应用试点逐步覆盖"耕—种—管—收"环节,在水产投饵、鱼病防治等方面发挥了积极作用,在一定程度上减少了人工成本。但适用于不同作物耕种收等不同环节的智能农机装备技术尚不成熟,资金投入较大、财政依赖性较高,实际经济效益尚不清晰,短期内很难从试验示范走向推广应用。

区块链技术在农产品溯源中的应用探索不断推进,但相关应用的增长较为乏力。以分布式记账和智能合约为核心的区块链技术的应用,有望打破农产品流通过程中存在的信息不对称问题、助力农产品质量安全追溯体系的构建。但北京大学中国农业政策研究中心课题组在浙江、山东和安徽分别开展的区块链在茶叶、韭菜和酥梨溯源中的应用场景调查发现,实践与理论还存在很大的差距。基于区块链在茶叶和酥梨溯源应用案例的研究表明,区块链在生产各环节溯源的成本高、难度大,加上

---

[1] 《总体产值超四千亿!"北斗"全面融入生产生活》,https://politics.gmw.cn/2021-09/23/content_35182385.htm;《非凡十年——2013年以来我国农业机械化发展成就综述》,http://www.cama.org.cn/secondPage/getDetails/43/1960。

缺乏健全的增值分配机制，以及消费者缺少对溯源产品的充分信任，使茶叶和酥梨的生产者缺乏技术采纳积极性，充分发挥区块链技术作用和实际的推广应用还面临诸多挑战（黄季焜等，2024）。基于韭菜溯源应用案例的调查发现，如果没有充分结合农业生产与农产品特征（如农产品的身份识别和实际价值等）、严格的约束监督制度、良好的声誉激励机制、透明的公众投诉渠道以取得消费者对食品质量安全的信任，有效地利用区块链技术实现农产品质量安全追溯是极其艰难的（谭砚文等，2023；胡雯等，2024）。

数字信贷、数字保险等相关创新步伐仍然较为缓慢。近年来，部分地区积极探索推进物联网、区块链、卫星遥感等数字技术在农村金融产品与服务创新中的应用。例如，福建龙岩市某县金融机构和林业部门共同创建了林业金融区块链融资服务平台，整合了不动产登记、林权评估、金融、担保与征信共5家机构的信息，对接撮合农信社、村镇银行等10家金融机构供给50种贷款产品[①]。山东恒丰银行利用卫星遥感技术推出"好粮快贷"服务大田种植，应用物联网和区块链技术创新"恒丰好牛快贷"产品支持肉牛养殖[②]。此外，一些农业保险公司探索将卫星遥感、大数据等数字技术应用到农业保险的精准承保、快速定损、精准理赔、业务监管、风险预测等环节，对提升农业保险服务能力和综合管理效率初步产生了积极成效。然而，现阶段数字信贷和数字保险等金融产品与服务创新对区域金融发展基础依赖性较高，且面临大数据支撑不足、客户画像不精准、业务规模不大、农民参与度不高和业务增长乏力等方面的挑战。

第五节　智慧农业促进乡村数字经济发展面临的挑战及未来趋势

一　智慧农业发展面临的挑战

尽管数字技术在农业产业链的一些环节已具备不同程度的应用，但

---

① 《山林披绿　林下生金》：http://paper.people.com.cn/rmrb/html/2023-03/17/nw.D110000renmrb_20230317_1-13.htm.

② 《恒丰银行"好牛快贷"荣获"2022年度山东省乡村振兴特别奉献奖"》，https://www.sdba.org.cn/article/show_7_8463.html.

诸多试点项目与大范围推广落地还有相当距离，智慧农业发展的体制机制亟待完善。结合一些试点地区的案例调查可知，以智慧农业发展促进乡村经济数字化转型面临如下挑战。

第一，部分数字技术的供给与经营主体的需求不匹配。一些试点地区在制定智慧农业发展路线图和时间表的过程中，尚未充分考虑发展实际和发展阶段性，未能将近期试点与远期规划有机结合，导致存在技术与平台超前供给而难以满足实际需求的问题。以苏州市某现代农业产业园区内的大闸蟹养殖户为例，一些养殖户在财政资金的支持下采用了水质监测设备、智能测氧设备、气象监测设备、无人机饲料投放设备等。目前提供的真正有价值的智能测氧设备成本为2万—3万元/台，养殖户接受度和认可度高；而气象监测设备成本高达20万元，且对生产指导作用不大，养殖户采用积极性低。迫切需要重新审视现有数字技术的设计与供给能否提高农业生产力、改善农业生产效益，实现智慧农业发展由"数字+农业"（以数字技术创新供给、标准化应用驱动农业全产业链转型，以改进农业生产经营管理服务方式）向"农业+数字"（以不同地区、不同产业链环节、不同细分领域农业发展内生需求驱动数字技术创新性供给与差异化应用，以提升农业生产经营与管理服务质效）的内生发展模式转变。

第二，数字技术采用的成本收益难平衡。数字农业农村试点示范项目往往由农业企业实施，但投资大加上短期效益低，企业即使得到财政补贴，也常常难以达到投资的盈亏平衡点，技术采用的成本效益问题成为示范推广的主要限制因素。例如，山东省潍坊市某红芽姜种植户投入100多万元引入整套农业物联网设备，虽然对大棚红芽姜生长环境监测、温湿度智能控制、设备远程操作产生积极作用，但即便算上政府补贴部分，投资回收期也要在4年以上（黄季焜等，2024）。此外，只有少数数字素养与技能较高的农民能够在试点项目支持下采用较先进的物联网设备；农民数字素养水平偏低增加数字技术采用成本，使现阶段部分数字技术难以得到大范围的推广应用。

第三，智慧农业发展存在核心技术短板，且面临非技术因素的挑战。设施农业物联网技术、大棚人工智能技术、农产品溯源区块链技术、数字金融科技等数字技术应用场景相关的试点项目，仍然缺乏较成熟的技术或大数据的支撑。农业传感器尤其是高精度传感器的自主研发能力尚存不足，且稳定性和智能感知系统灵敏度不高，终端远程控制系统和执行控制指令系统精确性还偏低。无人机研发尤其是面向经济作物的技术研发明显不足，行业标准尚未建立、续航时间短等问题突出。一些高端智能农机设备的进口依赖度较高，核心技术存在明显短板。农业生产环境的区域差异性、农作物的多样化及成长的多阶段性对智能农业设备的适应性提出越来越高的要求，加之农地细碎化程度高、智能农机的购买成本较高，且需系统专业操作培训，短期内难以较快推广。

第四，农业大数据平台建设滞后，平台与数据治理机制不完善。部分农业农村大数据平台的建设虽具有前瞻性，但服务对象、服务目标和治理机制尚不明确，使大数据的开发利用面临挑战。一些试点地区在智慧农业领域展开了耗资较大的数据平台建设，但部分项目存在盲目跟风，脱离农业农村实际需求，导致陷入数字形式主义和数字乡村建设悬浮化的困局。地方各部门在大数据平台建设上多各自为战，缺乏部门间的统筹协调工作机制，导致"信息孤岛"和重复建设。此外，不同区域、不同层级和不同平台间数据彼此割裂，数据产权归属不清晰、统计标准和口径不统一，整合难度较大，缺乏准确性与权威性，缺乏流通、交易、共享与价值开发机制，数据动态更新和维护不足。

第五，数字化人才尤其是复合型高素质人才缺乏。中国农民整体受教育程度偏低，加之农村数字化教育体系滞后，农民接受正规和非正规的数字化教育培训较为有限，既懂农业生产经营、农业技术研发，又懂信息技术的高层次复合型人才尤为缺乏。智慧农业建设初期需要大量的投资和学习培训成本，投资回报期较长，农户尤其是小农户参与智慧农业发展积极性不高。相较于其他行业，中国农林牧渔业从业人员受教育程度为高中及以上的占比仅为8%（全行业同水平占比为39.6%）（国家统计局，2022），远低于世界主要农业国家同水平的农业劳动力占比。此外，中国农村数字化教育培训体系尚未形成，农民应用数字技术的能力和素质亟待提升。中国社会科学院信息化研究中心2021年的一项报告显示，中国农村居民数字素养比城市居民低37.5%，城乡间依然存在明显的数字能力鸿沟[①]。

第六,智慧农业技术推广的支撑保障机制不完善。财政直接投资和奖补是现有智慧农业试点项目投入的主要来源,但该投入机制下社会资本和普通农户参与程度较低,致使部分试点项目的可持续性和可推广性面临挑战。同时,农业科技园区在推动规模农户参与智慧农业技术采用方面的示范带动作用还较为有限,旗舰型信息技术企业参与智慧农业示范的激励机制尚不完善。部分试点项目财政依赖度较高,未能有效调动拥有资金和技术优势的社会资本主体的参与积极性,智慧农业发展的多元投入格局尚未形成。

二 以智慧农业促进乡村数字经济发展的未来方向

基于智慧农业发展需求和现阶段面临的挑战,未来智慧农业应以低成本、易操作、高效能、绿色化、融合化等方向发展。具体来说,一是不断降低农业智能设备成本,简化操作流程。现阶段,智慧农业设备的成本普遍较高,一般农业经营主体难以承受,因此,低成本的智慧农业设备应成为发展智慧农业的普遍需求。发展智慧农业的根本是革新传统农业、重塑生产经营管理方式、提升农民福祉。因此,不断简化智能设备的操作流程,使其易学、易操作,成为提高智能农业设备应用广度和深度的必然要求。二是持续推进农业科研攻关和产学研用一体化,不断拓展智慧农业的应用场景。随着智慧农业技术科研攻关的不断加强,高、精、尖技术在农业领域将加快渗透,大功率、多功能、复合式智能农机有待加快发展。应不断完善智慧农业技术推广体系,不断优化契合种植业、养殖业、渔业、林牧业等智慧化发展需求的多元智能技术,缩短升级换代周期,不断创新和拓展各类智能技术的应用场景。三是智慧农业向资源节约、环境友好方向发展。随着高精度传感器、卫星遥感技术、农业机器人等智能化技术不断革新,精准精量播种、施肥、施药相关的智能装备加快发展,保护性耕作技术装备广泛使用,农业生产中的资源高效利用程度和生态友好程度有望持续提升。四是智慧农业与乡村新业态的融合联结更为紧密。随着农业全产业链数字化发展持续推进,

---

① 中国社会科学院信息化研究中心:《乡村振兴战略背景下中国乡村数字素养调查分析报告》,http://iqte.cssn.cn/yjjg/fstyjzx/xxhyjzx/xsdt/202103/P020210311318247184884.pdf.

第九章 | 智慧农业促进乡村数字经济发展的进展与挑战研究

消费者对农业多功能的需求日益增长，智慧农业与乡村休闲旅游农业、创意农业、定制农业、认养农业等新业态的融合互促将成为主流趋势。

第六节　本章小结

本章系统梳理了智慧农业发展中的政府职能与市场作用，探讨了产权制度、数字技术、农业经营主体等方面的支撑条件；基于主要发达国家智慧农业发展模式与实施路径分析，总结了智慧农业发展的国际经验及有益启示；分析了以数据平台服务、无人机植保、人工智能等为代表的智慧农业技术在种植业和养殖业中的场景适用性及特征，并结合典型案例，对智慧农业发展的主要应用场景进行分类分析，探索以农业全产业链数字化促进乡村数字经济发展取得的进展及面临的多重挑战，进而提出未来加快智慧农业发展的主要方向。

本章主要研究结论包括：政府职能履行与经营主体作用发挥为推进智慧农业发展、加快乡村经济数字化转型提供重要机遇，发挥政策、制度、技术、主体的合力作用有助于为智慧农业发展提供基础与条件保障。以发达国家智慧农业发展模式与路径为观照，推进智慧农业发展必须立足国情和农情，从农业发展的阶段性和现实需求出发，构建多元主体联动的投入格局，加大核心技术的研发、集成创新与推广应用力度。综合比较农业全产业链不同环节的数字技术应用现状，智慧农业发展的场景可划分为当前发展较好的应用场景（如农产品电商、农产品数字化交易、无人机植保、数字支付）、近期有望加快发展的应用场景（如部分经济且适用的物联网技术和人工智能技术）和未来有较大发展潜力的应用场景（如较为高端的人工智能技术、农产品区块链溯源技术，以及数字信贷与数字保险等）3类。此外，智慧农业高质量发展在数字技术供需匹配性、成本收益平衡性、核心技术研发、农业大数据平台建设与应用、数字化人才培育、多元主体激励约束等方面还面临诸多挑战。

第十章

数字治理对乡村治理效能的影响研究

乡村治理是国家治理的基石，实现乡村善治是中国式农业农村现代化道路上加快乡村建设和乡村发展的重要保障。数字化时代不断提升乡村治理数字化水平、以数字技术驱动乡村治理范式的转变和治理效能的提升，成为新时期推进乡村治理体系和治理能力现代化的必然要求（赵敬丹、李志明，2020）。近年来，推进数字乡村发展的系列政策文件接续强调着力发挥信息化在乡村数字治理中的基础支撑作用，积极推动以智慧党建、"互联网+村务管理"、"互联网+政务服务"等内容为中心的乡村数字治理体系建设。尽管各地基层政府加快推进以数字技术和平台重塑乡村治理模式，但仍面临治理理念不明确、治理体系不完善、治理机制不健全、公众参与程度低等现实困境（沈费伟、叶温馨，2020）。因此，深入探究乡村治理场域中数字技术嵌入对乡村治理效能的影响，对加快构建多元主体共建共治共享的乡村治理新格局、不断提高农民福利水平具有重要现实意义。

学者围绕乡村治理绩效评估及数字技术在乡村治理中的潜在影响开展了诸多探讨，但并未形成一致结论。相关研究主要从治理绩效层面评估乡村治理效果，个别学者提出将关注治理结果的绩效和关注治理过程的能力统一起来的治理效能概念（吴建南等，2015）。这类研究主要从政策执行、基层民主、经济发展、社会和谐等层面衡量乡村治理绩效，强调乡村治理绩效应体现公共性、社会性与有效性（吴新叶，2016），并从基层民主制度、村干部素质与能力、乡村沟通网络等层面探讨了乡

第十章 数字治理对乡村治理效能的影响研究

村治理绩效的制约因素（梅继霞等，2019；王卓、胡梦珠，2020）。尽管学者对数字技术在乡村治理中的作用开展了初步探讨，并形成"促进论"（薛金刚、庞明礼，2020；沈费伟、袁欢，2020）和"抑制论"（郑磊，2021）的分歧，但多停滞于逻辑梳理和案例分析。农民是乡村数字治理的参与者和受益者，深入剖析乡村治理领域农民数字技术使用现状及其对乡村治理效能的影响是落实数字乡村建设"为民而建"初衷、不断提高惠民程度的内在要求。

立足乡村治理实践需求、不断提升乡村多元治理能力是持续改善乡村治理效能的根本保障。较长时期以来，构建自治、法治、德治相结合的乡村现代治理体系是提高乡村治理能力的核心（侯宏伟、马培衢，2018），而数字化时代以乡村"智治"促进"三治"能力提升成为新趋势。数字技术与乡村经济社会的有机融合逐渐打破乡村原有的经济社会结构、关系结构及地缘结构，形成了以交互性和群结构性为特征的交互式群治理模式（陈明、刘义强，2019），为实现乡村治理决策科学化、精准化及公共服务高效化提供重要驱动力。具体来说，以多样化的数字工具和平台为依托，农民能够便捷高效地参与乡村党建、村务管理、集体决策等治理活动，并及时获取村庄提供的各类便民服务和民生保障（薛金刚、庞明礼，2020），进而增加乡村治理实践参与带来的物质收益和精神收益。同时，数字治理平台的广泛应用可有效畅通社情民意表达渠道，促进民主管理、民主监督和民主决策，激发村庄自治活力（沈费伟，2020）。此外，数字技术的广泛应用不断拓展农民信息获取、交流互动和舆论监督渠道，强化农民法治意识和法治观念，促进道德规范的遵守和实施，有利于推进乡村治理实践的法治化规范化。事实上，提升乡村多元化治理效能，不能仅依靠技术的单维度赋能，还需制度、组织、法律、道德等多维度协同作用（van der Voort et al.，2019），因而，应当深入探究乡村智治与自治、法治、德治间的逻辑关联。

鉴于此，本章拟基于宁夏回族自治区微观农户调查数据[①]，从数字化党群教育、数字化村务管理和数字化民主监督三个方面表征微观视角

[①] 考虑到课题组仅在宁夏回族自治区的农户调查中设计了乡村治理效能的相关测量题项，本章仅采用该省份调查数据进行实证。

下农民数字治理参与，将乡村治理能力（自治能力、德治能力和法治能力）和治理绩效（政治绩效、经济绩效、社会绩效、福利溢出）纳入乡村治理效能的同一分析框架，实证检验农民数字治理参与对乡村治理能力和治理效果的影响效应及其潜在逻辑，并试图揭示乡村不同空心化程度、经济发展水平和信息化程度差异下数字治理影响乡村治理效能的异质性。本章研究有益于丰富乡村治理数字化转型和数字乡村建设的理论研究，为构建"自治、法治、德治、智治"有机融合的乡村治理新格局、持续提高乡村治理效能、不断增强农民幸福感和获得感提供实践借鉴。

第一节 理论分析与研究假说

一 乡村治理效能的分析框架

已有研究围绕乡村治理绩效评估的标准、内容及其制约因素开展了诸多探讨。关于治理绩效的衡量标准层面，施雪华和方盛举（2010）、吴建南等（2011）提出应从经济、效率、效果以及公平性层面审视政府治理绩效，并提出将关注结果的绩效和关注过程的能力统一起来的治理效能概念；卢福营（2010）指出乡村治理绩效衡量应体现对基层民主、社区和谐及社会发展的综合考量；吴新叶（2016）则认为乡村治理绩效的衡量应聚焦公共性、社会性及有效性。关于治理绩效衡量的内容层面，梅继霞等（2019）选取基层民主、乡村公共服务体系、基层组织运转和农村社会秩序四个维度衡量乡村治理绩效；王卓和胡梦珠（2020）则从村级政策执行、社会治理、经济治理三个方面表征村庄治理绩效。在此基础上，已有研究围绕乡村治理绩效的制约因素开展了初步的定性分析和定量探讨。例如，梅继霞等（2019）指出村干部素质与能力、基层民主制度、乡村沟通网络等因素均对乡村治理绩效产生重要影响。单菲菲和包国宪（2018）研究认为，治理主体多元化转变、情境化制度框架、集体行动与数字技术等变革要素的组合与运作对改善村庄治理绩效发挥重要作用。王卓和胡梦珠（2020）研究指出，村干部个人特质、工作技能等胜任力维度与村庄治理绩效显著相关。鉴于已有研究主要采取定性分析或以县为单元测度乡村数字治理现状，缺乏从微观层面刻画农民参与乡村数字治理的现状，且忽视了数字治理引入对乡村多元治理能力和治理绩效的潜在影响及其差异性，本章拟将乡村"治理能力—治理绩效"纳入乡村治理效能的同一评估框架并探讨二者的内在关联，进而论证农民数字治理参与对乡村治理效能的影响及其作用逻辑。

二 数字治理对乡村治理能力的影响逻辑

基于前文对乡村数字治理内涵与外延的梳理，依据数字乡村发展系列政策文本，融合乡村数字治理需求的实地调查，本章拟选取乡村数字治理实践中与农民关系密切、村干部和普通农民需求最为普遍的数字治理内容测度农民数字治理参与。推进党群教育数字化是改进基层党建工作效率、丰富和拓展基层群众教育形式和内容、密切党群联系的内在要求；提高村务管理数字化水平是推动乡村治理各项业务流程规范化标准化、提高日常烦琐工作处理效率、促进治理决策科学化精准化的可行路径；提升民主监督的数字化程度是激活村民参与乡村治理积极性、提高治理决策民主性、充分发挥村民主体作用的重要保障。基于上述分析，本章拟从数字化党群教育、数字化村务管理、数字化民主监督三个层面对农民数字治理参与进行刻画。

自治、法治和德治的有机融合是现代乡村治理体系的核心（侯宏伟、马培衢，2018）。黄博（2022）研究认为，乡村"三治融合"体现了基层民主力量、规范力量与柔性力量的融合，其实践过程即是乡村自治能力、法治能力和德治能力的提升过程。陈柏峰（2022）指出基层治理能力的再造实质是规制能力、强制能力和濡化能力三个不同维度的国家治理能力的建设与重组。乡村治理实践中强调自治能力、法治能力和德治能力的协同提升，这与国家治理现代化强调规制能力、强制能力和濡化能力的有机融合具有内在逻辑的一致性。村民自治在乡村治理中发挥基础性作用，提升自治能力的核心在于完善民主决策、民主管理与民主监督的实施机制与保障措施。法治是乡村治理强有力的保障，提升法治能力强调在乡村治理不同领域尊法、学法、守法和用法。德治是乡村治理中具有柔性约束的重要部分，提升德治能力的关键在于以优秀传统文化和村规民约为依托，强化道德教化功能。近年来，部分地区农民参与基层治理积极性不高、公共意识不强、基层组织式微、村规民约流于形式等问题日益普遍（赵敬丹、李志明，2020）。不断提高村民自治能力和乡村治理的规范化与法治化水平，并将道德强化融入村规民约、着力改善乡风文明程度，成为新时期落实乡村建设"为民而建"的迫切要求。

作为政府推进改革、完善治理的有力工具，信息技术赋能有助于提高被赋能对象的自我效能感和控制力，促进其更好参与社会治理（Zimmerman，1990；Twizeyimana and Andersson，2019）。数字技术和平台嵌入乡村党群教育、村务管理、政务服务等诸多领域，可有效提高村民代表大会、村民议事会、村民理事会等基层组织运行效率，调动农民参与村庄公共事务的积极性、主动性，深化村民自治实践，持续激发村民自治制度的内在活力（苏岚岚，2024）。数字治理手段和工具的引入有助于发掘村庄优秀传统美德、拓展村规民约的作用方式，助力形成村庄内民主监督的良好氛围和平台依托，促进弘扬真善美、传播正能量，为德治实践提供有效支撑。此外，微信、支付宝、阿里乡村钉、腾讯为村等网络平台在乡村党务、村务、财务等领域的推广应用，有助于提升村庄治理的程序化、规范化、制度化水平，并提升各类治理实践中的遵法、学法、守法和用法程度。综上所述，农民依托多样化的数字治理平台参与乡村党群教育、村务管理、民主监督等乡村治理诸多领域，有助于提升其对乡村自治、德治、法治系列政策的认知，提高其参与民主管理和民主决策的积极性和能动性，增强其利用法治硬约束和道德软约束规范自身行为的能力，最终不断提高乡村综合治理能力。由此，本章提出如下假说。

H10-1：农民参与数字治理可提高乡村治理能力。

三 数字治理对乡村治理绩效的影响逻辑

关于数字化变革乡村治理存在"促进论"和"形式论"两类观点，且相关研究多为理论探讨或案例分析。部分学者指出，一些基层政府在乡村治理中推出的智能应用平台，存在需求驱动不足、问题导向不清、过度数字化，以及数字技术与乡村组织、治理制度的融合度不高等问题，导致部分数字治理项目浮于表面、流于形式，甚至在一定程度上消解自治，难以对提升基层治理效能发挥实际作用（杜姣，2020；赵玉林等，2020）。另有学者指出，数字技术的推广和应用可有效提升基层组织的运行效率、改进基层民主建设、完善社会治理和公共服务质量、促进基层组织高效运转、优化乡村社会秩序（薛金刚、庞明礼，2020；沈费伟、袁欢，2020）。中国乡村建设与发展的阶段性和区域性差异较大，基层干部队伍的素质参差不齐且整体偏低，乡村治理实践中部分决策虽彰显了民主性但科学性和精准性不足，线下治理场景中存在村务、党务、政务等方面的处理流程规范性不足、标准化程度不高、工作效率偏低等问题，直接制约了基层治理目标的实现（赵敬丹、李志明，2020）。

农民积极采用以平台化、组件化为主要特征的各类数字化治理工具，有助于提升其参与党群教育、村务管理、民主监督等乡村治理各领域的能动性和创造性，推动乡村治理各项业务流程的规范化和标准化，提高乡村治理决策过程的公开化和透明化，促进科学民主决策。农民在党群教育、村务管理、民主监督等与自身关系密切的乡村数字治理领域的实践参与，推动改善乡村治理工作的"温度"与"精度"，并为村庄特色产业发展、就业创业氛围激活、村民致富增收等建言献策、贡献智慧和力量。数字平台的便利性和跨越时空属性，有助于提高村民参与村庄公共事务的灵活性，促进形成共建共治共享的乡村治理氛围，提高村民在生态保护、环境卫生、安全建设等方面的参与积极性，不断改善乡村治理的社会绩效。随着参与乡村数字治理的内容和形式日益丰富化，村民的知情权、选择权、参与权和监督权等权利得到有效保障，进而不断提升村民对社会阶层和主人翁地位的认同，持续增强村民的幸福感和获得感。基于上述分析，本章提出如下假说。

H10-2：农民参与数字治理可提高乡村治理绩效。

四 "数字治理—治理能力—治理绩效"逻辑框架构建

尽管数字技术在基层治理中可能存在赋能赋权和数字压力双重作用逻辑（薛金刚、庞明礼，2020），但当前，中国乡村数字治理仍处于起步阶段，数字技术的应用程度尚未到达引致基层较大治理压力的局面。基于前述分析可知，农民在数字化党群教育、数字化村务管理、数字化民主监督等层面的数字治理参与可有效提高乡村自治能力、法治能力和德治能力进而提高乡村整体治理能力。诸多研究指出，治理能力是影响乡村治理绩效的重要因素（梅继霞等，2019；王卓、胡梦珠，2020）。由此，本章认为数字治理实践的推进，可通过提高乡村治理能力，促进乡村治理决策科学化、民主化，以及组织运行高效化、规范化，进而持续改善乡村治理的多重绩效，不断增强村民的幸福感和获得感。基于上述分析，本章构建"数字治理—治理能力—治理绩效"的逻辑框架（图10-1），并提出如下假说。

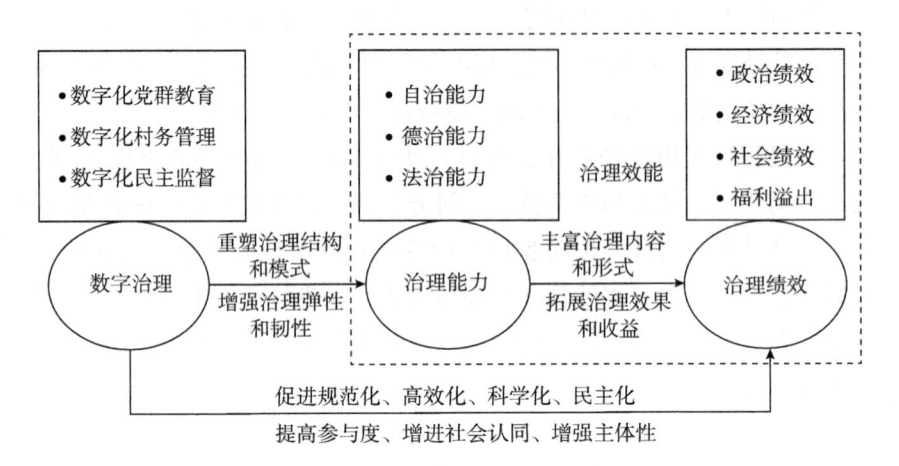

图 10-1　乡村数字治理、治理能力与治理绩效的逻辑关联

H10-3：农民数字治理参与可通过改善以自治能力、法治能力和德治能力表征的乡村治理能力，进而提升乡村治理绩效。

第二节　研究设计

一　数据说明

本章数据来源于课题组在宁夏回族自治区开展的农村实地入户调查，抽样原则如本书第一章第五节所示。宁夏调查共发放问卷500份，覆盖2个县8个乡（镇）33个村。宁夏回族自治区在全国较早开展农村信息化省域试点，农村信息化基础在西部省份中相对较好。近年来，微信、支付宝、阿里乡村钉、中国电信村村享等平台加速嵌入乡村基层党建、农民培训、村务公开、财务管理、民主监督等众多领域。以国家数字乡村试点县平罗县为例，该县在25个行政村开展"村居通"应用示范，直接服务农民6万余人。"村居通"平台为农村居民提供信息、服务、互动3类共10项功能模块，如"党务公开""村居事务"等板块实时更新党务村务、惠民政策、基层服务流程等信息，帮助群众及时掌握村委会工作动态、参与民主监督；"民意收集"板块及时收集村民关于环境卫生、家庭矛盾、民生项目、社会保障等方面的诉求和建议。以"村居通"为代表的乡村数字治理平台的应用，实现前端和后端、线上与线下的有序连接和互动，通过数据"多跑路"、群众"少跑腿"，打通农村信息服务的"最后一公里"，助力解决乡村治理面临的信息不对称、村民参与不足等问题，丰富群众参与的具体途径和形式。物联网、人工智能、大数据等数字技术在乡村治理诸多领域的嵌入，促进跨时空数据交换与交流互动，加快重塑基层治理的工作方式和运行机制，对改善基层政策宣传、民情沟通、群众自治、便民服务等方面的工作效能，营造广大村民积极支持、广泛参与、共建共享的乡村治理氛围均具有关键作用。

二 变量选取与测度

（一）被解释变量

本章被解释变量为乡村治理能力和治理绩效。参考黄博（2022）和陈柏峰（2022）的研究，本章从自治能力、德治能力和法治能力三个维度设计指标体系并最终筛选7个测量题项（使用Likert五级量表）测度乡村治理能力。采用主成分分析法提取特征值大于1的3个公共因子，累积方差贡献率为80.41%（表10-1）。其中，自治能力、德治能力和法治能力的方差贡献率占累积方差贡献率的比重分别为23.10%、34.30%和42.60%。以上述比重作为各因子得分的权重计算治理能力总体水平。因子分析结果中，样本充足性检验 *KMO* 值为0.69，Bartlett球形度检验统计量的显著性 *p* 值为0，表明测量题项间具有较好的相关性且因子分析结果有效。本量表所有测量题项的克朗巴哈系数（Cronbach's α，简称 α 系数）为0.79，各因子的克朗巴哈系数均大于0.65，表明变量测量信度较好。此外，各测量题项的因子载荷值均大于0.8，表明变量测量收敛效度较好。

参考吴建南等（2015）、梅继霞等（2019）、王卓和胡梦珠（2020），综合考虑基层民主、经济发展、社会和谐与公共福利等因素，本章选取政治绩效、经济绩效、社会绩效，以及福利溢出四个维度共10个题项（使用Likert五级量表）对乡村治理绩效水平进行测度。通过主成分分

表 10-1　　乡村治理能力和治理绩效因子分析结果

维度		具体测量题项	因子荷载	α 系数
治理能力	自治能力 (0.231)	村民参与村庄议事和集体行动的能力强	0.837	0.646
		村庄自治组织开展村民自我管理、教育与服务的能力强	0.836	
	德治能力 (0.343)	村党员干部发挥模范带头作用的能力强	0.911	0.852
		村能人或先进分子在弘扬真善美方面的示范带动能力强	0.931	
		村庄在利用村规民约改善邻里关系、惩恶扬善等方面的能力强	0.892	
	法治能力 (0.426)	村庄在干部选举、党员发展、民主决策等方面的普法用法能力强	0.876	0.878
		村庄在公共项目实施、集体经济收支、财政转移支付发放等方面的遵法用法能力强	0.950	
		村庄在治安纠纷调解、公共安全保障、公共利益维护等方面的学法用法能力强	0.841	
治理绩效	政治绩效 (0.220)	村庄民主氛围有明显改善	0.903	0.641
		村干部整体的办事效率有很大提高	0.789	
	经济绩效 (0.285)	村庄特色产业发展前景好	0.783	0.750
		村民平均收入水平提高快	0.838	
		村庄青壮年劳动力就业情况好	0.834	
	社会绩效 (0.322)	村庄生态环境保护做得好	0.952	0.858
		村庄卫生环境治理做得好	0.945	
		村庄的安全环境建设做得好	0.721	
	福利溢出 (0.173)	对村庄当前生活感到满意与幸福	0.777	0.539
		对村庄内的亲戚朋友十分信任	0.819	

注：括号内数值为相应因子的权重。

析法，提取特征值大于 1 的 4 个公共因子，累计方差贡献率为 71.59%（表 10-1）。以各因子方差贡献率占累计方差贡献率的比重为权重，可得政治绩效、经济绩效、社会绩效和福利溢出的权重分别为 22.00%、28.50%、32.20%和 17.30%；按照权重与取值相乘并加总，计算乡村治理绩效综合水平。因子分析中，KMO 值为 0.72，Bartlett 球形度检验统计量 p 值为 0，α 系数为 0.75，量表通过相关性检验和信度检验，各题项因子荷载值大于 0.7，测量收敛效度较好。

（二）核心解释变量

本章核心解释变量为数字治理参与度。分别以"有无参与村庄组织的远程教育学习或利用学习强国等党群教育平台进行在线学习？""有无通过村庄微信公众号、益农信息社等平台参与选举、投票、协商议事等有关的村务讨论活动？""有无通过村庄微信群或QQ群等社交平台参与有关环境卫生、集体项目等方面的民主监督及个人正当权益的维护？"测量农民在乡村数字化党群教育、数字化村务管理和数字化民主监督三个方面的参与情况。另外，本章对上述三个方面进行加总计算，以衡量农民的乡村数字治理参与度。统计显示，受访者数字治理参与度平均水平为0.29，表明当前农民对乡村数字治理参与整体水平偏低。样本参与数字化党群教育、数字化村务管理和数字化民主监督的比例分别为5.3%、9.1%和14.5%，虽然越来越多农民通过微信群聊、微信公众号等数字平台参与村庄的民主监督，但在党群教育、村务管理等领域的数字化进程仍然滞后。

（三）控制变量

借鉴梅继霞等（2019）、王卓和胡梦珠（2020）、苏岚岚和彭艳玲（2022）等研究，本章选取家中有无村干部、是否创办合作社、距农贸市场距离、村庄微信群、村庄开放程度、村庄到镇上距离作为控制变量，同时，考虑到区域差异，本章还控制了县域虚拟变量。

（四）交互变量

为探究不同村庄特征下农民数字治理参与对乡村治理效能的异质性影响，本章引入村庄经济发展水平、空心化程度、信息化程度作为交互变量进行研究。

上述各类变量的定义、赋值及描述性统计如表10-2所示。

表10-2　　变量的定义、赋值及描述性统计

变量	变量定义及赋值	均值	标准差	最小值	最大值
被解释变量					
治理能力	由三个因子得分0—1标准化后求加权平均和所得	0.62	0.16	0.05	0.94
自治能力	由因子得分进行0—1标准化所得	0.73	0.26	0	1

续表

变量	变量定义及赋值	均值	标准差	最小值	最大值
德治能力	由因子得分进行0—1标准化所得	0.60	0.21	0	1
法治能力	由因子得分进行0—1标准化所得	0.57	0.22	0	1
治理绩效	由四个因子得分0—1标准化后求加权平均和所得	0.68	0.12	0.25	0.96
政治绩效	由因子得分进行0—1标准化所得	0.64	0.19	0	1
经济绩效	由因子得分进行0—1标准化所得	0.63	0.19	0	1
社会绩效	由因子得分进行0—1标准化所得	0.76	0.17	0	1
福利溢出	对因子得分进行0—1标准化处理所得	0.64	0.21	0	1
核心解释变量					
数字治理参与度	数字化党群教育、数字化村务管理和数字化民主监督三个方面参与的总和，单项参与赋值为1，否则赋值为0	0.29	0.62	0	3
控制变量					
家里有无村干部	自己或家人是否为村干部：是=1，否=0	0.12	0.33	0	1
是否创办合作社	作为发起人创办合作社：是=1，否=0	0.07	0.26	0	1
距农贸市场距离	住所离最近的农贸市场距离（单位：千米）	5.39	6.19	0.01	45
村庄微信群	村庄建有面向全体村民的微信群：是=1，否=0	0.83	0.38	0	1
村庄开放程度	村庄信息、人员流动程度：1~5，1为最低，5为最高	4.14	0.89	1	5
村庄到乡镇距离	村庄离乡镇中心位置的直线距离（单位：千米）	3.79	3.42	0	17
县域虚拟变量	村庄所在县域：同心县=1，平罗县=0	0.50	0.50	0	1
交互变量					
经济发展水平	村庄在本乡镇富裕程度：偏上=1，中等或偏下=0	0.41	0.49	0	1
"空心化"程度	村庄常年外出务工的劳动力比例（%）	32.34	19.66	10	70
信息化程度	村庄借助公众号等网络工具宣传政策的频率：高=1，中低=0	0.83	0.26	0	1

三 计量模型设定

（一）基准回归模型

本章分别探究数字治理参与度对乡村治理能力和乡村治理绩效的单

一影响，并构建如下模型：

$$GC_{pi} = \alpha_0 + \alpha_1 DDG_i + \sum \alpha_n X_{ni} + \varepsilon_i \quad (10-1)$$

$$GP_{qi} = \beta_0 + \beta_1 DDG_i + \sum \beta_n X_{ni} + \sigma_i \quad (10-2)$$

式（10-1）中：GC_{pi} 为第 i 个样本所属村庄在乡村治理能力第 p 个层面的水平，p 取值为 1、2、3、4，分别为乡村治理能力总体水平及自治能力、德治能力和法治能力三个分维度的水平。式（10-2）中：GP_{qi} 为第 i 个样本所属村庄在乡村治理绩效第 q 个层面的水平，q 取值为 1、2、3、4、5，分别表示乡村治理绩效总体水平及政治绩效、经济绩效、社会绩效和福利溢出四个分维度水平。此外，DDG_i 为第 λ 个样本的数字治理参与度，X_{ni} 为反映个体特征、家庭特征和村庄特征的控制变量向量，如表10-2所示。α_0、β_0 为常数项；α_1、β_1、$\alpha_n\alpha_1$、β_1、α_n、β_n 为待估系数；ε_i 和 σ_i 为随机扰动项。

为解决上述模型中可能因遗漏变量、测量偏差和双向因果关系带来的内生性问题，选取"数字化培训"（是否参与过政府部门组织的计算机知识和网络知识培训）作为数字治理参与的工具变量进行两阶段最小二乘法（IV-2SLS）估计。样本中参与过数字化培训的比例为5%。选择该工具变量主要基于以下两点考虑：一是个体参与政府部门组织的数字化培训与个体数字治理参与高度相关，即接受过数字化培训的农民，其数字素养与技能得到一定程度的提升，对多样化数字工具和平台的接受度更高、使用壁垒下降，因此表现出更高的数字治理参与积极性和能动性；二是特定个体参与数字化培训并不通过数字治理参与之外的因素影响乡村治理能力和治理绩效，因而具有较强的外生性。

（二）中介效应模型

依据温忠麟和叶宝娟（2014）提出的中介效应模型，本章分别构建数字治理参与对乡村治理绩效的影响［同式（10-2）］、数字治理参与对中介变量乡村治理能力的影响［同式（10-1）］，以及数字治理参与、治理能力对治理绩效的影响［式（10-3）］三个层次回归模型，以检验数字治理参与影响乡村治理效能的机制。第三个层次的回归模型设置如下：

$$GP_{qi} = \gamma_0 + \gamma_1 DDG_i + \gamma_2 GC_{pi} + \sum \gamma_n X_{ni} + \eta_i \quad (10-3)$$

式中：η_i 为随机扰动项；γ_0 为常数项；γ_1、γ_2、γ_n 为待估参数。依据中介效应检验的一般程序：首先，检验式（10-2）中核心解释变量（数字治理参与）对被解释变量（治理绩效）的影响（β_1）显著性；其次，检验核心解释变量（数字治理参与）对中介变量（治理能力）的影响（α_1）显著性；最后，检验同时引入数字治理参与和治理能力后，数字治理参与对乡村治理绩效的影响（γ_1）是否仍然显著。若 α_1、γ_1 均为显著，且 $\gamma_1<\beta_1$，则判断为存在部分中介效应；若 α_1、γ_1 至少有一个不显著，则进行 Sobel 检验，以进一步判断中介效应的存在性。

第三节 实证检验与结果分析

一 基准回归估计结果分析

（一）农民数字治理参与对乡村治理能力的影响分析

估计结果如表 10-3 所示。由列（1）可知，数字治理参与对乡村治理能力的影响在 5% 的统计水平上显著为正向，即农民数字治理参与程度越高，越有助于改善乡村综合治理能力。再由列（2）、列（3）和列（4）可知，农民数字治理参与对乡村自治能力的影响不显著，但对乡村德治能力和法治能力的影响分别在 10% 和 5% 的统计水平上正向显著，且农民数字治理参与对乡村法治能力的提升作用稍高于对德治能力的影响。由此可知，现阶段，农民在数字化党群教育、数字化村务管理和数字化民主监督方面的参与，主要改善了乡村治理的信息不对称程度，提升了乡村依法依规治理水平，增强了村规民约、道德规范等软约束在乡村治理中的作用。这表明，以遵法、学法、守法和用法为核心的乡村法治建设对数字治理嵌入的响应最为明显。与此同时，数字技术在乡村治理各领域的应用尚处于起步发展阶段，农民数字治理参与整体水平仍然较低；且乡村自治领域的数字化转型过程较长、内容较为复杂，加之数字治理存在一定的技术学习和使用门槛（邱泽奇等，2016），数字治理引入对激活村庄自治组织和改善村民自治能力的作用仍然十分有限。

在家庭特征方面，家庭有村干部对乡村治理能力和法治能力的影响分别在 10% 和 5% 的统计水平上正向显著。村干部作为乡村中的能人群

表 10-3　农民数字治理参与对乡村治理能力的影响基准回归结果

变量	治理能力 (1)	自治能力 (2)	德治能力 (3)	法治能力 (4)
数字治理参与	0.107** (0.054)	-0.088 (0.058)	0.126* (0.077)	0.203** (0.081)
家里有无村干部	0.197* (0.107)	-0.131 (0.112)	0.214 (0.148)	0.362** (0.164)
是否创办合作社	0.268*** (0.099)	0.307*** (0.096)	0.275* (0.142)	0.245* (0.139)
距农贸市场距离	-0.013** (0.006)	-0.003 (0.007)	-0.014 (0.009)	-0.019** (0.008)
村庄微信群	0.383*** (0.100)	1.283*** (0.123)	0.074 (0.141)	0.189 (0.149)
村庄开放程度	0.153*** (0.036)	0.383*** (0.042)	0.119** (0.057)	0.059 (0.050)
村庄到镇上距离	-0.039*** (0.014)	-0.103*** (0.008)	-0.015 (0.022)	-0.031 (0.020)
县域虚拟变量	控制	控制	控制	控制
样本量	473	473	473	473
F 值	14.65***	122.25***	3.22***	6.31***
R-squared	0.17	0.49	0.04	0.07

注：①*、**、***分别表示在10%、5%和1%的统计水平上显著；②括号内数值为稳健标准误。

体，对发挥引导、组织和带动作用，提高乡村治理能力尤其是规范有序治理能力、实现个人政治追求持有较强的动机。家庭是否创办合作社在1%的统计水平上显著正向影响乡村治理能力，且对乡村自治能力、德治能力和法治能力的影响分别在1%、10%和10%统计水平上正向显著。创办合作社所赋予农民的乡村经济能人身份显著增强农民参与乡村治理各领域、巩固经济资源和社会资源优势的能动性，通过发挥示范带动和帮扶作用推进乡村治理决策民主化、科学化和规范化。合作社带头人、村干部等乡村能人作为村庄容易吸收新思想、采用新技术的领头雁，对充分发掘乡村治理潜力具有明显优势（王生斌，2020）。此外，家庭距农贸市场距离对乡村治理能力尤其是法治能力的影响在5%的统计水平上呈负向显著。离农贸市场越远，信息通达性越差，对乡村治理相关的政策、法规和规范等获取和认知越为有限。

在村庄特征方面，村庄微信群对乡村治理能力和乡村自治能力的影响均在1%的统计水平上正向显著。村庄微信群的应用为村庄信息发布与交流、民主议事、协商监督等提供重要的数字基础设施平台，有助于增强村庄自治形式的灵活性。村庄开放程度在1%的统计水平上显著提高乡村治理能力，且对乡村自治能力和德治能力的影响分别在1%和5%的统计水平上正向显著。村庄对外开放程度越高，与外界的信息交流和人员沟通越频繁，越有助于为改善乡村治理能力提供有益实践参考和案例借鉴。

（二）农民数字治理参与对乡村治理绩效的影响分析

估计结果如表10-4所示。由列（1）可知，农民数字治理参与在1%的统计水平上显著正向影响乡村整体治理绩效。再由列（2）至列（5）结果可知，数字治理参与对乡村治理的政治绩效、经济绩效、社会绩效，以及福利溢出的影响均至少在5%的统计水平上正向显著，且农民数字治理参与对乡村治理的政治绩效和福利溢出作用稍大于对经济绩效和社会绩效的影响。首先，农民在数字化党群教育、数字化村务管理和数字化民主监督方面的治理参与显著增加了对乡村治理过程和结果的实际感知、提升了乡村治理的绩效水平，且该影响主要体现在乡村民主氛围与治理效率改善、农民幸福感和获得感的增强。其次，农民数字治理参与对乡村治理绩效的影响还体现在社会环境优化和乡村经济发展方面。上述结论表明，数字治理嵌入最易改善乡村治理在政治和民生层面的绩效，这与数字治理有效激发农民主体作用、改善村庄民主氛围、明显提高基层组织运行效率等密切相关。

表10-4　农民数字治理参与对乡村治理绩效的影响基准回归结果

变量	治理绩效 （1）	政治绩效 （2）	经济绩效 （3）	社会绩效 （4）	福利溢出 （5）
数字治理参与	0.199*** （0.043）	0.246*** （0.065）	0.145** （0.068）	0.200*** （0.070）	0.224*** （0.074）
家里有无村干部	0.303*** （0.102）	0.400*** （0.147）	0.603*** （0.128）	0.045 （0.167）	0.168 （0.158）
是否创办合作社	−0.114 （0.095）	0.034 （0.133）	0.391*** （0.143）	−0.134 （0.164）	0.191 （0.162）

续表

变量	治理绩效 (1)	政治绩效 (2)	经济绩效 (3)	社会绩效 (4)	福利溢出 (5)
距农贸市场距离	-0.021*** (0.005)	-0.032*** (0.009)	-0.018** (0.009)	-0.015** (0.007)	-0.025*** (0.009)
村庄微信群	0.114 (0.088)	-0.124 (0.133)	0.237 (0.152)	0.040 (0.128)	0.351** (0.143)
村庄开放程度	0.025 (0.035)	0.080 (0.053)	0.046 (0.046)	0.020 (0.050)	-0.066 (0.053)
村庄到镇上距离	-0.004 (0.012)	0.007 (0.019)	-0.022 (0.018)	0.007 (0.017)	-0.009 (0.022)
县域虚拟变量	控制	控制	控制	控制	控制
样本量	473	473	473	473	473
F 值	7.08***	6.21***	6.01***	2.04***	4.65***
R-squared	0.10	0.08	0.08	0.03	0.07

注：①*、**、***分别表示在10%、5%和1%的统计水平上显著；②括号内数值为稳健标准误。

此外，家庭有村干部对乡村治理绩效、乡村治理的经济绩效和政治绩效的影响均在1%的统计水平上正向显著。国家关于乡村治理相关政策文件中对农村基层党组织和村干部的要求与期望形成其参与乡村治理的内在规范（苏岚岚、彭艳玲，2022），村干部对经济利益和政治利益的担忧促使其积极引导和规范乡村治理实践、不断提高乡村善治水平。是否创办合作社在1%的统计水平上显著正向影响乡村治理的经济绩效。作为乡村的经济能人，合作社负责人以掌握较多的资源、技术、人力等优势，对提高乡村治理的经济绩效发挥独特作用。距离农贸市场距离对乡村治理绩效及各维度治理绩效的影响至少在5%的统计水平上负向显著。距离农贸市场越远，乡村治理的政策信息获取成本越高。

二 内生性处理

（一）数字治理参与对乡村治理能力的影响工具变量估计结果分析

由表10-5可知，第一阶段F值为11.66，表明不存在弱工具变量问题（Andrews et al.，2019）。列（1）和列（4）DWH检验在5%的水平上拒绝了数字治理参与为外生变量的原假设。相较于表10-3的基准估计结果，农民数字治理参与影响乡村治理能力和法治能力的回归系数仍至少在5%的水平上显著。列（2）和列（3）无法拒绝数字治理参与为外生变量的原假设，即采用表10-3中的基准估计结果解释。总体而言，数字治理参与对乡村治理能力、德治能力和法治能力的正向影响均得到再次证实。

表10-5 农民数字治理参与影响乡村治理能力的工具变量回归结果

变量	治理能力 （1）	自治能力 （2）	德治能力 （3）	法治能力 （4）
数字治理参与	0.450** (0.177)	-0.210 (0.276)	0.569* (0.291)	0.713*** (0.266)
控制变量	控制	控制	控制	控制
第一阶段 F 值	11.66***	11.66***	11.66***	11.66***
Wald χ^2	102.16***	878.43***	25.69***	37.64***
DWH 内生性检验	3.61**	0.17	2.08	3.78**
样本量	473	473	473	473

注：①*、**、***分别表示在10%、5%和1%的统计水平上显著；②括号内数值为稳健标准误。

（二）数字治理参与对乡村治理绩效的影响工具变量估计结果分析

由表10-6列（3）和列（5）可知，在以经济绩效和福利溢出作为被解释变量的回归结果中，DWH检验均拒绝数字治理参与为外生变量的原假设，即使用工具变量法估计较基准模型估计结果更为准确；而列（1）、列（2）和列（4）估计结果表明，在数字治理参与影响乡村治理的整体绩效、政治绩效和社会绩效关系中，内生性问题并不显著，因而采用表10-4中对应的基准估计较为准确。此外，第一阶段 F 值为11.66，表明不存在弱工具变量问题。综合可知，农民数字治理参与对乡村治理综合绩效及各维度绩效均产生显著正向影响。

表10-6 农民数字治理参与影响乡村治理绩效的工具变量回归结果

变量	治理绩效 （1）	政治绩效 （2）	经济绩效 （3）	社会绩效 （4）	福利溢出 （5）
数字治理参与	0.277* (0.154)	0.157 (0.217)	0.629** (0.263)	-0.196 (0.259)	0.729** (0.314)

续表

变量	治理绩效 （1）	政治绩效 （2）	经济绩效 （3）	社会绩效 （4）	福利溢出 （5）
控制变量	控制	控制	控制	控制	控制
第一阶段 F 值	11.66***	11.66***	11.66***	11.66***	11.66***
Waldχ^2	36.11***	35.32***	42.34***	19.81***	28.11***
DWH 内生性检验	0.29	0.16	5.73***	2.35	3.16*
样本量	473	473	473	473	473

注：①*、**、***分别表示在10%、5%和1%的统计水平上显著；②括号内数值为稳健标准误。

三　作用机制分析

（一）乡村整体治理能力在农民数字治理参与改善乡村治理绩效中的中介作用检验

表10-7汇报了以数字治理参与为核心解释变量、治理能力为中介变量、治理绩效为被解释变量的中介效应检验结果。结果显示，同时引入数字治理参与、治理能力变量后，数字治理参与对乡村治理绩效的影响仍然在1%的统计水平上正向显著，且影响系数有所下降（0.159<0.199）。Sobel检验结果显示，治理能力在农民数字治理参与影响乡村治理绩效的关系中发挥部分中介作用。因此，乡村治理能力的改善是数字治理参与提升乡村治理绩效的重要路径。

表10-7　治理能力在数字治理参与影响乡村治理绩效中的中介作用检验

变量	治理绩效 （1）	治理能力 （2）	治理绩效 （3）
数字治理参与	0.199*** （0.050）	0.107** （0.052）	0.159*** （0.046）
治理能力			0.374*** （0.041）
控制变量	控制	控制	控制
Sobel 检验（Z 值）	2.01**		
中介效应占比	20.12%		

续表

变量	治理绩效 （1）	治理能力 （2）	治理绩效 （3）
样本量	473	473	473
R-squared	0.10	0.17	0.24

注：①*、**、***分别表示在10%、5%和1%的统计水平上显著；②括号内数值为稳健标准误。

（二）基于乡村治理能力分维度和治理绩效分维度的进一步检验

表10-8汇报了基于乡村治理能力分维度和治理绩效分维度下农民数字治理参与影响乡村治理绩效的中介路径。结果显示，农民数字治理参与主要通过改善乡村德治能力和法治能力间接优化乡村治理绩效，二者中介效应占比分别为11.52%和24.97%；数字治理参与通过提高乡村治理能力进而改善乡村治理绩效中的经济绩效、政治绩效和社会绩效三个方面，治理能力在上述关系链条中的中介效应占比分别为22.53%、37.03%和15.39%。此外，治理能力在数字治理参与影响乡村治理绩效的福利溢出关系中并未发挥显著的中介作用。乡村治理能力提高并未带来乡村生活幸福感、人际交往信任度的显著改善，这与农民收入水平持续提高、对美好生活的向往不断拓展、乡村人际关系格局加快变迁等多重因素有关。

表10-8　农民数字治理参与影响乡村治理绩效的分项机制检验

影响路径	总效应	中介效应占比	作用识别	控制变量	Sobel检验（Z值）
数字治理—自治能力—治理绩效	0.199***	—	无中介作用	控制	-1.037
数字治理—德治能力—治理绩效	0.199***	11.52%	部分中介	控制	1.576*
数字治理—法治能力—治理绩效	0.199***	24.97%	部分中介	控制	2.554***
数字治理—治理能力—经济绩效	0.145**	22.52%	部分中介	控制	1.877*
数字治理—治理能力—政治绩效	0.246***	37.03%	部分中介	控制	2.038**
数字治理—治理能力—社会绩效	0.200***	15.39%	部分中介	控制	1.849*
数字治理—治理能力—福利溢出	0.224***	—	无中介作用	控制	0.580

注：①*、**、***分别表示在10%、5%和1%的统计水平上显著；②括号内数值为稳健标准误。

四 异质性分析

数字治理参与赋能乡村治理的效果可能因村庄禀赋差异而存在差别。其中，经济基础决定上层建筑，经济发展水平不同可能致使乡村治理的效率和效果存在差异；村庄"空心化"是当前农村劳动力流失的重要表现，劳动力外出务工尤其是长期务工比例直接关系村庄常住人口年龄结构，影响乡村数字治理的实施和效果呈现；村庄信息化程度尤其是信息基础设施的供给与使用与农民数字治理参与及乡村治理绩效密切相关（曾亿武等，2021）。因此，本章分别引入数字治理参与和村庄经济发展水平、"空心化"程度、信息化程度间的交互项，实证检验农民数字治理参与影响乡村治理效能的异质性，估计结果如表10-9所示。

表10-9　　农民数字治理参与影响乡村治理效能的异质性分析：基于村庄特征

变量	治理能力			治理绩效		
	(1)	(2)	(3)	(4)	(5)	(6)
数字治理参与× 经济发展水平	0.252** (0.099)			0.141* (0.078)		
数字治理参与× "空心化"程度		0.003* (0.002)			0.002 (0.002)	
数字治理参与× 信息化程度			0.384* (0.227)			0.280* (0.168)
数字治理参与	-0.015 (0.069)	-0.019 (0.095)	-0.248 (0.218)	0.122** (0.055)	0.137* (0.080)	-0.060 (0.160)
经济发展水平	0.167** (0.085)			0.113 (0.073)		
"空心化"程度		-0.001 (0.002)			-0.001 (0.002)	
信息化程度			0.061 (0.138)			0.028 (0.119)
控制变量	控制	控制	控制	控制	控制	控制
样本量	473	473	473	473	473	473
F值	12.29***	12.63***	12.09***	6.18***	6.31***	6.30***
R-squared	0.180	0.172	0.174	0.102	0.100	0.104

注：①*、**、***分别表示在10%、5%和1%的统计水平上显著；②括号内数值为稳健标准误。

（一）农民数字治理参与影响乡村治理能力的异质性检验

列（1）至列（3）回归结果显示，数字治理参与与村庄经济发展水平、"空心化"程度、信息化程度的交互项分别在5%、10%和10%的统计水平上正向显著。由此可知，数字治理参与削弱了村庄"空心化"对乡村治理能力的负向影响，而对于经济发展水平、信息化程度较高的村庄，数字治理参与改善治理能力的效应更强，即乡村经济社会条件越好，越有利于发挥数字治理激活乡村治理能力的作用。该结论的政策意蕴在于，推进乡村治理数字化转型过程中，需关注数字技术引入对不同村庄治理效能的差异化作用效果，进而为立足村庄多元化的实际需求，采取包容性的乡村治理策略提供实践支撑。

（二）农民数字治理参与影响乡村治理绩效的异质性检验

列（4）至列（6）回归结果显示，村庄经济发展水平和信息化程度对农民数字治理参与与乡村治理绩效提升的关系具有强化作用（交互项均在10%的统计水平上正向显著）。即在区域内经济发展基础较好、信息化程度较高的村庄，更有助于发挥数字治理中"软件"与"硬件"的协同作用，加速乡村治理绩效的提升。同时，还需注意的是，现阶段，受限于农民数字治理参与水平整体较低等因素，数字治理对缓解因村庄空心化程度引致的乡村治理低绩效问题仍作用有限。这对推进乡村数字治理实践也提出了挑战。

五 稳健性检验

为验证前述估计结果的稳健性，以因子分析法重新计算，替换前文采用得分加总计算的农民数字治理参与度。具体操作为对农民参与数字化党群教育、数字化村务管理和数字化民主监督的行为进行因子分析，提取农民数字治理参与度因子。重新回归结果如表10-10所示。结果显示，在数字治理参与影响乡村治理能力的回归中，DWH检验拒绝数字治理参与为外生变量的原假设；但在数字治理参与影响乡村治理绩效的回归中，该检验无法拒绝数字治理参与为外生变量的原假设。由列（1）、列（2）和列（4）可知，无论是OLS估计还是IV-2SLS估计，农民数字治理参与均对乡村治理能力和治理绩效产生显著正向影响。再由列（3）可知，乡村治理能力在农民数字治理参与影响乡村治理绩效中的部分中介作用得到证实。因此，前述研究结论稳健性较好。

表 10-10　　　　　　　　　稳健性检验结果

变量	OLS			IV-2SLS		
	治理能力	治理绩效	治理绩效	治理能力	治理绩效	治理绩效
	(1)	(2)	(3)	(4)	(5)	(6)
数字治理参与	0.084*** (0.032)	0.109*** (0.031)	0.078*** (0.027)	0.243** (0.095)	0.149* (0.081)	0.058 (0.091)
治理能力			0.375*** (0.047)			0.378*** (0.048)
控制变量	控制	控制	控制	控制	控制	控制
第一阶段 F 值				11.323***	11.323***	10.854***
F 值/Wald χ^2	15.43***	6.42***	16.96***	105.530***	36.020***	128.760***
DWH 内生性检验				2.702*	0.257	0.048
样本量	473	473	473	473	473	473
R-squared	0.172	0.092	0.227	0.129	0.089	0.228

注：①*、**、***分别表示在10%、5%和1%的统计水平上显著；②括号内数值为稳健标准误。

第四节　本章小结

数字技术嵌入乡村治理诸多领域为促进乡村"智治"与"自治、法治、德治"有机融合、持续提高乡村治理效能提供新的驱动力。基于数字乡村试点县与非试点县的农户调查数据，本章实证探究了农民数字治理参与对乡村治理效能的影响效果及潜在路径。研究表明，现阶段虽然乡村治理数字化水平偏低，但农民数字治理参与有效提升了乡村治理能力和治理绩效，且主要表现为对乡村法治能力和德治能力及对乡村治理的政治绩效和福利溢出的影响。农民数字治理参与不仅可直接促进乡村治理绩效改善，还可通过乡村治理能力尤其是德治能力和法治能力提升间接优化乡村治理绩效。研究还发现，农民数字治理参与削弱了村庄"空心化"对乡村治理能力的负向影响，强化了乡村经济发展水平和信息化环境对乡村治理能力和治理绩效的积极作用。

第十一章

数字治理促进乡村治理效能提升的实践挑战与理论逻辑研究

着力提升乡村治理效能是全面推进乡村振兴背景下激发乡村内生发展动力、优化各类资源要素配置、加快宜居宜业和美乡村建设的重要保障。党的二十大报告强调"健全共建共治共享的社会治理制度，提升社会治理效能"。2023年中央一号文件明确提出"完善网格化管理、精细化服务、信息化支撑的基层治理平台，提升乡村治理效能"。2024年中央一号文件指出"提升乡村治理水平""鼓励有条件的省份统筹建设区域性大数据平台，加强农业生产经营、农村社会管理等涉农信息协同共享"。上述政策文件为中国式农业农村现代化道路上实现乡村治理提质增效指明了方向。近年来，在政策大力支持引导、社会资本积极参与下，多样化数字平台在乡村疫情防控、便民服务、村务管理等诸多领域得以加快应用，乡村数字治理显现出强劲韧性（黄季焜，2021）。与此同时，乡村数字治理领域仍存在治理理念不明确、公众参与程度低、治理方式不完善、治理机制不健全等问题（沈费伟等，2020）。低效能甚至无效能的数字治理无疑会造成大量乡村治理资源的浪费和诸多政策执行的偏差，制约数字经济健康可持续发展，影响现代化社会治理体系建设进程（郑磊，2021）。因此，在数字化时代乡村治理现代化目标牵引下，系统探究数字治理效能提升路径对促进数字乡村高质量发展具有重要现实意义。

立足乡村治理数字化理论研究存在的分歧和实践创新需求的日趋增长，数字治理提质增效的理论逻辑建构和政策路径探索亟待推进。鉴于

第十一章 数字治理促进乡村治理效能提升的实践挑战与理论逻辑研究

乡村治理具有阶段性、动态性、系统性和开放性等典型特征，依据乡村内外部环境与资源条件的动态变化而对乡村治理的目标、内容和形式做出适应性调整是保持乡村治理时代生命力的根本（丁志刚、王杰，2019）。数字治理具有线下治理的一些共性特征，同时还具有海量数据要素驱动、多样化数字技术支撑、多元化主体交互、线上线下场景并存等鲜明特征。然而，已有研究较为零散地探讨了乡村数字治理在技术供需匹配性、技术与制度融合性、多元主体协同性等方面存在的不足，较为缺乏基于线上线下联动性、城乡统筹程度、数字经济与治理协同性、数据治理支撑性等多维视角对乡村数字治理面临的主要挑战展开思辨分析。鲜有研究立足乡村治理的新情境，系统探讨乡村数字治理效能的学理内涵、外延及驱动机制，且已有研究多局限于从治理效果的单一层面解析治理绩效，忽视了数字治理理念与思维、能力与过程、方式与结果之间的深层次关联，导致数字技术作用效果评估可能存在片面性和短期价值取向。

鉴于此，本章拟在梳理国家关于乡村治理数字化转型的支持政策和多方协同参与基础上，揭示乡村数字治理提质增效的潜在机遇；基于政策指向与实践现状的比较，剖析乡村治理数字化取得的主要进展、面临的多重挑战及深层次成因；立足乡村数字治理的理论研究和实践新需求，界定乡村数字治理效能的学理内涵及具体表征，阐释数字治理效能的生成逻辑；基于乡村数字治理的关键约束与逻辑建构，综合运用系统思维、辩证思维和创新思维提出加快乡村数字治理提质增效的政策建议。本章研究的边际贡献在于：一是基于政府与市场的协同视角，从政府职能履行、市场作用发挥、数据要素激活和主体赋权扩能4个方面阐释乡村数字治理提质增效的政策机遇与市场条件。二是立足数字治理的复杂场景和多样化需求，从数字化场域中技术供需匹配性、工具理性和制度理性融合度、多元主体协同性、线上线下治理联动性、城乡统筹程度、数字经济与治理协调性、数据治理机制完善性等方面对乡村数字治理面临的主要挑战及成因进行辩证分析。三是以国家治理效能的分析范式为参照，从"理念—结构—方式—结果—机制"5个维度界定乡村数字治理效能的学理内涵及主要表征，并依据新公共治理理论，基于制度、政策、技术、主体4个层面的耦合关联阐释乡村数字治理效能形成的核心逻辑。本章研究有益于拓展乡村数字治理的驱动机制与效能分析框架，丰富乡村治理和数字乡村建设的理论体系，并为优化契合数字经济发展需求的数字治理支持政策设计、激发有为政府和有效市场的合力、提升数字治理效能、助力和美乡村建设提供实践参考。

第一节 研究动态综述

学者关于数字技术应用在乡村治理中的作用效果存在"促进论"、"抑制论"和"双重作用论"的分歧，催生了本章关于乡村高效能数字治理逻辑的体系化思考。已有研究集中在以下3个方面：一是数字技术应用的积极效果。相关研究指出，数字治理的引入对改进基层民主建设、促进基层组织高效运转、强化村民"共同在场"、优化乡村社会秩序等发挥积极作用（邱泽奇等，2022；邬家峰，2022）。设计得当的积分制可通过正外部性行为的增益，激活乡村内生发展动力、提升村庄治理效能（马九杰等，2022）。以区块链技术构建包括信用登记、信用兑换、信用统计等在内的全周期管理的信用体系，有助于将信用制度优势转化为治理效能（刘海军，2023）。农民在党群教育、村务管理和民主监督等领域的数字化参与可通过提升乡村法治能力和德治能力进而改善治理绩效（苏岚岚等，2023）。二是数字技术应用的消极影响。部分研究指出，仅依赖技术的刚性嵌入难以实现治理的优化，且可能抑制人的自主性和参与度，从而导致"技术消解自治"和"数字过度依赖"（杜姣，2020；郑磊，2021）。进一步地，脱离公众实际需求的数字技术嵌入衍生出大量的"数字形式主义"和"过度数字化"现象，不仅无益于提高治理效率、节约成本，反而增加基层负担，造成大量财政和社会资源的浪费（刘少杰，2022）。三是数字技术应用的双重作用。少数学者研究发现，数字技术嵌入乡村治理存在数字赋能和数字负担双重治理效应，前者主要体现为激活"沉睡资产"、加快再组织化、激发主体内生动力，后者主要体现为治理的"碎片化"（丁波，2022）。

既有关于线下治理场景中治理效能测度及提升路径的研究为数字治理场域下的探讨提供有益启发。一是国家治理效能分析框架为界定基层治理效能提供基本遵循。如王增智（2020）指出，应从治理目标、治

第十一章 数字治理促进乡村治理效能提升的实践挑战与理论逻辑研究

理效率、治理评价3个维度理解国家治理效能的方向指引、时间约束与价值取向。丁文锋和丁亮（2022）认为，国家治理效能体现为国家在多元主体协商共治中所表现出来的效用（效率、效果、效益）和能力，反映了治理目标选择的正确性及其实现程度，以及治理活动的合规性[1]。二是基层治理绩效的衡量标准探讨为数字治理效能的逻辑建构奠定基础。如吴建南等（2015）提出应从经济、效率、效果及公平性层面审视公共治理绩效，卢福营（2010）指出应体现对基层民主、社区和谐及社会发展的综合考量，吴新叶（2016）认为应聚焦公共性、社会性及有效性，梅继霞等（2019）则选取基层民主、公共服务、基层组织运转和社会秩序4个维度进行衡量。三是线下治理场景中治理效能的提升路径思考为探寻数字治理的政策优化提供借鉴。如崔宝玉和马康伟（2022）基于合作社的实证研究表明，通过完善激励监督机制和社会动员机制可有效激发村委会主体性和社员参与积极性、提升乡村治理效能。张浩（2022）立足调适"国家—乡村"关系视角，指出应推进乡镇机构改革与职能转变、强化基层监管、推进村民自治、试行村干部专职化、健全常态化干部驻村帮扶机制。

第二节 数字治理促进乡村治理效能提升的政策设计与现实机遇

一 乡村治理数字化转型的政策设计

随着国家在数字乡村建设整体框架下不断完善乡村治理数字化转型的政策设计，加快构建乡村数字治理体系、着力提升数字治理效能上升为数字乡村战略的重要目标。自2019年以来，国家陆续出台了系列政策文件以不断推进乡村数字治理实践（表11-1），数字治理从战略规划、试点探索走向落地实施。《数字乡村发展战略纲要》《数字农业农村发展规划（2019—2025年）》《数字乡村发展行动计划（2022—2025年）》等政策文件接续强调从"智慧党建""互联网+政务服务""互

---

[1] 丁文锋、丁亮：《提升国家治理效能的内涵、意义和路径》，http://www.71.cn/2021/0304/1119871.shtml。

表 11-1　　乡村数字治理的相关政策文件梳理

时间	相关文件	主要内容
2019年5月	中共中央办公厅、国务院办公厅印发《数字乡村发展战略纲要》	推动"互联网+党建",推动党务、村务、财务网上公开;推动"互联网+社区"向农村延伸,提高村级综合服务信息化水平;推进实施农村"雪亮工程"
2020年1月	农业农村部、中央网络安全和信息化委员会办公室关于印发《数字农业农村发展规划(2019—2025年)》的通知	推动"互联网+"社区向农村延伸,提高村级综合服务信息化水平。加快乡村规划管理信息化,推进农村基础设施建设、公共服务供给等在线管理
2021年9月	《数字乡村建设指南1.0》	实施智慧党建、"互联网+政务服务"、网上村务管理、基层综合治理信息化、乡村智慧应急管理
2022年1月	中共中央、国务院《关于做好2022年全面推进乡村振兴重点工作的意见》	突出实效改进乡村治理,推行网格化管理、数字化赋能、精细化服务
2022年1月	中央网信办等10部门印发《数字乡村发展行动计划(2022—2025年)》	完善农村智慧党建体系,推动"互联网+政务服务"向乡村延伸,提升村级事务管理智慧化水平,推动社会综合治理精细化,加强农村智慧应急管理体系建设
2022年4月	农业农村部、国家乡村振兴局联合印发《社会资本投资农业农村指引(2022年)》	鼓励社会资本参与农村地区信息基础设施、农业农村大数据建设,助力提升乡村治理信息化水平。创新政府和社会资本合作模式。鼓励信贷、保险机构加大产品和服务创新力度,加大投贷联动等投融资模式探索力度
2022年8月	中央网信办等四部门《关于印发〈数字乡村标准体系建设指南〉》	发布政务服务平台接入规范、基本功能规范、社会治安综合治理基础数据规范、村务流程化管理实施指南等
2023年2月	中共中央、国务院《关于做好2023年全面推进乡村振兴重点工作的意见》	提升乡村治理效能,完善网格化管理、精细化服务、信息化支撑的基层治理平台

资料来源:笔者根据相关资料整理。

联网+党务、村务、财务""基层综合治理信息化""智慧应急管理"等方面加快推进乡村治理数字化进程。随着乡村数字治理实践的推进,相关政策的核心指向越来越清晰。这主要包括:一是在规划设计方面,体现了突出重点领域和全面推进的政策设计思路,强调数字技术在基层党建、村务管理、财务管理、综合治理、应急管理等乡村治理诸多领域的应用。二是在具体实施方面，重视完善推广积分制与网格化治理、打通线上线下服务融合渠道、建立健全涉农数据的归集与共享机制。三是在保障体系方面，强调建立多部门联动的统筹协调机制，加快形成财政支持引导、金融与社会资本主体广泛参与的多元投入模式，强化多层次的数字乡村人才支持体系，完善考核评估机制。

二 数字治理促进乡村治理效能提升的机遇

为实现上述政策目标，各级政府持续加大农业农村信息化投入力度，积极引导社会资本加速布局乡村数字基础设施和数字治理等领域，并推进健全完善数据要素治理机制、广泛开展农民数字素养与技能培训。乡村数字治理领域政府职能履行、市场作用发挥、数据要素激活、主体赋权扩能使数字治理效能提升迎来重要机遇。

（一）政府职能履行：国家不断加大对农业农村信息化的财政支持力度

财政投入是政府支持乡村数字治理提质增效的直观体现。国家和省级数字乡村试点的推进催生日益增长的数字化建设资金需求。2019年中央农办等部门选定115个县（市、区）开展乡村治理体系建设试点，2020年中央网信办等部门推动在117个县（市、区）开展国家数字乡村试点。随后，大多数省份探索开展省级数字乡村试点工作，各级政府持续加大对试点地区乡村数字治理实践的财政支持力度。农业农村部连续三年出台《社会资本投资农业农村指引》，接续强调加大对工商资本、金融资本投资包括数字治理在内的数字乡村建设领域的财政支持力度，鼓励政府和社会资本开展多种形式的合作。农业农村部信息中心（2020、2021）统计显示，2019年、2020年全国县域农业农村信息化建设的财政投入分别为182.1亿元和341.4亿元，县均投入分别为781.8万元和1292.3万元；相较于2019年，2020年东部、中部、西部县均财政投入均实现较快增长，增长率分别为40.0%、36.3%、86.9%[①]。综上可知，国家持续加大农业农村信息化的财政投入力度尤其是对西部的资源倾斜，为乡村治理提质升级提供了重要的资金保障。

---

① 农业农村部信息中心：《2020全国县域数字农业农村发展水平评价报告》，http://www.agri.cn/V20/ztzl_1/sznync/ltbg/202112/P020211220311961420836.pdf.

（二）市场作用发挥：金融和社会资本加速布局、拓展涉农投资新赛道

国家支持引导下各类经营主体加快布局乡村数字治理领域，以充分发挥技术、资金和人才优势，使市场在改善乡村数字治理中的作用日益凸显。农业农村部信息中心（2020、2021）统计显示，2019年、2020年全国县域农业农村信息化社会资本投入分别达到当年财政投入的2.6倍和2.4倍；相较于2019年，2020年东部和中部县均农业农村信息化社会资本投入的增长率分别为25.1%和109.5%[①]。

金融机构积极响应政府号召、充分运用金融科技助力数字乡村建设是金融支持乡村数字治理提质增效的重要体现。例如，中国建设银行集合全流程线上贷款、政务、缴费、社交等功能，搭建起以"金融服务+智慧村务+便民服务+电子商务"为主要内容的"裕农通"乡村振兴综合服务平台，有效促进了乡村治理实践。截至2022年末，"裕农通" App已在全国27个省分行上线特色功能模块，注册用户512万户，累计为农户提供近200亿元的信贷支持[②]。中国农业银行开发了"三资"管理平台，整合了产权交易、乡村治理、金融服务等多种功能，支持了农村集体产权制度改革，并有效拓展了乡村治理的内容和形式。截至2022年末，该"三资"管理平台已在全国1488个县（市、区）上线，覆盖14.8万个行政村[③]。随着数字乡村建设实践的深入，一些金融机构通过代建代管、合作共建等形式参与地方数字乡村综合服务平台建设，助力基层治理数字化转型。如中国农业银行推出的"惠农云"数字乡村平台，整合农村"三资"管理、智慧畜牧、智慧合作社、智慧农服、e推客、村民积分等10余项智慧场景，一站式提供政务办公、乡村产业、惠民生活等场景服务。

互联网信息科技领军企业引领了乡村治理领域社会资本投资的新风向。例如，阿里乡村钉为全国乡村治理体系建设115个试点县（区）

[①] 农业农村部信息中心：《2020全国县域数字农业农村发展水平评价报告》，http://www.agri.cn/V20/ztzl_1/sznync/ltbg/202112/P020211220311961420836.pdf.

[②] 中国建设银行：《以新金融实践回应乡村振兴之问》，《农民日报》2023年3月4日第1版.

[③] 中国农业银行：《2022社会责任报告（环境、社会及治理报告）》，http://www.sse.com.cn/disclosure/listedinfo/announcement/c/new/2023-03-31/601288_20230331_XFY5.pdf.

第十一章 | 数字治理促进乡村治理效能提升的实践挑战与理论逻辑研究

优先搭建数字治理平台，乡村钉在基层党建、便民服务、村务管理等诸多领域得以加快应用。浙江建德依托钉钉平台的数字化组织管理和协同优势，整合农业农村大数据建立数据池，将"乡村钉"与"城市大脑"高效连接，形成"县乡一体、综合智治"的县域治理格局。京东科技发布乡村数智化解决方案，集人工智能、大数据、云计算、物联网等数智技术搭建覆盖智慧党建、社会治理、环境监测、应急管理等多场景乡村数字治理体系。例如，在山东济南，京东科技"AI+视频实时监测系统"的应用，让农区秸秆焚烧造成环境污染和重大安全隐患的行为"无处遁形"，有力支撑了区域生态环境的高效治理。腾讯大力推广"腾讯为村"在党建、村务管理、公共服务等基层治理领域的应用。截至2022年9月，该平台已覆盖全国30个省份、232个地级市、1.6万个村庄和社区，认证村民超过254万人[①]。

（三）数据要素激活：数据要素治理机制加快建立与完善

国家持续推进数据要素市场建设、强调完善数据要素治理机制，为提升乡村数字治理效能注入了新的活力。近年来，《关于构建更加完善的要素市场化配置体制机制的意见》《关于构建数据基础制度更好发挥数据要素作用的意见》等一系列政策文件接续出台，强调加快建立完善数据产权制度、流通交易制度、收益分配制度，实现数据要素治理安全可控、弹性包容。在此背景下，上海、北京、广东、浙江等省市积极推进数据交易所建设，吸引多元主体参与数据治理、着力挖掘数据要素社会价值。与此同时，农村"三资"管理、垃圾智能分类、村务智慧化管理、积分制治理等各类数字治理平台纷纷建立，农业农村数据量呈指数级增长，涉农信用信息数据整合共享的实践探索加快推进。鉴于数据要素具有可复制性、非竞争性、排他性与非排他性并存等典型特征，且对土地、劳动力、资本、技术等传统生产要素具有极高的渗透性（张平文、邱泽奇，2022），涉农大数据的合规高效开发利用必将加速乡村治理理念、治理模式和治理结构的重塑。

（四）主体赋权扩能：数字基础设施条件和主体素质不断改善

农村互联网基础设施建设深入推进，为各类群体尤其是弱势群体享

[①] 《数字中国建设峰会开幕，腾讯分享"数字化助力乡村振兴"经验》，央广网，http://tech.cnr.cn/techph/20220724/t20220724_525928984.shtml。

有平等的乡村数字治理参与权提供重要保障。《中国互联网络发展状况统计报告》显示①，截至 2022 年 6 月，中国累计建成开通 5G 基站 185.4 万个，实现"县县通 5G、村村通宽带"；农村地区网民规模达 2.93 亿，农村互联网普及率为 58.8%，比 2020 年底提高 2.9 个百分点，城乡互联网普及率的差距比 2020 年底缩小 0.2 个百分点。与此同时，为更好地满足老年群体和特殊人群需求，工业和信息化部组织完成对 452 家网站和 App 的适老化、无障碍化改造和评测。截至 2021 年 12 月，中国 60 岁及以上老年网民规模达 1.19 亿人，互联网普及率达 43.2%。

高素质农民培育和农民数字素养与技能提升行动协同推进，不断充实乡村数字治理的人才队伍，激发农民参与数字治理的内生动力。随着国家持续加大对外出务工农民、大中专毕业生、退役军人等主体开展创业的政策扶持力度及新型职业农民培训与高素质农民培育的接续推进，本土高素质农民数量迅速增加。截至 2020 年底，全国农村实用人才总量约 2254 万人，其中高素质农民超过 1700 万人②，为实现高效能的乡村数字治理提供重要的人才支撑。此外，随着《提升全民数字素养与技能行动纲要》出台，各地积极探索将数字素养与技能提升同高素质农民培育、农村实用人才素质提升行动、创业创新技能培训相结合，不断提高农民的数字化适应力、胜任力和创造力。淘宝直播数据显示，"村播计划"上线 3 年累计助力 11 万农民主播开播超过 230 万场，带动农产品销售额超 50 亿元③。

第三节　数字治理促进乡村治理效能提升的主要进展和关键挑战

一　乡村数字治理取得的主要进展

物联网、大数据、人工智能等数字技术在乡村治理领域的深度嵌入

---

① 中国互联网络信息中心（CNNIC）：《第 50 次中国互联网络发展状况统计报告》，http：//www.cnnic.net.cn/NMediaFile/2022/0926/MAIN1664183425619U2MS433V3V.pdf。

② 《"十三五"时期我国累计培育高素质农民五百万人》，光明网，https：//m.gmw.cn/baijia/2020-12/13/34457786.html。

③ 《月收入增长两三倍？农民直播带货叩开增收门》，https：//www.thepaper.cn/newsDetail_forward_14497460。

第十一章 | 数字治理促进乡村治理效能提升的实践挑战与理论逻辑研究

和应用拓展，加快革新乡村传统治理理念、重塑各治理主体的交互方式，推动乡村治理结构日益多元化、治理模式日益丰富化。乡村数字治理在大数据平台应用、需求端 App 推广与农民数字参与、"数字化+网格化"治理融合、数字化积分制治理创新等方面取得明显进展。

第一，农业农村大数据平台的应用拓展了乡村数字治理的具体场景、重塑了不同治理主体间的交互模式。农村"三资"管理、村民议事、垃圾治理、积分制管理、金融便民服务等各类平台得到创新性应用，延伸了线上治理空间。例如，江苏省东台市建设农村"三资管理+产权交易"综合信息管理服务平台、村级用工监管监察平台与小微权力智慧监管平台，对村内"用钱、用人、用权"实现系统监管，营造了风清气正的基层治理氛围。浙江省象山县探索"村民说事"制度迭代升级，对村级事务治理进行流程再造、制度重塑、业务协同，并探索开发"象山村民说事"线上应用系统，实现村级事务"说议办评"线上线下融合，平台运行以来累计召开线上线下说事会 38627 次，解决率达 96.4%[①]。

第二，乡村治理用户端 App 加快推广应用，较大程度上提高了农民参与乡村数字治理的便捷性和能动性。阿里乡村钉、腾讯为村、中国电信"村村享"及一些地方性治理平台加速嵌入乡村治理诸多领域，在降低村庄治理成本、提高信息透明度和治理效率等方面发挥了积极作用。例如，浙江省建德市建成覆盖"市、镇、村、组、户"，集宣传发布、在线沟通、协同办公、便民服务等功能于一体的"建村钉"乡村治理数字化平台，全市激活量达 26.59 万人，日活跃量高达 10.72 万人[②]，有效提高了农民参与村务管理积极性、助力破解村民诉求解决慢、信息沟通耗时长等难题。四川省邛崃市于 2016 年试点实施全域"为村"工程，基于线上线下渠道开展"为党建、为服务、为治理、为产业"的"两轨四为"工作模式，依托平台开发设置了涵盖基层党建、便民服务、村务管理、产业发展等六大类 90 项功能板块。截至 2020 年

[①] 《引领各地实践 探索善治路径—第四批全国乡村治理典型案例综述》，《农民日报》，2022 年 12 月 23 日第 5 版。

[②] 《引领各地实践 探索善治路径—第四批全国乡村治理典型案例综述》，《农民日报》，2022 年 12 月 23 日第 5 版。

底,关注认证村民38.3万人,手机用户注册使用率达85%;基于平台处理民情民意问题6102件,预约各类服务7.14万次,开展各类政策咨询9.76万次;在线公示村党务、村务、财务信息9.81万条;销售特色产品760余种,实现销售额3400余万元[①]。

第三,线上线下治理融合持续推进,乡村数字治理模式不断优化。数字化和网格化的结合加快塑造线上线下协同治理新模式,并在一些农村地区得到积极推广,既激活了网格化治理体系,也加速数字治理下沉。例如,浙江省龙游县创新推出"龙游通+全民网格"基层智慧治理模式,通过"龙游通"平台的"村情动态""三务公开""村民信箱"等功能模块,使村民随时随地参与村庄事务讨论、民主决策和民主监督,及时表达意见和建议;并依托"高频事项""网上约办""金融服务"等60余项便民服务,显著提升了村民享受各类公共服务的便捷性。同时,依靠由村民小组长、老党员、志愿者等群体担任的网格联络员常态化开展线下走访活动、落实政策宣传、收集社情民意、帮扶困难群众等,将线上平台归集的各类问题和需求落到实处。

第四,数字化积分制治理的创新实践不断涌现,加快重构农村信用体系。积分制评价体系的覆盖范围从乡风文明拓展到金融资产等更广泛的领域,激励约束机制适用的权益场景也随之不断拓展。例如,江苏省张家港市永联村积极探索将乡村道德建设、环境整治、文明乡风等场景融入积分制治理,构建由文明分、金融分和基础分组成的"永联分"评价体系,推广应用"永联一点通App",基于该平台实现了对村域内2.6万居民的信用评级,并提供商品折扣、文体活动、医疗服务、信贷和利率优惠等方面的物质激励和精神激励,有效提高了数字治理平台的用户活跃度、推动了和美乡村建设。

二 数字治理促进乡村治理效能提升面临的关键挑战

当前,中国乡村治理正在经历深刻转型,乡村治理逻辑从传统人情社会的感情参与逐步转换为基于经济理性的选择性参与,从人情交易、村社道德转变为市场化交易、契约机制(罗必良、耿鹏鹏,2022),这

[①] 农业农村部农村合作经济指导司:《全国乡村治理典型案例(二)》,中国农业出版社2020年版。

第十一章 | 数字治理促进乡村治理效能提升的实践挑战与理论逻辑研究

对乡村数字治理政策设计与实践探索不断提出新的要求。基于笔者所在课题组在多个省份数字乡村试点县的典型案例调查可知,现阶段,乡村数字治理提质增效在数字技术供给与需求、数字技术与组织、制度融合、多元主体共建共治共享、线上线下治理协同、数字乡村治理与智慧城市治理统筹、数字治理与数字经济协调发展、数据要素治理等方面仍面临诸多挑战。

第一,数字技术供给与需求不匹配。数字技术供给应以需求为牵引、需求应以供给为依托,二者存在相互促进、互为条件的辩证统一关系。乡村治理全过程坚持自下而上、体现村庄实际需求的数字技术供给原则是促进数字技术供需动态平衡、提升数字治理效能的前提,也是落实乡村振兴"为民而兴"初衷的必然要求。然而,在实践中,部分县级政府倾向面向所有村庄推行统一的数字化治理平台,对村庄资源禀赋与治理需求差异、治理主体差异、治理内容的复杂性考虑不充分(仝志辉、刘传磊,2022)。此外,社会资本出于成本收益的考量,参与乡村差异化数字治理平台建设的投入积极性不足,数字技术的多元化供给体系尚不完善(刘少杰,2022)。综合而言,数字乡村试点实践中部分数字技术供给和平台建设尚未有效契合村庄发展和农民生计的内生需求,导致区域内数字治理平台同质化现象严重、部分平台功能缺乏实用性、村庄被动卷入,数字技术供需错配在一定程度上造成诸多资源损耗和政策执行偏差。例如,北京市平谷区某乡镇以阿里乡村钉为依托试点探索乡村治理数字化,乡村钉平台的功能板块多属于信息传达、村务公开、政务服务、民主监督等基础内容,难以满足不同村庄在特色产业发展、电商物流、金融服务等方面的差异化治理需求,且信息更新频率较低,导致该平台难以吸引村民持续和高频率使用,部分功能甚至"无人问津",用户黏性低。与此同时,基层政府考核中片面追求下载率、点击量、浏览量、转发量等短期指标,导致 App 推广过程中较多依赖人情关系或强制力量,忽视农民的实际需求和平台应用实际效果,且使基层工作人员面临数字形式主义的压力。江苏省苏州市开展数字乡村建设探索的早期阶段,也曾面临各类型村庄的差异化数字治理需求带来的挑战,即对不同村庄推广功能模块一致的数字治理平台越来越难以满足乡村建设的实际需求。近期,围绕基础设施、涉农产业、乡村服务、经营与监管、村情民意等功能模块,该市按照"1+N+X"(1个通用基础模块+N个功能自选模块+X个特色产业模块)创新乡村治理平台建设,累计建成102个"集成+特色"的数字乡村示范村,激发了基层数字治理活力。但在财政与社会资本投入约束下,诸多试点地区仍难以结合乡村的发展基础和个性化需求开展差异化的数字治理平台建设。

第二,数字技术、组织与制度的融合程度不高。乡村治理转型进程中治理制度的变革、组织体系的优化是数字技术创新与应用的根本遵循,而数字技术的广泛渗透不断激发治理制度与组织模式的革新需求。较长时期以来,完善科层治理体系、加强基层群众自治制度建设、支持村民自组织有序发展是实现乡村治理有效的关键要求(黄祖辉、胡伟斌,2022)。数字时代,推进数字技术、自治组织和治理制度的高效协同应是实现乡村善治的核心。然而,数字技术的广泛应用虽在提高村级组织运行效率、促进治理规范化法治化等方面发挥积极作用,但数字基建、电子政务、村务管理等领域存在背离技术赋能理性的"数字形式主义"和"数字治理悬浮化"问题(刘少杰,2022),使数字技术对改进组织管理和完善制度建设难以产生实际作用。进一步地,数字治理工具的普及使村级组织加快嵌入基层政府的科层体系,村级治理逻辑加快转向行政化,在一定程度上压缩了村庄自治组织的活动空间,削弱了村民自治的制度张力(杜姣,2020)。例如,四川省邛崃市较早采用腾讯"为村"平台推进全域数字化治理,但该平台多被用于政策公开、信息查询、舆论监督等方面,村民多属于被动的信息接收方,使用该平台实现自我管理和自我服务的内生动力缺乏。与此同时,基层政府较依赖该平台派发行政指令和任务,村干部面临工作留痕、重复采集信息、高频率上传下达等多重压力,倾向机械地完成任务、忽视回应村民多元诉求,导致数字治理"行政化"和数字形式主义问题。此外,调查还发现,一些村民尤其是年轻人过度依赖手机等智能设备、注重个体的生活空间,倾向选择私人化的方式进行社会交往,逐渐对村庄传统规则和公共事务产生漠视态度,导致村庄传统公共空间面临被边缘化、虚无化的风险,一些群众性组织和团体的活力下降。

第三,多元主体共建共治合力尚未形成。农民充分有序参与是发挥行动主体作用、实现多元主体协同共治、提升乡村数字治理效能的关

第十一章 │ 数字治理促进乡村治理效能提升的实践挑战与理论逻辑研究

键。其中,乡村能人群体的参与发挥重要示范和带动作用,而普通农民的参与是对能人群体引导下的有效支持与必要响应。纵观乡村治理结构的历史演进,无不体现了国家将乡村治理权力逐步回归给农民的演变过程,即不断强调发挥农民主体性。数字技术嵌入重塑乡村治理结构,催生了以交互性和群结构性为特征的交互式群治理模式(陈明、刘义强,2019)。虽各类农民均是乡村数字治理的应然主体,但村庄共同体式微背景下村干部和经济能人等群体因具有相对更高的数字素养、更多的资源禀赋而处于比较优势地位,而普通农民尤其是老年群体和妇女更易遭受数字排斥(邱泽奇、乔天宇,2021)。因此,数字治理引入可能拉大不同群体参与乡村数字治理的机会差距和程度差距(苏岚岚等,2022),导致弱势群体"数字挤出"。农村的数字化教育培训体系整体滞后,村干部、经济能人、普通村民参与过计算机知识、电商知识等数字化培训的比例分别为27%、23%、4.80%。不同村民内在数字素养和外在资源禀赋不同,对参与乡村数字治理的动机和积极性存在明显差异。部分农民积极利用数字技术获取信息、拓展资源、扩大社会关系、增进公共参与,而部分农民仅利用数字技术进行基本的娱乐与社交,数字技术使用的分化导致一些地区不同程度地面临"政府干、村民看"的困境。西部试点地区的一些村庄长期外出务工劳动力比例较高,面临较高的空心化和老龄化程度,数字治理的整体氛围尚未形成;加之在一些数字治理 App 推广过程中,往往忽略了对老年人群体和妇女群体的针对性培训和数字帮扶,导致该部分群体难以平等地享受到数字技术发展的红利。面对种类繁多、操作烦琐的各种应用程序,一些老年人群体因操作能力和信息辨识能力不足,表现出明显的不适应性和使用焦虑,导致较高程度的数字排斥问题。

第四,线上线下治理协同性不足。线上治理是线下治理在数字化场域中的必要延伸,线下治理是线上治理的重要补充,两者既并行发展又存在耦合关联。线上治理和线下治理有机融合是立足乡村治理阶段性、有序推动数字治理提质增效的重要保障。数字治理并不能实现对传统线下治理的完全替代,线上线下融合是基层治理领域的新常态(孟庆国,2017)。然而,乡村治理不同领域的数字化转型需求和发展阶段性不同,线上治理的内容和效果受到治理场景的技术适宜性和群众利益敏感性等诸多因素的影响。此外，因线上治理与线下治理在人际互动性、效率导向性和服务体验追求等方面存在明显差异，两者的融合还面临服务流程衔接不顺畅，服务效率和标准难统一、监督考核要求难统一，数字化和网格化的联动协作机制不健全等问题，制约了线上线下协同治理秩序的建立和效能的提升。例如，四川省邛崃市部分乡镇在"为村"平台的推广和使用中面临信息更新机制和互动反馈机制不健全的问题，导致线上治理与线下治理存在部分割裂。因村干部通过平台回应村民诉求、办理服务事项缺乏及时性，村干部与村民之间双向互动沟通不充分，部分村民尤其是老年群体对数字治理平台的信任度和认知度不高，仍倾向前往服务代办点实地处理日常事务，以提高办事效率。此外，一些村干部对基于"为村"平台、微信群等线上渠道处理的问题和诉求缺乏必要的线下回访和动态追踪，对群众满意度、认可度的掌握不全面。陕西省安康市某县大力推进网格化治理嵌入数字治理平台，由有帮扶能力的农村党员、市县驻村人大代表及中心户长担任网格长，将矛盾纠纷、环境卫生、待办事项等纳入网格化管理。随着治理事项的不断叠加，网格化治理中存在一些线下走访不及时及对于突发事项、矛盾纠纷、群众诉求的动态信息的排查、发现、上报和预警工作不到位的问题，部分网格员面临的工作压力越来越大，但相应的制度保障、待遇条件和情感支持均较为缺乏，制约网格员工作积极性和线上线下治理协同性的提升。

第五，数字乡村治理和智慧城市治理统筹规划和通盘考虑欠缺，数字城乡融合发展程度低。智慧城市的理念与框架为推进数字乡村建设提供重要参照，而数字乡村建设为智慧城市提档升级提供必要补充，二者统一于数字中国的战略体系。以县域为单元统筹推进数字乡村治理和智慧城市治理是城乡融合发展背景下提升乡村数字治理效能的迫切要求。数字城乡融合发展是构建数字化时代新型城乡关系、建设国内统一大市场和构建新发展格局的必然趋势（谢璐、韩文龙，2022）。然而，城乡数字基础设施和居民数字素养与技能存在明显差距，城乡产业融合发展深度不足（苏红键，2022），加之城乡大数据归集管理机制不完善、不同层面数据权属不清晰、数据平台和服务的核心技术标准不统一等问题，制约了城乡治理领域公共资源的整合与数字平台的衔接。如一些试

第十一章 数字治理促进乡村治理效能提升的实践挑战与理论逻辑研究

点县在县城中的数字治理彰显了"高大上"的规划理念,现代化数字大屏动态呈现了县城交通管理、社会治安、便民服务、医疗卫生等方面的精细化管理和智慧化服务。然而,随着与县城距离拉大,乡村在资金支持、基础设施配套和专业人才支撑等方面的资源条件越来越差,乡村数字治理工具的运用和平台的建设也越来越少。一些县(区)在交通、教育、医疗等方面公共服务缺乏城乡一体化的布局和设计,基于数字技术和平台的城乡统筹更为不足;且部分县域在数字化系统建设和业务流程方面过度依赖垂直部门,横向部门之间存在较为严重的业务隔离和数据壁垒。浙江省宁波市某县在县级层面建立了数字乡村驾驶舱,具备展现、分析、决策、指挥等功能,实现对全县及重点乡镇数字化的整体监测。与此同时,一些乡镇立足自身在产业、治理等方面的需要,建设乡镇一级的数字乡村治理平台,但因缺乏统筹设计,部分平台难以有效衔接县级驾驶舱且侧重展示功能、服务与应用不足。

第六,乡村数字治理与数字经济发展的协调性不强。乡村数字经济可持续发展是完善数字治理体系的前提和基础,而数字治理有序运行是促进数字经济健康稳步发展的重要保障(黄季焜,2021),二者的联动互促是推进数字乡村高质量发展、建设农业强国与宜居宜业和美乡村的应有之义。数字经济创新发展加快重塑乡村治理的社会基础、结构与形态,随之而产生的数据产权难界定、数据流通不顺畅、平台潜在风险等问题迫切需要完善基于大数据技术的基层治理机制。然而,现有乡村数字治理体系在治理理念、结构、方式、机制等方面均滞后于以农业全产业链数字化为核心的乡村经济数字化的多元需求。正如《县域数字乡村指数(2020)》所显示的,全国参评县乡村经济数字化和治理数字化不同时处于高水平或低水平的县域比例达36.5%[①],乡村产业数字化与治理数字化发展的协调性亟待提升。例如,江苏省昆山市围绕主导特色产业培育智慧农业多元化场景,建成智能化生产点位231个、实现物联网技术应用面积5.71万亩、创建智慧农场12家,并有序推进智慧农业产业园和智慧渔业园区项目。但农业产业信息采集、监测管理、决策

[①] 北京大学新农村发展研究院数字乡村项目组:《县域数字乡村指数(2020)》,https://www.ccap.pku.edu.cn/nrdi/docs/2022-05/20220530144658673576.pdf。

服务等的智能化程度仍然偏低，大部分数据仍需手工采集和上报，产业数字化平台与数字治理平台的功能衔接仍然不足。福建省武夷山市围绕茶产业生产过程控制、环境监测、种质资源管理、产品销售与溯源、气象预警预报等环节推进全产业链数字化智能化改造，乡村产业数字化发展态势良好[①]。但与此同时，一些数字乡村平台侧重乡村党建、村务管理、政务服务等数字治理领域，对乡村治理数字化与特色产业数字化的联动性设计不足，支撑特色产业发展的乡村治理与公共服务数字化程度偏低。

第七，数据要素的治理机制不完善，未形成对乡村数字治理的强力支撑。加强数据治理成为释放数据要素价值、推动数据要素市场化配置、促进乡村高效能数字治理的重要引擎，而乡村数字治理实践的纵深推进不断催生数据治理的新需求。因数据要素具有形式虚拟性、类型复杂多样、涉及主体较多、安全风险较大、技术支撑水平要求较高等特点（谢康等，2022），亟待建立契合数据要素特征的治理机制。然而，现阶段农业农村数据产权难界定、数据治理思维欠缺、数据治理人才和技术支撑薄弱，不同数字治理平台难以实现数据共联共享，数据孤岛和碎片化现象突出，加之数据标准化程度不高、更新维护不及时、开发利用不充分，数据要素在重塑乡村治理的信用体系与权能结构中的作用远未得到有效挖掘。例如，陕西省安康市涉及农业农村的大数据平台包括安康智慧治理平台、产权流转交易平台、政务云平台、"三资"管理平台、社会综合治理平台等，但这些平台归属相对独立、数据归集难度大、标准化程度低、流通共享机制缺乏，难以实现有效整合，迫切需要加强数据要素治理机制的顶层设计。浙江省慈溪市在县级层面成立了大数据发展服务中心，创建城市一体化智能化公共数据平台，并推进数字乡村平台融入城市大脑建设，但在农村"三资"管理、新型农业经营主体信用信息、政务服务、乡村治理等涉农数据跨部门跨层级整合方面仍面临诸多挑战。建设初期，由于数字平台数量多且数据标准化程度不高、产权归属尚不清晰，数据开放、共享、交易与安全

---

① 北京大学新农村发展研究院发布的《县域数字乡村指数（2020）》显示，武夷山市乡村经济数字化指数为118.65（在2481个参评县中排名前10），但乡村治理数字化指数仅为60.48。

保护机制不完善，各部门业务条口之间协作不畅，基层工作人员通常需要操作和对接多个系统来获取所需信息；加之大数据、人工智能、区块链等方面的核心技术人才缺乏，制约城市大脑的高效运行和区域数据要素市场的建立。

第四节 乡村数字治理效能的逻辑分析框架建构

乡村治理数字化的支持政策演进及实践发展面临的多重约束，不断催生推进乡村数字治理效能学理性和体系化研究的需求。本章拟基于数字治理内涵与路径优化研究的梳理，参照国家治理效能的一般分析范式，阐释乡村数字治理效能分析框架建构的逻辑基础，界定乡村数字治理效能的内涵及主要表征，并依据新公共治理理论，阐释乡村数字治理效能形成的核心逻辑。

一 乡村数字治理效能分析框架建构的逻辑基础

学者关于数字治理的内涵分析（黄建伟、陈玲玲，2019；刘俊祥、曾森，2020）为界定乡村数字治理效能的概念范畴奠定了基础。一些学者关于乡村数字治理效能提升路径的典型案例探讨为建构数字治理效能的解析框架提供有益启发。例如，仝志辉和刘传磊（2022）对浙江省5个县（市、区）乡村数字治理实践进行比较研究指出，需重塑村社共同体、建立村庄组织和村民有序参与机制、推动线上平台与线下实践的融合创新，以提高乡村数字治理效能。沈费伟等（2020）基于典型数字治理平台的案例研究认为，应从树立智慧治理理念、确立整体性治理目标、普及数字化治理方式、塑造高效协同的治理结构、完善差异化治理路径等方面改进基层治理。

乡村治理虽与国家治理在区域、对象、内容等方面存在显著差异，但乡村治理效能与国家治理效能的形成逻辑是一脉相承的。国家治理效能是产生于新时代国家治理语境下的标识性概念，集中表现为基于国家制度进行治理的综合效益，且治理过程有效、治理目标实现、善治可持续等维度是理解国家高效能治理的关键所在（王增智，2020）。其中，治理过程有效指国家治理实践中能够科学应对日益扩张的治理规模、有效解决各种治理难题，减少治理失灵和治理低效现象的发生；治理目标实现指规划的时间期限内国家治理能够在整体和分领域达到可预见的数量目标和质量目标；善治可持续指国家治理体系现代化程度高且不断实现自我更新迭代（丁志刚、王杰，2019）。鉴于乡村治理效能从属于国家治理效能的宏观逻辑体系，提高乡村治理效能的关键同样在于保障有效的治理过程、实现既定治理目标、改善治理效果且具有可持续性，并依赖基层群众自治组织和广大村民的能动性和创造性的充分发挥，依赖村庄集体诉求自下而上有效表达、国家资源自上而下精准供给（崔宝玉、马康伟，2022）。如前所述，已有研究围绕线下治理情境中乡村治理绩效评估的标准与内容开展了诸多探讨，为合理界定乡村数字治理效能、建构其内在逻辑体系提供了重要借鉴。但仅关注治理绩效层面的衡量可能导致对乡村治理过程科学性、能力可塑性、体系可持续性等深层次问题的关注不足，难以全面深入诠释乡村治理效能的丰富内涵。因而，有必要将治理过程、治理能力和治理绩效纳入乡村治理效能的同一评估框架。

二 乡村数字治理效能的界定及表征

系统界定乡村数字治理效能的概念内涵及外延是探寻乡村数字治理提质增效的基础。数字时代乡村治理体系和治理能力现代化赋予数字治理在治理理念、治理结构、治理方式和治理机制保障等方面新的质的规定性，迫切需要数字治理效能评估范式的革新。国家治理体系运行、优化和效能输出依赖各子系统的协同与衔接、信息反馈与调平纠偏、系统能动性的激发，提升国家治理效能需把握系统整体涌现性、统一性与差异性、制度有限性与主体能动性、正负反馈的动态平衡等原则（张树华、王阳亮，2022）。鉴于乡村治理体系是国家治理体系的重要组成部分，乡村数字治理效能与国家治理效能的内涵既是一脉相承的，也是与时俱进的。以国家治理效能分析范式为基本遵循，本章认为乡村高效能数字治理的理想图景应体现为治理现代化目标牵引下数字治理理念人本取向、数字治理结构的多元主体协同、数字治理方式的科学精准、数字治理效果的多维性与可持续及数字治理机制的系统完善（图11-1）。

乡村数字治理理念的人本取向指坚持自下而上、以人民为中心的治理理念，具体可通过治理规划与治理需求的契合度、农民的整体参与度、

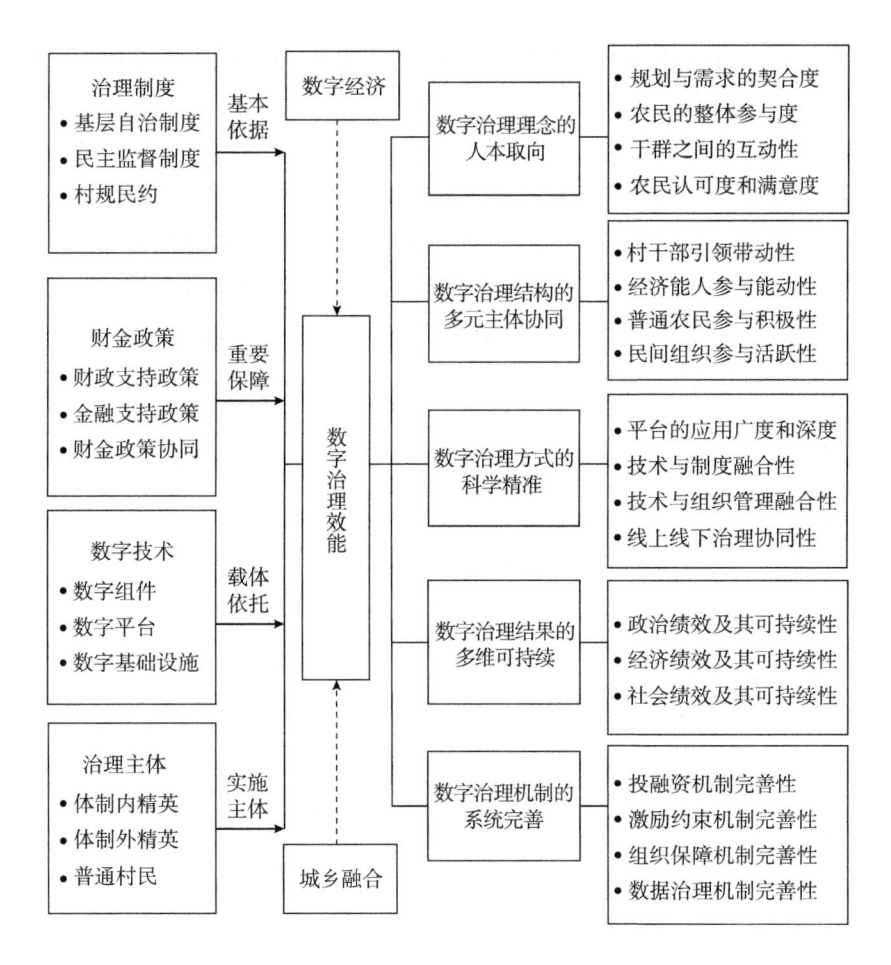

第十一章 | 数字治理促进乡村治理效能提升的实践挑战与理论逻辑研究

```
治理制度                                          ·规划与需求的契合度
·基层自治制度    基本    数字经济    数字治理理念的   ·农民的整体参与度
·民主监督制度   依据                 人本取向        ·干群之间的互动性
·村规民约                                          ·农民认可度和满意度

                                                   ·村干部引领带动性
财金政策                            数字治理结构的   ·经济能人参与能动性
·财政支持政策   重要                 多元主体协同    ·普通农民参与积极性
·金融支持政策   保障                                ·民间组织参与活跃性
·财金政策协同          数
                       字
                       治                          ·平台的应用广度和深度
                       理          数字治理方式的   ·技术与制度融合性
数字技术                效          科学精准        ·技术与组织管理融合性
·数字组件       载体    能                          ·线上线下治理协同性
·数字平台       依托
·数字基础设                         数字治理结果的   ·政治绩效及其可持续性
 施                                 多维可持续      ·经济绩效及其可持续性
                                                   ·社会绩效及其可持续性
治理主体
·体制内精英     实施                                ·投融资机制完善性
·体制外精英     主体    城乡融合    数字治理机制的   ·激励约束机制完善性
·普通村民                            系统完善       ·组织保障机制完善性
                                                   ·数据治理机制完善性
```

图 11-1 乡村数字治理效能的解析框架

村干部与村民间的互动性、农民认可度与满意度等来表征。数字治理效能直接影响数字时代人民群众的获得感、幸福感和安全感，评价数字治理应以人的感受为出发点和落脚点，把握好效度、温度和尺度（郑磊，2021）。中国不同村庄经济社会特征及由此形塑的发展阶段性差异较大，加之乡村治理内容覆盖广泛、个体需求多元且群众感知最为直接，有必要在深入调查了解村庄和农民实际治理需求基础上，开展差异化的数字治理实践。以人为本的数字治理理念既沿袭了国家治理体系中以服务人民为核心的公共价值取向，也契合了开展接地气的乡村治理实践的现实需求。在以人为本的数字治理理念驱动下，村民自治组织将积极甄

337

别和挖掘乡村治理的实际需求并制定前瞻性的规划、最大限度地回应村民的差异化诉求。

乡村数字治理结构的多元主体协同指在基层党组织的领导下基层政府、基层群众自治组织、集体经济组织、民间组织及不同类型农民主体参与共建共治共享的多元一体格局，具体可通过村干部引领带动性、经济能人参与能动性、普通农民参与积极性、民间组织参与活跃性等来表征。数字治理为接续人口流动带来的尾部断链、实现乡村治理主体"共同在场"创造了多重可行路径，并通过影响乡村人口之间的信息、情感、行动交互，重塑乡村治理的权力结构和参与结构（邱泽奇等，2022）。乡村中的村干部、经济能人、普通村民等群体均是乡村数字治理的参与者、监督者和受益者。激发各类农民群体和民间组织在乡村数字治理中的能动性和创造性，有助于发挥各类主体的比较优势，缓解乡村治理中的不平衡不充分问题，克服基层政府唱"独角戏"、低效治理和无效治理，进一步厘清政府职能和经营主体的作用边界，释放数字治理活力、增强乡村社会吸纳力。当然，乡村数字治理中的多元主体协同强调不同主体间低成本、高效率和高质量的联动协作。

乡村数字治理方式的科学性精准性指以数据要素为基础、以数字技术和平台为依托，形成基于智能算法和大数据分析辅助决策制定和实施的治理逻辑，治理过程体现以智能化驱动的线上线下协同运转，具体可通过数字治理平台的应用广度和深度、数字技术和治理制度的融合性、数字技术与组织管理的融合性、线上线下治理协同性等来表征。将工具理性和价值理性相结合，推动数字技术与治理制度、自治组织相融合，实现技术理性、制度理性和人文理性的叠加互促是数字时代推动乡村治理方式适应性变革的内在要求。大数据、区块链、人工智能等数字技术嵌入乡村治理各领域，有助于低成本、高效率地链接各类主体，加强部门之间的协同，一定程度上打破科层壁垒（廖福崇，2022），及时收集村情民意，提高上传下达、民主管理、民生服务等治理决策的精准性。同时，各项数字治理平台的应用推动乡村治理各项业务流程的规范化和标准化，提高乡村治理决策过程的公开化和透明化，促进科学民主决策（苏岚岚等，2023）。此外，数字治理方式的高效运转离不开线下治理方式的协同支撑，数字化与网格化的融合有助于提升数字治理的精度和温度。

乡村数字治理效果的多维性与可持续指数字治理方式的普及推广所带来的经济社会效果及其可持续性，具体可通过治理的政治绩效及其可持续性、治理的经济绩效及其可持续性、治理的社会绩效及其可持续性等来表征。乡村具有经济价值、社会价值、文化价值和生态价值等多重价值内涵（梅继霞等，2019），因而，乡村治理效果应体现在经济社会发展的多维向度。数字治理的多维效果直观反映了数字治理引入对基层民主政治、产业融合发展、就业创业、生态环境保护、公共安全等方面的影响，且相关影响应在一定时期内具有可持续性。乡村治理是乡村建设和乡村发展的重要保障，高效的数字治理有助于释放乡村数字活力、促进各类资源要素有序流动和优化配置，进而加快乡村数字经济发展。鉴于此，乡村数字治理的效果评估并不局限于村务治理本身，还体现在乡村产业转型升级、公共服务改善等方面。

乡村数字治理机制的系统性完善性指支撑数字治理有序实施的制度供给及配套措施的系统性和完善性程度，具体可通过数字治理投融资机制、数字治理激励约束机制、数字治理组织保障机制、数据要素治理机制的完善程度来表征。治理机制的完善和复合效应的发挥有助于将制度优势转化为治理效能（丁志刚等，2019；魏后凯、刘长全，2019）。数字治理投入机制的重点在于厘清政府职能和市场作用，出台财政、金融、社会资本多元投入的支持政策，以发挥有为政府和有效市场的合力作用；数字治理激励约束机制的关键在于面向组织和个体等不同治理主体设计差异化的激励约束及考核评价机制，以规范参与行为、激发创新活力；数字治理组织保障机制的要义在于建立完善包括数字技术推广组织、数字治理实施组织、数字治理监督组织等组织体系，以保障治理有序、实现福利最大化；数据要素治理机制的核心在于完善数据产权界定、质量控制、交易共享、隐私保护、风险防范、开发利用等方面的机制设计，以激活数据潜能、最大限度挖掘数据价值。此外，数字治理不同层面的机制设计既相对独立又交互关联，尤其凸显数据要素治理机制的基础性地位。

三　乡村数字治理效能的形成逻辑

自 21 世纪以来，面对公共服务提供主体日益多元、政策制定与治理决策过程日益复杂的现实,新公共治理理论应运而生。以英国斯蒂芬·奥斯本为代表的"服务主导逻辑"视角、以美国道格拉斯·摩根为代表的"制度中心"视角、以瑞典维克托·佩斯托夫为代表的"共同生产"视角等构成解读新公共治理的多个理论分支(韩兆柱,2021)。新公共治理理论聚焦公共服务的长期效果、整体影响和公共价值实现,而不仅是经济效率和效益。该理论的基础是制度理论和网络理论,认为制度可以促进治理主体间的互动,且治理主体间的互动也会改变和形塑制度。新公共治理理论的核心内容包括:资源分配机制是网络和关系契约,注重引入社会组织力量,推动合作和信任;价值基础是多元、分散和相互竞争的价值的共存,强调政府、企业及非营利组织等多元主体共同致力于公共服务的提供;政府角色并不只是简单地规制、分配或再分配公共利益,而且还具有促进与私人和非营利部门合作和最大化公共利益的催化剂作用;公共服务是包括公共服务组织、服务使用者、软硬技术条件及资本基础等的整合系统,强调工具理性与价值理性的融合。

鉴于中国式现代化情境下乡村数字治理实践尚处于起步发展阶段,尚无专门的理论体系建构适用于解析数字治理效能的生成逻辑。而新公共治理的理论基础、逻辑建构和核心观点为探索性构建数字治理效能的分析框架提供重要支撑。因此,以新公共治理理论为依据,并结合文献梳理及现实观察,本章从"制度—政策—技术—主体"4个方面构建了乡村数字治理效能形成逻辑的分析框架(图11-1),该框架充分考虑了新公共治理理论所强调的制度支撑、政府角色、技术条件、多元主体合作等关键特征。

一是治理制度是乡村数字治理活动得以发生、发展的依据。正式制度和非正式制度相互补充、相互支撑是中国乡村圈层差序社会格局下开展乡村治理的基本制度框架。基层民主自治制度越健全、乡村非正式沟通网络越好、村规民约越完善,越有助于发挥制度的激励约束作用、增强基层群众自治组织活力、最大限度调动村民积极性和能动性,建构村庄数字治理的多元价值、促进乡村善治(梅继霞等,2019)。二是政策支持是乡村治理实践动态调整优化的重要保障。财政部门关于农业农村数字化的专项投入和补贴政策、金融机构涉农贷款资金倾斜和贴息政策、财政金融支持政策的配套组合等均有助于缓解乡村治理中大数据平台等基础设施建设、数字 App 推广应用、数字化人才培育等方面的资金压力，引导和矫正乡村治理领域的投资方向，并为社会资本进入、发挥政府与市场的合力作用创造良好的外部条件（杨学敏等，2020）。三是数字技术是衔接数字治理目标及制度规范与社会现实的工具和载体。尽管数字技术引入乡村治理可能带来双重治理效应，但现阶段以数字组件、数字平台和数字基础设施为核心的数字技术[①]的合理适度应用，对打破传统乡村治理模式、改变人际交互方式和治理结构、拓展农民参与形式等均产生推动作用，成为驱动乡村治理提质增效新的潜在因素（沈费伟等，2020；邱泽奇等，2022）。四是治理主体是落实乡村数字治理各项规划、优化数字治理决策过程、提高数字治理能力和效果的关键。协同治理理论主张通过主体间的有效协调和整合，提升资源配置效率、推进组织改革，进而实现善治目标。因参与动机、拥有资源条件和数字素养与技能等方面的差异，相较于普通农民，具有村干部和经济能人单一身份或双重能人身份的群体表现出更高的数字治理参与度（苏岚岚等，2023）。充分发挥乡村能人群体的引领带动作用，同时激发普通农民参与积极性，对于构建多元主体共建共治共享的乡村善治格局至关重要（单菲菲、包国宪，2018；张利庠、唐幸子，2022）。综合而言，乡村数字治理产生于数字经济发展和城乡融合加速的时代背景，乡村高效能数字治理的实现不仅依赖制度、政策、技术、主体等因素单一作用的发挥，更有赖于多因素的协同作用。

第五节　本章小结

随着国家持续完善政策支持体系、社会资本加速布局、数据要素市场加快发育、数字基础设施和主体素质不断改善，乡村数字治理提质增

---

① 根据集成程度和作用，数字技术可以划分为数字组件、数字平台和数字基础设施（Elia et al.，2020），分别指嵌入在数字产品与服务中的具有特定功能和价值的应用程序和设备（如用户端 App、微信小程序）、为数字组件等互补性产品提供共享的且具有可扩展性的通用服务和体系架构（如 Android 系统），以及提供通信、协作或计算能力的工具和系统（如云计算、人工智能）。

效迎来重要机遇。总体上，中国乡村数字治理在大数据平台应用、用户端 App 推广与农民数字参与、"数字化+网格化"治理融合、数字化积分制治理等方面取得明显进展。以国家治理效能的一般分析范式为参照，本章提出数字治理"理念—结构—方式—结果—机制"的效能解析框架，界定乡村高效能数字治理集中体现为数字治理理念的人本取向、结构的多元主体协同、方式的科学精准、效果的多维性与可持续、机制的系统完善；并依据新公共治理理论阐释乡村数字治理效能形成的制度、政策、技术和主体作用逻辑。结合数字乡村试点地区的典型案例调查发现，现阶段，乡村数字治理提质增效在数字技术供给与需求、数字技术与组织和制度融合、多元主体共建共治共享、线上线下治理协同、数字乡村治理与智慧城市治理统筹、数字治理与数字经济协调发展、数据要素治理等方面仍面临诸多挑战。为着力提升乡村数字治理效能，应坚持系统思维、辩证思维和创新思维，着重处理好数字技术供给与需求、工具理性与制度理性、能人引领带动与大众充分参与、线上治理与线下治理、数字乡村治理与智慧城市治理、数字治理与数字经济、数字治理与数据治理之间的关系。

第十二章

乡村数字经济发展对数字治理的影响研究

近年来,以阿里乡村钉、腾讯为村及一些地方性平台等为代表的乡村数字治理平台加速在乡村治理各领域的应用,加快重塑乡村治理的社会基础、结构与形态。与此同时,部分乡村数字治理平台面临用户黏性差、使用活跃度不高、农民参与有限等挑战,导致一些地区乡村数字治理陷入悬浮化的困境(郑磊,2021;仝志辉、刘传磊,2022),而产业数字化与治理数字化的衔接不充分是重要原因。应当重视的是,乡村生产、物流、销售、金融服务等经济活动与乡村治理的内容、主体、结构与形式等息息相关,以农业产业链数字化为核心的乡村数字经济发展可有效拓展数字技术的应用场景、加速各类生产要素尤其是数据要素的流动与优化配置,有助于培育乡村社会的数字化思维、促进农民数字素养积累,为改进基层组织运转效率、提高个体参与乡村治理的广度和深度、完善基层公共服务供给的普惠性和精准性提供良好的环境支撑(沈费伟,2020;黄季焜,2021;彭艳玲等,2022;徐旭初等,2023)。鉴于此,农民参与乡村数字经济发展能否助力破解上述乡村数字治理困境,进而激发数字时代农民主体性精神值得深入理论和实证探讨。

农民兼具乡村数字经济和数字治理参与者与受益者的多重角色,充分激发其内生动力、发挥其主体作用是落实乡村建设"自下而上、为民而建"初衷的基本要求。鉴于此,本章拟依据四川省、重庆市和宁夏回族自治区3个省份的1156份农户调查数据,实证探究农民参与乡村数字经济发展对乡村数字治理响应的影响及其作用机制,以期为后文关于乡村数字经济与数字治理协同发展机制研究奠定基础。本章主要的边际贡献如下：一是立足农民主体性视角，从农民在数字化生产、数字化销售、数字化金融等方面的参与实际刻画微观层面乡村数字经济发展水平，将乡村数字经济和数字治理纳入同一分析框架，打破以往对二者割裂研究的拘泥性范式，实证探讨农民参与乡村数字经济发展对乡村数字治理的影响及不同领域的差异。二是引入数字素养、社会资本以及信息共享性，实证揭示农民参与农业全产业链数字化各环节对其响应乡村数字治理的共性及差异化作用路径。三是从空间溢出层面拓展农业全产业链数字化转型的社会治理效应研究。本章研究有益于丰富乡村治理数字化转型的驱动机制研究，延伸乡村数字经济发展的福利效应和数字时代乡村现代化治理体系的逻辑建构等相关理论探讨，为加快农业全产业链数字化发展、推进乡村数字治理提质增效、构建乡村数字经济与数字治理协同发展的政策支持体系提供实践参考。

第一节 理论分析与研究假说

一 研究动态综述

梳理文献可知，鲜有研究立足农民主体性，探讨乡村数字经济发展对数字治理的影响及潜在机制，难以为架构契合乡村数字经济发展需求的现代治理体系提供充分的理论支撑。

第一，已有研究侧重从省域和县域层面测度乡村数字治理，并对其实践路径进行定性探讨，但较少关注微观层面治理主体参与实际。相关研究指出，乡村数字治理是中国乡村治理数字化、信息化、网络化与智能化实践经验的总结和表现（冯献等，2020），主要依托数字技术嵌入、制度体系支撑、数字基础设施保障、个性服务供给和因地制宜发展来推进（沈费伟、诸靖文，2020；沈费伟、陈晓玲，2021；丁波，2022；王文彬、赵灵子，2023），互动、信任与整合是乡村数字治理的有效实践机制（徐旭初等，2023）。数字技术嵌入乡村治理可在一定程度上接续人口外流带来的基层治理尾部断链，为实现数字时代"共同在场"创造有利条件（邱泽奇等，2022）。尽管基于县域层面的测度表明，近年来，中国乡村治理数字化转型进程加快（北京大学新农村发展研究院数字乡村项目组，2022），但微观层面农民数字治理参与的整体水平仍然偏低。部分研究基于定性分析和案例分析指出，中国乡村数字治理存在村庄被动卷入、治理悬浮化、效能偏低等问题，且数字技术供需匹配性欠佳、村干部和农民数字素养水平偏低等是重要的制约因素（仝志辉、刘传磊，2022；徐志刚、张瓅，2022；徐旭初等，2023）。

第二，鲜有研究探讨农民参与数字经济发展对乡村治理数字化的影响及潜在路径。学者主要从主体认知、社会资本、情境因素等层面探讨了农民参与乡村治理的影响因素（张翠娥等，2016；葛宣冲等，2019），为数字化情境下农民参与乡村数字治理的行为机理研究提供有益借鉴。部分研究探讨了数字技术对乡村治理的影响效果，并形成了"促进论"（薛金刚、庞明礼，2020；邬家峰，2022；马九杰等，2022；王亚华、李星光，2022；陈朝兵、赵阳光，2023）、"抑制论"（杜姣，2020；郑磊，2021；刘少杰，2022）及"双重作用论"（丁波，2022；胡卫卫、卢玥宁，2023）的分歧。与此同时，这些研究多停留于逻辑阐释和案例分析，缺乏定量探讨农业全产业链数字化转型中的农民参与及其催生的数字治理需求，以及不同群体在资源禀赋、要素配置能力、数字素养等方面存在的异质性及由此形塑的数字治理响应行为的差异性。

第三，尚未有文献述及农民参与数字经济发展影响乡村数字治理的空间溢出效应。已有研究证实，乡村数字经济发展呈现空间差异性，且其福利影响存在空间关联性（慕娟、马立平，2021）。鉴于区域内农民在生产生活实践中采用数字技术和工具具有较强的示范性和带动性，忽视剖析数字经济发展赋能的空间效应将难以全面解析经济数字化对乡村数字治理产生的深刻影响，也难以为构建具有区域包容性的数字乡村发展支持政策体系提供必要支撑。

二　影响机制的理论分析与研究假说

（一）总体影响逻辑与研究假说

乡村数字经济的发展为纾解乡村治理困境，形成数字时代乡村共建共治共享新格局提供理念引导、实践支持与动能保障。一方面，数字技术在农业全产业链各环节的创新性应用可形塑区域内良好的数字化氛围、培育农民群体的数字思维，加速乡村治理的数字化进程。农民在智慧化种植与养殖、电商物流、集体产权交易、数字金融服务等经济数字化领域的广泛和深度嵌入，可激发其对各类乡村治理平台的使用需求。此外，农民在农业全产业链数字化中的参与实践促进数字素养与技能的积累，增强农民通过村庄微信公众号、乡村钉、为村 App 等数字平台参与乡村党群教育、村务管理与民主监督等治理活动的积极性和能动性。另一方面，数字技术在农业生产、物流、销售等活动环节的应用，有助于数据要素与其他生产要素的融合创新与开发利用，优化各类资源配置方式，保障农民数字治理参与平等的机会与权利。农业全产业链数字化发展通过催生海量数据资源、推进涉农数据的归集与整合、加速数据要素与传统要素的融合互动，扩展农民主体的市场活动参与权、公共决策话语权、数据财产权等权能，助力农民及时高效低成本地获取市场交易信息、信贷资源、物流支持，提升社会阶层流动的可能性和农民参与乡村治理的能动性。此外，农业全产业链数字化发展重构乡村经济活动主体间的交互方式和社会治理参与逻辑，拓展乡村治理的内容、形式与边界，引致资源共享、收益分配、信用评价等方面机制的变革，催生乡村多元主体参与数字治理以提高乡村治理的温度和精度的转型需求（沈费伟，2020）。基于上述分析，本章提出如下研究假说：

H12-1：数字经济参与对农民响应乡村数字治理产生正向影响；

H12-1a：数字化生产参与对农民响应乡村数字治理产生正向影响；

H12-1b：数字化销售参与对农民响应乡村数字治理产生正向影响；

H12-1c：数字化金融参与对农民响应乡村数字治理产生正向影响。

（二）作用机制的理论分析与研究假说

农民在农业生产、销售和金融服务等产业链各环节数字化的参与可通过数字素养提升效应、社会资本累积效应以及信息共享的改善效应，激发其参与乡村治理的主体性、强化数字时代村庄共同体意识，进而提升农民响应乡村数字治理的概率。

第一，数字经济参与可通过改进农民对数字工具的使用能力、拓展参与治理的手段，提升数字素养与技能，进而增强农民主体性和权利意识，促进乡村数字治理参与。数字技术在农业全产业链各环节的渗透，加快农村传统基础设施的数字化改造升级和新型数字基础设施的应用，为农民通过自主学习和参与培训提升数字素养与技能拓宽了渠道（江维国等，2021），进而赋予其数字发展权利，提高其对生产、生活与治理方式转变的适应性（丁波，2022）。实际上，农民内在的数字素养从根本上影响着乡村数字治理中农民主体作用的发挥。具体而言，拥有较高水平数字素养的农民可以更熟练地使用各类数字治理平台参与村庄事务治理、民主监督与乡村建设，尤其乡村流动人口依托数字治理平台实现"共同在场"，极大提高了农民响应乡村数字治理实践的积极性。同时，拥有较高水平数字素养的农民表现出更高的风险防范意识，可在运用数字技术参与乡村各项治理事务过程中有效保护个人信息和权益，并自觉主动地维护治理平台的公共安全和权益。相关研究显示，数字素养显著正向影响农民参与乡村数字化党群教育、数字化村务管理和数字化民主监督（苏岚岚、彭艳玲，2022），进而提升农民响应乡村数字治理的概率。由此，本章提出如下研究假说：

H12-2：数字经济参与通过提升数字素养，促进农民响应乡村数字治理；

H12-2a：数字化生产参与通过提升数字素养，促进农民响应乡村数字治理；

H12-2b：数字化销售参与通过提升数字素养，促进农民响应乡村数字治理；

H12-2c：数字化金融参与通过提升数字素养，促进农民响应乡村数字治理。

第二，数字经济参与可通过增强个体之间、个体与组织之间的社会互动，提升社会资本水平，进而激活农民的村庄共同体意识，促进其积极响应乡村数字治理。在乡村场域中，农民个体之间、组织之间的互动是基层治理有序开展的基础。数字技术嵌入农业生产、销售、金融服务等经济活动各环节，可通过增加个体之间的沟通频率、拓展线上社会网络（王天夫，2021），提高群体间持久、非工具性及自主性社会互动的强度和深度，进而强化群体之间的联系尤其是利益和责任的关联。内生于农村文化体系的社会关系网络不仅是数字技术嵌入社会治理并发挥作用的载体（罗兴等，2018），更是村干部推进社会治理的关键性资源。社会资本量的累积和质的改善可通过强化村庄内部人际信任与道德规范约束，塑造村域内共同价值观，弥补乡村治理中正式制度的不足；并在融合数字技术优势基础上，促进村干部、经济能人及普通农户等多元主体参与乡村数字治理。由此，本章提出如下研究假说：

H12-3：数字经济参与通过提升社会资本，促进农民响应乡村数字治理；

H12-3a：数字化生产参与通过提升社会资本，促进农民响应乡村数字治理；

H12-3b：数字化销售参与通过提升社会资本，促进农民响应乡村数字治理；

H12-3c：数字化金融参与通过提升社会资本，促进农民响应乡村数字治理。

第三，数字经济参与可通过充分发挥信息技术高扩散性、强渗透性的优势，拓宽信息获取渠道、提升农民信息获取与共享能力、改善农民治理参与能力，强化农民主体性地位，进而促进农民积极响应乡村数字治理。在传统乡村治理模式中，基层组织往往代替农民个体行使权利，农民作为治理主体的自觉性、主动性及责任感易被宏大叙事掩盖。与此同时，传统乡村治理中存在村务信息透明度低、群众意见表达和村务监督渠道缺失等问题，加之农民权益保护意识和利益维护能力弱，加剧了基层治理中村干部与村民间的信息差，在一定程度上削弱了农民主体的身份认知、公共责任意识及对基层治理组织的信任度。理论上，数字技术加快嵌入农业生产、销售、物流和金融服务等环节，为农民个体在生产生活信息获取上提供多样化的渠道与选择，推动其改变自身在既有社会空间内的惯习和社会阶层认知，进而影响其数字治理参与的主体意识形成与具体行为决策实施。诸多研究证实，数字技术运用可有效促进个体对多元化信息的获取及不同主体间的信息交流分享（李燕凌、陈梦雅，2022；张岳、易福金，2023）。据此，本章提出如下研究假说：

H12-4：数字经济参与通过改善信息共享性，促进农民响应乡村数字治理；

H12-4a：数字化生产参与通过改善信息共享性，促进农民响应乡村数字治理；

H12-4b：数字化销售参与通过改善信息共享性，促进农民响应乡村数字治理；

H12-4c：数字化金融参与通过改善信息共享性，促进农民响应乡村数字治理。

三 空间溢出效应的理论分析与研究假说

经济数字化转型可充分利用新一代信息技术及其所具备的网络外部性，弱化空间"边界"，构建并形成"数字流动空间"，突破区域间因地理距离增加而导致的交易成本上升等问题（龚勤林等，2023），增强跨区域经济活动的"流空间"势能（陈国军、王国恩，2023）。不同类型县域和乡村的数字经济发展基础、信息化财政投入、产业结构、就业结构及由此形塑的数字技术供需存在明显差异，且不同群体在资源禀赋、要素配置能力、数字素养与技能等方面亦存在异质性（苏岚岚、彭艳玲，2022；霍鹏等，2022）。与此同时，农业生产类型、市场环境、数字技术供需等具有区域相似性，使新技术应用存在较强的示范和带动效应（李晓静等，2021）。鉴于数字技术通过与乡村空间生产生活具体场景的磨合调试，进而对更广泛区域乡村社会的基础秩序与治理生态产生影响，数字经济发展的区域示范、数字技术采用的群体互动，将对地理位置邻近农民的数字治理响应产生空间溢出效应。基于此，本章提出如下研究假说：

H12-5：数字经济参与对地理位置邻近农民响应乡村数字治理产生空间溢出效应。

第二节 研究设计

一 数据说明

本章所采用数据来源于课题组在四川省、重庆市和宁夏回族自治区开展的农村实地入户调查。具体数据介绍详见第一章第五节内容。

二 变量选取与测度

（一）被解释变量

本章被解释变量为乡村数字治理响应。以"是否响应乡村数字化党群教育、数字化村务管理或数字化民主监督"刻画农民乡村数字治理响应①。具体采用"有无响应村庄组织的远程教育学习或利用学习强国等党群教育平台在线学习""有无通过村庄微信公众号、益农信息社等平台响应选举、投票、协商议事等有关的村务讨论活动""有无通过村庄微信群或QQ群等社交平台响应有关环境卫生、集体项目等方面的民主监督及个人正当权益的维护"衡量农民在乡村数字化党群教育、数字化村务管理和数字化民主监督3个方面的响应情况。统计显示，乡村数字治理整体响应比例为24.7%；其中，农民响应乡村数字化党群教育、数字化村务管理或数字化民主监督的比例分别为13.92%、13.05%、12.7%。

（二）核心解释变量

本章核心解释变量为数字经济参与，并从数字化生产、数字化销售和数字化金融3个方面的参与行为进行测度。测度题项分别为"在生产中是否利用物联网、人工智能、无人机等数字技术改进种植业养殖业的生产管理过程，实现精准化生产？""在生产销售活动中是否采用微信、QQ等朋友圈或京东、淘宝等电商平台进行农产品销售，以及依托抖音、快手等网络平台进行直播销售农产品？""在生产经营活动中是否使用微信、支付宝等第三方支付，使用蚂蚁借呗、京东白条、微粒贷、P2P借贷平台等数字信贷产品，以及使用余额宝、网上银行等购买基金、股票、债券等理财产品？"测度农民参与数字化生产、数字化销售和数字化金融的情况。若农民参与数字化生产、数字化销售及数字化金融3个方面活动中的至少一项，则该样本被识别为参与数字经济。统计显示，农民参与数字化生产、数字化销售和数字化金融的比例分别为12.5%、12.0%和63.2%，数字经济参与比例为64.8%②。

（三）机制变量

本章机制变量包括数字素养、社会资本及信息共享性。具体从数字化通用素养、数字化社交素养、数字化创意素养和数字化安全素养四个

---

① 结合多省份的案例访谈和问卷调查，兼顾数据可得性，本章从数字化党群教育、数字化村务管理和数字化民主监督3个方面选取乡村数字治理实践中与农民关系密切、村干部和普通农民需求最为普遍的数字治理内容。

② 金融数字化参与比例较高主要由数字支付使用比例较高导致，这与中国互联网络信息中心的统计一致。第47次《中国互联网络发展状况统计报告》显示，截至2020年底，农村地区手机网民中使用移动支付的比例为79.0%。

维度筛选9个测量题项（各题项赋值均为0或1），将单项题项赋值加总计算得出数字素养；采用"微信好友数"表征农民积累和可拓展的社会资本水平；采用"浏览公众号、新闻的频率""查看评论朋友圈动态的频率""在朋友圈发布动态、分享信息的频率"刻画信息共享性。

（四）工具变量

借鉴已有研究（何婧、李庆海，2019；尹志超等，2019），本章选取同村同等受教育水平下除本人以外的数字经济参与比例作为受访者数字经济参与的工具变量；对数字化生产参与、数字化销售参与、数字化金融参与的内生性问题处理，采取同样的工具变量构造方法。理论上，受村庄信息化基础、经济发展条件和数字化氛围等因素影响，同一村庄内部个体与其他群体数字经济参与行为密切相关，但其他群体的数字经济参与水平与个体响应数字治理的行为并不直接相关。因此，该工具变量具有一定的合理性。

（五）控制变量

本章从个体（家庭财务决策人）特征、家庭特征以及村庄特征3个方面选取了控制变量，同时还控制了区域变量。

上述各类变量的定义、赋值及描述性统计如表12-1所示。

表12-1　　　　　　　　变量定义与描述统计

变量类型	变量名称	变量定义	均值	标准差
被解释变量	乡村数字治理响应	是否响应数字化党群教育、村务管理、民主监督活动：是=1；否=0	0.25	0.43
核心解释变量	数字经济参与	是否有数字化生产、物流、营销、金融参与行为：是=1；否=0	0.65	0.48
	数字化生产参与	在生产中是否利用人工智能技术（如物联网监控、无人机等）：是=1；否=0	0.13	0.33
	数字化销售参与	在生产销售活动中是否采用电商销售：是=1；否=0	0.12	0.33
	数字化金融参与	在生产中是否使用微信、支付宝、借呗等产品：是=1；否=0	0.63	0.48

续表

变量类型	变量名称	变量定义	均值	标准差
机制变量	数字素养	得分法计算	2.52	1.72
	社会资本	微信好友数（单位：百人）	1.81	2.84
	信息共享性	经常浏览微信公众号、发布文字或视频等动态及参与点评等，是=1；否=0	0.46	0.50
控制变量	个体特征			
	性别	家庭财务决策人性别：男=1；女=0	0.62	0.48
	年龄	家庭财务决策人年龄（单位：岁）	50.99	13.24
	受教育程度	家庭财务决策人的受教育程度：初中以上=1；初中以下=0	0.21	0.40
	政治面貌	家庭财务决策人的政治面貌：中共党员=1；非中共党员=0	0.16	0.36
	村干部	家庭财务决策人是否为村干部：是=1；否=0	0.09	0.29
	经济能人	家庭财务决策人是否为经济能人（如家庭农场主、合作社负责人等）：是=1；否=0	0.15	0.35
	家庭特征			
	劳动力占比	家庭劳动力人数占家庭人口比例	0.68	0.26
	家庭社会声望	家庭在村庄的社会声望所处等级：1表示最差，10表示最好，1—10表示程度依次增加	5.54	1.77
	与邻里信任度	家庭对邻里的信任程度：信任=1；不信任=0	0.39	0.46
	村庄特征			
	村庄到县城的距离	村庄到县城的直线距离（单位：千米）	17.30	10.05
	村庄人口数量	本村农业人口数（单位：万人）	0.17	0.16
	村庄经济水平	2019年本村人均纯收入（单位：万元）	1.29	0.65
	村庄农业生产力水平	村庄农业专业合作社和家庭农场数量（单位：十个）	0.60	1.06
	村庄微信公众号	村庄有无开通微信公众号：有=1；无=0	0.16	0.36
	村庄益农信息社	本村有无益农信息社：有=1；无=0	0.33	0.47

续表

变量类型	变量名称	变量定义	均值	标准差
控制变量	区域			
	是否为重庆	受访样本是否来自重庆：是=1；否=0	0.24	0.43
	是否为宁夏	受访样本是否来自宁夏：是=1；否=0	0.41	0.49
	是否为四川	受访样本是否来自四川：是=1；否=0	0.34	0.47

注：①数字素养的测量题项包括：是否会使用智能手机的一般功能、是否会对计算机的简单应用进行正确操作、是否会使用微信的一般功能、是否经常使用微信或QQ的朋友圈功能、能否熟练地参与线上聊天互动、能否熟练地进行线上信息分享、能否熟练地采取措施维护信息安全、能否使用互联网金融工具、能否维护线上交易资金安全。②信息共享性的测量题项包括：浏览公众号、新闻的频率；查看评论朋友圈动态的频率；在朋友圈发布动态、分享信息的频率。单一测量题项赋值如下：将选择"经常"和"几乎每天"赋值为1，将选择"从不"、"偶尔"和"有时"赋值为0；若前述3个测量题项中任意一项取值为1，则该变量赋值为1，否则，该变量赋值为0。③观测值为1142。

三　计量模型设定

（一）基准回归模型

由于农民响应乡村数字治理是一个二值虚拟变量，本章构建如下Probit模型来估计数字经济及其各维度参与行为对乡村数字治理响应的影响。

$$\text{Prob}(Y_{0i}=1\mid X_i)=\text{Prob}(\alpha_0+\alpha_1 DE_{mi}+\alpha_2 X_i+\varepsilon_i) \quad (12-1)$$

式中：Y_{0i}为农民i的乡村数字治理响应；X_i为个体特征、家庭特征、村庄特征及区域特征等控制变量；DE_{mi}为农民i是否参与数字经济m的二元选择变量（$m=1$，2，3，4，分别表示数字经济、数字化生产、数字化销售、数字化金融）；α_1、α_2为待估系数；ε_i为随机扰动项。

直接采用Probit模型对式（12-1）进行估计可能面临因遗漏变量或反向因果关系等导致的潜在内生性问题。首先，一些难以衡量的遗漏变量（如个人使用数字技术经历以及对数字技术的看法等）可能同时影响个体的数字经济参与和乡村数字治理响应，从而产生遗漏变量问题。其次，某些农民可能是由于长期参与数字化党群教育、数字化村务管理、数字化民主监督等活动，提高了数字经济参与的能力和概率，因此产生了反向因果问题。对于这类问题，常用的解决方法为工具变量法。鉴于数字经济参与和乡村数字治理响应均为二元离散型变量，基于连续变量的两阶段回归等工具变量方法不再有效（Sajaia，2008；张景娜、张雪凯，2020），本章尝试运用条件混合估计方法（Conditional Mixed Process，CMP）进行回归估计（Roodman，2011）。基于该方法的估计分为两个阶段：一是寻找核心解释变量的工具变量，并估计工具变量与内生变量的相关性，若系数显著则认为工具变量符合相关性条件。二是将工具变量代入模型进行回归，并根据内生性检验参数（atanhrho_12）判别其外生性。若前述检验参数显著异于0，则表明模型存在内生性问题，此时CMP方法估计结果更为准确。反之，则表示基准模型估计结果可信。

（二）中介效应模型

依据中介效应检验的一般程序（温忠麟、叶宝娟，2014），结合式（12-1），构建如下回归方程：

$$M_{in} = \beta_0 + \beta_1 DE_{mi} + \beta_2 X_i + \varepsilon_i' \quad (12-2a)$$

$$Y_{0i} = \delta_0 + \alpha_1' DE_{mi} + \delta_1 M_{in} + \delta_2 X_i + \varepsilon_i'' \quad (12-2b)$$

式（12-2a）和式（12-2b）中：M_{in} 为中介变量[$n=1$，2，3，分别表示农民数字素养（$n=1$）、社会资本（$n=2$）及信息共享性（$n=3$）]；其他变量的定义如式（12-1）；ε_i'、ε_i'' 为随机扰动项。鉴于学界对中介效应模型的应用存在争议（江艇，2022），且仅检验核心解释变量对机制变量的影响并不充分，本章在检验数字经济参与对中介变量影响基础上，保留了同时引入数字经济参与变量和机制变量，以期为作用渠道的判断提供参考。

（三）空间自回归模型

本章采用空间自回归模型估计农民参与数字经济及其各维度对乡村数字治理响应度的空间溢出效应，具体模型构建如下：

$$Y_{1i} = \delta_1' DE_{mi} + \delta_2' W \times DE_{mi} + \beta' X_i + \varepsilon_i''' \quad (12-3)$$

式（12-3）中：Y_{1i} 为乡村数字治理响应度，以受访者参与数字化党群教育、数字化村务管理、数字化民主监督3项活动的项数进行衡量；W 为空间权重矩阵；$W \times DE_{mi}$ 为数字经济参与的空间滞后项；系数 δ_2' 为农民参与数字经济及其各维度影响乡村数字治理响应度的空间溢出效应。

关于空间权重矩阵设定，本章采用引申的Queen邻近空间权重进行分析。若村庄编码相同，表明受访农民为同村，矩阵元素则设定为1；否则为0，具体表示为：

$$W_{ij} = \begin{cases} 1, \text{农户 } i \text{ 和农户 } j \text{ 在同一村庄} \\ 0, \text{农户 } i \text{ 和农户 } j \text{ 在不同村庄} \end{cases} (i \neq j) \qquad (12-4)$$

式（12-4）中：W_{ij} 为空间权重矩阵 W 中的元素，表示农民 i 和 j 之间的邻近关系。

第三节 实证检验与结果分析

一 基准回归估计

表 12-2 报告了农民数字经济参与对乡村数字治理响应的影响基准回归估计结果。可知，数字化生产参与、数字化销售参与、数字化金融参与以及数字经济参与至少在 10% 的统计水平上显著正向影响农民的乡村数字治理响应行为。相较于未参与数字经济，参与数字经济的农民响应乡村数字治理的概率增加 12.5%，验证了 H12-1。分领域来看，相较于未参与数字化生产，农民参与数字化生产使其采用数字技术响应乡村治理的概率显著增加 5.7%；相较于未参与数字化销售，农民参与销售数字化使其借助数字技术响应乡村数字治理的概率增加 7.9%；相较于未参与数字化金融，农民参与数字化金融使其响应乡村数字治理的概率增加 13.6%，验证了 H12-1a、H12-1b 和 H12-1c。值得注意的是，相较于其他数字经济活动，农民参与数字化金融的程度相对更高，产生的数字治理参与促进效应更大，列（5）回归结果进一步验证了该结论。这表明，在乡村数字经济发展整体滞后的背景下，加快金融产品与服务数字化或可成为驱动乡村治理数字化转型的重要切入口。

表 12-2 农民参与数字经济影响乡村数字治理响应的基准回归结果

变量	（1）	（2）	（3）	（4）	（5）
数字经济参与	0.125*** (0.035)				
数字化生产参与		0.057* (0.031)			0.040 (0.030)
数字化销售参与			0.079** (0.032)		0.059* (0.031)
数字化金融参与				0.136*** (0.035)	0.128*** (0.035)

续表

变量	(1)	(2)	(3)	(4)	(5)
性别	0.001 (0.023)	0.009 (0.022)	0.011 (0.022)	−0.002 (0.023)	−0.008 (0.023)
年龄	0.010* (0.005)	0.013** (0.005)	0.014** (0.005)	0.009* (0.005)	0.009* (0.005)
年龄的平方	−0.015** (0.006)	−0.020*** (0.006)	−0.021*** (0.006)	−0.014** (0.006)	−0.014** (0.006)
受教育程度	0.052* (0.027)	0.049* (0.028)	0.045 (0.028)	0.050* (0.027)	0.039 (0.028)
政治面貌	0.256*** (0.027)	0.265*** (0.028)	0.270*** (0.028)	0.256*** (0.027)	0.261*** (0.027)
村干部	0.148*** (0.038)	0.157*** (0.039)	0.162*** (0.038)	0.147*** (0.038)	0.150*** (0.038)
经济能人	0.074** (0.034)	0.084** (0.035)	0.074** (0.035)	0.078** (0.033)	0.060* (0.035)
劳动力占比	0.047 (0.043)	0.051 (0.043)	0.055 (0.043)	0.048 (0.042)	0.050 (0.042)
家庭社会声望	0.023*** (0.006)	0.025*** (0.006)	0.026*** (0.006)	0.022*** (0.006)	0.021*** (0.006)
与邻里信任度	0.029 (0.021)	0.027 (0.021)	0.028 (0.021)	0.029 (0.021)	0.024 (0.021)
村庄到县城的距离	0.001 (0.001)	0.001 (0.001)	0.001 (0.001)	0.001 (0.001)	0.001 (0.001)
村庄人口数量	0.077 (0.076)	0.119 (0.077)	0.103 (0.077)	0.073 (0.076)	0.076 (0.075)
村庄经济水平	0.006 (0.016)	0.008 (0.016)	0.008 (0.016)	0.006 (0.016)	0.006 (0.016)
村庄生产力水平	0.001 (0.013)	−0.004 (0.013)	−0.001 (0.013)	0.001 (0.013)	0.003 (0.013)
村庄微信公众号	0.066** (0.029)	0.068** (0.029)	0.060** (0.029)	0.066** (0.029)	0.063** (0.029)
村庄益农信息社	0.007 (0.023)	0.006 (0.023)	0.008 (0.023)	0.009 (0.023)	0.003 (0.023)
重庆	−0.012 (0.031)	−0.019 (0.031)	−0.031 (0.031)	−0.015 (0.031)	−0.019 (0.031)
四川	−0.038 (0.031)	−0.046 (0.032)	−0.056* (0.032)	−0.040 (0.031)	−0.046 (0.032)
样本量	1142	1142	1142	1142	1142

注：①表中报告的是边际效应，括号中数值为标准误；② *、**、*** 分别表示在 10%、5%和1%的水平上显著。

表12-2还报告了控制变量的估计结果。在个体特征方面，受教育程度、政治面貌、村干部身份、经济能人身份均显著正向影响农民的乡村数字治理参与。受教育程度高、政治面貌为党员、具有村干部或经济能人身份的群体对发挥自身比较优势、参与乡村数字治理以巩固自身社会地位和获得经济资源支配权表现出较高的积极性。年龄与农民乡村数字治理响应之间存在倒"U"形关系。随着年龄增长和阅历增加，农民对参与乡村治理、实现社会阶层跃升持有较高热情，但到一定年龄之后，限于学习新技术的意愿和能力，年龄越大的农民越难以紧跟数字技术迭代步伐，参与数字治理的积极性明显下降。在家庭特征方面，家庭拥有的社会声望在1%的统计水平上显著正向促进乡村数字治理参与。社会声望较高的农民家庭整体上有更多的机会参与到党群教育、村务管理、民主监督等乡村治理活动中，进而在推动乡村治理的数字化转型中发挥示范带动作用。在村庄特征方面，村庄微信公众号对农民参与乡村数字治理的影响在5%的统计水平上正向显著，表明以微信公众平台为代表的数字基础设施对乡村治理数字化具有重要支撑作用。

二 内生性讨论

表12-3报告了农民数字经济参与影响乡村数字治理响应的CMP方法估计结果。第一阶段估计结果显示，数字经济参与方程中工具变量对数字经济参与及各维度参与的影响均在5%的统计水平上显著，因此满足相关性。与此同时，列（4）中对应的atanhrho_12参数不显著，表明对于数字化生产参与影响乡村数字治理响应的回归，基准回归结果更可信。此外，列（2）、列（6）和列（8）估计结果中的atanhrho_12参数均显著，表明CMP方法估计结果更加准确。在考虑内生性问题后，农民参与数字化销售、数字化金融及数字经济参与使其响应乡村数字治理的概率分别上升至19.4%、25.5%及24.2%。这再次验证了H12-1b、H12-1c及H12-1。

三 稳健性检验

（一）替换核心解释变量

本章采用同时参与2项或3项数字经济活动替换核心解释变量（数字化生产、数字化销售、数字化金融），并采用Probit模型再次进行估计。结果如表12-4所示。可知，无论是同时参与其中2项还是同时参与3项数字经济活动,其对农民关于乡村数字治理的行为响应均在5%的统计性水平上产生显著正向影响,再次验证了H12-1。

表12-3 农民参与数字经济影响乡村数字治理响应的CMP模型估计结果

变量	第一阶段(1)	第二阶段(2)	第一阶段(3)	第二阶段(4)	第一阶段(5)	第二阶段(6)	第一阶段(7)	第二阶段(8)
数字经济参与		0.242*** (0.063)						
数字化生产参与				0.003 (0.067)				
数字化销售参与						0.194*** (0.060)		
数字化金融参与								0.255*** (0.062)
数字经济参与工具变量	1.151*** (0.166)							
数字化生产参与工具变量			1.907*** (0.184)					
数字化销售参与工具变量					1.429*** (0.201)			
数字化金融参与工具变量							1.143*** (0.167)	
控制变量	控制	控制	控制	控制	控制	控制	控制	控制
atanhrho_12	−0.355**		0.173		−0.365**		−0.361**	
Wald卡方值	670.49***		511.40***		527.09***		693.23***	
样本量	1142		1142		1142		1142	

注:①表中汇报的是边际效应,括号中数值为标准误;②***表示在1%的统计水平上显著。

表12-4 稳健性检验结果:基于替换核心解释变量

变量	(1)	(2)	(3)	(4)
数字化生产+数字化销售	0.105** (0.049)			
数字化生产+数字化金融		0.075** (0.032)		
数字化销售+数字化金融			0.079** (0.032)	

续表

变量	(1)	(2)	(3)	(4)
数字化生产+数字化销售+数字化金融				0.105** (0.048)
控制变量	控制	控制	控制	控制
样本量	1142	1142	1142	1142

注：①表中汇报的是边际效应，括号内数值为标准误；②**表示在5%的统计水平上显著。

（二）替换被解释变量

本章采用"乡村数字治理响应度"替换"乡村数字治理响应"这一被解释变量，并采用CMP模型再次进行估计，结果如表12-5所示。依据参数atanhrho_12的显著性可知，除数字化生产参与对乡村数字治理响应的影响回归方程采用Oprobit估计结果进行汇报外，其他回归方程均应采用CMP估计结果进行汇报。结果显示，数字经济参与及各维度参与均可显著增强农民响应乡村数字治理的积极性，表明本章核心研究结论具有稳健性。

表12-5 稳健性检验结果：基于替换被解释变量

变量	CMP (1)	OProbit (2)	CMP (3)	CMP (4)	CMP (5)
数字经济参与	0.077*** (0.022)				
数字化生产参与		0.017** (0.007)	0.001 (0.016)		
数字化销售参与				0.042*** (0.014)	
数字化金融参与					0.081*** (0.022)
控制变量	控制	控制	控制	控制	控制
atanhrho_12	−0.411**	—	0.193	−0.244**	−0.415***
Wald卡方值	824.50***	384.20***	656.03***	695.88***	845.26***
样本量	1142	1142	1142	1142	1142

注：①表中汇报的是估计的边际效应，括号内数值为标准误；②**、***分别表示在5%和1%的统计水平上显著。

(三) 更换估计方法

本章采用 IV-Probit 模型替换 CMP 模型再次进行估计，结果如表 12-6 所示。可知，农民参与数字经济、数字化销售、数字化金融均对乡村数字治理响应具有显著正向影响，再次验证了 H12-1、H12-1b 和 H12-1c。数字化生产参与对农民响应乡村数字治理的影响估计仍以基准回归估计结果为准。

表 12-6　　　　　稳健性检验结果：基于更换估计方法

变量	(1)	(2)	(3)	(4)
数字经济参与	0.451*** (0.096)			
数字化生产参与		0.021 (0.091)		
数字化销售参与			0.519*** (0.174)	
数字化金融参与				0.526*** (0.106)
控制变量	控制	控制	控制	控制
Wald 卡方值	9.54***	0.39	6.07**	11.84***
第一阶段 F 值	57.47***	24.27***	26.93***	59.82***
DWH 内生性检验 (χ^2)	6.195**	0.081	8.055***	8.240***
样本量	1142	1142	1142	1142

注：①表中汇报的是边际效应，括号中数值为标准误；②***表示在1%的统计水平上显著。

(四) 缩小样本量

考虑到部分农民可能存在土地转出情况，并不直接从事农业生产经营活动，参与乡村治理的积极性相对较低，因此本章将农业收入和支出均为0的样本进行剔除后再次进行估计，结果如表12-7所示。可知，农民参与数字化生产、数字化销售、数字化金融及数字经济均显著正向影响其乡村数字治理响应，表明本章核心研究结论具有稳健性。

四　异质性分析

表12-8报告了数字经济参与影响农民响应乡村数字治理的群体和区域异质性。

第十二章 | 乡村数字经济发展对数字治理的影响研究

表 12-7　　　　　稳健性检验结果：基于缩小样本量

变量	CMP (1)	Probit (2)	CMP (3)	CMP (4)	CMP (5)
数字经济参与	0.248*** (0.088)				
数字化生产参与		0.068* (0.035)			
数字化销售参与			0.033 (0.075)	0.178** (0.080)	
数字化金融参与					0.269*** (0.086)
控制变量	控制	控制	控制	控制	控制
atanhrho_12	-0.413* (0.237)	—	0.099 (0.196)	-0.295 (0.214)	-0.430* (0.234)
Wald 卡方值	661.41***	185.26***	473.19***	512.80***	683.56***
样本量	876	876	876	876	876

注：①表中汇报的是边际效应，括号中数值为标准误；②*、**、***分别表示在10%、5%和1%的水平上显著；③列（2）数字化生产参与对乡村数字治理响应度的影响仍采用 Probit 模型进行估计。

表 12-8　　　农民参与经济数字化影响乡村数字治理的异质性分析

变量	数字化教育 否 (1)	数字化教育 是 (2)	智能手机使用时间 短 (3)	智能手机使用时间 长 (4)	试点地区 非试点 (5)	试点地区 试点 (6)
数字经济参与	0.510*** (0.170)	2.100** (0.808)	0.209 (0.255)	0.769*** (0.217)	0.419* (0.221)	1.064*** (0.270)
控制变量	控制	控制	控制	控制	控制	控制
常数项	-2.870*** (0.676)	-5.429*** (1.753)	-0.699 (1.283)	-3.498*** (0.693)	-2.403*** (0.718)	-3.935*** (1.442)
组间差异检验	-1.591**		-0.560*		-0.645*	
样本量	986	156	301	841	777	365

注：①*、**、***分别表示在10%、5%和1%的统计水平上显著；②表中报告估计的边际效应，括号中数值为标准误；③组间差异检验采用费舍尔检验法，采用 bootstrap 自抽样 3000 次。④数字化教育：是否接受过计算机方面的正规学校教育、参与计算机知识和网络知识培训和参与电子商务培训；若参与其中一项则赋值为 1，否则为 0。⑤手机使用时间：国家统计局公布的《2018 年全国时间利用调查公报》显示，农村居民通过手机或 ipad 上网的平均时间为 1.3 小时，因此，本章将手机使用时间大于或等于 1.3 小时的赋值为 1，否则为 0。手机使用时间按高于或等于均值、低于均值划分为两组。

群体异质性方面，由列（1）至列（4）可知，数字经济参与对拥

361

有较高数字化教育水平、长时间使用手机的农民响应乡村数字治理的影响更大。无论是通过外在的数字化培训方式还是基于农民自身长时间使用智能手机而实现"干中学"方式，均有助于农民获得更多数字技术使用知识和技能，促进数字素养累积，强化个体在农业生产、销售、物流、金融服务等环节数字化中的广泛参与，进而促进其积极响应乡村数字治理。即使跨越了数字接入鸿沟，拥有较低数字素养的农民在依托数字治理平台参与党群教育、村务管理、民主监督等乡村治理活动中更易面临数字技术使用的能力鸿沟。

区域异质性方面，由列（5）至列（6）可知，数字经济参与对农民乡村数字治理响应的影响在试点地区更大。数字化时代，乡村治理主体间互动模式的重构、治理过程的规范化与标准化、治理形式的智慧化均有赖于新型数字基础设施的创新应用与技术规则的制定与完善。总体上，相较于非试点地区，国家数字乡村试点地区更早开始推进新型数字基础设施建设，投入更多的财政金融资源以完善数字技术创新、应用与推广，这为试点地区的乡村经济和社会治理的数字化转型提供了更好的信息化硬环境和软环境基础，明显缓解了农民在参与数字经济与响应乡村数字治理过程中面临的数字接入鸿沟问题。

五　作用路径检验

本章从数字素养、社会资本及信息共享性3个方面，实证检验了数字经济参与影响农民乡村数字治理响应的作用路径，估计结果如表12-9所示。

表12-9　　　　　　　　作用机制检验结果

作用路径（$X \to M \to Y$)			α_1	α'_1	β_1	δ_1	$\beta_1 \times \delta_1$	Sobel 检验
X	M	Y						
数字经济参与	数字素养	乡村数字治理	1.103*** (0.268)	0.849*** (0.305)	2.298*** (0.180)	0.161*** (0.042)	0.370***	3.671***
数字化生产参与			0.264* (0.144)	0.214 (0.142)	0.226* (0.124)	0.198*** (0.037)	0.045*	1.725*
数字化销售参与			0.914*** (0.287)	0.720** (0.297)	1.041*** (0.312)	0.187*** (0.038)	0.195***	2.762***
数字化金融参与			1.169*** (0.263)	0.917*** (0.298)	2.464*** (0.171)	0.152*** (0.043)	0.375***	3.433***

续表

作用路径 ($X→M→Y$)			α_1	α'_1	β_1	δ_1	$\beta_1 \times \delta_1$	Sobel 检验
X	M	Y						
数字经济参与	社会资本	乡村数字治理	1.103*** (0.268)	1.080*** (0.266)	2.544*** (0.312)	0.039** (0.019)	0.099**	1.991**
数字化生产参与			0.264* (0.144)	0.212 (0.145)	0.914*** (0.317)	0.043** (0.020)	0.039**	1.724*
数字化销售参与			0.914*** (0.287)	0.794*** (0.296)	2.091*** (0.464)	0.036* (0.020)	0.075*	1.672*
数字化金融参与			1.169*** (0.263)	1.139*** (0.261)	2.610*** (0.297)	0.038** (0.019)	0.099**	1.950*
数字经济参与	信息共享性	乡村数字治理	1.103*** (0.268)	0.877*** (0.285)	1.839*** (0.243)	0.432*** (0.114)	0.794***	3.388***
数字化生产参与			0.264* (0.144)	0.225 (0.144)	0.244* (0.137)	0.535*** (0.111)	0.131*	1.670*
数字化销售参与			0.914*** (0.287)	0.804*** (0.295)	1.131*** (0.321)	0.516*** (0.111)	0.584***	2.807***
数字化金融参与			1.169*** (0.263)	0.942*** (0.283)	1.946*** (0.230)	0.410*** (0.115)	0.798***	3.285***

注：①*、**、***分别表示在10%、5%和1%的水平上显著；②表中报告的是估计系数，括号中数值为标准误。

数字化生产参与、数字化销售参与、数字化金融参与以及数字经济参与对农民数字素养的影响均至少在10%的统计水平上正向显著（β_1值）；在同时引入数字经济参与与数字素养变量后，数字素养对农民响应乡村数字治理的影响在1%的统计水平上正向显著（δ_1值），而数字经济参与对农民响应乡村数字治理的影响仍然正向显著（α'_1值）。这表明，数字经济参与可通过提升农民数字素养进而促进其乡村数字治理的行为响应。这一路径对于数字化生产参与、数字化销售参与、数字化金融参与影响农民数字治理响应依然成立。H12-2a、H12-2b、H12-2c和H12-2得到验证。

数字化生产参与、数字化销售参与、数字化金融参与及数字经济参与对社会资本的影响均在1%的统计水平上正向显著（β_1值）；在同时引入数字经济参与与社会资本变量后，社会资本对农民响应乡村数字治理的影响在5%的统计水平上正向显著（δ_1值），而数字经济参与对农民响应乡村数字治理的影响仍在1%的统计水平上正向显著（α'_1值）。

这表明，数字经济参与可通过提升农民社会资本水平进而促进其乡村数字治理的行为响应。这一路径对于数字化生产[①]、数字化销售、数字化金融影响农民数字治理响应依然成立。H12-3a、H12-3b、H12-3c 和 H12-3 得到验证。农民积极参与各类数字经济活动，通过充分利用社会网络资源提高了与其他经济活动主体的沟通频率、扩大社会关系圈，促进信息、技术等资源共享，增进社会互动与社会支持（王天夫，2021），进而推动乡村数字治理响应。

数字化生产参与、数字化销售参与、数字化金融参与及数字经济参与对信息共享性的影响均至少在 10% 的统计水平上正向显著（β_1 值）；在同时引入数字经济参与与信息共享性变量后，信息共享性对农民响应乡村数字治理的影响至少在 1% 的统计水平上正向显著（δ_1 值），而数字经济参与对农民响应乡村数字治理的影响仍在 1% 的统计水平上正向显著（α_1' 值）。这表明，数字经济参与可通过改善农民信息共享性水平进而促进其乡村数字治理的行为响应。这一路径对于数字化生产参与、数字化销售参与、数字化金融参与影响农民数字治理响应依然成立。H12-4a、H12-4b、H12-4c 和 H12-4 得到验证。

六 空间溢出效应检验

本章进一步探讨数字化生产参与、数字化销售参与、数字化金融参与以及数字经济参与影响乡村数字治理响应的空间溢出效应，估计结果如表 12-10 所示。可知，从 $W\times$数字化生产参与、$W\times$数字化销售参与、$W\times$数字化金融参与及 $W\times$数字经济参与的系数来看，数字化销售参与和数字化金融参与及数字经济参与的空间滞后项系数均为正，且在 1% 的统计水平上正向显著，表明农民参与数字经济尤其是数字化销售和数字化金融对地理位置邻近农民响应乡村数字治理具有显著的正向空间溢出效应，验证了 H12-5。这表明，农民参与数字化销售和数字化金融可显著提升同村内邻近农民响应乡村数字治理的积极性，而数字化生产参与对农民响应乡村数字治理的影响未呈现出空间溢出效应。相较于生

[①] 根据中介效应检验程序，同时引入数字化生产参与与社会资本变量后，数字化生产参与对农民响应乡村数字治理的影响不再显著，数字化生产参与可能为完全中介变量。考虑到机制变量可能存在潜在内生性问题，这里仅作为数字化生产参与通过影响社会资本进而作用于农民乡村数字治理响应这一路径的必要支撑。

产环节的数字化，数字技术在农业产业链中的销售和金融服务环节的嵌入和渗透更快，由此引致的技术溢出效应更明显。

表 12-10　　空间自回归模型估计结果

变量	（1）	（2）	（3）	（4）
数字经济参与	0.175*** (0.053)			
W×数字经济参与	0.264*** (0.095)			
数字化生产参与		0.167*** (0.061)		
W×数字化生产参与		0.165 (0.124)		
数字化销售参与			0.250*** (0.064)	
W×数字化销售参与			0.741*** (0.139)	
数字化金融参与				0.195*** (0.053)
W×数字化金融参与				0.254*** (0.093)
常数项	−0.084 (0.238)	0.137 (0.236)	0.021 (0.233)	−0.097 (0.238)
控制变量	控制	控制	控制	控制
F 统计量	36.878***	36.094***	38.921***	37.098***
观测值	1142	1142	1142	1142

注：①*、**、***分别表示在10%、5%和1%的水平上显著；②括号内为标准误。

第四节　本章小结

本章实证探究了农业产业链视角下数字经济参与对农民响应乡村数字治理的影响效果、作用机制、群体与区域异质性以及空间溢出效应。研究发现，以数字化生产、数字化销售和数字化金融为表征的数字经济参与可显著促进农民响应乡村数字治理，且参与数字化金融的影响更大。异质性分析显示，数字经济参与所引致的数字治理促进效应在试点地区及拥有数字化教育经历、长时间使用智能手机的农民群体中更为明显。机制检验表明，农民数字经济参与可通过提高数字素养、促进社会资本积累以及改善信息共享，进而促进乡村数字治理响应。研究还发现，农民参与数字经济尤其是数字化销售和数字化金融可对地理位置邻近农民响应乡村数字治理产生空间溢出效应。

第十三章

乡村数字经济与数字治理协同发展的理论逻辑与现实挑战研究

近年来，随着数字经济与实体经济融合不断推进，乡村数字经济与数字治理在技术支撑、涉及范畴、呈现形式、要素需求等方面的关联性日益增强。中央政府历来高度重视经济高质量发展和社会高效能治理，为数字经济与数字治理协同发展的前瞻性探索提供了方向指引。2020年，习近平总书记在参加十三届全国人大三次会议内蒙古代表团审议时强调，"要有针对性地部署对高质量发展、高效能治理具有牵引性的重大规划、重大改革、重大政策"。2023年中共中央、国务院印发的《数字中国建设整体布局规划》指出，"深入实施数字乡村发展行动，以数字化赋能乡村产业发展、乡村建设和乡村治理"。2024年中央一号文件强调"持续实施数字乡村发展行动，发展智慧农业"，并指出"鼓励有条件的省份统筹建设区域性大数据平台，加强农业生产经营、农村社会管理等涉农信息协同共享"，这为推进乡村数字经济和数字治理协同发展提供了初步思路。在数字乡村高质量发展目标导向下，如何构建两者高效联动的体制机制与支持政策体系仍有待系统探讨。

尽管乡村数字经济和数字治理均得到不同程度的发展，但发展的不协同问题也日益凸显。因不同区域和乡村在产业发展基础与基层治理能力、信息化基础与数字技术支撑条件、财政金融支农水平及数字人才储备等方面存在明显差异，乡村数字经济和数字治理的不协同问题日益增多。从县域数字乡村发展水平评估来看，尽管相较于2019年，2020年全国县域的乡村经济数字化和治理数字化分别实现了 3.5% 和 15.2% 的增长，但两者仍然是制约数字乡村高质量发展的短板，且两者不同时处于高水平或低水平的县域比例达 36.5%[1]。从课题组实地调查来看，乡村数字经济和数字治理的不协同主要表现为在政策联动、需求导向、基础设施支撑、要素保障等方面的脱节及由此产生的发展水平不协同，并可进一步归结为目标、手段、过程和效果等方面的不协同。虽然在数字乡村起步发展阶段，乡村数字经济和数字治理的不协同有其客观性，但是随着试点实践推进和两者关联性日益增强，推进两者协同发展有望为针对性破解农业全产业链数字化发展水平偏低、部分试点项目可持续性差（殷浩栋等，2021；刘传磊等，2023；黄季焜等，2024）及乡村数字治理悬浮化、公众参与度低（Khanna，2021；仝志辉、刘传磊，2022；韩旭东等，2023）等问题提供一条新的思路。进一步地，基于一些数字乡村试点地区的调查发现，乡村数字经济和数字治理的不协同带来部分平台开发利用不充分、资源利用无序低效及政策执行偏差问题，制约新一轮数字乡村试点健康有序推进。在首批国家数字乡村试点已结束和第二批国家数字乡村试点工作新近启动的重要节点，深入吸取前期试点经验，推进乡村数字经济和数字治理协同发展机制的探索契合数字乡村高质量发展的内在要求。

产业数字化创新发展加快重塑乡村治理的社会基础、结构与形态，但现有乡村数字治理体系滞后于以农业全产业链数字化为核心的乡村经济数字化的发展需求。近年来，农业全产业链数字化不断催生乡村治理数字化新需求，尤其是电商物流、数字金融服务、产权交易与集体资产管理等产业数字化场景加快嵌入乡村治理领域，拓展数字治理的内容与边界、加快重构农民权能结构和社会信用体系，并为破解基层数字治理悬浮化问题提供重要契机。理论上，农业全产业链数字化转型加快重塑乡村治理中的宗族逻辑、国家再分配逻辑、村民自治逻辑、集体行动逻辑及市场逻辑等多重制度逻辑（徐风增等，2021），使治理场景多变、参与主体多元、治理形式灵活等成为新时

---

[1] 北京大学新农村发展研究院数字乡村项目组：《县域数字乡村指数（2020）》，http://www.ccap.pku.edu.cn/nrdi/docs/2022-05/20220530144658673576.pdf。

第十三章 乡村数字经济与数字治理协同发展的理论逻辑与现实挑战研究

期乡村治理的新趋势（邱泽奇等，2022）。与此同时，农业产业数字化加快推进涉农大数据归集、交易共享、价值开发，有助于革新基层社会治理的理念、手段和机制（温涛、陈一明，2022；黄益平，2023）。农业全产业链数字化与基层治理数字化在平台、资金、技术、主体等方面的要素互嵌可促进数字思维渗透、推动数字产品与服务创新、加快数据要素市场形成，助力实现数字时代高质量产业发展和高效能基层治理的协同联动。因此，亟待深入探讨乡村数字经济与数字治理协同发展的理论逻辑、典型模式、关键挑战及支持政策的优化路径。

鉴于此，本章拟依据协同理论系统阐释乡村数字经济与数字治理的协同发展逻辑，基于农业全产业链环节数字化与治理数字化的场景嵌构分析，揭示两者协同发展的典型模式与突出表现、积累的有益经验以及面临的挑战，进而提出未来主要推进思路与政策措施。本章的边际贡献在于：一是综合技术和非技术视角，探索性阐释以赋权、扩能和增信为核心的乡村数字经济与数字治理协同发展逻辑，并从政策、制度、技术、主体四个方面揭示两者协同发展的外部支撑机制。二是基于数字乡村试点地区党支部领办合作社（数字农场）、农产品数字化交易、"网格+电商"、集体"三资"管理、数字化农事服务、数字化积分制治理、农牧行业服务及数字乡村综合服务等场景的剖析，总结现阶段乡村数字经济与数字治理协同的典型模式及在平台衔接或功能整合、技术互嵌或数据共享、资金统筹配置、数字人才交叉保障、效能双向转化等方面的具体表现。三是基于典型实践案例的分析，从政府职能与市场作用、需求导向、节本增效、技术支撑、主体素质等方面提炼乡村数字经济与数字治理协同发展的支撑条件，并从顶层设计、技术创新、成本收益、数字素养、数字鸿沟等方面揭示两者协同发展面临的主要挑战。本章研究有助于丰富具有中国特色的数字乡村和乡村治理现代化的理论体系，为构建智慧农业与数字治理协同发展的支持政策体系、以数字乡村高质量发展加快培育农业领域新质生产力探寻有益的实践路径。

第一节 乡村数字经济与数字治理协同发展的理论逻辑

一 核心概念界定

依据数字乡村建设的相关政策文件、实践现状及未来方向，本章主要从农业全产业链视角界定乡村数字经济为多样化数字技术在农业生产、加工、销售、服务等全产业链环节应用所催生的产业发展新形态；界定数字治理为数字技术在村庄"三务"（党务、村务、财务）管理、民主监督、纠纷治理、信用治理、组织治理等领域应用所形塑的基层治理新形态。依据系统论，系统中各子系统间的相互协调、有机合作，有助于自组织地产生出系统的有序时空结构和功能，实现从某种有序状态发展为更高层次的有序状态（范如国，2014）。数字经济与数字治理同属于数字乡村系统中的两个核心子系统，既相互独立、并行发展，又结构耦合、相互促进；两者在技术、人才、资金、政策与制度等方面存在诸多共性需求，且能发挥各自领域优势、破解单一领域发展困境、实现相互促进。因而，协同推进乡村数字经济和数字治理发展有助于实现数字乡村系统更高效率、更高效益和更高效能的运转和迭代升级。

系统论视角下乡村数字经济与数字治理协同发展可界定为两个子系统通过相互协调、有序合作、互促发展，实现更优结构和更高质量的交互状态，并可进一步解构为目标协同、手段协同、过程协同与效果协同。具体而言，目标协同是指两者的协同旨在解决农业产业发展和乡村治理领域的交叉问题，基于高质量数字经济和高效能数字治理的联动互促，持续提升数字乡村发展水平。手段协同是指数字技术与平台同步支撑于数字经济和数字治理，尤其强调大数据、人工智能、区块链等前沿数字技术为不同类型平台的衔接和功能整合提供基础设施保障。过程协同是指数字经济和数字治理相关资源与要素的交叉互联与共享利用，突出体现为财政、金融、社会资本等资金的统筹配置及数字人才的共享。效果协同是指在农产品数字化销售与纠纷治理、直播销售与网格化治理、集体资产交易服务与"小微"权力监管、数字金融服务与积分制治理等方面实现协同互促。

第十三章 | 乡村数字经济与数字治理协同发展的理论逻辑与现实挑战研究

乡村数字经济与数字治理的协同在本质上体现为产业发展和社会治理的协同,该系统除了具有鲜明的技术属性,还具有复杂的经济社会属性。新公共治理理论强调发挥新技术在公共治理活动中的作用,强调网络和关系契约是资源分配的载体依托,强调政府、企业及非营利组织等多元主体共同致力于公共服务的提供。因而,乡村数字经济和数字治理协同的前提在于,立足农业产业与基层治理属性,厘清农村产权、集体经济、市场交易、金融服务与信用治理等方面的制度背景及财政政策、金融政策等方面的约束条件;两者协同的关键在于,充分发挥技术的赋权、扩能和增信作用,激发包括政府部门、金融机构、互联网企业、各类农业经营主体等在内的多元主体参与共建共治共享的内在动力;两者协同的落脚点在于既以数字经济发展加快重塑乡村的资源配置方式、交易环境与技术应用条件,推进数字时代基层治理模式与机制的革新及效能的提升,又以数字治理改善各类组织和主体间的交互关系、保障各类生产要素的有序流动和高效配置,进而助力产业数字化转型。

二 研究动态综述

已有研究主要围绕乡村数字经济与数字治理的单一领域分别展开探讨,缺少对两者间协同发展的潜在逻辑和典型应用场景的系统研究。一是学者围绕数字技术在农业发展或乡村治理单一领域的作用效果开展了广泛探讨,且未达成一致结论。相关研究基于逻辑推理或案例分析指出,数字技术应用有助于实现农业精准化生产、智能化管理、高效化购销(易法敏、古飞婷,2023;韩旭东等,2023),但在成本收益、数字鸿沟、农民受益等方面面临多重挑战(黄季焜等,2024)。与此同时,关于数字技术在乡村治理中的影响研究尚存在"促进论""抑制论""双重作用论"的分歧(苏岚岚,2024)。尤其是基层治理领域数字技术与治理组织、制度的融合度不高等问题引致的数字治理悬浮化现象引起越来越多学者的关注和重视(郑磊,2021;马九杰等,2022)。上述研究发现催生了学界关于乡村产业数字化高质量发展和治理数字化提质增效路径的思考(殷浩栋等,2021;邱泽奇等,2022)。二是部分研究初步探讨了数字经济对社会治理变革的促进作用。相关研究指出,产业数字化可通过数字思维形塑与运用、资源配置优化、数据要素生成与赋能加快交易机制和市场结构转型(江小涓、靳景,2022;陈晓红等,

2022），通过技术跃迁、组织重构、价值重塑和信用体系建设推动社会治理变革，加速革新公共治理理念、手段和机制（Deichmann et al., 2016；Berg et al., 2020；刘海军，2023）。三是少量研究探讨了数字治理对数字经济的支撑作用。相关研究表明，政府应用信息通信技术提供公共服务可通过提高公共治理质量、夯实制度建设、保障市场公平竞争、优化资源配置等促进区域经济增长（Twizeyimana and Andersson, 2019；张晨、张新颜，2023）；此外，治理数字化还可通过重塑多方主体的交互关系、优化组织架构体系，改善营商环境和公共服务，提高大数据辅助治理决策水平，进而推动产业数字化（陈雨露，2023；王定祥等，2023）。综上可知，鲜有研究探讨乡村数字经济与数字治理的协同发展逻辑，难以为架构契合乡村全产业链数字化发展需求的基层现代治理体系，进而实现两者的高效联动探寻有效路径。

三 协同发展的逻辑阐释

本章分别阐释乡村数字经济对数字治理的宏观微观影响逻辑及乡村数字治理对数字经济的宏观微观影响逻辑，进而揭示两者的协同发展逻辑。具体如图13-1所示。

（一）乡村数字经济对数字治理的影响逻辑

从宏观层面来看，以农业全产业链数字化为核心的乡村数字经济发展可为持续推进乡村治理数字化、提升数字治理效能提供理念引导、实践支持与动能保障。一是形塑区域内良好的数字化氛围，革新乡村治理的理念与方式。乡村经济领域智慧化种植与养殖、电商物流、数字金融服务、集体资产交易服务等数字技术应用场景的加快发展，激活多样化智慧治理平台的建设需求。农业全产业链数字化转型可促进农民数字素养与技能的积累，强化农民通过各类治理平台参与乡村党群教育、村务管理与民主监督等治理活动的积极性和能动性。二是优化各类资源配置方式、促进社会阶层流动，加快塑造共建共治共享的数字治理新格局。农业全产业链数字化发展加速资本、技术、劳动力等要素在城乡间、区域间、产业间的流动（王定祥等，2023），扩展农民主体的市场活动参与权、公共决策话语权、数据财产权等权能，提高数字治理中多元主体的参与度；并通过推动涉农数据的归集与整合、加速数据要素与传统要素的融合创新，进一步激发乡村智慧治理平台的使用需求（潘家栋、肖文，

第十三章 | 乡村数字经济与数字治理协同发展的理论逻辑与现实挑战研究

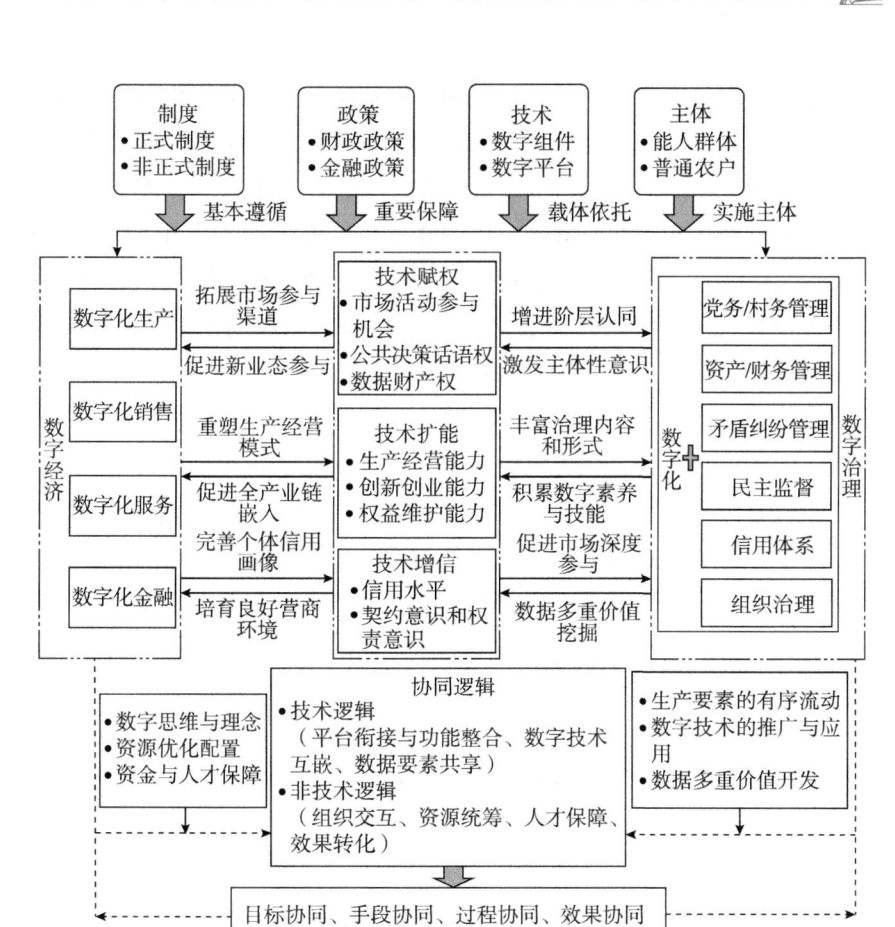

图 13-1 乡村数字经济与数字治理协同发展的逻辑框架

2022）。三是为改善乡村数字治理软硬件条件提供基础设施、资金与人才等方面的支持与保障。乡村产业数字化加快传统基础设施改造升级和数字基础设施的创新应用，进而拓展乡村治理的内容、形式与边界；同时，乡村产业数字化积累的资金、技术与人才为治理数字化提供重要支撑（沈费伟、袁欢，2020），并引致资源共享、收益分配、信用评价等方面机制的变革。进一步地，农业全产业链数字化发展可通过促进乡村数字治理规划与需求相匹配、提高平台使用活跃度和用户黏性，进而提高基层数字治理质效。

从微观层面来看，乡村数字经济发展可通过"赋权—扩能—增信"

373

促进乡村治理数字化。一是赋权机制。农业全产业链数字化可拓展各类农业经营主体的市场参与机会，提升数据要素价值、培育区域数字化思维，推动基层政府和村民自治组织在党务/村务/财务管理、集体资产管理、民主监督、矛盾纠纷管理、信用体系建设等领域主动引入数字治理工具。具体而言，依据自主治理理论，参与农业生产、销售、服务等产业链各环节数字化可通过拓展商业关系网络、增加创收渠道和市场机会、增进社会阶层流动性等激活农民尤其是村干部与经济能人等群体使用各类治理平台参与乡村治理与公共决策、巩固经济资源比较优势的积极性与能动性，进而强化农民群体的公共决策话语权和数据财产权。二是扩能机制。农业全产业链数字化可重塑农业生产经营方式与组织模式、增强农民经营管理能力，激活其参与乡村数字治理、巩固比较优势的主体性意识。具体而言，农业生产类、电商类、物流类、社会化服务类等各类平台的广泛应用加快消除信息流动的时空障碍，提高农村居民的信息获取和共享能力（鲁元平、王军鹏，2020；刘生龙等，2021）。数字技术在智慧农业、设施农业等新业态领域的渗透可助力培育农民的创新创业能力，并基于多元经营主体交互增强农民的权益维护能力，进而推动数字技术在集体资产管理、民主监督、纠纷治理等领域的应用，拓展农民充分利用乡村治理平台表达意见与合理诉求、维护集体与个人权益的有效渠道。三是增信机制。农业全产业链数字化有助于完善农村各类经营主体的信用画像，促进各类金融产品与服务下沉，加快重塑乡村社会信用生态和各类经营主体的交互机制（赵建、王静娴，2022），进而推进数字技术在积分制治理、集体资产管理等领域的创新性应用。具体而言，农民嵌入农业全产业链发展所形成的数字足迹可视可循，有利于金融机构高效获取农民在生产经营规模、资产负债、现金流等方面的翔实历史数据，改进信用评价方式和风险控制能力，提升农民信用水平，促进农村金融市场的供需均衡。此外，数字技术和平台的广泛运用，驱动商业组织形态虚拟化智慧化转型，使农村市场交易活动日益线上化、平台化，经营主体的交易机制也随之转型（Su et al., 2023）。嵌入农业全产业链数字化增加农民对数字时代交易规则的感知和体验，强化其参与市场经济活动的契约意识和权责意识，并由经济领域渗透至治理领域。

第十三章 | 乡村数字经济与数字治理协同发展的理论逻辑与现实挑战研究

(二) 乡村治理数字化对经济数字化的影响逻辑

从宏观层面来看，乡村治理数字化的有序运行和效能提升可为数字经济发展尤其是提档升级提供多重保障。一是促进各类生产要素的有序流动。乡村治理数字化加快打破基层治理同农业产业链发展的时空分隔，重塑各类生产要素配置结构。农村集体"三资"管理、数字金融服务、积分制治理等平台的运行，可促进集体资产资源的规范化交易，加速农村土地、劳动力、资金等生产要素的有序流动，支撑乡村数字经济发展。二是推进多样化数字技术的推广与应用。资产管理类、积分制治理类、信用治理类等各类治理平台的使用，有助于革新基层公共服务的形式、提高服务获取的便捷性，形塑数字化理念、促进数字技术推广与应用（Dal Bó et al., 2021）；并通过完善数字化生产的要素支撑、优化数字化流通的保障机制、推进数字金融服务下沉，进而加快农业全产业链数字化。三是加快数据要素市场形成和数据多重价值开发。乡村数字治理平台具有跨部门集成和多源数据支撑的技术性特征，其推广应用有助于加速农业农村大数据的积累、数据标准化采集与整合及数据开发与共享，促进大数据挖掘与分析技术的运用，为农业全产业链数字化提供精准高效的决策支持；同时，数据资产多重价值的挖掘有助于缓解农业产业链数字化发展存在的信息不对称、交易成本偏高、信任度不足等问题，尤其是改进数字金融服务的供需匹配性。

从微观层面来看，乡村治理数字化也可通过"赋权—扩能—增信"促进数字经济发展。一是赋权机制。数字技术在乡村集体资产监管、村务管理、民主监督等治理领域的应用，可激发村民尤其是低收入群体的主体性意识，增进农民的社会认同感和公共决策话语权，促进基本公共服务的均等化享有，进而增加农民参与各类产业数字化活动尤其是嵌入农业新业态发展的机会与形式。与此同时，乡村治理全流程数字化转型可提升数据要素的多重价值和拓展农民数据财产权，加快数据要素的流动和共享及与传统生产要素的融合创新，进而促进农业数字经济发展。二是扩能机制。数字技术在乡村治理领域的广泛渗透可促进各类数字产品与服务的使用，推动数字素养与技能的积累，提高数字时代农民生产经营能力、创新创业能力和权益维护能力，增进农民在生产、加工、销售、服务等全产业链数字化中的广泛和深度参与，进而提升乡村产业数字化的整体水平。三是增信机制。数字技术在乡村治理尤其是信用体系建设中的应用有助于及时高效地抓取农民生产生活实践所呈现的数字足迹，挖掘农民在基层治理、文明乡风等方面的无形资产价值，提升农民信用水平和信贷可得性，优化乡村信用环境、激发营商活力，增进农民参与各类产业数字化活动的契约意识和权责意识、缓解流动性约束，进而推动农业全产业链数字化转型。

（三）协同发展逻辑：综合技术与非技术视角

乡村数字经济与数字治理可通过赋权、扩能和增信三大机制产生互动关联，这在较大程度上体现了数字技术应用为两者协同带来的理论可行性和现实条件支撑。进一步地，两者的协同发展还有赖于平台衔接与功能整合、数字技术互嵌及数据要素共享。具体而言，乡村产业和治理单一领域数字平台建设的推进，不断改进集体资产流转、农产品销售、社会化服务、信用合作等方面的交易机制和契约关系，加速两类平台的有机衔接、功能模块的整合和数据互联互通，为乡村数字经济和数字治理在目标和手段方面的协同提供了重要的基础设施支撑。以物联网、大数据、人工智能为代表的数字技术在农业全产业链各环节或基层治理各领域的应用，可重塑农业生产经营和基层治理模式，改进村庄内不同组织和主体间的资源交互方式，强化数字技术应用的溢出效应，为乡村数字经济和数字治理在手段和过程等方面的协同提供技术保障。生产类、销售类、金融类、便民服务类、公共治理类等各类数据要素的跨层级跨部门流通共享，促进数字经济活动和数字治理活动场景的有序交互，推动不同类型数据的经济价值、信用价值、治理价值等多重价值的挖掘和价值转换，助力改善乡村数字经济与数字治理在目标、手段和过程等方面的协同。

鉴于乡村数字经济与数字治理的协同发展在本质上体现为产业发展和社会治理的协同，前者的协同也应具有后者协同中的一些非技术逻辑。事实上，乡村产业发展和治理主体、集体资源资产、治理制度、基层组织、信用环境等治理要素密不可分（徐朝卫，2020；徐凤增等，2021）。乡村产业发展和社会治理的协同中蕴含着组织交互、资源统筹、人才保障和效果转化等方面的多重逻辑。具体而言，农业产业链数字化带来土地、劳动力、资金等要素的大量投入与重组配置，可增进农民专业合作社、社会化服务组织、集体经济组织等各类经济组织同乡村自治组织和村民主体的交互，降低治理数字化成本、提高数字治理决策有效性，减少产业数字化发展的不确定性、改进产业数字化发展质量，进而提升两者在过程和效果方面的协同性。乡村集体经济发展所积累的收入、财政、金融与社会资本等方面的多元投入及各类劳动力的储备，可为统筹规划乡村产业数字化和治理数字化进程中的基础设施建设及人才培育提供资源支持，进而促进两者的协同尤其是过程协同。乡村能人群体在角色定位导向和发展动机牵引下成为乡村产业数字化或治理数字化的重要参与主体，发挥创新探索和示范带动作用，进而促进两者在目标、过程、手段和效果等多领域的协同。农业全产业链数字化转型带来的增值收益改善有助于激活农民参与数字治理的主体性意识、重构社会治理共同体，提升数字治理效能，而乡村数字治理在内容、形式和机制等方面的适应性调整，可优化各类资源要素配置、助推产业数字化高质量发展。

四 协同发展的外部支撑机制

依据物理—事理—人理系统方法论，任何事物都处于复杂系统之中，其本身或影响因素可归类为物理、事理、人理，综合运用三者间的内在联系是有效解决复杂问题的一种系统方法（寇晓东、顾基发，2021）。乡村数字经济与数字治理的关联系统同样受到来自物理—事理—人理层面的多重因素影响。物理层面因素主要包括以数字组件、数字平台与数字基础设施为核心的数字技术，事理层面因素主要包括影响乡村数字经济与数字治理运行的制度（正式与非正式制度）与政策（财政、金融等政策），人理层面因素主要包括乡村数字经济与数字治理的推动者与参与者及附属在他们身上的价值观和利益观等因素。基于上述分析框架，本章从制度、政策、技术与主体四个方面阐释两者协同发展的外部作用机制。

一是制度层面。乡村发展、建设与治理等方面的各项制度规范是推进数字经济与数字治理协同的基本遵循。农村集体产权、土地流转交易、金融服务、村民自治等方面的正式制度与以村规民约为核心的非正式制度相互补充、相互支撑，共同构成乡村数字经济与数字治理协同发展的制度依凭。二是政策层面。国家关于数字乡村发展的系列支持政策尤其是财政政策、金融政策及其组合配套是推进智慧农业与数字乡村发展的重要保障（王昕天等，2024）。财政部门关于农业农村数字化的专项投入和补贴政策、金融机构涉农贷款资金倾斜政策、财政金融支农政策的配套组合、社会资本投资激励政策等均有助于缓解数字经济与数字治理平台建设、功能整合与差异化设计、数字App推广应用、数字人才培育等方面的资金压力，为引导和矫正投资方向，持续提高乡村智慧农业与治理数字化在平台衔接、功能整合、数据共享、效果互促等方面的协同性提供重要保障。三是技术层面。多样化数字技术是产业类和治理类数字化活动得以有序开展的载体依托。以数字组件、数字平台和数字基础设施为核心的数字技术创新与应用，对打破数字经济与数字治理的业务区隔、实现平台功能的整合衔接、加快数据要素等资源共享等均产生重要的支撑作用。四是主体层面。普通农户和能人群体均是数字乡村建设的重要主体，对落实各项规划、优化决策实施过程、提高数字经济与数字治理发展的协同性发挥关键性作用。因参与动机、拥有资源条件、数字素养等方面的差异，相较于普通农户，村干部和经济能人等群体在农业全产业链数字化与数字治理中的嵌入范围更广、程度更深，对两者协同发展的影响更大。

第二节 乡村数字经济与数字治理协同发展的场景探析

结合笔者所在团队近年来在江苏、浙江、山东、陕西等地区开展的数字乡村与智慧农业试点项目实地调查及一些地方典型案例的公开资料，本章立足农业全产业链与基层治理互嵌视角，将乡村数字经济和数字治理协同的场景归类为"数字化生产+数字化治理"、"数字化销售+数字化治理"、"数字化金融+数字化治理"、"数字化服务+数字化治理"及"数字化全产业链+数字化治理"等典型模式。在具体案例的选取与讨论中，聚焦国家和地方政府重点支持引导、社会资本积极参与的数字技术应用示范项目，兼顾案例的覆盖面、代表性及其蕴含的学理逻辑展开分析和论证。

第十三章 乡村数字经济与数字治理协同发展的理论逻辑与现实挑战研究

一 具体场景及表现形式

（一）数字化生产+数字化治理

数字化生产与数字化治理的协同主要体现为协同推进农业生产过程数字化及相关资源要素的数字化治理。基层党支部领办的数字农场项目建设与运行基于用工用地、销售渠道拓展、社会化服务使用等，增进村庄各类经济组织与村民自治组织的交互，这在一定程度上体现了数字化生产和数字化治理的协同。例如，山东省淄博市王村镇彭东村在上级财政资金支持下，由党支部领办成立种植专业合作社，依托村集体流转土地大力发展智慧农业。该合作社将原有的21栋废弃连拱大棚进行修缮盘活，新建11座冬暖式日光温室大棚，建设数字果园150亩，主要种植普罗旺斯番茄、阳光玫瑰葡萄等特色农产品，年销售额约500万元，吸收村庄80余名村民在合作社务工，为村集体增收40多万元。该合作社依托水肥一体化、温室智能监测、传感器、智能补光机、智能卷被机等智慧技术，构建了覆盖耕、种、管、收、储、运、销的全程可视化溯源体系，实现种植数据实时采集、农资进销存管理和使用精准化、大棚种植环境的全面监控及农事行为高效监管。

彭东村种植专业合作社智慧农业发展推动数字技术推广应用和区域数字化氛围形塑，促进乡村数字化从生产领域向基层治理领域渗透。为支撑乡村产业数字化发展，近年来，该村党委加快推进智慧村居建设，在便民服务、村务管理、集体资产管理、党群教育、公共安全等基层治理领域推进数字技术应用。彭东村基层治理数字化转型，为智慧农业项目新技术引入、用地保障、用工管理、社会化服务调度、政策信息与行业动态信息获取等方面提供高效的服务支持。彭东村党委班子成员既是数字农业项目运营的主体，又是实施数字化治理的主体。党支部领办合作社将党支部的制度建设优势融入农民专业合作社的运行，通过盘活土地、发展壮大特色产业、吸纳村民就近就地就业、发挥区域示范引领等作用，强化了村两委的凝聚力、改善了党群关系，重塑乡村治理共同体。

（二）数字化销售+数字化治理

数字化销售与数字化治理的协同主要体现为协同推进产品与服务交易数字化及村域纠纷治理的数字化治理。例如，村头市场农产品交易数字化集中体现了数字化销售和数字化治理的协同互促。山东省寿光市某村党支部在领办蔬菜专业合作社的基础上，打造了村头蔬菜交易市场，村头蔬菜交易多在该合作社进行。该交易市场的一般交易程序包括：农户将蔬菜卖给村头市场经营主体或代办人员，记下销售数量和当日价格；代办人员再卖给来自外地的批发商、蔬菜收购商等。产地端交易市场的运营方式比较传统，传统的人工过磅记账模式需要手动记账、效率低，还容易发生漏账、记错账等情况，容易产生纠纷。尤其是在蔬菜收获季节，农户需高频采摘销售，如果每天结账，单日销售量小但工作量大，因此每隔一段时间（1周至3个月）才结一次账，销售数量、价格或销售时间等方面出现的人工记账错误导致交易纠纷频发。该村蔬菜专业合作社引入某物联网公司开发的"掌上秤"蔬菜交易终端系统，将一卡通、显示屏、智能过磅系统、手机 App 等设备有序连接和整合，发挥智能称重、快速分拣、在线记账、快速结算、财务核对等多重功能，实时采集交易蔬菜的品种、数量、价格、出货流向、回款状态等信息，进而实现对蔬菜交易、记账、结算等环节的数字化管理，依托高效支付和精准对账，减少坏账、死账、烂账。代办人员和农户通过手机 App 随时可了解以上所有交易信息，不仅明显节省了人工交易称重、记账和核对的时间，而且推动了基层社会信用治理、消除了交易过程中的大多数纠纷和由此产生的邻里人际关系不和谐问题。此外，蔬菜交易终端系统通过将菜农的交易数据传送至地方政府大数据中心，进而实现对村头市场交易价格进行高效监管。蔬菜交易终端系统在村头市场的推广采用有效联结销售数字化和纠纷治理数字化，能够满足较长时间间隔的记账需求和村头市场交易纠纷治理需求，有效提升了产地端蔬菜交易效率和村庄纠纷治理效果。

再如，"网格+电商"也是数字化销售和数字化治理协同的典型表现形式。北京市平谷区山东庄镇鱼子山村立足草莓特色产业和网格化治理基础，试点探索"网格+电商"的数字化发展新模式。该村在党支部带领下，从乡贤、返乡创业者、乡村经济能人、村干部（含小组长）等群体中招募选拔有志从事直播带货人员作为网格员进入"网红"孵化阵营，在经过一定的专业培训之后，网格员化身"主播"推销家乡特色农产品。乡镇和村庄共同打造"网格+电商"惠民服务中心，提供政策宣讲、电商培训、产品代销、创业指导等方面的惠民服务,并推出乡村助农共享直播间,为网格员直播带货提供场所支持。该模式以"农村直播电商"为切入点,在拓展乡村优质农产品线上销售渠道、提升本土农产品品牌的同时,也充分发挥了网格员在基层治理尤其是采集信息、联农带农助农中的作用,并基于数字平台应用实现了网格化治理基础上的数字化治理,及时高效处理网格员汇集的村民诉求。

(三)数字化服务+数字化治理

数字化服务与数字化治理的协同突出表现为协同推进社会化服务[1]的数字化供给及基层利益分配、小微权力监管等方面的数字化治理。农村"三资"管理平台是政府引导和金融机构参与下社会化服务数字化与治理数字化协同的典型案例。例如,为推进农村集体资产交易和监管,江苏省常熟市引入中国农业银行开发的农村"三资"管理平台[2],在资产资源管理、资金管理、股权管理、资产交易、阳光村务等功能模块基础上,增设"村级工程合同管理模块"。该市每年通过"三资"管理平台交易资金笔数接近 20 万笔,交易量近 100 亿元[3],有效盘活了农村集体资产、增加了集体经济收入。以农村"三资"管理平台为依托,常熟市实现对农村集体资产、资源租赁发包的线上公开交易,县乡两级政府及村组织实现对村庄集体"三资"全面清理、动态管理及数字化监管,加之权属的严格保护、变更流程的透明公开、收益分配的公开公平,农村集体资产管理和财务管理的规范化与智慧化程度明显提升。综上,资产管理与交易服务数字化和治理数字化的互嵌在促进农村集体资产保值增值、加强村集体经济组织资金流动风险防控、激发集体经济发展活力的同时,也有效规范了基层"小微权力"、保障集

---

[1] 此处社会化服务强调农业产业链纵向环节的服务,后文将金融服务作为产业链横向关联的要素链的一部分予以单独讨论。

[2] 中国农业银行强化科技赋能,因地制宜探索形成代建平台、合作共建、系统对接等不同类型的农村"三资"管理平台建设模式。截至 2021 年末,中国农业银行已与 1275 个县签约,并在 908 个县上线"三资"管理平台,覆盖 6467 个乡镇、12.3 万个行政村。资料来源:《助力乡村振兴——农业银行数字化创新助力乡村振兴》,https://www.abchina.com/cn/special/kjz2022/jrkjz2022/202205/t20220520_2148742.htm.

[3]《农业银行 推广农村集体"三资"管理平台》,《农村金融时报》,http://epaper.zhgnj.com/Html/2022-02-14/42346.html.

体合法权益，改进基层工作作风、助力乡村治理现代化。

再如，以浙江省宁波市海曙区未来农场现代化农事服务中心为代表的现代化农事综合服务，较好地体现了社会资本作为供给主体的社会化服务数字化和治理数字化的协同。海曙区在古林蜃蛟省级现代农业园区内打造了8000平方米的现代化农事服务中心，由国家级示范社粮人粮机专业合作社负责运营管理。该中心依托国家级数字大田农业试点优势，为农机具配备远程监测装置，搭载农机检测与协同精密作业服务集成系统、决策平台系统等，农事服务范围从耕、种、收等核心环节，逐步拓展至农资配送、集中育苗、烘干加工、仓储保鲜冷链、农事研学等广泛的领域，水稻耕种收、植保、烘干社会化服务覆盖率到达80%以上。该中心通过将农机、农情、灌溉等智能装备高度集成于同一平台，实现农机可视化作业、种植信息化管理和智能化灌溉的高效统一；同时，社会化服务数字化促进域内农业联合体建设，推动形成小农户、农民专业合作社、基层自治组织等不同主体间有序联结。在社会化服务数字化转型的推动下，古林镇探索打造"古林智治大脑"，将上级交办、日常巡查、网格上报、公众上报、物联感知发现的事件统一入库流转，交由网格力量、辅助力量、执法部门或相应条线处置，有效促进了基层治理数字化。

（四）数字化金融+数字化治理

数字化金融与数字化治理的协同突出表现为以信用体系建设为纽带，协同推进数字化积分制治理与数字金融产品与服务创新。这类场景主要以信用信息数据互通共享为基础，在数字化积分制治理中嵌入数字金融服务。例如，江苏省张家港市永联村探索将乡村道德建设、环境整治、文明乡风等场景融入积分制治理，构建由文明分、金融分和基础分组成的"永联分"评价体系，推广应用"永联一点通"。基于该平台实现了对村域内2.6万居民的信用评级，并提供包括信贷支持、利率优惠、商品折扣、文体活动、医疗服务等方面的权益激励。永联村根据永联分将村域内居民信用等级划分为A++、A+、A、B+、B、C共6个等级，并通过与中国建设银行合作，对不同信用等级居民给予不同的授信额度和贷款利率优惠。例如，对信用等级为A及以上的居民给予最高50万元的授信额度，贷款利率为3.85%—4.0%；对信用等级为B或B+的居民给予最高20万元的授信额度，贷款利率为4.1%—4.3%；对信用等级为 C 的居民部分给予一定的授信额度。这表明，基于积分制治理构建的数字化信用体系为金融与治理的协同发展提供了应用场景支撑，不仅促进了数字金融服务下沉，而且有效提高了数字治理平台的用户活跃度、推动了和美乡村建设。

再如，浙江省慈溪市桥头镇构建了由两分（积分、信用分）四场景（赚积分、花积分、获取信用分、使用信用分）组成的"群治分"体系，基于政府、商家、村民共建的积分流通平台，打通不同场景之间的联结，强化以信用为核心的数据资产价值，从信贷服务、招聘就业、创优评先等层面拓展积分的应用领域，使乡村治理贡献多和信用分高的村民优先或以更高规格享有各项发展权益，激发了村民主体性。桥头镇和慈溪农村商业银行合作，从"群治分"中抽取用户的部分行为数据（正面与负面行为）和身份数据（身份标签、荣誉等级等），建立信用分模型，并创新金融惠农产品"桥信贷"，面向 463 户农户授信 7000 万元（用信 4300 万元）。此后，中国农业银行慈溪支行、宁波银行、中国人民保险等金融保险机构也积极参与。截至 2023 年 8 月，中国农业银行慈溪支行面向桥头镇 284 户农户授信 8565 万元（用信 4072 万元）。"群治分"体系通过打通行为数据化、数据资产化的链条，既为乡村治理数字化注入活力，也提升了数字金融服务质效。全国很多经济发达地区不乏此类案例，表明推进数字金融与数字治理的协同发展具有现实必要性。

（五）数字化全产业链+数字化治理

数字化全产业链与数字化治理的协同主要体现为围绕农业全产业链数字化和各类农业经营主体的公共服务需求，推进行业类综合服务平台和数字乡村综合服务平台建设。例如，陕西农牧行业服务平台围绕农业核心企业产业链运作的全过程及其资金结算、融资理财、综合服务等方面的多样化需求，整合链条上的物流、信息流、资金流信息，根据不同应用场景定制产业应用系统，并依托信息管理和综合服务系统提供数字化治理支撑。该平台一期主要包括信息基础建设和特色平台开发。前者重点是基于农户一卡通系统和惠农数据共享系统，对农户生产经营信息进行归集，并汇总至平台；后者主要包括乳业生产管理系统、农业联合体应用系统和三级电商服务系统。其中，"乳业生产管理系统"为农户、奶站、加工厂等用户提供乳品收购、支付结算、销售管理等方面的服务支持；"农业联合体应用系统"通过打造"农业联合社+基层合作社+农户"的联合运作模式，对农产品全产业链进行统一信息化管理，实现农产品和农资双向产供销全流程闭环管理。截至2023年8月，该平台累计上线15个特色场景，涉及奶山羊、茶叶、生猪、核桃、农资农具等11类产业，累计服务关中和陕南的7个地级市1.9万户农户，为各类涉农主体发放贷款累计超过1.3亿元（杨光，2023），并升级为建设银行总行级数字化农业产业链服务平台。农牧行业服务平台的建立与运行通过数字化全产业链增进了村民自治组织、农业联合社组织、农民专业合作社及农户间的交互性和关联度，以农业联合体应用系统为纽带，通过建立稳定的利益联结促进不同主体间的协同合作和互惠互利，强化基层治理共同体，提升治理数字化的整体效能。

再如，中国建设银行黑龙江省分行与黑龙江省农业农村厅、黑龙江省农业投资集团开展合作，推动"智慧乡村"综合服务平台1.0版向2.0版迭代升级。该平台采用"产业互联网+农业大数据中心+金融科技"的建设模式，构建了土地资源管理、投入品监管溯源、"农品惠"电子商务、涉农资金管理、农业生产托管服务、政策性保险服务、大宗粮食交易等9个平台，以期打造综合数字化生态体系。为推进农业全产业链数字化，该平台建立了省、市、县、乡、村五级农业监管系统，搭建了政府端、主体端和消费端3个产业互联网服务入口，联通农资经销、农业生产及农产品收储、加工、销售等涉农生产经营主体，全面抓取各类经营主体的生产经营信息。以生产经营数据、金融应用数据和其他政务数据的跨界整合为基础，该平台初步实现对域内各类涉农主体的信息资源整合与应用共享，使农业生产、金融服务、政务治理、智慧党建、应急管理等内容得以有机衔接，信贷、结算、保险、担保、政务等服务得以与农业产业链加速融合。综合而言，该平台以农业产业互联网为核心，贯通农业全产业链各环节，融合农业生产智能化、经营网络化、管理高效化、服务便捷化，并以生产、金融、政务等大数据的精准画像为依托，将信贷、保险等金融服务延伸到农业全产业链的更多场景，提高了农业生产监管、涉农资金管理、便民服务等方面的效率。与此同时，一些县域支行通过与村两委合作共建便民服务点，大力推进

第十三章 | 乡村数字经济与数字治理协同发展的理论逻辑与现实挑战研究

"裕农通"平台在乡村治理中的应用,助力打造智慧村务、阳光村务,进而提升基层数字治理效能。

二 不同场景的比较和讨论

基于不同场景的比较可知,乡村数字经济和数字治理协同发展的场域主要产生在村庄一级或乡镇一级,而数字化全产业链与数字化治理的协同需要在更高层次的场域、借助更强主体的力量来推动。区域农业产业特色鲜明、信息化基础或数字技术支撑条件较好、村集体经济实力和基层治理能力较强的村庄更易推动乡村数字经济和数字治理协同发展场景的创新。相较于农业全产业链其他环节,现阶段,数字化生产与治理数字化的协同多表现为弱协同关系,即主要通过技术外溢产生协同效应。

不同场景在不同程度上体现了数字技术对包括乡镇干部、村干部、经济能人、普通村民等在内的农民群体的赋权、扩能和增信作用。农产品数字化交易、直播电商、数字金融服务等农业全产业链数字化各场景嵌入乡村治理领域可通过改善信用环境、重塑主体权能结构,并基于产业数字化的联农带农作用,激发治理平台活力、助力破解数字治理悬浮化问题。与此同时,以数字平台为纽带的农业联合体建设、信用体系构建、小微权力监管等,强化了基层治理共同体,拓展了各类主体参与产业数字化的市场机会、增强了资源配置能力和创业创新能力,强化了信用意识和契约意识,进而促进农业全产业链数字化发展。

不同场景不同程度地体现了乡村数字经济和数字治理在目标、手段、过程和效果等层面的协同逻辑。从具体场景的共性和差异性来看,乡村数字经济与数字治理的协同发展突出体现为平台模块的衔接或功能整合、数字技术互嵌或数据要素共享、资金要素的统筹配置、数字人才的交叉保障、效能双向转化等方面(详细比较见表13-1)。具体如下。

第一,平台模块的衔接或功能的整合。平台建设是乡村各领域实现数字化发展的重要载体,平台的衔接或功能的互嵌是数字乡村不同领域协同发展的重要表现形式。例如,中国建设银行黑龙江省分行打造的"智慧乡村"综合服务平台,改变过去仅注重信贷、保险、担保等金融

表13-1　不同场景中乡村数字经济和数字治理协同发展的具体表现形式

表现形式	党支部领办合作社（数字农场）	农产品数字化交易	网格+电商	集体三资管理	数字化农事服务	数字化积分制治理	农牧行业服务	数字乡村综合服务
平台衔接或功能整合	功能整合：设施农业智慧化+村居管理智慧化	功能整合：蔬菜交易智能化+价格监管+纠纷治理	功能整合：网格化产交易服务+农产品直播销售	功能整合：集体资产交易服务+工程合同管理+小微权力监督	功能整合：社会化服务数字化供给+农业联合体数字化管理	平台衔接和功能整合：数字金融服务+数字信用体系建设	平台衔接和功能整合：生产管理+农业联合体+三级电商	平台衔接和功能整合：生产经营+数字金融+数字生产+数字治理
数字技术互嵌或数据要素共享	数字技术互嵌和数据要素共享：人工智能等数字技术以及智能App跨领域渗透；政策与行业动态、便民服务等信息共享	数字技术互嵌和数据要素共享：交易时间、价格、数量数据共享	数字技术互嵌和数据要素共享：智能App跨领域使用；农业经营主体及其经营数据共享	数据要素共享：村集体资产账户流入流出数据共享	数字技术互嵌和数据要素共享：数字技术跨领域渗透、包括社会化服务主体在内的农业联合体信息共享	数字技术互嵌和数据要素共享：金融、文明美德行为、社会治理参与等数据共享	数字技术互嵌和数据要素共享：大数据等技术跨领域嵌入；产业链上下游农户生产经营及惠农数据共享	数字技术互嵌和数据要素共享：大数据等技术跨领域互嵌；经营、金融服务和其他政务数据跨界整合
资金统筹配置	村打造智慧农业（集体经济）、智慧村居建设	交易终端系统购买与维护、纠纷调解	网格员队伍建设、村庄助农共享直播间建设	"三资"平台模块开发、交易服务与动态监管	现代农事服务中心建设、智慧农业大脑建设	产业数字化、数字化与民生数字化三大模块	产业管理、治理联合体、三级电商服务	产业互联网、农业大数据中心、金融服务等
数字人才交叉保障	村干部是推进产业与治理数字化的共同主体	村干部领办交易市场，是推动交易和治理数字化的共同主体	网格员既是基层治理的依托力量，也是直播带货的主导力量	村干部既办交易服务，也是集体资产数字化服务者，也是基层权力监督者	农事服务中心负责人既是数字化农业服务人，也是数字化基层治理的推动者	村干部、经济能人和普通农户是推动数字金融下沉和数字治理的共同主体	产业链核心主体和普通农户是推动产业数字化和治理数字化的共同主体	基层干部、经济能人和普通农户是推动生产、金融、治理数字化的共同主体
效能双向转化	智慧农业发展培育了数字化氛围，促进智慧村居建设；智慧村居建设支撑了智慧农业提档升级	有效联结销售数字化和纠纷治理数字化，提升了产地终端蔬菜交易效率和纠纷治理效果	激发村集体经济发展活力、有效规范了基层"小微权力"	推动了数字化治理产品与服务下沉，而且提升了数字治理平台的用户活跃度	乡村数字化由农事服务领域向基层治理领域渗透	全产业链数字化协同进步，同主体协同合作、互惠互利、强化以平台为组带的基层治理共同体	既大幅提升了农业生产、销售、金融服务等数字化程度，也加速了基层治理数字化

386

第十三章 乡村数字经济与数字治理协同发展的理论逻辑与现实挑战研究

服务的单一思路,将生产、经销、收储、销售、政务、金融等多元平台服务融入农业全产业链发展,推进土地资源管理、农产品电商、涉农资金管理、农业生产托管、信贷保险服务、政务服务等平台的有机衔接,进而实现乡村数字经济与数字治理的协同发展。农村集体"三资"管理平台的推广应用将集体资产交易服务与管理、工程合同管理、小微权力监管等多重功能融合,在激发村集体经济发展活力的同时,有效规范基层"小微权力"。此外,数字化农事服务、数字化积分制治理、农牧行业服务平台等场景均不同程度地体现了产业类平台与治理类平台的衔接或产业数字化功能与治理数字化功能的整合。

第二,数字技术互嵌或数据要素共享。乡村数字经济和数字治理领域存在诸如物联网、人工智能和大数据等一些共性的数字技术使用需求,这为两类数字技术应用场景的融合互嵌奠定基础,并在党支部领办合作社(数字农场)、农村集体"三资"管理、农牧行业服务、数字乡村综合服务等场景中均有体现。数据要素共享为不同场景数字化的协同推进注入了活力。例如,江苏省张家港市永联村将建设银行龙信商评分数据(覆盖了资产、交易、履约等方面)引入信用评价体系,并将永联分数据应用于生活消费、文化娱乐、信贷等 N 个权益兑现场景,大数据技术应用和数据共享机制有效支撑了该村信用体系的建设与运行。农牧行业服务平台通过打造惠农数据共享系统,将乳业生产管理、三级电商服务、农业联合体应用等系统产生的数据归集,接入建设银行金融科技产品,为农户信贷业务开展提供数据支持,并基于农业联合体内各经营主体核心数据共享和业务交互,强化治理共同体建设。数字乡村综合服务平台通过将域内农业生产经营、金融服务、政务服务等多源数据跨界整合,既提升了农业全产业链数字化水平,也增强了大数据辅助基层治理决策的作用。

第三,资金要素的统筹配置。数字乡村与智慧农业试点起步阶段,财政直接投资和奖补是许多试点项目的主要资金来源。考虑到一些试点项目初始投资较大,短期收益不明显,在有限财政支持条件下,对智慧农业和数字乡村建设资金进行统筹配置,直接关系到乡村数字经济和数字治理协同发展程度。例如,浙江省宁波市海曙区古林镇在打造未来农场现代化农事服务中心的同时,也加快建设乡镇"智慧大脑",推进公共事务办理、便民服务、网格化治理等领域的数字化，统筹国家试点支持资金和地方财政支持资金的配置，助力数字经济与数字治理的协同发展。得益于强大的村集体经济发展基础，江苏省张家港市永联村围绕产业、治理与民生三大领域数字化开展规划布局和资金统筹使用，树立了经济发达地区统筹推进乡村产业数字化与治理数字化的典范。此外，党支部领办合作社（数字农场）、农产品数字化交易、"网格+电商"、集体"三资"管理等场景也不同程度地体现了资金统筹配置带来的数字经济和数字治理的协同效应。

第四，数字人才的交叉保障。数字人才是数字乡村高质量发展的重要支撑。农业生产、加工、销售及服务等全产业链环节的数字化及网格化治理、集体资产管理、积分制治理等方面的治理数字化均对数字人才尤其是复合型数字人才表现出较高需求。无论是党支部领办合作社（数字农场）、村头蔬菜市场交易数字化、"网格+电商"、集体"三资"管理、数字化农事服务、数字化积分制治理，还是农牧行业服务及数字乡村综合服务等数字技术应用场景下，村干部或网格员群体、以农业企业负责人和返乡创业者为代表的经济能人均是推动乡村数字经济和数字治理协同的重要主体。尤其是在以党支部领办合作社等集体经济形式发展智慧农业的场景中，村干部在产业数字化和治理数字化方面均发挥了引领、带动和示范作用。这类群体较易接受新技术新思想，其在产业数字化或治理数字化单一领域的数字素养与技能积累，均有助于提升他们在其他领域的数字适应力、胜任力和创造力，进而为数字经济和数字治理协同发展提供重要人才支撑。

第五，效能双向转化。乡村数字经济与数字治理协同发展强调将整体性、系统性和协同性思维贯穿数字乡村发展全过程，注重产业数字化与治理数字化协同互促，充分发挥数字技术应用的叠加作用和倍增作用。例如，山东省淄博市彭东村在党支部领办合作社发展智慧农业促进村集体经济增收的同时，也推进乡村数字化从农业生产领域向基层治理领域扩散；该村智慧村居建设带来的福利改善也进一步激发了村庄智慧农业发展的活力。山东省潍坊市"掌上秤"蔬菜交易终端系统在村党支部领办的蔬菜专业合作社中的推广使用，既通过保障蔬菜数字化交易有序运转进而持续提升农产品数字化交易的广度和深度，又通过改进蔬菜交易数字化水平促进交易纠纷治理、增进邻里和谐。北京市平谷区山东庄镇某村推出"网格+电商",以网格员队伍化身本地农产品"主播"为纽带,实现网格化治理基础上的数字化治理与特色农产品数字化销售的协同联动。综合可知,乡村数字经济和数字治理可基于共性数字技术应用或主体交互产生直接或间接的效能溢出作用。

三 协同发展的微观检验:基于农户调查数据

为进一步论证乡村数字经济与数字治理的关联性,本章采用笔者所在课题组 2020 年 7—8 月及 11 月在四川省、重庆市和宁夏回族自治区开展的农户抽样调查数据进行统计分析。数据来源的介绍详见第一章第五节。

表 13-2 汇报了数字经济参与[①]和未参与农民的数字治理响应[②]比例及组间差异。结果显示,农民在数字经济各领域的参与行为与其在数字治理各领域的参与行为均在 1% 的统计水平上存在正相关关系。进一步地,参与数字经济样本响应乡村数字治理、数字化党群教育、数字化村务管理、数字化民主监督的比例分别为 33.67%、19.48%、18.19% 和 17.81%,未参与数字经济样本响应上述领域的比例分别为 5.72%、2.18%、2.18% 和 1.91%,均在 1% 的统计水平上存在显著差异。这表明,农民主体性视角下,参与乡村数字经济的样本响应乡村数字治理及其各领域的概率更高,两者表现出较强的相关性。基于农民参与数字化

---

① 数字经济参与包括数字化生产、数字化销售和数字化金融三个方面的参与行为,分别采用以下题目进行测量:"在生产中是否利用物联网、人工智能(如智能卷帘机、智能打药机等)、无人机(含服务购买)等数字技术改进种植业、养殖业的生产管理过程?"、"在生产销售活动中是否采用微信朋友圈、QQ 等社交平台或京东、淘宝等电商平台销售农产品,依托抖音、快手等网络平台进行直播销售农产品?"和"在生产经营活动中是否使用微信、支付宝等第三方支付方式,使用蚂蚁借呗、京东白条、微粒贷、P2P 借贷平台等数字信贷产品,以及使用余额宝、网上银行等购买基金、股票、债券等理财产品?"统计显示,样本在上述三个方面的参与比例分别为 12.52%、11.99% 和 63.22%,数字经济参与(至少参与一项)比例为 64.80%。

② 数字治理响应包括在数字化党群教育、数字化村务管理、数字化民主监督等方面的参与,具体测量题项分别为"参与村庄组织的远程教育学习或利用'学习强国'学习平台等党群教育平台进行在线学习""通过村庄微信公众号、益农信息社等平台参与选举、投票、协商议事等有关的村务讨论活动""通过村庄微信群或 QQ 群等社交平台参与环境卫生、集体项目等方面的民主监督及个人正当权益的维护"。统计显示,样本在上述三个方面的参与比例分别为 13.92%、13.04% 和 12.70%,数字治理响应(至少参与一项)比例为 24.69%。

生产、数字化销售、数字化金融三个分领域与响应乡村数字治理的关联性分析，进一步证实了前述研究结论。

表13-2　乡村数字经济参与和未参与农民的数字治理响应分析

项目	组别	数字治理	数字化党群教育	数字化村务管理	数字化民主监督
相关系数	数字经济	0.33***	0.25***	0.24***	0.24***
均值比较	参与	0.34	0.20	0.18	0.18
	未参与	0.05	0.02	0.02	0.02
	差异	0.29***	0.18***	0.17***	0.16***
相关系数	数字化生产	0.18***	0.10***	0.21***	0.14***
均值比较	参与	0.45	0.23	0.31	0.25
	未参与	0.22	0.13	0.10	0.11
	差异	0.23***	0.10***	0.21***	0.14***
相关系数	数字化销售	0.22***	0.21***	0.23***	0.16***
均值比较	参与	0.50	0.34	0.34	0.27
	未参与	0.21	0.11	0.10	0.11
	差异	0.29***	0.23***	0.24***	0.16***
相关系数	数字化金融	0.34***	0.26***	0.25***	0.25***
均值比较	参与	0.36	0.21	0.19	0.19
	未参与	0.05	0.02	0.02	0.02
	差异	0.31***	0.19***	0.17***	0.17***

注：①表中汇报了各类样本的均值；②数字经济参与和未参与的样本量分别为775、367，数字化生产、数字化物流、数字化销售和数字化金融四个分领域参与和未参与的样本量依次分别为143、999、337、805、137、1005、722、420；③不同组间差异性比较采取独立样本 t 检验。

基于农民响应乡村数字治理不同情境下的数字经济参与分析可知（表13-3），响应数字治理样本参与乡村数字经济及数字化生产、数字化销售、数字化金融三个分领域的比例分别为92.55%、22.70%、24.47%和91.84%，未响应数字治理样本参与上述领域的比例分别为59.77%、9.19%、7.91%和53.84%，均在1%的统计水平上存在显著差异。这表明，在微观视角下，响应数字治理的样本参与乡村数字经济及其各领域的概率更高，两者表现出较高的相关性。基于数字化党群教育、数字化村务管理、数字化民主监督与数字经济及其各领域的关联性分析进一步证实了前述研究结论。

表 13-3　乡村数字治理响应和未响应农民的数字经济参与分析

项目	组别	数字经济	数字化生产	数字化销售	数字化金融
数字治理	参与	0.93	0.23	0.24	0.92
	未参与	0.59	0.09	0.08	0.54
	差异	0.34***	0.14***	0.16***	0.38***
数字化党群教育	参与	0.95	0.21	0.29	0.95
	未参与	0.60	0.11	0.09	0.58
	差异	0.35***	0.10***	0.20***	0.37***
数字化村务管理	参与	0.95	0.30	0.32	0.94
	未参与	0.60	0.10	0.09	0.59
	差异	0.34***	0.20***	0.23***	0.35***
数字化民主监督	参与	0.94	0.25	0.26	0.94
	未参与	0.60	0.11	0.10	0.59
	差异	0.34***	0.14***	0.16***	0.35***

注：①表中汇报了各类样本的均值；②数字治理参与和未参与的样本量分别为282、860，数字化党群教育、数字化村务管理、数字化民主监督三个分领域上述数值依次分别为159、983，149、993，145、997；③不同组间差异性比较采取独立样本 t 检验。

虽然近年来乡村数字治理的领域不断拓展，但党群教育、村务管理和民主监督仍然是现阶段农民直接参与乡村数字治理的主要方面。限于数据，此处测度虽仅涉及数字化党群教育、数字化村务管理与数字化民主监督等方面，但依然能够为揭示乡村数字经济与数字治理之间的关系提供重要支撑。随着一些地区农业新业态新模式持续涌现、村集体经济加快发展，乡村治理的内容不断拓展，数字治理的范畴也逐渐从党群教育、村务管理、民主监督等传统治理领域拓展至集体资产管理、信用体系建设、数据治理等更广泛的领域，乡村数字经济与数字治理之间的关联性也会日趋增强。

第三节　乡村数字经济与数字治理协同发展的支撑条件

基于智慧农业与数字乡村试点的典型场景剖析，结合协同发展的外部支撑机制（"制度—政策—技术—主体"）的逻辑梳理可知，乡村数字经济与数字治理的协同发展应具备一定的支撑条件,具体包括有为政府和有效市场合力作用的发挥、鲜明的交叉需求导向、具有节本增效作用、相对成熟的共性技术支撑及参与主体适应于多领域的数字素养。

一 政府职能与市场作用有效发挥

乡村数字经济与数字治理的协同发展依赖有为政府和有效市场合力作用的发挥。例如,江苏省张家港市永联村信用体系的建设离不开地方政府的大力推动及金融机构、社会资本等经营主体的积极参与和实践探索。张家港市社会信用体系建设领导小组多次召开包括国家发展改革委、中国人民银行等在内的社会信用体系建设专题会议,通过建立完善统筹协调工作机制,加大对永联村数字化信用体系建设的政策支持力度。永联村委在上级党委的支持下,协调各方力量,建立包括资金投入、考核管理、安全防控、人才保障等在内的运行保障机制。中国建设银行苏州分行、中国银行苏州分行和永联村共同签署的银团贷款项目为永联村数字乡村建设提供重要的资金支持。中国建设银行苏州分行在总行"数字力"工程信用体系建设的总体框架下,基于客户授权,把"龙信商"数据产品与多方数据融合,支撑永联分尤其是金融分(资产分、消费分、银行客户评分)的构建,在为村民增信的同时,也改进金融机构的客户信用评级方式。农业银行、建设银行、农村商业银行等金融机构基于永联分构建授信模型,为永联村民提供多样化的信贷产品,拓展永联分的金融权益场景。社区服务公司在高效整合社区服务的基础上,通过与金融机构合作,将永联村成熟的"垃圾分类""网格化管理""文明家庭奖考核"等系统整合嵌入信用体系建设项目。中国移动苏州分公司助力永联村 5G 信号全覆盖,为产业与治理数字化提档升级提供重要的基础设施保障。再如,黑龙江省"智慧乡村"平台由银保监局、财政厅、农业农村厅、农业投资集团等多方主体参与共建共治,形成政、企、银、校多方协作的数字乡村综合服务平台建设机制。省银保监局指导中国建设银行黑龙江省分行在省内银行业推介"智慧乡村"模式,数字乡村综合平台建设得以推广。事实上,党支部领办合作社(数字农场)、农产品数字化交易、"网格+电商"、农村集体"三资"管理、农牧行业服务等应用场景均不同程度地体现了政府职能和市场作用的共同发挥。

第十三章 乡村数字经济与数字治理协同发展的理论逻辑与现实挑战研究

二 契合经济与治理活动中的实际需求

乡村数字经济与数字治理的协同发展应立足于解决经济与治理活动中的实际问题尤其是交叉领域问题。例如，农产品流通领域"网格+电商"模式通过发挥年轻高素质且热衷直播行业的网格员的作用，既有助于破解地方特色农产品销路不畅、市场竞争力不强的问题，也有助于强化网格员采集各类经营主体信息和助力特色产业发展的作用、提升村庄网格化治理效能。农村集体"三资"管理平台的推广应用既迎合了中国农业银行推进金融科技服务"三农"的战略需求，也契合一些地区尤其是经济发达地区盘活农村集体资产资源、发展壮大农村集体经济、加强村级资产和小微权力监管的需要。"智慧乡村"综合服务平台建设通过金融科技加持，将农业大数据资源转化为数据资产，促进金融服务向农业全产业链的更多场景和更多主体延伸，既契合了银行保险机构下沉服务、拓展市场、提高产业链服务效率的需求，也有助于满足包括新型农业经营主体和小农户在内的各类农业经营主体的融资和保险服务需求，还对区域涉农大数据的治理、农村集体资产管理、政务服务等产生积极作用。江苏省张家港市永联村和浙江省慈溪市桥头镇的积分制治理之所以能取得积极成效，主要是因为找到了数字时代农户金融服务需求和乡村治理实践需求间的契合点。即基于积分制治理所形塑的数字化信用体系既满足了基层部门提高治理效能和金融机构下沉金融服务的需求，也契合了农户将信用价值转化为具体权益、缓解生产性和消费性信贷约束等方面的需求。

三 产生节本增效等方面的经济效益

乡村数字经济与数字治理的协同发展应能够产生节本增效的作用。例如，陕西农牧行业服务平台的建立与运行瞄准了核心企业在农业全产业链环节对于资金结算、融资理财、财务顾问、综合服务等方面多样化的金融需求，有效提升了金融供需匹配程度，并产生明显的节本增效作用。其中，乳业生产管理系统的应用助力企业实现乳制品生产、检测、管控、包装、物流全过程智能化及交易核算明晰化与统计精准高效化，进而降低企业内部管理成本和市场交易成本；"三级电商服务系统"改变了传统的"线下下单、线下记账、线下信息管理"模式，明显提高了电商采销流程的智能化管理水平和效率；"农业联合体应用系统"促进了农业联合社、基层合作社与农户之间以平台为纽带的联结和治理共同体建设，提高了基层治理与公共服务的效率。党支部领办的村头蔬菜交易市场开展的农产品数字化交易活动既节约了称重、记账等交易成本和纠纷处理成本，也提高了基层部门对市场的监管效率和以蔬菜合作社为载体的村庄纠纷治理效果。以积分制治理和大数据技术为依托的数字化信用体系的建构，辅以激励约束机制和权益实现机制的设计，有效减少了基层治理中的管理监督成本、纠纷处置成本，提高了村务管理、民主监督的效率和效益；同时，也降低了金融机构的客户信息搜寻验证成本、人力成本及风险控制成本，提升了金融服务效率、改善了客户体验。

四 相对成熟的技术支撑

乡村数字经济与数字治理的协同发展需要有相对成熟的技术尤其是共性技术的支撑。例如，江苏省张家港市永联村数字化信用体系的建构与运行离不开大量数字技术尤其是金融科技的加持。中国移动苏州分公司在永联村开通了江苏省首个农村5G基站，为拓展乡村数字治理场景提供底层技术支撑。张家港市人行牵头开展农户信用平台建设，通过打造多方安全计算技术体系，采用完全的星形结构实现各节点与人行节点的连接，保证了多方数据的安全性。苏州建行打通永联村数字人民币线上支付场景，近百家商户开通了数字货币支付功能，为永联分转化为具体权益提供关键技术支持。陕西农牧行业服务平台的建设凸显了以科技为手段、以数据为连接、以共享为原则、以服务为内容的产业链服务平台建设思路，系统的构建、运行与维护及大数据的归集汇总、处理分析、智能化决策等均体现了金融科技作用的发挥。农村集体"三资"管理平台依托区块链、大数据、人工智能、地理信息、数据可视化等技术，将集体资源、资金、资产等信息在集体经济组织、金融机构间上链，将传统业务数据及流程迁移到线上平台，全面提升了村集体"三资"监管规范性和穿透性。

五 参与者应具备适应多领域的数字素养

乡村数字经济与数字治理的协同发展需要各类参与主体具有适应多领域数字化的数字素养。例如，党支部领办的数字农场项目要求既作为党支部核心成员又兼具农场实际经营者身份的村干部能够在农业生产经营与管理中熟练操作各类智能设备，同时又能够在智慧村居建设中推广应用各类数字治理 App，即村干部应在农业生产和基层治理中具备通用数字工具的使用素养、维系和拓展商业关系的数字化社交素养和推进协同发展的数字化创意素养。农村集体"三资"管理平台的规范运行和作用发挥对地方政府涉农部门工作人员、乡镇和村庄干部在平台使用与维护、资产交易服务与管理、小微权力监管等专门领域的数字化素养提出不同程度的要求。农牧行业服务平台各核心系统的有序运转及其对农产品全产业链的作用发挥及以农业联合体为载体的治理共同体的形塑，需要产业链上下游的企业管理者、农产品和农资农具经销商、农户等主体具备基本的数字平台和设备的操作能力、数据的编辑与共享能力及数字化社交能力。数字化积分制治理场景中，参与村民需要十分熟悉相应平台的功能模块、积分规则和权益兑现要求，能够自如地通过平台"赚积分、花积分、获取信用分、使用信用分"，且应具备一定的数字化创意素养和数字化安全素养。"智慧乡村"综合服务平台的推广与应用对基层干部、各类农业经营主体关于产业数字化、金融数字化、治理与公共服务数字化等多个领域的数字素养提出较高要求。

第四节 乡村数字经济与数字治理协同发展面临的主要挑战

基于对当前乡村数字经济与数字治理协同发展主要应用场景与进展的分析，遵循数字技术促进乡村产业转型升级与治理提质增效"起始阶段—扩散阶段—引致效果"的逻辑主线，综合考虑起始阶段的数字技术需求、数字技术供给与发展规划，扩散阶段数字技术应用的成本收益与主体条件，以及效果层面数字技术应用存在的区域与群体差异等可知，乡村数字经济与数字治理协同发展在顶层设计、技术供需匹配性、成本收益、农民数字素养、区域鸿沟等方面仍面临诸多挑战。

一 顶层设计存在不足

现有政策设计对智慧农业或乡村数字治理单一领域的发展方向定位较为明确，但对如何推进两者间的协同发展缺乏统筹规划、标准体系建设、组织机制保障、应用场景示范等方面的针对性政策设计。《数字农业农村发展规划（2019—2025年）》虽然明确提出加强各项政策衔接和工作协调，但关于乡村数字治理仍主要强调基层党建、村务管理、议事协商、公共服务等方面，对集体资产管理、纠纷治理、信用体系建设等领域的治理数字化重视不足，且对如何统筹推进产业和治理的数字化也缺乏明确措施。数字乡村试点的最初阶段，一些地区基于自身产业优势与治理基础，各有侧重地推进乡村产业数字化和治理数字化或更为强调产业数字化；但随着试点实践推进，这些地区的乡村数字治理体系滞后于农业全产业链数字化发展需求的问题日益凸显。例如，江苏省昆山市围绕主导特色产业培育智慧种植、智慧畜牧、智慧渔业等多元场景，截至2023年8月，建成智能化生产点位231个、实现物联网技术应用面积5.71万亩、创建智慧农场12家；但早期阶段农业经营主体信息采集、监测管理、公共服务等的智能化程度偏低，产业数字化与治理数字化的平台衔接与功能整合明显不足。福建省武夷山市围绕茶产业生产过程控制、环境监测、种质资源管理、产品销售与溯源、气象预警预报等环节推进全产业链数字化智能化改造，乡村产业数字化发展态势良好[①]。但与此同时，一些以茶产业为主导产业的村庄打造的数字治理平台侧重乡村党建、政策宣传、村务管理、政务服务等治理领域，对基层治理数字化与特色产业数字化的联动性设计不足，难以在用地用工、集体资产交易、信用体系建设等方面为茶产业数字化提供充分支撑。

数据要素治理机制的不完善，制约着乡村数字经济与数字治理两类平台的互联互通。虽然2022年出台的《关于构建数据基础制度、更好发挥数据要素作用的意见》首次提出了建立数据资源持有权、数据加工使用权、数据产品经营权等分置的产权运行机制，但如何基于新的制度框架构建不同类型平台数据权益分配、交易流通及安全保护等具体制度仍不明确。调查发现，虽然许多农业农村大数据平台建设具有前瞻性，但其服务对象、数据标准、数据更新、数据产权与共享、运营维护等方面的体制机制都尚不明确。这使一些地方在大数据平台建设上，各级各部门各自为战，缺乏上下级和部门间的统筹协调工作机制，导致信

[①] 北京大学新农村发展研究院发布的《县域数字乡村指数（2020）》显示，武夷山市乡村经济数字化指数为118.65（在2481个参评县中排名前10），但乡村治理数字化指数仅为60.48。

息孤岛和重复建设，在一定程度上制约了产业类数字化平台和治理类数字化平台的衔接互促。数据流通交易实践中面临定价难、溯源难、信任缺乏、标准不统一等诸多困境，不同平台使用的数据格式、技术规范、权限管理模式等不同，缺乏按数据类型和价值计费的技术，制约了产业类数据和治理类数据的联合开发和多元数据价值的充分实现。

二　数字技术供需不匹配

在乡村数字经济方面，现阶段，部分数字技术的供给未能围绕如何帮助农户提高种植或养殖生产力与生产效益来开展设计与优化，制约试点项目的可持续性。北京大学中国农业政策研究中心课题组针对江苏省苏州市某生态养殖示范园的试点企业调查显示，多个大闸蟹养殖户在财政支持下采用了水质监测设备、智能测氧设备、气象监测设备、螃蟹运动和饲喂的水下监测设备及使用无人机进行饲料投放。养殖户对水质监测设备和智能测氧设备表现出较高的使用需求，目前提供的真正有价值的智能测氧设备成本为每台 2 万—3 万元；而成本高达 20 万元左右的气象监测设备对生产指导作用不大，自然也难以被养殖户广泛采用。安徽省某县政府与蚂蚁链合作，期望采用区块链技术来解决原产地砀山酥梨品质溯源问题。理论上，区块链溯源码的使用有助于增进消费者信任、保障酥梨市场有序运行、实现酥梨销售溢价，但实际调查中发现，现阶段采用区块链对酥梨生产各环节溯源的成本高、难度大，加上缺乏健全的增值分配机制，以及消费者对溯源产品的信任不足，一些普通生产者缺乏区块链溯源技术采纳积极性、相关技术采纳也未能带来酥梨的明显溢价，农产品区块链溯源技术的推广仍然任重道远（黄季焜等，2024）。

在乡村数字治理方面，部分数字技术供给未能有效解决乡村治理中的实际难题。笔者所在课题组基于多省份的实地调查发现，不同数字技术在乡村治理不同领域的功能及有效性表现出明显差异。对于一些依赖群众深度参与和互动且社会关系较复杂的治理场景（如污染治理、搬迁撤并、社会保障分配、纠纷调解和移风易俗等），数字技术与平台使用不仅难以展现其技术优势，反而导致基层的台账负担不断增加而耗费村干部大量精力。与此同时，一些便民服务领域存在线上线下业务流程衔接不畅、服务标准不统一、业务处理不及时等问题，制约基层治理领域数字技术更好满足主体需求。一些地方益农信息站的建设只局限于挂牌、购置电脑等设备，在便民、电商和培训等方面的作用发挥十分有限。

三　部分数字技术应用的成本收益难平衡

乡村数字经济领域，一些相对高端的农业物联网设备、人工智能技术和区块链技术的投资成本较高，短期收益不明显。智慧农业试点示范项目多由农业企业作为承担主体，试点阶段引入新技术新设备产生较大投资，加之农业生产存在一定的周期性，短期内难以回收成本。在试点的早期阶段，财政直接投资和奖补是试点项目投入的主要来源，致使部分试点项目的可持续性面临挑战。即使企业能够得到一定数额的财政补贴，也常难以达到投资的盈亏平衡点。例如，山东省淄博市彭东村种植专业合作社在日光温室大棚基础上，累计投入1000多万元打造了"无土栽培"模式的智能温室（占地约6亩），但因所生产农产品附加值低、市场竞争力不足，加之缺乏专业技术团队支持，"无土栽培"智能温室的运营效益总体欠佳，销售收入难以覆盖实际运营成本。山东省潍坊市某红芽姜种植户投入100多万元引入整套农业物联网设备，虽然这些智能设备对大棚红芽姜生长环境监测、温湿度智能控制、设备远程操作产生积极作用，但即便算上政府补贴部分，投资回收期也要在4年以上。可见，成本收益难平衡是现阶段制约农业产业数字化的重要因素。

即使部分地区能够在村域内推动数字经济与数字治理的协同发展，也在较大程度上依赖财政支持和地方经济基础。例如，江苏省张家港市永联村在上级财政和村股份经济合作社支持下，围绕产业、治理和民生三大领域建设系列数字化应用场景，打造数字乡村规划升级版，累计投资超过1000万元，该模式难以在其他村域范围内予以直接复制和推广。即使其他村庄仅围绕乡村治理数字化开展平台建设，相应的成本也平均需要30万—50万元。对于经济欠发达、集体经济发展较为滞后地区的村庄而言，推进产业数字化或治理数字化的投资成本偏高、短期效益不明显，致使这些村庄缺乏投资积极性。

四　农民数字素养水平整体偏低

农民数字素养与技能水平整体偏低，制约经济数字化与治理数字化协同发展中农民主体性的激活。笔者所在课题组基于四川省、重庆市和

第十三章 乡村数字经济与数字治理协同发展的理论逻辑与现实挑战研究

宁夏回族自治区数字乡村试点县和非试点县 1142 户农户的调查统计，农村数字化教育培训体系整体滞后，农民平均数字素养水平偏低且群体差异较大。村干部、经济能人、双重身份能人、普通村民参与过计算机知识、电商知识等方面数字化培训的比例分别为 14.63%、25.78%、47.50% 和 5.52%，数字素养①均值分别为 2.87、3.42、3.66 和 2.04。

不同村民内在数字素养和外在资源禀赋不同，对参与乡村数字经济和数字治理的动机和积极性存在明显差异。表 13-4 汇报了不同特征农户参与数字经济和数字治理的比例分布。在乡村数字经济方面，村干部参与数字化生产、数字化物流、数字化销售和数字化金融的比例分别为 15.90%、34.12%、3.70% 和 75.61%，经济能人参与上述领域的比例分别为 22.32%、35.23%、29.35% 和 82.43%，而普通村民参与上述领域的比例分别为 6.90%、25.70%、4.82% 和 51.83%。在乡村数字治理方面，村干部参与数字化党群教育、数字化村务管理和数字化民主监督的比例分别为 22.01%、18.32% 和 22.03%，经济能人参与上述领域的比例分别为 20.71%、18.81% 和 12.53%，而普通村民参与上述领域的比例分别为 4.62%、5.73% 和 8.66%。综上可知，具有村干部或经济能人身份的群体尤其是兼具双重身份的能人群体在乡村数字经济和数字治理领域表现出更高的参与度。

表 13-4　不同特征农户参与数字经济和数字治理的比例分布

项目	全样本	数字素养 低	数字素养 中	数字素养 高	乡村能人身份 普通农户	乡村能人身份 村干部	乡村能人身份 经济能人	乡村能人身份 双重能人
数字经济	0.678	0.079	0.796	0.999	0.572	0.756	0.863	0.963
数字化生产	0.125	0.035	0.131	0.239	0.069	0.159	0.223	0.288
数字化物流	0.295	0.053	0.343	0.423	0.257	0.341	0.352	0.413

---

① 数字素养的测量题项包括：是否会使用智能手机的一般功能、是否会对电脑的简单应用进行正确操作、是否会使用微信的一般功能、是否经常使用微信的朋友圈功能或 QQ、能否熟练地参与线上聊天互动、能否熟练地进行线上信息分享、能否熟练地采取措施维护信息安全、能否使用互联网金融工具、能否维护线上交易资金安全。各题项赋值为 0 或 1，通过得分法进行加总。

续表

项目	全样本	数字素养			乡村能人身份			
		低	中	高	普通农户	村干部	经济能人	双重能人
数字化销售	0.120	0	0.111	0.359	0.048	0.037	0.293	0.300
数字化金融	0.632	0	0.751	0.999	0.518	0.756	0.824	0.925
数字治理	0.247	0.009	0.282	0.437	0.141	0.390	0.332	0.788
数字化党群教育	0.139	0.009	0.152	0.282	0.046	0.220	0.207	0.688
数字化村务管理	0.130	0	0.148	0.246	0.057	0.183	0.188	0.563
数字化民主监督	0.127	0	0.146	0.225	0.086	0.220	0.125	0.413

注：①数据源于课题组在四川省、重庆市和宁夏回族自治区开展的农户抽样调查数据库；②表格中汇报的是各类样本的占比；③数字素养高中低的分类标准为大于"均值+标准差"、介于"均值-标准差"和"均值+标准差"、低于"标准-标准差"；④数字素养按低、中、高分组的样本量分别为228、772和142；乡村能人身份按普通农户、村干部、经济能人、双重身份能人分组的样本量分别为724、82、256和80。

五 区域发展鸿沟较大

乡村数字经济和数字治理仍是数字乡村高质量发展的短板，制约两者的协同提升。《县域数字乡村指数（2020）研究报告》[1]显示，虽然相较于2019年，县域层面乡村数字经济和数字治理分别实现不同程度的发展，但仍是制约数字乡村高质量发展的短板。2020年全国参评县域中乡村数字经济处在较高及以上水平（大于60分）的县域比例为16.5%，而处于中等水平及以下（低于等于60分）的县域比例达83.5%；乡村数字治理处于较高及以上水平的县域比例为28.4%，而处于中等水平及以下的县域比例达71.6%。

乡村数字经济和数字治理均呈现较大的区域发展鸿沟，即"东部较高、中部次之、西部滞后"。在数字经济方面，东部地区15.9%和24.5%的县域分别处于较高水平（60—80分）和高水平（大于80分）阶段，中部地区上述比例分别为11.4%和4.5%，而东北地区上述比例分别为3.6%和0.4%，西部地区上述比例分别为4.7%和0.8%。在数

---

[1] 北京大学新农村发展研究院数字乡村项目组：《县域数字乡村指数（2020）》，http：//www.ccap.pku.edu.cn/nrdi/docs/2022-05/20220530144658673576.pdf.

第十三章 | 乡村数字经济与数字治理协同发展的理论逻辑与现实挑战研究

字治理方面,东部地区39.5%和6.8%的县域分别处于较高水平和高水平阶段,中部地区上述比例分别为28.1%和3.9%,而东北地区上述比例分别为9.6%和0,西部地区上述比例分别为18.6%和1.4%。相较于2019年,2020年东部和西部地区县域乡村经济数字化指数均值的差值基本保持不变(差值为21),而治理数字化指数均值的差值由23.8扩大到27.2。进一步地,因政策支持方向和力度、产业发展与基层治理基础、信息化建设与数字技术支撑条件、数字人才储备等方面的区域差异,全国县域的乡村数字经济与数字治理存在明显的发展不协同问题(不同时处于高水平或低水平的县域比例达36.5%)。

第五节 推进乡村数字经济与数字治理协同发展的主要思路

立足乡村数字经济与数字治理协同发展的现实需求、典型场景与面临挑战,本章提出未来推进两者高质量协同发展、助力数字乡村乃至数字中国建设的主要思路。具体如下。

第一,注重有为政府与有效市场的结合。立足乡村产业数字化与治理数字化协同发展的动态需求,不断完善战略规划、加强体制机制创新,调整优化财政、税收与金融等政策工具,充分发挥政策引导、规范、激励与约束作用。建立由财政、金融、农业农村、网信、大数据中心等多部门组成的联席工作机制,推动重大工程、关键决策、标准规范等方面的统筹联动,改进监督考核与评价机制,更好地促进政府职能履行。与此同时,充分调动农业企业、互联网企业、金融机构等社会资本主体的积极性与能动性,发挥各类主体在涉农投资基础、技术创新、资金条件等方面的比较优势,着力构建多元主体共建共治共享格局。

第二,坚持目标、手段、过程与效果多维协同的发展原则。着力从平台衔接与功能整合、技术互嵌与数据要素共享、资金统筹配置、人才交叉保障、效能双向转化等方面推进乡村数字经济与数字治理协同发展,真正将两者间的协同从理念落实为实践。在加快数字技术尤其是前沿数字技术创新与应用的同时,加强协同发展模式创新与机制探索,因地制宜地选取数字化"生产+治理"、数字化"销售+治理"、数字化

"金融+治理"、数字化"服务+治理"、数字化"全产业链+治理"等不同发展路径,筑牢比较优势、补足短板领域。

第三,强调统筹推进发展型导向和治理型导向的乡村数字化改革。进一步厘清不同地区乡村数字经济和数字治理协同发展在政策条件与市场机遇、主体需求、节本增效、技术支撑、数字素养等方面的支撑条件差异,分类施策、精准发力。立足需求导向,进一步完善各地智慧农业与数字乡村建设的阶段性目标、重点任务及发展路线图,深化投融资、技术创新、人才培育、利益联结等方面的配套机制改革;围绕乡村数字经济和数字治理协同的场景创设,加强潜力挖掘与优势领域培育,完善创新激励和容错纠错机制。

第四,着力破解数字经济和数字治理协同发展面临的挑战。针对两者协同在顶层设计、技术供需匹配、数字鸿沟、成本收益、数字素养等方面面临的多重挑战,加强重大工程的试点示范与典型场景的推广应用,充分释放协同发展的红利效应。深入总结前期试点经验与问题,厘清农业全产业链各环节与数字治理协同发展的潜力与短板,依据发展前景有序推进各项应用场景的试点及近期与中长期发展规划,完善产学研用一体化联动机制和协同发展场景的开发推广机制。

第六节 本章小结

本章系统探讨了乡村数字经济与数字治理协同发展的理论逻辑、取得进展与有益经验、面临挑战与未来推进思路。分析表明,乡村数字经济与数字治理存在以技术赋权、技术扩能、技术增信为核心的互动关联逻辑及蕴含目标、手段、过程与效果等层面的协同发展逻辑,且政策、制度、技术、主体是支撑两者协同发展的重要因素。基于党支部领办合作社、农产品交易数字化、"网格+电商"、数字化积分制治理、集体"三资"管理、数字化农事服务、农牧行业服务以及数字乡村综合服务等场景的分析表明,农业全产业链视角下乡村数字经济与数字治理的协同可归类为"数字化生产+数字化治理"、"数字化销售+数字化治理"、"数字化服务+数字化治理"、"数字化金融+数字化治理"和"数字化全产业链+数字化治理"等典型模式,并具体表现在平台衔接或功能整合、技术互嵌或数据共享、资金统筹配置、数字人才交叉保障、效能双向转化等方面,且面临顶层设计不完善、数字技术供需匹配性欠佳、成本收益难平衡、农民数字素养偏低、区域数字鸿沟较大等方面的挑战。据此,本章从发挥有为政府与有效市场合力、坚持多维协同发展原则、统筹推进发展型和治理型导向的数字化改革、着力破解协同发展多重挑战等方面提出推进乡村数字经济与数字治理协同发展的主要思路。

第十四章

加快数字乡村高质量发展的政策建议

第一节 加快数字乡村高质量发展的总体思路

立足数字乡村发展现状尤其是数字乡村发展面临的多重挑战,为加快数字乡村高质量发展,本章提出充分发挥政府职能与市场作用,统筹考虑数字技术使用成本与收益,注重乡村发展、建设与治理协同推进,坚持总体规划与分类施策相统一,强调试点示范与推广应用相结合,突出以人为本与内生驱动等总体发展思路。具体如下。

第一,充分发挥政府职能与市场作用,激发数字乡村发展的活力与潜能。立足数字乡村发展的动态需求,统筹用好存量资源与增量政策,不断完善顶层设计与战略规划。调整优化财政、税收与金融政策,充分发挥政策引导、规范、激励与约束作用。建立多跨协同的部际联席工作机制,完善监督考核与试点工作评价机制,更好地促进政府职能履行。与此同时,充分调动传统农业企业、互联网企业、金融机构等社会资本主体参与数字乡村建设的积极性与能动性,发挥各类主体在涉农投资基础、技术研发、资金条件等方面的比较优势,充分激发各类经营主体参与数字乡村建设的活力与创造力。基于政府职能高效履行与经营主体作用有效发挥,着力构建政府支持引导、企业积极投入、农业经营主体广泛参与的共建共治共享格局。

第二,统筹考虑数字技术使用的成本与收益,着力提升数字乡村发展的效率和效益。鉴于农业生产既有与工业品生产相似的共性特征，也有其特殊性，需建立在对农业产业属性与发展规律的充分把握基础上，不断提升智慧农业发展质效。需聚焦种植业与养殖业生产经营全过程的现实问题，强化应用导向和问题导向，精准识别不同应用场景的共性和差异化数字技术需求，厘清不同经营主体采用相关技术所需的能力与资源条件。基于农业生产过程和产出品在气候风险、生命周期、标准化程度、人工成本等方面所呈现的典型特征，需采取"农业+智慧技术"的需求导向型的技术推广模式，提高数字技术在农业全产业链各环节中的应用收益。需客观评估农业产业链发展不同场景中数字技术应用的成本与中长期收益，充分考虑农业产业不同细分领域数字技术采用的成本投入与综合收益。

第三，注重乡村发展、建设与治理的协同推进，提高数字乡村发展的整体质量。需围绕特色产业发展、就业创业、农民增收等乡村发展关键领域，人居环境整治提升、基础设施改善、公共服务质量优化等乡村建设重点领域，以及乡村党建、村务管理和政务服务等基层治理领域的共性问题和差异化需求，创新数字技术及载体的研发和应用，并持续拓展数字技术应用场景。聚焦乡村发展、建设与治理交叉领域的现实问题与内生需求，完善相应的政策、制度与机制的创设。既强调以数字经济高质量发展激发乡村数字治理活力，也重视以乡村高效数字治理保障数字经济有序运行，进而加快构建乡村数字经济与数字治理协同发展的机制。

第四，坚持总体规划与分类施策相统一，推进各地数字乡村的有序发展。以县域为单元，完善数字乡村发展的动态考核评价体系，明确各地区数字乡村发展所处阶段与所属类型。立足各地区的数字化发展基础以及不同发展阶段的实际需求，进一步厘清各地数字乡村建设的阶段性目标、重点任务及发展路线图，分类实施、精准发力，充分发挥各地区比较优势、加快补足短板。在数字基础设施、经济数字化、治理数字化和生活数字化等领域发展水平均偏低的地区应加快数字基础设施建设和加强潜力挖掘与优势领域培育；在上述4个领域发展水平均相对较高的地区需夯实发展基础、筑牢优势领域、探索体制机制创新、发挥引领示范作用；对于其他类型的地区，需在补齐相应的短板基础上，协同推进乡村数字基础设施、经济数字化、治理数字化和生活数字化的进程。

第五，强调试点示范与推广应用相结合，充分释放数字乡村发展的红利效应。深入总结前期试点经验与问题，厘清数字技术在农业生产、流通、管理和服务及在乡村治理与公共服务等领域的典型应用场景，按照公益性和市场性程度有序推进各项应用场景的试点，完善近期与中长期发展规划。加大对农业全产业链数字化的财政、金融、税收等政策支持力度，着力推进农业无人机植保、农机智能驾驶、人工智能监测、农产品区块链溯源、数字信贷等应用场景的试点示范。加大对乡村治理与公共服务数字化的财政金融协同支持力度，推进数字化积分制治理、集体"三资"管理、行业服务平台及数字乡村综合服务平台等应用场景的试点示范。基于对试点项目成本与收益的评估，适时推广相关应用场景，完善产学研用一体化联动机制和数字技术推广机制，适时调整奖补、贴息等财政支持方式及信贷、保险、担保等金融服务方式，完善多元投入机制，促进数字乡村试点项目的可持续发展。

第六，突出以人为本、内生驱动，着力提高数字乡村发展的惠民程度。数字乡村各领域的项目配置与资金投入、技术引进与人才培养等支持政策都要以农业农村发展实际为基点、以农民福祉增进为旨归，确保符合农民实际需求和切身利益，并有助于促进农民农村共同富裕。数字乡村试点效果评估及对地方政府部门考核评价中，应注重试点项目的实效，将农民短期受益程度和长期福利改善作为各项政策实施效果的主要考核指标，确保数字乡村"为民而建"的初衷。在"数商兴农"和"快递进村"等一系列数字乡村建设工程推进过程中，应将农民在农产品供应链增值中的参与和受益作为实施前提，充分发挥农民主体作用。

第二节　推动数字乡村高质量发展的政策建议

一　坚持突出重点和补齐短板并重原则，推进数字乡村各领域协同发展

兼顾重点领域和薄弱环节，协同推动数字乡村各领域的全面有序发展。持续推进乡村数字基础设施尤其是新型数字基础设施建设，为乡村生产、生活、生态及治理等领域的数字化转型提供基础性支撑，并以各

第十四章 加快数字乡村高质量发展的政策建议

领域新的数字化现象和数字技术需求为牵引,推进数字基础设施的动态创新。优化乡村数字经济、数字治理、数字生活、数字生态等领域协调发展的机制设计与要素保障,突出以产业数字化发展为核心、强调数字生活改善为根本,同时加快补齐乡村治理和生态领域数字化转型的短板。既以乡村数字经济和数字生活的提档升级,激发农民参与乡村数字生态和数字治理的积极性和创造性,也以高效能的数字治理和数字生态保护为乡村数字经济和数字生活的高质量转型提供和谐有序的村庄环境保障和高效便捷的公共服务支持。

大力推进以农业全产业链数字化为核心的乡村经济数字化发展。着力构建以数字化生产、智慧化供应链、数字化营销、数字化农事服务、数字普惠金融等为核心的农业全产业链数字化发展体系,持续完善农业产业链发展的联农带农机制,促进农民有序参与。聚焦农业产业链各环节完善数字平台的创建与运行,加快物联网、无人机、人工智能、区块链溯源、大数据、金融科技等数字技术在农业生产、销售、管理与服务等环节的创新性应用,引导低效农业生产模式向现代智慧高效农业转型。持续实施"互联网+"农产品出村进城工程,规范发展直播电商等新模式。促进农产品产地市场和加工流通企业数字化改造,加快农产品智能仓储设施建设。有序推进区块链溯源技术应用,加强产地端农产品质量安全追溯管理信息平台建设。围绕智慧农业重点领域和薄弱环节,推进国家和地方层面的智慧农业实验平台建设,着力完善产学研用一体化的科技研发机制及适用于不同农业领域的智慧农业技术推广体系。

加快推进乡村治理数字化转型,提升乡村治理现代化水平。着力推进微信公众号、乡村钉、智慧化管理系统等村级智慧化治理平台建设与应用,根据村庄在党群教育、村务管理、民主监督、公共安全等多方面的多元数字治理需求,不断完善和创新配套的数字基础设施。分类分阶段推进基层治理场景的数字化改造,重点加快党群教育、村务管理、民主监督、公共安全等群众需求普遍较高领域的数字化,并审慎推进重要选举、纠纷处理、收益分配等群众敏感性较高领域的数字化。需强化线上线下服务内容的衔接与服务标准的统一,持续优化线上服务流程、改进服务体验,加强跨部门、跨层级、跨区域的业务协作,促进数字治理"精度"和"温度"的统一。因地制宜地推广数字化积分制治理、网格化治理与清单制治理，持续拓展数字治理的内容与形式，激发农民和民间组织的参与活力。聚焦乡村治理在经济、社会、民生等方面的多元绩效，多路径提升乡村治理效能。

二　健全农村数字化教育体系，激发数字乡村建设内生动力

加强农村数字化教育的宏观规划与方案设计。引入农业农村、金融、保险、人力资源与社会保障等多部门，共同制定农民数字素养提升方案，并将之纳入农民科学素质提升行动和乡村人才振兴的总体规划之中。加强公民数字化教育的国际交流和先进经验引进，同时，健全契合农业农村农民实际需求的数字素养教育培训体系，积极营造良好的社会氛围。围绕乡村人才振兴的迫切需要，将农民数字素养教育融入农业生产经营类、第二和第三产业发展类、公共服务类、乡村治理类等各类乡村人才的培育行动之中，推进智慧农业领域职业开发和职业技能等级认定。推动形成政府支持引导、行业协会组织规范、学校和社会教育培训力量等多方参与的农村数字化教育体系，建立激励监督机制和优质数字资源共享机制。鼓励企业、高校、科研院所、推广站、协会、学会等建立合作机制，加强产、学、研、推合作，加快建立数字技能培训的专业队伍，充分调动多方力量，积极发挥不同主体在提升农民数字素养方面的比较优势。

实施农民数字素养与技能提档升级工程。多渠道全方位提升农民数字化适应力、胜任力和创造力，持续增强农民参与数字乡村发展的内生动力。将数字化教育与新型职业农民教育、电商培训、农村实用技术人才培训等有机结合，针对不同群体设计差异化的教育培训方案，并依据乡村生产生活与治理的内容及形式变化，不断丰富和创新农民数字化教育课程设计。以推进微信、支付宝等数字交易工具，淘宝、天猫、京东等电商平台，在线教育、在线医疗平台等的使用技能培训为重点，全面巩固提高农民数字化通用素养。加强微信、抖音等社交软件使用及网站平台维护的针对性培训和动态指导，持续改进农民数字化社交素养。通过对短视频创作、直播带货等数字技术应用的新形式进行激发式培训，不断改善农民数字化创意素养。通过加强乡村生产生活各领域数字技术与平台使用中的信息安全、数据管理、权益保护等方面的教育培训，有效提高农民数字化安全素养。

三 强化农业科技赋能,助力智慧农业创新发展

推进前沿数字技术与生物技术、绿色技术的融合创新和联合攻关。聚焦智能温室、立体种植养殖、戈壁农业、沙漠农业等领域突出技术短板,加快高精度农业传感器与专用芯片、农业知识模型与核心算法、高端农业机器人等关键技术研发攻关,推动良种良法良机良田与数字化有机融合。深化数字技术与生物技术的双向赋能,加快设施结构、智能装备、农机农艺等方面技术研发与集成配套,强化高效农机、先进智能装备和管理系统的推广应用。大力推进大数据、人工智能、卫星遥感等数字技术在农业生产智能决策、农业生态环境监测等领域的创新性应用,促进农业投入品全过程减量、废弃物全量资源化利用、能源结构低碳化转型,全产业链拓展现代农业智慧化和绿色化协同发展空间。

着力实施现代设施农业与智慧农业协同发展工程。统筹推进戈壁盐碱地现代设施种植、现代设施集约化育苗、高效节地设施畜牧、智能化养殖渔场、智慧冷链物流和智能烘干设施等系列工程,建设一批智慧型设施农业发展引领区,探索形成区域性的整体解决方案。加快物联网、人工智能、区块链、大数据等前沿数字技术在设施农业不同应用场景中的试点示范、经验总结与改造提升。加快智慧设施园艺技术与装备创新发展,实施传统优势产区设施农业提档升级行动,推进现代设施农业标准化园区、戈壁盐碱地现代设施种植等项目建设。加快试点布局一批数字农业工厂、数字无人农场等智慧农业新业态。加快以数字技术改造传统养殖尤其是规模养殖,有序推进环境精准调控、生长信息监测、饲料智能投喂、疫病智能诊断防控等技术的集成与应用。

健全智慧农业技术的创新、推广与应用体系。加快构建多学科交叉融合的智慧农业创新体系,加大对智慧跨界技术与农业专业技术研发的项目、基地、人才、资金一体化配置,支持设立国家和区域性智慧农业重点实验室,加强基础性长期性观测实验站建设,分阶段分类推进数字技术应用从试验示范走向推广应用。鼓励高等院校尤其是农业类院校围绕智慧农业发展设立交叉学院或学科,加强智慧农业共性技术创新团队建设,加大复合型人才培养力度。支持科研机构和种业企业联合打造智能育种平台,推动经验育种向智能设计育种转变。打破部门化、条块化的智慧农业技术推广机制,完善公益性服务体系。鼓励有条件的农业社

会化服务主体提供遥感监测、农事作业、经营管理、防灾减灾等方面的数字技术服务，发展社会化农业科技服务组织，创新市场化智慧农业技术推广模式。加强智慧农业领域国家农业科技创新联盟建设，探索建立区域间数字技术研发应用的交流协作机制和智慧农业发展合作联盟机制，加快弥合区域间智慧农业发展鸿沟。

四 加强数字技术、组织与制度融合，改进乡村数字治理效能

立足乡村治理实际需求，优化数字技术供给质量。需以有效需求牵引供给、以优质供给适配需求变化，加强对集聚提升、城郊融合、特色保护、搬迁撤并等不同类型村庄数字治理需求的研究，基于村庄空心化程度、产业结构、资源环境条件、历史文化等特征，挖掘各类村庄在农业生产、产业融合、民生保障、集体经济发展、环境保护等领域的治理需求，因地制宜采取区域差异化的数字技术供给策略，实施将通用模块和个性化模块设计相结合的平台建设理念。需加大对老年群体、低收入群体和残疾人群体的数字技术帮扶力度，推进智能手机、数字App用户端、金融助农机具和公共便民服务机具等的适老化改造，为经济困难群体提供智能设备支持，采取群体差异化的数字技术供给策略，保障不同群体接入数字技术的平等权。需从税收减免、信贷倾斜、贴息补贴等方面加大对社会资本投入乡村数字治理的财政和金融支持力度，创新政府和社会资本的合作模式，构建多元主体联动投资的乡村数字技术供给格局。

推进乡村治理领域数字化和人本化的统一。以乡村"智治"促进"自治、德治、法治"有机融合，需改变对数字治理工具理性的过度追求，打破对其过度行政化与技术化的价值取向，提升数字治理的社会性和人文性，实现数字治理由科层化、碎片化、粗放化向社会化、整体性和精细化方向发展，适度缓解基层治理的数字化压力，释放村民自治的合理空间。需着眼长远、树立正确的政绩观，加强自治组织创新、建立容错纠偏机制，注重以数字技术应用解决乡村治理实际问题，围绕促进民主管理、民主决策和民主监督赋能乡村自治实践，围绕弘扬真善美、强化村规民约软约束赋能乡村德治实践，围绕知法、守法、用法赋能乡村法治实践。需摒弃片面强调移动应用App下载量、注册量、点击量、浏览量等数量指标的绩效考核制度，将实际问题的解决程度、长期用户活跃度、用户满意度、平台应用可持续性等质效指标纳入考评体系。

加快构建多元主体共建共治共享的乡村数字治理格局。需进一步健全村干部选拔机制、完善乡村经济能人的激励机制，充分发挥乡村各类能人群体的引领带动作用。需进一步完善村庄集体行动机制和村民有序参与机制，通过完善数字接入条件、拓展应用场景，降低农民参与成本、提高参与深度，并以村民议事会、恳谈会、乡贤会等为载体，加快重塑村庄共同体，着力增强农民的主体性意识和村庄认同感。需多渠道开展农民数字素养与技能培训，依托网格员、信息员推进数字治理进村入户，并加大对弱势群体使用数字技术的社会帮扶力度，加强年轻子女对老年群体的数字反哺和代际支持，以保障不同群体享有参与乡村数字治理同等的权利和机会。需将本土培育和外源连接相结合，持续推进高素质农民培育，发展壮大乡村各类能人群体，盘活用好"田秀才""土专家"的数字化能力；同时，鼓励引导有创业意愿和创业能力的农民工、大学生、退役军人等返乡入乡创业，加大土地、资金、技术等方面的政策倾斜和配套保障力度，着力突破乡村数字治理的人才瓶颈。

着力推进线上线下治理高效互促，完善支撑保障机制。需进一步厘清不同地区乡村数字治理的路线图和时间表，分类分阶段推进乡村治理场景的数字化，对乡村治理中的党群教育、村务管理、民主监督、公共安全、环境治理等村干部和群众需求普遍较高的场景可着力推进数字技术和平台的嵌入，对村庄选举、纠纷处理、财务管理与收益分配等群众敏感性较高领域审慎推进数字化。需加强线上线下治理有机融合的顶层设计，推进线上智能化和线下网格化的双轮驱动，强化服务内容的衔接、服务标准的统一，完善线上线下同频共振的监督管理机制。需持续优化村务管理与政务服务流程、改进服务体验，加强跨部门、跨层级、跨区域的业务协作，促进线上治理"精度"和线下治理"温度"的统一。

强化数据要素治理、赋予乡村数字治理新势能。建立国家及地方大数据中心、涉农部门、网信部门等的联席工作机制，推动形成政府主导、金融机构和社会资本广泛参与的域内大数据协同治理模式。根据政务、征信、产业、社会保障等不同治理平台和应用系统的数据类型，从制度法规、标准规范、数据安全与隐私保护等方面完善各类数据产权界定、流通交易、安全维护、价值开发机制，不断优化数据治理的生态。建立完善省、市、县三级大数据中心的运行机制，树立数据全生命周期的治理理念，统筹数据采集、质量控制、动态维护、开发利用，全面提升区域数据治理能力，分级分类推动对非涉密数据的公开和共享。提升农业农村统计监测能力，健全农业农村数据管理和开发应用制度，同步推进网络安全和数据安全建设。需将传统生产要素的治理及各类组织治理同数据要素治理有机融合，因地制宜开展数据要素多重价值开发，强调以数据驱动乡村数字化信用体系建设、重塑组织运作模式和生产要素配置结构，加快健全完善大数据辅助乡村治理决策的机制。

五 协同推进乡村数字经济与数字治理，提升数字乡村发展质效

着力构建多元投入联动和资金高效配置机制，凝聚乡村数字经济和数字治理协同发展合力。探索设立数字乡村发展财政专项资金，统筹奖补、贴息、专项债、农业基金等方面的资金管理和调配使用。金融机构应加大对数字乡村发展的信贷尤其是中长期信贷支持力度，创新综合金融服务，探索产业与治理领域信贷产品的差异化设计路径和合理打包方式，强化前沿金融科技在数字乡村更广泛领域的赋能作用。鼓励引导社会资本加大对乡村产业数字化与治理数字化融合发展类项目的投资力度，给予财政贴息、税收减免、金融保险等方面更大力度的支持，并完善项目准入、监督与退出机制。

着力推进以归集共享与价值开发为核心的数据要素治理，强化乡村数字经济和数字治理协同发展动力。统筹推进农村集体资产监管、农村承包地管理、农田建设综合监测管理、乡村生态环境监测、基层社会综合治理等农业农村大数据平台建设，加快完善农业农村管理服务数字化底座。建立由国家大数据局、中央网信办、农业农村部、人民银行等组成的跨部门联席工作机制，推动形成国家层面涉农大数据协同治理机制，根据政务、征信、产业、社会保障、公共服务等不同平台和应用系统的数据类型，从制度法规、标准规范、数据安全与隐私保护等方面完善各类数据产权界定、流通交易、安全维护、价值开发机制。健全数据产权分置制度，加快完善场内外结合的数据合规流通机制，改进数据价值计费机制，树立数据全生命周期治理理念，全面提升区域数据治理能力。

着力完善联农带农惠农富农机制，筑牢乡村数字经济和数字治理协同发展效力。因地制宜推进区域性、一站式农业全产业链综合服务中心和产业化联合体建设，培育壮大联农带农主体，将联农带农效果作为企业享受产业数字化优惠政策的前提条件。深入实施"数商兴农"工程，完善农民有序参与机制，拓展小农户衔接现代农业的渠道，不断提升乡村产业数字化发展的惠民程度，为乡村数字治理营造氛围、培育人才。聚焦宜居宜业和美乡村建设和农民多维福利改善，推进数字技术与治理组织、治理制度的深度融合，实现工具理性与价值理性的统一，破解数字治理形式主义难题，提高大数据辅助基层治理决策的科学性和精准性，为数字经济新业态新模式发展提供高效支撑。

着力推进基层政府数字治理能力建设，激发乡村数字经济和数字治理协同发展活力。加快塑造数字治理新理念，将数字治理贯穿农业生产、经营、投资、创新等全过程。鼓励地方政府灵活运用财政杠杆和市场机制，推进经济性和非经济性政策工具的组合应用，强化多重支农惠农政策的组合使用。完善包容、开放、惠民和可持续发展的实施机制，构建乡村数字经济发展跨区域交流协作机制，在资金、科技、人才、技能培训等方面加大对发展滞后地区及低收入、低人力资本等弱势群体的政策倾斜力度。完善协同发展的考核评价机制，把广大农民从数字化驱动的农业产业链增值中受益、从基层共建共治中受益分别作为政府支持智慧农业和数字乡村项目的实施条件和主要考核指标之一。

六 着力缩小区域间和群体间数字鸿沟，实现数字乡村包容性发展

统筹推进数字乡村和智慧城市建设，缩小城乡间数字鸿沟。需加强5G、大数据中心、人工智能、区块链等新型基础设施建设的统筹规划和有机衔接，注重补足偏远及发展滞后乡村的短板，推进智慧交通、智慧物流、智慧环保等方面的统一调度管理。需采取政企合作、校企合作等方式，发挥城市资源优势、推进乡村数字化人才培育，并引导城乡居民利用数字资源开展合作，加强城镇居民对农村居民的数字反哺。需建立政府、金融机构、企业等主体之间的常态化沟通协作机制，有序推进城乡治理与公共服务平台的整合，依托产业融合发展和经营主体创业创新赋能，激活数字城乡融合的内生动力。立足不同村庄数字化发展的技术基础、平台支撑条件，优化乡村数字基础设施发展的政策供给，推进

农业农村大数据平台的建设和应用,加快城乡一体化数据要素市场培育。

加大对数字乡村发展滞后地区的支持力度,缩小区域间数字鸿沟。需从项目引导、资金投入、技术引进及人才培育等方面加大对西部和东北尤其是脱贫县的数字乡村建设的支持力度,增强区域数字乡村发展的内生动力。同时,出台激励政策引导企业积极参与发展滞后地区的数字乡村规划与建设,鼓励引导数字乡村发展先进地区和滞后地区建立交流协作关系,推进成熟经验和模式的跨区域交流推广,促进数据要素、人才资源、数字技术等的跨区域有序流动,构建数字乡村建设的社会帮扶机制、合作互动机制和收益分享机制。此外,还应加大对经济基础薄弱、空心化程度较高、信息化发展滞后、对外沟通较为闭塞村庄的政策倾斜力度,着力缩小数字乡村发展的区域鸿沟。

构建面向不同农民群体的差异化支持策略体系,缩小群体间数字鸿沟。需加强对农民参与数字乡村发展多元需求的分类研究,加大对数字素养水平偏低、家庭劳动力质量不高、非乡村能人群体等弱势群体及对外流动性低的村庄和区域的数字帮扶和政策倾斜力度,提高乡村数字经济发展的普惠性和包容性。需重视老年人、低收入群体和残疾人群体的数字技术需求,推进智能手机等机具的适老化改造和金融助农、便民服务等基层网点建设。依据家庭资源禀赋、人力资本与社会资本条件,对不同农民群体参与数字乡村发展的现状和潜在需求进行调查研究,分类设计差异化的数字化教育培训方案,着力激活不同主体参与数字乡村发展的积极性、主动性和创造性。

七　不断改善农民数字参与的福利效应,提高数字乡村发展惠民程度

深入实施农业全产业链数字化创新发展工程,完善联农带农机制。瞄准数字化生产、智慧化供应链、数字化营销、数字化农事服务、数字金融等关键应用场景,完善各类数字平台的建设与运营机制,加快推进农业生产经营与管理服务的数字化改造。创新智慧农业技术的推广体系,促进农民数字技术采纳,支持培育壮大联农带农主体,促进小农户以多种形式衔接现代智慧农业,助力农民持续稳定增收,增强农民生计韧性。鼓励有条件的家庭农场、农民合作社等开展数字化改造,探索多

样化的智慧农场建设模式。因地制宜地推进粮食作物和经济作物的规模化经营和全产业链数字化，以数字技术应用筑牢粮食安全根基，推动构建多元化食物供给体系。

构建乡村产业数字化与治理数字化协同发展的政策支持体系，赋予农民更加充分的发展权益。着力推进产业数字化与治理数字化领域的平台互嵌与功能整合、技术共享与资金统筹配置，加快基层治理与公共服务的数字化变革，不断提升农民参与基层治理的话语权和公共服务享有权。完善乡村产业数字化与治理数字化协同发展的支撑保障体系，充分发挥农民的主体性，畅通社会阶层向上流动通道，激发农民增收致富潜能。

健全涉农数据共享机制，鼓励引导新业态新领域的就业创业，推进数字时代农民多元能力体系建设。统筹实施农民数字素养教育培训提档升级行动和面向新业态新领域的创业孵化专项行动，着力改善农民数据要素开发利用能力和数字时代的创业创新能力。加快农业农村数据要素市场建设，持续优化农村创业的营商环境，激发农民干事创业的能动性。

优化数字时代的乡村社会信用评价体系和市场交易机制，加强对农民信用的多重价值挖掘。依托大数据技术，改进农民信用评价的内容和形式，完善信用信息基础设施建设。基于农民家庭基本情况、资产与负债、收入与支出、乡村治理参与等多元信息维度，构建农村数字化信用评价体系，创新数字化信用在信贷、治理等不同权益场景的应用。推进农民信用信息的多重价值挖掘，创新信用产品和信用信息的应用场景。着力培育农民契约意识，完善乡村市场的正规和非正规制度，保障数字经济发展中各经营主体的合法权益。

增进数字时代农民获得感和幸福感，助力实现共同富裕。加快构建涉农行业和职业技能新标准，重塑农民职业形象和社会地位，畅通数字时代农民社会阶层流动机制，持续增进农民社会阶层认同，不断弥合不同群体间的阶层定位差距，激发农民增收致富积极性。持续拓展乡村经济、治理、生活等领域的数字技术应用场景，不断激发农村地区消费潜力尤其是发展型和享受型消费潜力，进而增进数字时代的农民福祉。

八 持续完善体制机制保障，促进数字乡村可持续发展

建立大统筹强协调工作机制，强化数字乡村发展的顶层设计，增强资源配置的整体性与系统性。一是升级统筹机构，提高协同站位。完善数字乡村发展重大决策制定与组织实施机制，建立数字乡村与智慧城市、智慧农业与智慧工业服务业的强协调机制，确保重大工作的总体布局、重大事项的统筹协调和重大部署的整体推进。二是推进统筹联动，确保协调一致。建立由国家发展改革委、农业农村部、网信办、工业和信息化部、财政部、国家数据局、国家金融监督管理总局等多部门组成数字乡村发展部际联席工作机制，并加强与数字经济发展部际联席会议、促进大数据发展部际联席会议的协作，统筹研究和协调数字城乡融合发展中的重大问题和关键决策，统筹推动相关重大工程和试点示范的实施。完善年度全体会议、季度或月度专题会议、不定期联络员会议机制，推进重大事项、特定事项、应急事项的充分协商和一致行动。三是实施统筹共建、促进协作共享。推动联席会议框架内各部门在涉农大数据归集与信息系统建设、科技攻关、人才引进、流动调配、挂职锻炼等方面的合作共建，促进区域间关于数字乡村与智慧农业的深度交流协作与资源共享。

着力完善多元投入联动机制，持续提升财政金融协同支持数字乡村发展的质效。一是出台财政支持智慧农业发展的总体规划和资金管理制度，明确财政支持智慧农业发展的总体规划、阶段性目标和具体方案。合理拓宽财政支持智慧农业发展的资金来源，将符合条件的智慧农业项目纳入地方政府债券支持范围。实施"大专项+任务清单"管理机制，进一步推动涉农财政资金整合，适度赋予地方政府更大的涉农财政资金统筹整合权限。二是加大智慧农业发展的财政与金融协同支持力度。推进农业全产业链金融服务创新，综合运用贴息、奖补、信贷、保险、担保、期货、债券等多种政策工具，创新投贷联动、银保合作、融资租赁等投融资模式。支持将智慧农业项目纳入农业农村基础设施融资项目库，有序扩大智慧农业的信贷贴息试点范围，对保障重要农产品稳定安全供给的智慧农业贷款项目予以优先支持，对高端智能农机装备试验示范予以资金倾斜，对试点省份实际支出的贴息资金按照一定比例给予差异化奖补。围绕智慧育种、高标准农田智慧化改造提升、农产品智能仓储设施建设及智慧化冷链物流设施建设等项目，持续加大中长期贷款投放力度。三是加大乡村建设与治理领域的财政与金融支持政策倾斜力度。引导和鼓励金融机构加大对农村人居环境整治、农房改造、综合服务平台搭建等乡村建设领域数字化项目的信贷支持力度，尤其是中长期信贷支持力度。探索对乡村公益性项目和经营性项目进行合理打包，完善市场化运作机制。优化对政策性、开发性和商业性金融机构支持乡村建设的差异化监管和考核机制，强化金融科技赋能数字乡村综合服务平台建设。创新政府与社会资本合作模式，探索设立乡村振兴投资基金，创新社会资本市场化退出机制。出台政策优惠指南及市场准入负面清单，强化对社会资本的监督管理，完善风险防范机制。

健全数字乡村发展的考核评价机制，加强试点经验的总结与应用。一是深入总结前期试点经验与不足，不断优化数字乡村建设的标准体系。探索兼具区域共性和差异性的数字乡村建设进展考核评价体系，厘清各地区数字乡村建设的优势与短板，通过以评促建，及时调整优化数字乡村建设的政策支持体系，完善容错机制和纠偏机制。二是以农业全产业链数字化发展水平与农民受益程度为导向，对智慧农业发展中的政府职能履行与经营主体作用发挥情况进行全面评估。重点对数字农业试点项目的可推广性、项目成本与收益、项目示范带动性、项目可持续性、农民受益程度等方面开展综合评价，建立智慧农业试点规划的动态调整机制。将农民在农业产业链数字化增值中的短期和长期受益程度作为智慧农业试点项目的重要考核指标。三是需改变对数字治理工具理性的过度追求，树立以社会性和人本化为核心的价值取向，释放村民自治的合理空间。需加强组织创新，注重应用数字技术解决实际问题，构建以"智治"促"自治、德治、法治"的融合发展新格局。摒弃片面强调 App 下载量、注册量、浏览量等数量指标的陈旧思路，引入长期用户活跃度、用户满意度、平台可持续性等质效指标，完善数字治理的考核评价机制。

主要参考文献

［印］阿玛蒂亚·森：《以自由看待发展》，任赜、于真译，中国人民大学出版社 2013 年版。

［美］埃莉诺·奥斯特罗姆：《公共事物的治理之道：集体行动制度的演进》，余逊达、陈旭东译，上海译文出版社 2012 年版。

蔡昉：《如何利用数字经济促进共同富裕?》，《东岳论丛》2023 年第 3 期。

蔡禾等：《房价、房产与城市居民的主观阶层地位——基于中国劳动力动态调查数据的实证研究》，《中山大学学报》（社会科学版）2020 年第 2 期。

曹建民等：《农民参与科学研究的意愿及其决定因素》，《中国农村经济》2005 年第 10 期。

常倩、李瑾：《乡村振兴背景下智慧乡村的实践与评价》，《华南农业大学学报》（社会科学版）2019 年第 3 期。

常亚平、姚慧平、韩丹等：《电子商务环境下服务补救对顾客忠诚的影响机制研究》，《管理评论》2009 年第 11 期。

陈柏峰：《社会诚信建设与基层治理能力的再造》，《中国社会科学》2022 年第 5 期。

陈昌盛等：《我国消费倾向的基本特征、发展态势与提升策略》，《管理世界》2021 年第 8 期。

陈朝兵、赵阳光：《数字赋能如何推动农村公共服务高质量供给——基于四川省邛崃市陶坝村"为村"平台的案例研究》，《农业经济问题》2023 年第 12 期。

陈国军、王国恩：《"盒马村"的"流空间"透视：数字农业经济驱动下的农业农村现代化发展重构》，《农业经济问题》2023年第1期。

陈剑等：《从赋能到使能——数字化环境下的企业运营管理》，《管理世界》2020年第2期。

陈明、刘义强：《交互式群治理：互联网时代农村治理模式研究》，《农业经济问题》2019年第2期。

陈卫平等：《地区数字经济发展对农民创业的影响研究》，《学术研究》2022年第12期。

陈文、吴赢：《数字经济发展、数字鸿沟与城乡居民收入差距》，《南方经济》2021年第11期。

陈晓红等：《数字经济理论体系与研究展望》，《管理世界》2022年第2期。

陈晓毅、张波：《老龄化、养老保障与我国农村家庭消费——基于微观调查数据的分析》，《云南财经大学学报》2014年第4期。

陈有钢等：《快速崛起的中产阶级正在重塑中国市场》，《中国机电工业》2013年第8期。

陈雨露：《数字经济与实体经济融合发展的理论探索》，《经济研究》2023年第9期。

陈云松：《逻辑、想象和诠释：工具变量在社会科学因果推断中的应用》，《社会学研究》2012年第6期。

陈云松、范晓光：《阶层自我定位、收入不平等和主观流动感知（2003—2013）》，《中国社会科学》2016年第12期。

程萌萌等：《全球媒体和信息素养评估框架（UNESCO）解读及其启示》，《远程教育杂志》2015年第1期。

程名望、张家平：《互联网普及与城乡收入差距：理论与实证》，《中国农村经济》2019年第2期。

仇化、尹志超：《数字化转型、信息搜寻与女性高质量就业》，《财贸经济》2023年第7期。

崔宝玉、马康伟：《合作社能成为中国乡村治理的有效载体吗？——兼论合作社的意外功能》，《中国农村经济》2022年第10期。

崔海燕、范纪珍：《内部和外部习惯形成与中国农村居民消费行为——基于省级动态面板数据的实证分析》,《中国农村经济》2011 年第 7 期。

单菲菲、包国宪:《社会价值建构视角下的村庄治理绩效实现路径——广州市下围村"蝶变"的案例研究》,《公共管理学报》2018 年第 4 期。

邓金钱、张娜:《数字普惠金融缓解城乡收入不平等了吗》,《农业技术经济》2022 年第 6 期。

丁波:《数字赋能还是数字负担:数字乡村治理的实践逻辑及治理反思》,《电子政务》2022 年第 8 期。

丁波:《乡村治理数字化转型:逻辑、困境及路径》,《新疆社会科学》2023 年第 3 期。

丁文锋、丁亮:《大力推动智慧政府建设》,《中国信息界》2022 年第 6 期。

丁志帆:《信息消费驱动下的传统产业变革:基本内涵与内在机制》,《经济学家》2020 年第 3 期。

丁志刚、王杰:《中国乡村治理 70 年:历史演进与逻辑理路》,《中国农村观察》2019 年第 4 期。

董晓林、石晓磊:《信息渠道、金融素养与城乡家庭互联网金融产品的接受意愿》,《南京农业大学学报》(社会科学版)2018 年第 4 期。

杜建军等:《数字乡村对农业绿色全要素生产率的影响及其作用机制》,《中国人口·资源与环境》2023 年第 2 期。

杜姣:《技术消解自治——基于技术下乡背景下村级治理困境的考察》,《南京农业大学学报》(社会科学版)2020 年第 3 期。

杜鑫、张贵友:《土地流转对农村居民收入分配的影响——基于 2020 年 10 省份农户调查数据的实证分析》,《中国农村经济》2022 年第 5 期。

范如国:《复杂网络结构范型下的社会治理协同创新》,《中国社会科学》2014 年第 4 期。

范晓光、陈云松:《中国城乡居民的阶层地位认同偏差》,《社会学研究》2015 年第 4 期。

方师乐等:《电商发展与农村共同富裕》,《数量经济技术经济研究》2024 年第 2 期。

封铁英、刘嫄：《数字时代互联网使用对老年人主观阶层认同的影响研究》，《西安交通大学学报》（社会科学版）2022 年第 2 期。

冯献等：《乡村治理数字化：现状、需求与对策研究》，《电子政务》2020 年第 6 期。

冯兴元等：《中国县域数字普惠金融发展：内涵、指数构建与测度结果分析》，《中国农村经济》2020 年第 10 期。

高静等：《土地转出何以影响小农户收入：理性解释与千份数据检验》，《中国软科学》2020 年第 4 期。

葛宣冲等：《流动性、现代性与村民的乡村建设参与意愿——基于 CLDS 2016 数据的分析》，《东岳论丛》2019 年第 11 期。

龚勤林等：《数字经济、流动空间与城乡收入差距》，《上海经济研究》2023 年第 6 期。

郭峰等：《测度中国数字普惠金融发展：指数编制与空间特征》，《经济学（季刊）》2020 年第 4 期。

国家统计局人口和就业统计司、人力资源和社会保障部规划财务司编：《中国劳动统计年鉴（2022）》，中国统计出版社 2022 年版。

韩飞燕、李波：《电商平台制度创新对贫困县农民的网购意愿影响研究——采用接受度与感知风险的中介作用》，《商业经济与管理》2018 年第 5 期。

韩家平：《数字时代的交易模式与信用体系》，《首都师范大学学报》（社会科学版）2020 年第 4 期。

韩旭东等：《农业全链条数字化助推乡村产业转型的理论逻辑与实践路径》，《改革》2023 年第 3 期。

韩兆柱：《公共治理前沿理论及其应用研究》，燕山大学出版社 2021 年版。

杭斌、闫新华：《经济快速增长时期的居民消费行为——基于习惯形成的实证分析》，《经济学（季刊)》2013 年第 4 期。

何婧、李庆海：《数字金融使用与农户创业行为》，《中国农村经济》2019 年第 1 期。

贺唯唯、侯俊军：《数字经济发展对居民消费的影响——来自城市面板数据的经验证据》,《改革》2023 年第 5 期。

贺雪峰:《乡村秩序与县乡村体制——兼论农民的合作能力问题》,《江苏行政学院学报》2003 年第 4 期。

侯宏伟、马培衢:《"自治、法治、德治"三治融合体系下治理主体嵌入型共治机制的构建》,《华南师范大学学报》(社会科学版)2018年第 6 期。

胡卫卫、卢玥宁:《数字乡村治理共同体的生成机理与运作逻辑研究——基于"中国大棚第一村"数字乡村建设的实证考察》,《公共管理学报》2023 年第 1 期。

胡雯等:《基于区块链技术的农产品质量安全追溯体系:实践、挑战与建议》,《农业经济问题》2024 年第 5 期。

黄博:《"三治融合"视域下乡村治理能力提升的三维审视》,《求实》2022 年第 1 期。

黄博、刘祖云:《村民自治背景下的乡村精英治理现象探析》,《经济体制改革》2013 年第 3 期。

黄季焜:《农业新质生产力:内涵与外延、潜力与挑战和发展思路》,《中国农村观察》2024 年第 5 期。

黄季焜:《以数字技术引领农业农村创新发展》,《农村工作通讯》2021 年第 5 期。

黄季焜等:《数字技术促进农业农村发展:机遇、挑战与推进思路》,《中国农村经济》2024 年第 1 期。

黄建伟、陈玲玲:《国内数字治理研究进展与未来展望》,《理论与改革》2019 年第 1 期。

黄庆华:《数字经济对城乡居民收入差距的影响及其作用机制》,《改革》2023 年第 4 期。

黄祖辉、胡伟斌:《全面推进乡村振兴的十大重点》,《农业经济问题》2022 年第 7 期。

黄祖辉等:《推进共同富裕:重点、难题与破解》,《中国人口科学》2021 年第 6 期。

霍鹏等:《数字乡村建设的底层逻辑、功能价值与路径选择》,《改革》2022 年第 12 期。

江艇：《因果推断经验研究中的中介效应与调节效应》，《中国工业经济》2022年第5期。

江维国等：《数字化技术促进乡村治理体系现代化建设研究》，《电子政务》2021年第7期。

江小涓、靳景：《数字技术提升经济效率：服务分工、产业协同和数实孪生》，《管理世界》2022年第12期。

金刚、沈坤荣：《以邻为壑还是以邻为伴？——环境规制执行互动与城市生产率增长》，《管理世界》2018年第12期。

寇晓东、顾基发：《物理—事理—人理系统方法论25周年回顾——溯源、释义、比较与前瞻》，《管理评论》2021年第5期。

雷泽奎等：《数字乡村建设能驱动农业经济高质量增长吗?》，《华中农业大学学报》（社会科学版）2023年第3期。

李春琦、张杰平：《中国人口结构变动对农村居民消费的影响研究》，《中国人口科学》2009年第4期。

李建军、白鹏飞：《我国智慧农业创新实践的现实挑战与应对策略》，《科学管理研究》2023年第2期。

李江一、李涵：《城乡收入差距与居民消费结构：基于相对收入理论的视角》，《数量经济技术经济研究》2016年第8期。

李娟：《"三生"共赢：绿色发展的逻辑契合和实现路径》，《学术界》2018年第6期。

李丽莉等：《数字乡村建设：底层逻辑、实践误区与优化路径》，《中国农村经济》2023年第1期。

李琳、郭东、乔璐：《数字普惠金融何以影响农民增收？——理论机制与县域证据》，《经济与管理研究》2024年第4期。

李实、杨一心：《面向共同富裕的基本公共服务均等化：行动逻辑与路径选择》，《中国工业经济》2022年第2期。

李天龙、姜春云：《信息素养对高素质农民乡村数字治理参与的影响机制——来自西北地区1280位高素质农民的经验证据》，《电子政务》2022年第6期。

李晓静等：《参与电商对农户绿色生产意识的空间溢出效应——基于两区制空间杜宾模型分析》，《农业技术经济》2021年第7期。

李燕凌、陈梦雅：《数字赋能如何促进乡村自主治理？——基于"映山红"计划的案例分析》，《南京农业大学学报》（社会科学版）2022年第3期。

李永友、柏霖：《公共教育服务可及性扩展的共同富裕效应》，《财贸研究》2023年第1期。

李增元、李芝兰：《新中国成立七十年来的治理重心向农村基层下移及其发展思路》，《农业经济问题》2019年第11期。

梁任敏、巴曙松：《交通通达性、资源配置与城乡消费水平差距》，《财经科学》2022年第3期。

廖福崇：《数字治理体系建设：要素、特征与生成机制》，《行政管理改革》2022年第7期。

林海等：《数字乡村建设是否能够推动革命老区共同富裕》，《中国农村经济》2023年第5期。

林万龙、纪晓凯：《从摆脱绝对贫困走向农民农村共同富裕》，《中国农村经济》2022年第8期。

林毅夫：《加强农村基础设施建设 启动农村市场》，《农业经济问题》2000年第7期。

刘传磊等：《农业全产业链数字化发展的困境与纾解——基于L县坚果产业云平台的案例研究》，《中国农业大学学报》（社会科学版）2023年第2期。

刘海军：《治人抑或治数：数据要素如何推动信用制度向治理效能转化》，《电子政务》2023年第6期。

刘建洲：《社会信用体系建设：内涵、模式与路径选择》，《中共中央党校学报》2011年第3期。

刘俊祥、曾森：《中国乡村数字治理的智理属性、顶层设计与探索实践》，《兰州大学学报》（社会科学版）2020年第1期。

刘培林等：《共同富裕的内涵、实现路径与测度方法》，《管理世界》2021年第8期。

刘任等：《互联网使用对农户收入差距影响研究——基于CGSS数据的实证分析》，《重庆大学学报》（社会科学版）2022年第6期。

刘少杰：《数字乡村建设悬浮的成因与对策》，《中国农业大学学报》（社会科学版）2022年第5期。

刘生龙等：《互联网使用对农村居民收入的影响》，《数量经济技术经济研究》2021年第4期。

刘守英、李昊泽：《权利开放与农民的共同富裕》，《学术月刊》2023年第8期。

刘守英、熊雪锋：《中国乡村治理的制度与秩序演变——一个国家治理视角的回顾与评论》，《农业经济问题》2018年第9期。

刘淑春：《中国数字经济高质量发展的靶向路径与政策供给》，《经济学家》2019年第6期。

刘伟丽、陈腾鹏：《智慧城市建设对企业绿色技术创新的影响研究——基于数字化转型的调节效应分析》，《经济纵横》2023年第7期。

刘子兰等：《人力资本与家庭消费——基于CFPS数据的实证分析》，《山西财经大学学报》2018年第4期。

刘子玉、罗明忠：《数字技术使用对农户共同富裕的影响："鸿沟"还是"桥梁"？》，《华中农业大学学报》（社会科学版）2023年第1期。

柳毅等：《数字经济驱动共同富裕的发展动力与空间溢出效应研究——基于长三角面板数据和空间杜宾模型》，《中国软科学》2023年第4期。

卢福营：《能人政治：私营企业主治村现象研究——以浙江省永康市为例》，中国社会科学出版社2010年版。

鲁元平、王军鹏：《数字鸿沟还是信息福利——互联网使用对居民主观福利的影响》，《经济学动态》2020年第2期。

罗必良、耿鹏鹏：《乡村治理及其转型：基于人情关系维度的考察》，《农业经济问题》2022年第10期。

罗明忠、刘子玉：《互联网使用、阶层认同与农村居民幸福感》，《中国农村经济》2022年第8期。

罗千峰等：《数字技术赋能农业高质量发展的理论框架、增效机制与实现路径》，《当代经济管理》2022年第7期。

罗兴等：《农村互联网信贷："互联网+"的技术逻辑还是"社会网+"的社会逻辑？》，《中国农村经济》2018年第8期。

马化腾等：《数字经济：中国创新增长新动能》，中信出版社2017

年版。

马九杰、高原:《数字技术助力乡村公共服务普惠供给与城乡公共服务均等化》,《中央民族大学学报》(哲学社会科学版)2024年第1期。

马九杰等:《数字化积分制与乡村治理效能提升——理论基础与实践经验》,《中国农业大学学报》(社会科学版)2022年第5期。

马为彪、吴玉鸣:《数字经济发展能够缩小区域经济发展差异吗——基于"中心—外围"视角》,《财经科学》2023年第1期。

马香品:《数字经济时代的居民消费变革:趋势、特征、机理与模式》,《财经科学》2020年第1期。

马玥:《数字经济赋能经济高质量发展的机理、挑战及政策建议》,《求是学刊》2022年第6期。

毛宇飞等:《扩大抑或缩小:互联网使用对户籍工资差距的影响——基于CGSS数据的经验证据》,《财经论丛》2021年第2期。

梅继霞等:《经济精英参与对乡村治理绩效的影响机制及条件——一个多案例分析》,《农业经济问题》2019年第8期。

孟庆国:《线上线下融合是政务服务创新发展方向》,《中国行政管理》2017年第12期。

孟维福等:《数字经济赋能乡村振兴:影响机制和空间效应》,《财经问题研究》2023年第3期。

苗东升:《系统科学精要》(第4版),中国人民大学出版社2016年版。

牟少岩等:《智慧农业革命影响及对策研究》,《农业经济问题》2022年第9期。

慕娟、马立平:《中国农业农村数字经济发展指数测度与区域差异》,《华南农业大学学报》(社会科学版)2021年第4期。

潘家栋、肖文:《新型生产要素:数据的生成条件及运行机制研究》,《浙江大学学报》(人文社会科学版)2022年第7期。

潘敏、刘知琪:《居民家庭"加杠杆"能促进消费吗?——来自中国家庭微观调查的经验证据》,《金融研究》2018年第4期。

潘明明等:《互联网使用促进农村妇女非农就业了吗?——基于

苏、皖、豫、鄂四省调研数据的实证研究》,《农业技术经济》2021年第8期。

彭波、严峰:《我国消弭数字鸿沟的新机遇与新路径探析》,《现代传播(中国传媒大学学报)》2020年第2期。

彭刚等:《中国市域尺度共同富裕水平格局及其影响因素》,《经济地理》2023年第1期。

彭艳玲等:《数字经济参与增进了农民社会阶层认同吗?——基于宁、渝、川三省份调查数据的实证》,《中国农村经济》2022年第10期。

平卫英、张谊瑞:《农民合作社与农户结构性增收:影响效应与机制检验》,《农村经济》2023年第12期。

戚聿东、褚席:《数字生活的就业效应:内在机制与微观证据》,《财贸经济》2021年第4期。

戚聿东、刘翠花:《数字经济背景下互联网使用是否缩小了性别工资差异——基于中国综合社会调查的经验分析》,《经济理论与经济管理》2020年第9期。

齐红倩、马泓君:《互联网促进中国家庭消费结构升级研究》,《社会科学战线》2021年第11期。

钱水土、方立凯:《数字普惠金融对农民共同富裕的影响——基于农业高质量发展视角》,《当代经济研究》2024年第5期。

钱学森:《创建系统学》,上海交通大学出版社2023年版。

秦芳等:《数字经济如何促进农户增收?——来自农村电商发展的证据》,《经济学(季刊)》2022年第2期。

秦秋霞等:《乡村振兴中的数字赋能及实现途径》,《江苏大学学报》(社会科学版)2021年第5期。

邱泽奇、乔天宇:《电商技术变革与农户共同发展》,《中国社会科学》2021年第10期。

邱泽奇等:《从数字鸿沟到红利差异——互联网资本的视角》,《中国社会科学》2016年第10期。

邱泽奇等:《数字化与乡村治理结构变迁》,《西安交通大学学报》(社会科学版)2022年第2期。

主要参考文献

邱子迅、周亚虹:《电子商务对农村家庭增收作用的机制分析——基于需求与供给有效对接的微观检验》,《中国农村经济》2021年第4期。

邱子迅、周亚虹:《数字经济发展与地区全要素生产率——基于国家级大数据综合试验区的分析》,《财经研究》2021年第7期。

阮俊虎等:《数字农业运营管理:关键问题、理论方法与示范工程》,《管理世界》2020年第8期。

沈费伟:《数字乡村的内生发展模式:实践逻辑、运作机理与优化策略》,《电子政务》2021年第10期。

沈费伟:《乡村技术赋能:实现乡村有效治理的策略选择》,《南京农业大学学报》(社会科学版)2020年第2期。

沈费伟、陈晓玲:《保持乡村性:实现数字乡村治理特色的理论阐述》,《电子政务》2021年第3期。

沈费伟、胡紫依:《乡村数字弱势群体能力贫困的内生原因与解决对策——基于森的"可行能力"理论探讨》,《南京农业大学学报》(社会科学版)2024年第2期。

沈费伟、叶温馨:《基层政府数字治理的运作逻辑、现实困境与优化策略——基于"农事通""社区通""龙游通"数字治理平台的考察》,《管理学刊》2020年第6期。

沈费伟、袁欢:《大数据时代的数字乡村治理:实践逻辑与优化策略》,《农业经济问题》2020年第10期。

沈费伟、诸靖文:《数据赋能:数字政府治理的运作机理与创新路径》,《政治学研究》2021年第1期。

施雪华、方盛举:《中国省级政府公共治理效能评价指标体系设计》,《政治学研究》2010年第2期。

史常亮:《数字乡村建设赋能农民增收:直接影响与空间溢出》,《湖南社会科学》2023年第1期。

史新杰等:《机会公平视角的共同富裕——来自低收入群体的实证研究》,《经济研究》2022年第9期。

宋洪远:《智慧农业发展的状况、面临的问题及对策建议》,《人民论坛·学术前沿》2020年第24期。

宋文豪等:《数字金融使用对农村家庭生计策略选择的影响——来

自中国农村家庭追踪调查的证据》,《中国农村经济》2023年第6期。

苏红键:《数字城乡建设:通往城乡融合与共同富裕之路》,《电子政务》2022年第10期。

苏岚岚:《数字治理促进乡村治理效能提升:关键挑战、逻辑框架和政策优化》,《农业经济问题》2024年第6期。

苏岚岚、孔荣:《互联网使用促进农户创业增益了吗?——基于内生转换回归模型的实证分析》,《中国农村经济》2020年第2期。

苏岚岚、彭艳玲:《农民数字素养、乡村精英身份与乡村数字治理参与》,《农业技术经济》2022年第1期。

苏岚岚、彭艳玲:《数字乡村建设视域下农民实践参与度评估及驱动因素研究》,《华中农业大学学报》(社会科学版)2021年第5期。

苏岚岚等:《农民数字素养驱动数字乡村发展的机理研究》,《电子政务》2021年第10期。

苏岚岚等:《农民数字治理参与对乡村治理效能的影响研究》,《电子政务》2023年第7期。

孙同全等:《农村扩中群体的家庭财务报表识别机制研究:基于浙江共同富裕先行示范区的实践探索》,《中国软科学》2024年第8期。

谭恒鑫等:《数字经济时代的互联网普及与中国消费差异——基于CFPS 2010—2018年数据的实证研究》,《宏观经济研究》2022年第2期。

谭砚文等:《区块链技术在农产品供应链中的应用——理论机理、发展实践与政策启示》,《农业经济问题》2023年第1期。

唐博文、郭军:《如何扩大农村内需:基于农村居民家庭消费的视角》,《农业经济问题》2022年第3期。

唐红涛、谢婷:《数字经济与农民收入消费双提升》,《华南农业大学学报》(社会科学版)2022年第2期。

唐华俊:《智慧农业赋能农业农村现代化高质量发展》,《中国网信》2022年第7期。

田鸽、张勋:《数字经济、非农就业与社会分工》,《管理世界》2022年第5期。

田杰等:《普惠金融对农户家庭经济韧性的影响研究》,《西南大学学报》（社会科学版）2024年第1期。

田艳平、向雪风：《数字经济发展、阶层向上流动与中等收入群体扩容》，《南方经济》2023年第4期。

田野等：《数字经济驱动乡村产业振兴的内在机理及实证检验——基于城乡融合发展的中介效应》，《农业经济问题》2022年第10期。

仝志辉、刘传磊：《乡村治理数字化的县域推进、村庄卷入和效能提升——浙江省五个先行县（市、区）的比较研究》，《中国农业大学学报》（社会科学版）2022年第5期。

佟林杰、张文雅：《乡村数字治理能力及其提升策略》，《学术交流》2021年第12期。

万广华等：《流动性约束、不确定性与中国居民消费》，《经济研究》2001年第11期。

万晓榆等：《数字经济发展的评估指标体系研究——基于投入产出视角》，《重庆邮电大学学报》（社会科学版）2019年第6期。

汪浩瀚、唐绍祥：《不确定性条件下中国城乡居民消费的流动性约束分析》，《经济体制改革》2009年第5期。

汪小亚、黄迈：《农村数字普惠金融发展：模式、问题与建议》，《农村金融研究》2021年第11期。

汪亚楠、王海成：《数字乡村对农村居民网购的影响效应》，《中国流通经济》2021年第7期。

汪亚楠等：《数字乡村建设能推动农村消费升级吗?》，《管理评论》2021年第11期。

王定祥等：《数字经济发展：逻辑解构与机制构建》，《中国软科学》2023年第4期。

王汉生：《改革开放以来中国农村的工业化与农村精英构成的变化》，《社会科学（季刊）》1994年第3期。

王静、霍学喜：《农户技术选择对其生产经营收入影响的空间溢出效应分析——基于全国七个苹果主产省的调查数据》，《中国农村经济》2015年第1期。

王军、肖华堂：《数字经济发展缩小了城乡居民收入差距吗?》，《经济体制改革》2021年第6期。

主要参考文献

王军等:《中国数字经济发展水平及演进测度》,《数量经济技术经济研究》2021年第7期。

王立华、苗婷:《农民对电子政务服务的采纳意愿及影响因素的实证分析——基于陕西省西安市农民的调查数据》,《当代经济科学》2012年第6期。

王生斌:《乡村精英参与与合作社治理法治化研究》,《西南民族大学学报》(人文社科版)2020年第8期。

王胜等:《数字乡村建设:作用机理、现实挑战与实施策略》,《改革》2021年第4期。

王松茂等:《数字经济能促进城乡融合吗:以长江经济带11个省份为例》,《中国软科学》2023年第5期。

王天夫:《数字时代的社会变迁与社会研究》,《中国社会科学》2021年第12期。

王文彬、赵灵子:《数字乡村治理变革:结构调适、功能强化与实践进路》,《电子政务》2023年第5期。

王小华等:《习惯形成与中国农民消费行为变迁:改革开放以来的经验验证》,《中国农村经济》2020年第1期。

王昕天等:《电商如何驱动农业产业链数字化:理论阐释与实践演进》,《中国软科学》2024年第3期。

王亚华、李星光:《数字技术赋能乡村治理的制度分析与理论启示》,《中国农村经济》2022年第8期。

王园园、冯祥玉:《数字经济、人口红利与共同富裕》,《山西财经大学学报》2023年第6期。

王增智:《理解国家治理效能三维度:目标、效率、评价》,《中国社会科学报》2020年4月8日第8版。

王振主编:《全球数字经济竞争力发展报告(2017)》,社会科学文献出版社2017年版。

王卓、胡梦珠:《乡村振兴战略下村干部胜任力与村庄治理绩效研究——基于西部5省调查数据的分析》,《管理学刊》2020年第5期。

魏滨辉、罗明忠:《数字经济对农业生产性服务业的影响——基于非农就业和要素供给视角》,《南京农业大学学报》(社会科学版)2024

年第 1 期。

魏宏森、曾国屏：《试论系统的层次性原理》，《系统辩证学学报》1995 年第 1 期。

魏后凯、刘长全：《中国农村改革的基本脉络、经验与展望》，《中国农村经济》2019 年第 2 期。

温涛、陈一明：《数字经济与农业农村经济融合发展：实践模式、现实障碍与突破路径》，《农业经济问题》2020 年第 7 期。

温涛等：《数字乡村建设能助力城乡融合发展吗？》，《农村经济》2023 年第 11 期。

温忠麟、叶宝娟：《中介效应分析：方法和模型发展》，《心理科学进展》2014 年第 5 期。

邬家峰：《网络技术结构性赋能与乡村治理数字化转型——基于江西省赣州市村务微信群的考察》，《南京农业大学学报》（社会科学版）2022 年第 3 期。

吴本健等：《农村电子商务发展能否提升农民主观幸福感？》，《中国农业大学学报》（社会科学版）2023 年第 2 期。

吴建南等：《比较视角下的效能建设：绩效改进、创新与服务型政府》，《中国行政管理》2011 年第 3 期。

吴建南等：《效能建设能改进政府绩效吗？——基于 30 省面板数据的实证研究》，《公共管理学报》2015 年第 3 期。

吴青熹、陈云松：《主观阶层如何影响自评健康：基于八年全国调查数据的研究》，《南京社会科学》2015 年第 7 期。

吴炜：《干中学：农民工人力资本获得路径及其对收入的影响》，《农业经济问题》2016 年第 9 期。

吴新叶：《农村社会治理的绩效评估与精细化治理路径——对华东三省市农村的调查与反思》，《南京农业大学学报》（社会科学版）2016 年第 4 期。

［美］西奥多·W. 舒尔茨：《人力资本投资——教育和研究的作用》，商务印书馆 1990 年版。

席建超等：《旅游乡村聚落"生产—生活—生态"空间重构与优化——河北野三坡旅游区苟各庄村的案例实证》，《自然资源学报》

2016 年第 3 期。

夏显力等：《农业高质量发展：数字赋能与实现路径》，《中国农村经济》2019 年第 12 期。

肖俊洪：《数字素养》，《中国远程教育》2006 年第 5 期。

谢康等：《大数据驱动的农业数字化转型与创新》，《农业经济问题》2022 年第 5 期。

谢璐、韩文龙：《数字技术和数字经济助力城乡融合发展的理论逻辑与实现路径》，《农业经济问题》2022 年第 11 期。

徐朝卫：《新时代乡村治理与乡村产业发展的逻辑关系研究》，《理论学刊》2020 年第 3 期。

徐凤增等：《乡村走向共同富裕过程中的治理机制及其作用——一项双案例研究》，《管理世界》2021 年第 12 期。

徐佳、韦欣：《中国城镇创业与非创业家庭消费差异分析——基于微观调查数据的实证》，《数量经济技术经济研究》2021 年第 1 期。

徐清源等：《国内外数字经济测度指标体系研究综述》，《调研世界》2018 年第 11 期。

徐拓远、方达：《商业银行助力数字乡村建设研究——基于"银政"合作的视角》，《农村金融研究》2022 年第 9 期。

徐旭初等：《互动、信任与整合：乡村基层数字治理的实践机制——杭州市涝湖村案例研究》，《中国农村观察》2023 年第 2 期。

徐莹、王娟：《数字普惠金融与农户收入差距：加剧还是缓解》，《农业技术经济》2024 年第 3 期。

徐志刚、张瓄：《数字乡村发展困境与破解之策——基于农户信息化需求与农村电商物流视角》，《财贸研究》2022 年第 7 期。

徐志刚等：《市场化改革、要素流动与我国农村内部收入差距变化》，《中国软科学》2017 年第 9 期。

许成安、刘一涵：《数字经济助力农村低收入群体共同富裕——理论机制与微观证据》，《江汉论坛》2023 年第 3 期。

许恒等：《数字经济、技术溢出与动态竞合政策》，《管理世界》2020 年第 11 期。

许欢、尚闻一：《美国、欧洲、日本、中国数字素养培养模式发展述评》,《图书情报工作》2017年第16期。

许宪春、张美慧:《中国数字经济规模测算研究——基于国际比较的视角》,《中国工业经济》2020年第5期。

薛金刚、庞明礼:《"互联网+"时代的大数据治理与官僚制治理:取代、竞争还是融合?——基于嵌入性的分析框架》,《电子政务》2020年第4期。

杨光:《陕西:金融"活水"服务高质量发展》,《陕西日报》2023年12月6日第3版。

杨海丽等:《农产品流通数字化能改善农村居民生活水平吗——来自省域面板数据与空间杜宾模型的经验证据》,《宏观经济研究》2022年第10期。

杨琦:《农村基础设施投资是拉动还是挤出了居民消费》,《南方经济》2018年第2期。

杨伟明等:《数字普惠金融与城乡居民收入——基于经济增长与创业行为的中介效应分析》,《上海财经大学学报》2020年第4期。

杨学敏等:《数字治理领域公私合作研究述评:实践、议题与展望》,《公共管理与政策评论》2020年第5期。

杨雪雁等:《新型农业经营主体对智慧农业技术的采纳意愿研究》,《科技管理研究》2023年第9期。

叶德珠等:《消费文化、认知偏差与消费行为偏差》,《经济研究》2012年第2期。

叶琴等:《数字普惠金融与收入机会不平等》,《当代经济科学》2023年第3期。

易法敏、古飞婷:《本地平台商业模式创新、制度逻辑转换与农业数字化转型》,《中国农村观察》2023年第5期。

殷浩栋等:《智慧农业发展的底层逻辑、现实约束与突破路径》,《改革》2021年第11期。

尹振涛等:《金融科技发展能提高农村家庭幸福感吗?——基于幸福经济学的研究视角》,《中国农村经济》2021年第8期。

尹志超等:《金融市场参与、风险异质性与家庭幸福》,《金融研究》2019年第4期。

尹志超等：《数字鸿沟影响家庭收入吗?》，《财贸经济》2021年第9期。

原超：《新"经纪机制"：中国乡村治理结构的新变化——基于泉州市A村乡贤理事会的运作实践》，《公共管理学报》2019年第2期。

岳欣：《推进我国农村电子商务的发展》，《宏观经济管理》2015年第11期。

臧旭恒等：《习惯形成对我国城镇居民消费的动态影响机制研究》，《南方经济》2020年第1期。

曾亿武等：《中国数字乡村建设若干问题刍议》，《中国农村经济》2021年第4期。

张晨、张新颜：《数字治理、治理质量与经济增长》，《统计研究》2023年第7期。

张传勇、蔡琪梦：《城市规模、数字普惠金融发展与零工经济》，《上海财经大学学报》2021年第2期。

张翠娥等：《资本禀赋与农民社会治理参与行为——基于5省1599户农户数据的实证分析》，《中国农村观察》2016年第1期。

张东玲、焦宇新：《农业保险、农业全要素生产率与农户家庭经济韧性》，《华南农业大学学报》（社会科学版）2022年第2期。

张广胜、王若男：《数字经济发展何以赋能农民工高质量就业》，《中国农村经济》2023年第1期。

张浩：《调适国家—乡村关系提升乡村基层治理效能》，《行政管理改革》2022年第6期。

张鸿等：《乡村振兴战略下数字乡村发展就绪度评价研究》，《西安财经学院学报》2020年第1期。

张景娜、张雪凯：《互联网使用对农地转出决策的影响及机制研究——来自CFPS的微观证据》，《中国农村经济》2020年第3期。

张莉娜等：《"互联网+"驱动下数字经济的增收效应研究——基于中国家庭追踪调查数据》，《广东财经大学学报》2021年第3期。

张丽君等：《数字经济对城乡收入差距的动态影响研究——来自中国31个省（区、市）的证据》，《经济问题探索》2023年第3期。

张利庠、唐幸子：《新乡贤、变革型领导力与乡村治理——基于嵌入式多案例研究》,《农业经济问题》2022 年第 10 期。

张连刚、陈卓:《农民专业合作社提升了农户社会资本吗?——基于云南省 506 份农户调查数据的实证分析》,《中国农村观察》2021 年第 1 期。

张敏等:《重大疾病在线救助事件社交舆情的受众情绪反转形成机理分析》,《情报杂志》2018 年第 11 期。

张平文、邱泽奇编著:《数据要素五论:信息、权属、价值、安全、交易》,北京大学出版社 2022 年版。

张树华、王阳亮:《制度、体制与机制:对国家治理体系的系统分析》,《管理世界》2022 年第 1 期。

张勋等:《数字金融发展与居民消费增长:理论与中国实践》,《管理世界》2020 年第 11 期。

张勋等:《数字经济、普惠金融与包容性增长》,《经济研究》2019 年第 8 期。

张勋等:《缩小数字鸿沟:中国特色数字金融发展》,《中国社会科学》2021 年第 8 期。

张永丽、李青原:《互联网使用对贫困地区农户收入的影响——基于甘肃省贫困村农户的调查数据》,《管理评论》2022 年第 1 期。

张岳、易福金:《乡村数字治理的幸福效应》,《南京农业大学学报》(社会科学版)2023 年第 5 期。

张岳、张博:《数字治理下农民收入增长与收入分配效应》,《华南农业大学学报》(社会科学版)2024 年第 1 期。

张自强:《互联网使用与农户收入不平等》,《经济经纬》2022 年第 3 期。

赵春江:《发展智慧农业 建设数字乡村》,《农机科技推广》2020 年第 6 期。

赵佳佳等:《数字乡村发展对农民创业的影响及机制研究》,《中国农村经济》2023 年第 5 期。

赵建、王静娴:《数字科技如何影响中国的信用体系——基于商业银行行为的理论模型和实证检验》,《济南大学学报》(社会科学版)2022 年第 2 期。

赵敬丹、李志明：《从基于经验到基于数据——大数据时代乡村治理的现代化转型》，《中共中央党校（国家行政学院）学报》2020年第1期。

赵涛等：《数字经济、创业活跃度与高质量发展——来自中国城市的经验证据》，《管理世界》2020年第10期。

赵亚雄、王修华：《数字金融、家庭相对收入及脆弱性——兼论多维"鸿沟"的影响》，《金融研究》2022年第10期。

赵一夫、王丽红：《新中国成立70年来我国乡村治理发展的路径与趋向》，《农业经济问题》2019年第12期。

赵玉林等：《指尖上的形式主义：压力型体制下的基层数字治理——基于30个案例的经验分析》，《电子政务》2020年第3期。

赵昱名、黄少卿：《创造抑或毁灭：数字技术对服务业就业的双向影响》，《探索与争鸣》2020年第11期。

郑磊：《数字治理的效度、温度和尺度》，《治理研究》2021年第2期。

钟若愚、曾洁华：《数字经济对居民消费的影响研究——基于空间杜宾模型的实证分析》，《经济问题探索》2022年第3期。

周广肃、梁琪：《互联网使用、市场摩擦与家庭风险金融资产投资》，《金融研究》2018年第1期。

周广竹：《城乡一体化背景下"智慧农村"建设》，《智慧中国》2016年第6期。

周清香、李仙娥：《数字经济对共同富裕的影响效应与作用机制研究》，《经济问题探索》2023年第6期。

周清香、李仙娥：《数字经济与农业高质量发展：内在机理与实证分析》，《经济体制改革》2022年第6期。

周小刚、陈熹：《关系强度、融资渠道与农户借贷福利效应——基于信任视角的实证研究》，《中国农村经济》2017年第1期。

周晓光、肖宇：《数字经济发展对居民就业的影响效应研究》，《中国软科学》2023年第5期。

周勋章、路剑：《资源禀赋、电商认知与家庭农场主电子商务采纳行为》，《西北农林科技大学学报》（社会科学版）2020年第4期。

周应恒、杨宗之:《互联网使用促进了农村居民消费吗?——基于江西省 739 个农户的调查》,《经济地理》2021 年第 10 期。

朱红根、陈晖:《中国数字乡村发展的水平测度、时空演变及推进路径》,《农业经济问题》2023 年第 3 期。

朱秋博等:《信息化能促进农户增收、缩小收入差距吗?》,《经济学(季刊)》2022 年第 1 期。

朱信凯、骆晨:《消费函数的理论逻辑与中国化:一个文献综述》,《经济研究》2011 年第 1 期。

祝仲坤、冷晨昕:《互联网与农村消费——来自中国社会状况综合调查的证据》,《经济科学》2017 年第 6 期。

Adler, N., et al., "Relationship of Subjective and Objective Social Status with Psychological and Physiological Functioning: Preliminary Data in Healthy White Women", *Health Psychology: Official Journal of the Division of Health Psychology, American Psychological Association*, Vol. 19, No. 6, 2000.

Altonji, J., et al., "Selection on Observed and Unobserved Variables: Assessing the Effectiveness of Catholic Schools", *Journal of Political Economy*, Vol. 113, No. 1, 2005.

Alexander, B., et al., *Digital literacy: An NMC Horizon Project Strategic Brief*, Austin, Texas: The New Media Consortium, Vol. 3, 2016.

Martin, A., Grudzieck, J., "DigEuLit: Concepts and Tools for Digital Literacy Development", *Innovation in Teaching and Learning in Information and Computer Sciences*, Vol. 5, No. 4, 2006.

Andrews, I., et al., "Weak Instruments in Instrumental Variables Regression: Theory and Practice", *Annual Review of Economics*, Vol. 11, No. 1, 2019.

Annarelli, A., et al., "Literature Review on Digitalization Capabilities: Co-citation Analysis of Antecedents, Conceptualization and Consequences", *Technological Forecasting and Social Change*, Vol. 166, No. 3, 2021.

Berg, T., et al., "On the Rise of Fintechs: Credit Scoring Using Digital Footprints", *The Review of Financial Studies*, Vol. 33, No. 7, 2020.

主要参考文献

Beuermann, D. , et al. , "Mobile Phones and Economic Development in Rural Peru", *Journal of Development Studies*, Vol. 48, No. 11, 2012.

Bourdieu, P. , *Distinction: A Social Critique of the Judgement of Taste, Inequality Classic Readings in Race, Class, and Gender*, London: Routledge, 2018.

Brinkerhoff, D. W. , Wetterberg, A. , "Gauging the Effects of Social Accountability on Services, Governance, and Citizen Empowerment", *Public Administration Review*, Vol. 76, No. 2, 2016.

Dal, Bó. , E. , et al. , "Information Technology and Government Decentralization: Experimental Evidence from Paraguay", *Econometrica*, Vol. 89, No. 2, 2021.

De Giorgi, G. , et al. , "Consumption Network Effects", *The Review of Economic Studies*, Vol. 87, No. 1, 2020.

Deichmann, U. , et al. , "Will Digital Technologies Transform Agriculture in Developing Countries", *Agricultural Economics*, Vol. 47, No. S1, 2016.

Elia, G. , et al. , "Digital Entrepreneurship Ecosystem: How Digital Technologies and Collective Intelligence Are Reshaping the Entrepreneurial Process", *Technological Forecasting and Social Change*, Vol. 150, No. 1, 2020.

Eshet-Alkalai, Y. , "Digital Literacy: A Conceptual Framework for Survival Skills in the Digital Era", *Journal of Educational Multimedia and Hypermedia*, Vol. 13, No. 1, 2004.

Eshet-Alkalai, Y. , "Thinking in the Digital Era: A Revised Model for Digital Literacy", *Issues Informing Science and Information Technology*, Vol. 9, No. 9, 2012.

European Commission, *E-skills for the 21st Century: Fostering Competitiveness Growth and Jobs*, 2007, http://ec.europa.eu/enterprise/sectors/ict/files/comm_pdf_com_2007_0496_f_en_acte_en.pdf.

European Commission, "DESI 2015: Digital Economy and Society Index Methodological Note", 2015, http://ec.europa.eu/digital-agenda/en/digital-economy-and society-index-desi.

主要参考文献

European Commission, "EU Action for Smart Villages", 2017, https://ec.europa.eu/agriculture/sites/agriculture/files/rural-development-2014-2020/looking-ahead/rur-dev-small-villages_en.pdf.

Festinger, L., "A Theory of Social Comparison Processes", *Human Relations*, Vol. 7, No. 2, 1954.

Freeman, C., Pérez, C., *Structural Crisis of Adjustment, Business Cycles and Investment Behavior*, UK: London: Frances Pinter, 1988.

Gatautis, R., Vitkauskaite, E., "E-Business Policy Support Framework", *Engineering Economics*, Vol. 65, No. 5, 2009.

G20. "G20 Digital Economy Development and Cooperation Initiative", 2016, http://www.g20chn.org/hywj/dncgwj/201609/t20160920_3474.html.

Goldfarb, A., Tucker, C., "Digital Economics", *Journal of Economic Literature*, Vol. 57, No. 1, 2019.

Hansen, B. E., "Threshold Effects in Non-dynamic Panels: Estimation, Testing, and Inference", *Journal of Econometrics*, Vol. 93, No. 2, 1999.

Hao, Y. P., Zhang B., "The Impact of Digital Financial Usage on Resident's Income Inequality in China: An Empirical Analysis Based on CHFS Data", *Journal of Asian Economics*, Vol. 91, 2024.

Huang, J., et al., "Facilitating Inclusive ICT Application and E-commerce Development in Rural China", *Agricultural Economics*, Vol. 53, No. 6, 2022.

Holling, C. S., "Resilience and Stability of Ecological Systems", *Annual Review of Ecology and Systematics*, Vol. 4, No. 1, 1973.

Jackman, M., Jackman R., "An Interpretation of the Relation Between Objective and Subjective Social Status", *American Sociological Review*, Vol. 12, No. 38, 1973.

James, J., "Confronting the Scarcity of Digital Skills Among the Poor in Developing Countries", *Development Policy Review*, Vol. 39, No. 2, 2021.

Jensen, R. T., "Information, Efficiency, and Welfare in Agricultural Markets", *Agricultural Economics*, Vol. 41, No. 1, 2010.

JISC, "Developing Digital Literacies", *John Wiley & Sons*, Inc. 605

Third Ave. New York, NY United States, 2014, https://www.jisc.ac.uk/guides/developing-digital-literacies.

Kabeer, N., "Resources, Agency, Achievements: Re-actions on the Measurement of Women's Empowerment", *Development and Change*, No. 30, 1999.

Kakwani, N., "The Relative Deprivation Curve and Its Applications", *Journal of Business & Economic Statistics*, Vol. 2, No. 4, 1984.

Khanna, M. "Digital Transformation of the Agricultural Sector: Pathways, Drivers and Policy Implications", *Applied Economic Perspectives and Policy*, Vol. 43, No. 4, 2020.

Kim, Y., Orazem, P., "Broadband Internet and New Firm Location Decisions in Rural Areas", *American Journal of Agricultural Economics*, Vol. 99, No. 1, 2017.

Knobel, M., Lankshear, C., *Digital Literacy and Participation in Online Social Networking Spaces*, New York: Peter Lang, 2008.

Komoda, F., "Japanese Studies on Technology Transfer to Developing Countries: A Survey", *The Developing Economics*, Vol. 24, No. 4, 1986.

Kolko, J., "Broadband and Local Growth", *Journal of Urban Economics*, Vol. 71, No. 1, 2012.

Li, J., et al., "The Impact of Digital Finance on Household Consumption: Evidence from China", *Economic Modelling*, No. 86, 2020.

Li, X., et al., "Do Farmers Gain Internet Dividends from E-commerce Adoption? Evidence from China", *Food Policy*, No. 101, 2021.

Lin, A., et al., "Digital Finance and Investment of Micro and Small Enterprises: Evidence from China", *China Economic Review*, No. 75, 2022.

Liu, M, et al., "The Spatial Aggregation of Rural E-commerce in China: An Empirical Investigation into Taobao Villages", *Journal of Rural Studies*, No. 8, 2020.

Liu, T., et al., "Pandemic, Mobile Payment, and Household Consumption: Micro-Evidence from China", *Emerging Markets Finance & Trade*, No. 10, 2020.

441

Liu, M., et al., "The Adoption and Impact of E-commerce in Rural China: Application of an Endogenous Switching Regression Model", *Journal of Rural Studies*, Vol. 83, 2021.

Lokshin, M., Sajaia, Z., "Maximum Likelihood Estimation of Endogenous Switching Regression Models", *The Stata Journal*, Vol. 4, No. 3, 2004.

Mansfield, E., "Technology Transfer to Overseas Subsidiaries by U.S.—Based Firms", *Quarterly Journal of Economics*, No. 4, 1980.

Mayer-schoönberger, V., Cukier, K., *Big Data: A Revolution That Will Transform How We Live, Work, and Think*. The AAG Review of Books. Boston: Hough-ton Mifflin Harcourt, 2013.

Min, S., et al., "Does the Application of ICTs Facilitate Rural Economic Transformation in China? Empirical Evidence from the Use of Smartphones Among Farmers", *Journal of Asian Economics*, Vol. 70, 2020.

Nie, P., et al., "The Relationship Between Smartphone Use and Subjective Well-Being in Rural China", *Electronic Commerce Research*, No. 21, 2021.

Nunn, N., Wantchekon, L., "The Slave Trade and the Origins of Mistrust in Africa", *American Economic Review*, No. 7, 2011.

OECD. "OECD Digital Economy Outlook 2017", 2017, https://www.oecd.org/internet/oecd-digital-economy-outlook-2017-9789264276284-en.htm, 2017-10-11.

Park, Y J., "Digital Literacy and Privacy Behavior Online", *Communication Research*, Vol. 40, No. 2, 2013.

Gilster, P., *Digital Literacy*, New York: John Wiley & Sons, 1997.

Pigou, A., *The Economics of Welfare*, London: Macmillan and co. td., 1920.

Pistaferri, L., "Household Consumption: Research Questions, Measurement Issues, and Data Collection Strategies", *Journal of Economic and Social Measurement*, Vol. 40, No. 1-4, 2015.

Pérez, C., "Structural Change and Assimilation of New Technologies in the Economic and Social Systems", *Futures*, Vol. 15, No. 5, 1983.

Prior, D., et al., "Attitude, Digital Literacy and Self-efficacy: Flowon Effects for Online Learning Behavior", *Internet & Higher Education*, No. 29, 2016.

Puaschunder, J. M., *Digital Behavioral Economics, Advances in Behavioral Economics and Finance Leadership*, New York: Springer Press, 2021.

Rogers, M. E., *Diffusion of Innovation (1th edition)*, New York: Free Press, 1983.

Rogers, E. M., Singhal, A., "Empowerment and Communication: Lessons Learned from Organizing for Social Change", *Annals of the International Communication Association*, No. 1, 2003.

Rong, K., Luo, Y. N., "Toward Born Sharing: The Sharing Economy Evolution Enabled by the Digital Ecosystems", *Technological Forecasting and Social Change*, Vol. 196, 2023.

Roodman, D., "Fitting Fully Observed Recursive Mixed-process Model with CMP", *The Stata Journal*, 2011, Vol. 11, No. 2.

Rotz, S., et al. "Automated Pastures and the Digital Divide: How Agricultural Technologies Are Shaping Labour and Rural Communities", *Journal of Rural Studies*, No. 68, 2019.

Sajaia, Z. "Maximum Likelihood Estimation of a Bivariate Ordered Probit Model: Implementation and Monte Carlo Simulations", *The Stata Journal*, Vol. 4, No. 2, 2008.

Sen, A. K., *Collective Choice and Social Welfare*, Amsterdam: Noth-Holland Publishing Company, 1995.

Shapiro, A., F. Mandelman, "Digital Adoption, Automation, and Labor Markets in Developing Countries", *Journal of Development Economics*, Vol. 151, No. 6, 2021.

Staiger, D., Stock, J. H., "Instrumental Variables Regression with Weak Instruments", *Econometrica*, No. 3, 1997.

Stoneman, P., "Innovative Diffusion, Bayesian Learning and Probability", *Economic Journal*, No. 91, 1981.

Smith, B. R., Barfield, C. E., *Technology, R&D and the Economy*, Washington: The Brookings Institution and American Enterprise Institute,

1980.

Solomon, B. B., *Black Empowerment: Social Work in Oppressed Communities*, New York: Columbia University Press, 1976.

Somwanshi, R., et al., "Study and Development of Village as a Smart Village", *International Journal of Scientific & Engineering Research*, Vol. 7, No. 6, 2016.

Speranza, C. I., et al., "An Indicator Framework for Assessing Livelihood Resilience in the Context of Social-ecological Dynamics", *Global Environmental Change*, Vol. 28, No. 1, 2014.

Su, Z., et al., "Digital Industrial Platform Development: A Peripheral Actor's Perspective", *Technological Forecasting and Social Change*, Vol. 194, 2023.

Sutriadi, R. "Defining Smart City, Smart Region, Smart Village, and Technopolis As an Innovative Concept in Indonesia's Urban and Regional Development Themes to Reach Sustainability", *IOP Conference Series: Earth and Environmental Science*, Vol. 202, 2018.

Swift, C, Levin, G., "Empowerment: An Emerging Mental Health Technology", *Journal of Primary Prevention*, Vol. 8, 1987.

The Ministry of Internal Affairs and Sports Rhineland-Palatinate, *Digital Villages Germany*, 2019, https://enrd.ec.europa.eu/sites/enrd/files/tg_smart-villages_case-study_de.pdf.

Twizeyimana, J. D., Andersson, A., "The Public Value of E-Government-A literature review", *Government Information Quarterly*, Vol. 36, No. 2, 2019.

U. S. "Bureau of Economic Analysis (BEA)", *Defining and Measuring the Digital Economy*, Working paper, 2018.

Van der Voort, H., et al., "Rationality and Politics of Algorithms. Will the Promise of Big Data Survive the Dynamics of Public Decision Making?", *Government Information Quarterly*, Vol. 36, No. 1, 2019.

Von Bertalanffy, L., *General System Theory: Foundations, Development, Applications*, New York: George Braziller, 1972.

Wooldridge, J. M., *Econometric Analysis of Cross–section and Panel Data*, Massachusetts: MIT Press, 2010.

Yin, Z., et al., "What Drives Entrepreneurship in Digital Economy? Evidence from China", *Economic Modelling*, No. 82, 2019.

Yitzhaki, S., "Relative Deprivation and the Gini Coefficient", *The Quarterly Journal of Economics*, Vol. 93, No. 2, 1979.

Zhao, C., Y. Wu, J. Guo, "Mobile Payment and Chinese Rural Household Consumption", *China Economic Review*, No. 71, 2022.

Zhang, C., et al., "Effect of Digital Inclusive Finance on Common Prosperity and the Underlying Mechanisms", *International Review of Financial Analysis*, Vol. 91, 2024.

Zimmerman, M. A., "Taking Aim on Empowerment Research: On the Distinction between Individual and Psychological Conceptions", *American Journal of Community Psychology*, Vol. 18, No. 1, 1990.